# Ableton Live 12

최이진 지음

노하우
도서출판

프로듀서와 라이브 연주자를 위한

# 최이진의 Ableton Live 12

초판 발행 2024년 3월 27일

**지은이** 최이진

**펴낸곳** 도서출판 노하우
**기획** 현음뮤직
**진행** 노하우
**편집** 덕디자인

**주소** 서울시 관악구 행운1길
**전화** 02) 888-0991
**팩스** 02) 871-0995

**등록번호** 제320-2008-6호
**홈페이지** hyuneum.com

**ISBN** 978-89-94404-58-5

값 39,000원

## Thanks to readers
### Ableton Live 12

# 인생을 바꾸는 한 권의 서적!

## 멀티 미디어 출판 부문 1위!
## 독자 여러분! 고맙습니다.

세상을 살다 보면
차라리 죽고만 싶을 만큼
힘들고, 괴로울 때가 있습니다.

하지만, 누가 봐도
힘들고, 괴로워 보이는 사람들은
오히려 그 속에서 피와 땀을 흘려가며
가슴속 깊이 전해지는 감동을 만들어냅니다.

도서출판 노하우는
힘들게 공부하는 사람들과
함께하는 작은 디딤돌이 되겠습니다.

힘들고, 괴로울 때
내가 세상의 빛이 될 수 있다는
꿈과 희망을 품고 열심히 공부하세요
멈추지 않는다면, 반드시 이루어집니다.

그 곁에 도서출판 노하우가 함께 하겠습니다

고맙습니다.

# 데 모 버 전 다 운 로 드

### Ableton Live 12

Ableton Live는 Ableton.com에서 구매할 수 있습니다. 국내 온라인 쇼핑몰에서 구매를 해도 정식 사용자임을 증명할 수 있는 시리얼 번호만 보내주며, 프로그램은 Ableton.com사에서 등록 후 다운로드 받아 설치하는 방식입니다. Ableton Live는 제품을 구매하기 전에 30일 동안 무료로 사용해볼 수 있는 트라이얼 버전을 제공하며, Ableton.com의 Try Live for free 링크를 클릭하여 다운로드 받을 수 있습니다. 작업 세트를 저장할 수 없다는 것 외에는 정품과 동일하며, 시리얼 번호를 넣으면 정품으로 활성화 됩니다.

Ableton.com에서 제품을 등록하면 Intro, Standard, Suite 버전별로 제공되는 추가 샘플과 장치들은 브라우저 뷰 Packs 카테고리에 나열되며, 다운로드 및 Install 버튼을 클릭하여 설치할 수 있습니다.

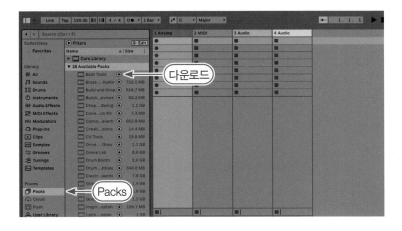

# 샘플 파일 다운로드

### Ableton Live 12

실습용 샘플 파일을 도서출판 노하우(Know-How) 홈페이지에서 무료로 다운로드 받을 수 있습니다.
hyuneum.com에 접속하여 도서출판 노하우 메뉴를 클릭하면 서적들이 소개되고 있는 페이지가 열립니다. 여기서
Ableton Live 12 서적 그림 위에 마우스를 가져가면 다운로드 받을 수 있는 버튼이 표시됩니다.

▲ 샘플 다운로드 : hyuneum.com 도서출판 노하우

다운받은 압축 파일을 해제하면 Project와 Sample 폴더가 열립니다. 각 폴더를 Places 카테고리로 드래그하여 등
록하면 탐색기를 열지 않고 바로 이용할 수 있습니다. 본서는 학습 효과를 높이기 위한 유튜브 강좌를 진행하고 있
으며, 채널은 최이진으로 검색하여 찾을 수 있습니다.

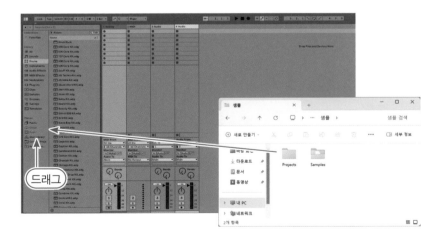

# CONTENTS
### Ableton Live 12

PART

# 01

# 시작하기

# CONTENTS
### Ableton Live 12

PART

## 02  작업 뷰

# CONTENTS
### Ableton Live 12

P A R T
# 03 녹음과 편집

# CONTENTS
### Ableton Live 12

P A R T

# 04 디바이스

# CONTENTS
Ableton Live 12

# Ableton Live 12

PART 1

# 시작하기

프로그램을 처음 익히는 경우에는 세부적인 기능보다
일단 작업을 해보면서 전체적인 프로세서를 파악하는
것이 좋습니다. 에이블톤 라이브의 특징을 살펴보고,
간단한 댄스 곡 작업을 해보겠습니다.

Ableton Live 12

# 에이블톤 라이브의 특징

*01*

Ableton Live는 독일 베를린 소재 Ableton AG에서 개발한 DAW 프로그램입니다. Logic Pro나 Cubase Pro 등의 DAW 프로그램과 다른 점은 클립을 독립적으로 컨트롤할 수 있는 세션 뷰(Session View)를 제공하고 있어 Ableton Push, Akai APC, Novation Launchpad 등의 컨트롤러를 이용한 실시간 연주 조합이 가능하다는 것입니다. 이는 라이브 공연에 최적화되어 있다는 것을 의미하며, 연주자나 디제이들에게 절대적인 지지를 얻고 있는 유일한 프로그램입니다.

## 01 트랙의 이해

Ableton Live는 루프 음악 연주 툴로 전 세계 DJ 및 라이브 연주자들이 가장 많이 사용하는 프로그램입니다. 샘플 연주에 특화되어 있어 레코딩 보다는 라이브 악기처럼 사용하는 경우가 많지만, 작/편곡가들이 많이 사용하는 큐베이스나 로직과 비슷한 어레인지 창과 미디 및 오디오 편집 기능을 제공하고 있기 때문에 음원 제작용으로도 손색이 없습니다. 특히, HIP-HOP이나 EDM과 같은 루프 음악 제작자들이 가장 선호합니다.

드럼, 베이스, 기타, 피아노 루프 샘플을 가지고 큐베이스나 로직과 같은 프로그램으로 작업하는 과정과 에이블톤 라이브로 작업하는 과정을 비교하면서 두 프로그램의 차이점을 살펴보겠습니다.

〈드럼 샘플 A, B, C〉　　〈베이스 샘플 A, B, C〉　　〈기타 샘플 A, B, C〉　　〈피아노 샘플 A, B, C〉

4 파트 각각 A, B, C의 3가지 루프 샘플을 가지고 다음 악보와 같이 편곡을 한다고 가정합니다.

● Intro - 4 파트 모두 샘플 A 연주

● Verse - 기타 파트 샘플 A 솔로 연주

● Pre Chorus - 기타와 베이스 파트 샘플 B 연주

● Chorus - 4 파트 모두 샘플 B 연주

● Bridge - 4 파트 모두 샘플 C 연주

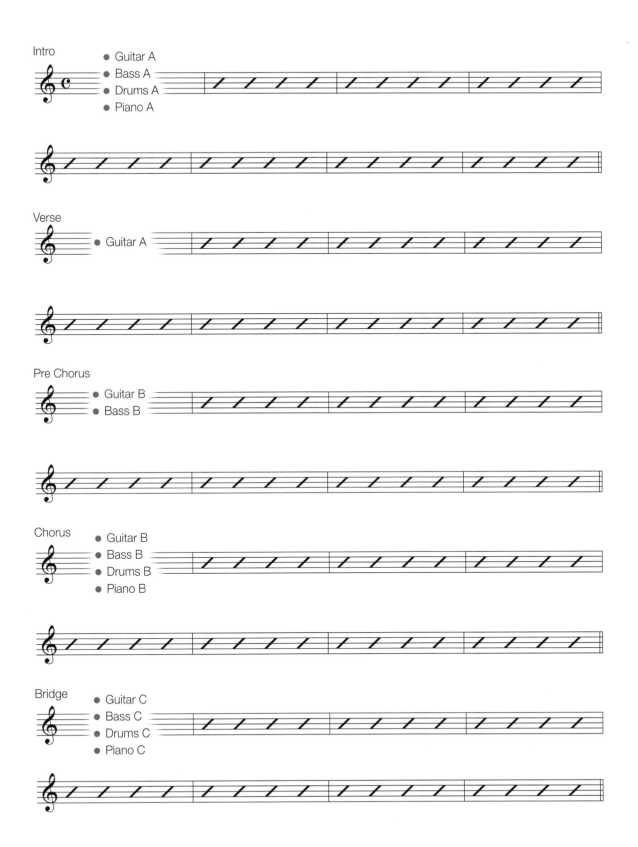

큐베이스나 로직과 같은 프로그램은 트랙이 세로로 형성되며, 샘플은 트랙 마다 가로로 배열합니다. 연주는 항상 왼쪽에서 오른쪽으로 진행합니다. 각 트랙을 한 명의 연주인으로 생각하면 기타 연주자의 경우 Intro와 Verse에서 A 리듬으로 연주하다가 Pre Chorus와 Chorus에서 B 리듬으로 연주하고, Bridge에서 C 리듬으로 연주하고 있는 것입니다. 실제 4명의 연주자가 합주를 한다고 생각하면 쉽게 이해할 수 있을 것입니다.

앞의 편곡 악보와 같은 음악을 만들려면 다음과 같이 트랙 마다 연주 순서대로 샘플을 배치합니다. 음악은 언제나 왼쪽에서 오른쪽으로 재생되는 방식이기 때문에 연주 도중에 순서를 바꾸기는 어렵습니다. 연주 중에 다른 아이디어가 떠오르면 일단은 정지를 하고 샘플을 다시 배치해야 합니다. 변수가 많은 라이브 현장에서는 사용할 수 없으며, 스튜디오에서 작/편곡 및 음원 제작 용으로 사용하는 것이 일반적입니다.

연주 방향 →

| | Intro | Verse | Pre Chorus | Chorus | Bridge |
|---|---|---|---|---|---|
| 기타 트랙 | 샘플 A | 샘플 A | 샘플 B | 샘플 B | 샘플 C |
| 베이스 트랙 | 샘플 A | | 샘플 B | 샘플 B | 샘플 C |
| 드럼 트랙 | 샘플 A | | | 샘플 B | 샘플 C |
| 피아노 트랙 | 샘플 A | | | 샘플 B | 샘플 C |

큐베이스에서의 실제 작업 화면입니다. 샘플이 위 표와 동일하게 배치되고 있습니다.

# 02 | 클립의 이해

에이블톤은 트랙이 가로로 형성되어 있고, 세로로 샘플을 가져 놓을 수 있는 슬롯이 준비되어 있습니다. 직장인들이 많이 사용하는 엑셀의 표와 비슷합니다. 연주 방향이 정해져 있지 않다는 것이 큐베이스나 로직과의 차이점입니다. 에이블톤은 샘플을 슬롯에 가져다 놓으면 클립이라는 것이 만들어지며, 클립 마다 별도의 재생 버튼이 생성됩니다. 각각의 샘플이 한 명의 연주자가 되는 것입니다. 기타 트랙의 경우 A, B, C로 3개의 샘플을 가져다 놓는다면 3명의 기타 연주자를 섭외한 것이며, Intro와 Verse에서는 A 연주자가 연주를 하고, Pre Chorus와 Chorus에서는 B 연주자가 연주를 하고, Bridge에서는 C 연주자가 연주를 하게 할 수 있습니다.

에이블톤은 클립을 독립적으로 재생하는 방식이기 때문에 샘플을 순서대로 배치할 필요가 없습니다. 그냥 사용자가 원하는 슬롯에 샘플을 가져다 놓고, 연주시킬 클립의 재생 버튼만 누르면 됩니다. 앞의 편곡 악보와 같은 음악을 만든다면, Intro에서 모든 트랙의 A 클립을 동시에 재생하고, Verse에서 베이스, 드럼, 피아노 클립을 정지합니다. 에이블톤은 빈 슬롯에 정지 버튼이 있으며, 이를 누르면 해당 트랙의 클립 연주가 정지됩니다.
Pre Chorus에서 기타와 베이스 트랙의 B클립을 재생합니다. 에이블톤은 하나의 트랙에서 하나의 클립만 재생할 수 있기 때문에 기타 트랙의 B 클립을 재생하면 앞에서 연주되고 있던 A 클립이 자동으로 정지됩니다.
Chorus에서 드럼과 피아노 트랙의 B 클립을 재생하고, Bride에서 모든 트랙의 C 클립을 재생합니다.
결국, 에이블톤은 총 12명의 연주자를 섭외한 것이며, 연주 도중이라도 다른 아이디어가 떠오르면 언제든 순서를 바꿀 수 있기 때문에 라이브 현장에서도 사용 가능한 유일한 프로그램입니다.

| 기타 트랙 | 베이스 트랙 | 드럼 트랙 | 피아노 트랙 |
|---|---|---|---|
| ▶ 클립 A | ▶ 클립 A | ▶ 클립 A | ▶ 클립 A |
| ▶ 클립 B | ▶ 클립 B | ▶ 클립 B | ▶ 클립 B |
| ▶ 클립 C | ▶ 클립 C | ▶ 클립 C | ▶ 클립 C |

에이블톤에서의 실제 작업 화면입니다. 클립마다 독립 재생이 가능한 버튼이 있습니다.

# 03 | 씬의 이해

에이블톤으로 예제 악보를 연주할 때 Intro에서 기타, 베이스, 드럼, 피아노 클립을 동시에 재생하고, Verse에서 베이스, 드럼, 피아노 클립을 동시에 정지한다고 했습니다. 하지만, 마우스로 2개 이상의 클립을 동시에 재생한다는 것은 불가능합니다. 그래서 에이블톤 사용자는 Push나 Launchpad와 같은 전용 컨트롤러가 필요하지만, 이와 같은 장치가 없더라도 2개 이상의 클립을 동시에 재생할 수 있는 방법이 있습니다.

에이블톤은 가로 라인을 씬(Scenes)이라고 부르며, 오른쪽 끝에 위치한 Main 트랙에는 씬을 한 번에 재생할 수 있는 버튼을 제공합니다. 예제 악보대로 연주를 한다면 다음 표와 같이 세로 방향으로로 클립을 배치하고, 메인 트랙의 씬 버튼으로 Intro에서 1번, Verse에서 2번... 순서로 누르면 되는 것입니다.

| | 기타 트랙 | 베이스 트랙 | 드럼 트랙 | 피아노 트랙 | Main |
|---|---|---|---|---|---|
| Intro | ▶ 클립 A | ▶ 클립 A | ▶ 클립 A | ▶ 클립 A | ▶ Scenes ① |
| Verse | ▶ 클립 A | | | | ▶ Scenes ② |
| Pre Chorus | ▶ 클립 B | ▶ 클립 B | | | ▶ Scenes ③ |
| Chrous | ▶ 클립 B | ▶ 클립 B | ▶ 클립 B | ▶ 클립 B | ▶ Scenes ④ |
| Bridge | ▶ 클립 C | ▶ 클립 C | ▶ 클립 C | ▶ 클립 C | ▶ Scenes ⑤ |

연주 방향

에이블톤에서의 실제 작업 화면입니다. 샘플이 위 표와 동일하게 배치되고 있습니다.

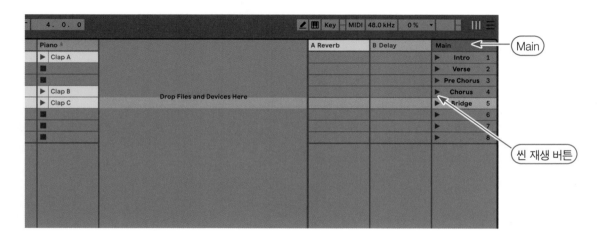

# 04 │ 어레인지 뷰의 이해

에이블톤의 메인 화면은 클립이나 씬을 연주하는 세션 뷰(Session View) 입니다. 라이브 현장에서 **빠른** 대응이 가능한 연주 툴로 보면 됩니다. 하지만, 큐베이스나 로직과 같이 음원을 제작하기 위해서는 사용자 연주를 기록하고 편집할 수 있는 시퀀스가 필요합니다. 이러한 기능을 하는 것이 어레인지먼트 뷰(Arrangement View)이며, 오른쪽 상단의 View 버튼을 클릭하거나 Tab 키를 눌러 전환할 수 있습니다.

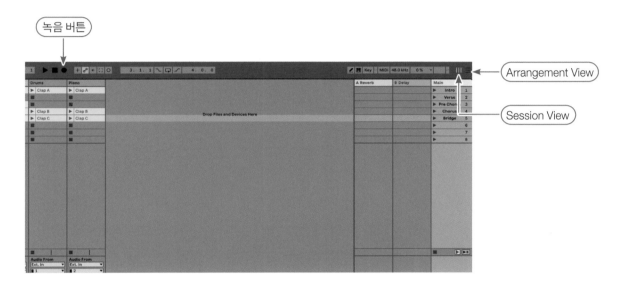

녹음 버튼

Arrangement View

Session View

컨트롤 바의 녹음 버튼(F9)을 누르고, 세션 뷰에서 연주를 하면 어레인지먼트 뷰에 기록이 되며, 후반 작업을 통해 음원을 제작할 수 있습니다. 물론, 큐베이스나 로직에서와 같이 어레인지먼트 뷰에서 작업을 시작할 수도 있으며, 트랙을 컨트롤하는 믹서 섹션이 오른쪽에 있다는 것 외에는 사용 방법이나 구조가 동일합니다.

연주 방향 →

# 시스템 준비하기

## 02

에이블톤 라이브의 설치 방법과 효과적인 사용을 위해 필요한 장치들을 살펴봅니다. 이미 프로그램이 설치되어 있고 사용하는데 아무런 문제가 없다면 넘어가도 좋습니다. 프로그램은 Ableton.com이나 국내 온라인 쇼핑몰에서 구매할 수 있지만, 최종적으로는 Ableton.com에서 다운 받아 설치하는 방식이기 때문에 어디서 구매를 해도 차이는 없습니다. 다만, 환율에 따라 가격 차이가 있을 수 있으므로, 검색을 해보고 결정하는 것이 좋습니다.

## 01 | 프로그램 설치하기

Ableton Live는 Intro, Standard, Suite의 3가지 버전이 있습니다. Intro는 오디오 인터페이스, 마스터 건반 등의 협력사 제품을 구매하면 무료로 제공되는 경우가 많기 때문에 돈을 들이기 애매한 버전이고, 취미라면 Standard, 음악을 하겠다면 Suite 버전을 선택하면 후회 없을 것입니다. 본서는 모든 기능을 제공하는 Suite 버전을 기준으로 합니다.

| | Intro | Standard | Suite |
|---|---|---|---|
| Audio/MIDI Tracks | 16 | Unlimited | Unlimited |
| Scenes | 16 | Unlimited | Unlimited |
| Send/Return Tracks | 2 | 12 | 12 |
| In/Out Mono Channels | 8 | 256 | 256 |
| Capture MIDI | O | O | O |
| Warp Modes | O | O | O |
| Audio-slicing | - | O | O |
| Audio to MIDI | - | O | O |
| Max for Live | - | - | O |
| Comping | O | O | O |
| Linked-Track | - | O | O |
| MPE | O | O | O |
| Note/Velocity Chance | O | O | O |
| Tempo Following | O | O | O |
| Library Size | 5+ GB | 10+ GB | 70+ GB |

| Instruments | 5 | 11 | 20 |
| --- | --- | --- | --- |
| Audio Effects | 20 | 35 | 58 |
| MIDI Effects | 11 | 12 | 14 |

**01** 에이블톤은 30일 동안 사용해볼 수 있는 트라이얼 버전이 있습니다. 저장 기능을 사용할 수 없지만, 프로그램을 구입하기 전에 경험해보는 용도로 충분합니다. Ableton.com에서 화면 오른쪽 상단의 Try Live for Free를 클릭하여 다운받을 수 있습니다.

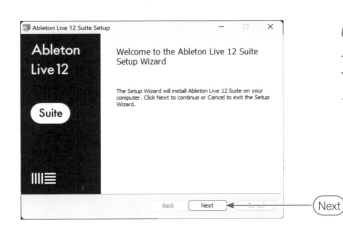

**02** 다운로드 받은 압축 파일을 해제하고, Ableton Live 12 Installer 파일을 더블 클릭하면, Welcome 창이 열립니다. Next 버튼을 클릭하여 설치를 시작합니다.

**03** 라이센스 창은 I accept the terms in the License Agreement 옵션을 체크하고, Next 버튼을 클릭합니다.

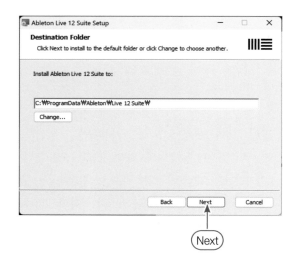

**04** 설치 위치를 묻는 창이 열립니다. Next 버튼을 클릭하여 기본 위치 C:/ProgramData/ Ableton/Live 12에 설치합니다. 위치를 변경하겠 다면 Change 버튼을 클릭하여 설치할 드라이브 및 폴더를 선택합니다.

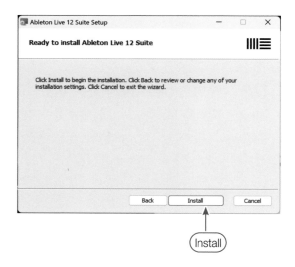

**05** 설치 준비가 완료되면 Install 버튼을 클릭 하여 설치를 진행합니다. 디바이스 경고 창이 열 리는 경우에는 예 버튼을 클릭하여 허용합니다.

**06** 설치가 끝나면 Finish 버튼을 클릭하여 마칩 니다. 완료 후 시스템 재부팅을 요구하면 Restart 버튼을 클릭하여 시스템을 재부팅 합니다.

# 02 필요한 장치

Ableton Live는 Mac OX X 10.13 이상 또는 Windows 10 이상의 시스템에서 별다른 장비 없이 사용할 수 있습니다. 그러나 좋은 소리를 녹음하기 위한 오디오 인터페이스, 사운드를 모니터하기 위한 스피커 등의 장비가 있으면 음원 제작이 가능한 홈 스튜디오를 꾸밀 수 있습니다.

## ● 마스터 건반

Ableton Live에 미디 정보를 입력하는 도구로 컴퓨터의 기본 장치인 키보드와 마우스를 이용할 수 있습니다. 그러나 컴퓨터 게임을 할 때 조이스틱이라는 장치를 이용하면 보다 재미있게 게임을 즐길 수 있듯이 미디 정보를 리얼하게 입력할 수 있는 장치가 있으면 좋습니다. 미디 정보 입력 장치로 많이 사용하는 것에는 피아노와 같은 모양의 마스터 건반입니다. 외관상으로는 신디사이저와 비슷하지만 미디 연주 정보 입력용으로 사용하는 장치이기 때문에 내장된 음색은 없습니다. 마스터 건반 외에 미디 정보 입력 장치로 사용할 수 있는 것은 미디 정보 출력용으로도 사용할 수 있는 신디사이저나 디지털 피아노가 있습니다.

▲ 마스터 건반                                      ▲ 디지털 피아노

## ● 오디오 인터페이스

컴퓨터에 내장되어 있는 사운드 카드는 사운드의 입/출력, 미디 인터페이스, 미디 음원 기능을 모두 갖추고 있는 멀티 제품이기 때문에 컴퓨터 음악 공부를 시작하는 사용자에게 유용한 장치입니다. 그러나 어느정도 익숙해지면 사운드가 늦게 들리는 레이턴시(Latency)도 해결하고 싶고, 녹음 품질도 높이고 싶다는 생각이 듭니다. 이러한 것들을 해결할 수 있는 것이 사운드의 입/출력을 담당하는 오디오 인터페이스이며, 상업용 음원 제작을 원한다면 반드시 필요한 장치입니다.

▲ 오디오 인터페이스

## ● 마이크

사람의 목소리와 같이 라인으로 연결할 수 없는 아날로그 신호를 Ableton Live에 디지털 신호로 기록하는 방법은 마이크를 이용한 레코딩 밖에 없습니다. 특히, 팝에서는 가수의 역할이 음악의 승패를 좌우하므로 마이크의 성능이 다른 그 무엇보다도 중요합니다. 마이크는 스튜디오에서 많이 사용하는 콘덴서 마이크와 라이브 공연에서 많이 사용하는 다이내믹 마이크가 있습니다. 콘덴서 마이크는 팬텀 파워를 지원하는 오디오 인터페이스가 필수이지만, 요즘 출시되는 오디오 인터페이스의 대부분은 이를 지원하고 있기 때문에 크게 고려할 사항은 아닙니다. 그 외, 자체 전원을 지원하는 진공관 마이크나 컴퓨터 USB에 연결해서 사용할 수 있는 제품도 있습니다.

▲ 다이내믹 마이크      ▲ 콘덴서 마이크      ▲ 진공관 마이크

## ● 모니터 스피커

Ableton Live를 이용해서 음악 작업을 할 때 가장 중요한 역할을 하는 것이 바로 '귀' 입니다. 그리고 Ableton Live 에서 작업하는 음악을 귀로 들려주는 장치는 소리를 증폭시켜 주는 앰프와 증폭된 소리를 전달하는 스피커로 구성된 모니터 시스템입니다. 입문 단계에서는 컴퓨터용 스피커를 사용해도 좋지만, 여유가 된다면 주파수 대역을 고르게 들려주는 모니터 스피커를 권장합니다. 모니터 스피커는 앰프와 스피커가 분리된 패시브 타입과 앰프가 내장된 액티브 타입이 있지만, 주로 사용되는 것은 액티브 타입입니다.

▲ 앰프가 내장되어 있는 액티브 타입      ▲ 별도의 앰프가 필요한 패시브 타입

## ● 헤드폰

헤드폰은 기본적으로 야간 작업을 할 때 이웃집에 피해가 가지 않도록 하는 역할도 하지만, 실제 기능은 레코딩을 할 때 반주 소리를 듣기 위해서 입니다. 반주를 완성하고 재생을 하면서 보컬을 녹음할 때 반주 소리가 마이크에 들어가면 안 되기 때문에 보컬 녹음이 필요한 경우에는 필수품입니다. 이어폰을 쓰면 반주가 녹음되는 것을 최소화할 수 있지만, 귀에 무리를 주기 때문에 보통은 밀폐형 헤드폰을 사용합니다. 만일, 한 방에서 두 사람 이상이 동시에 녹음을 해야 하는 경우라면, 헤드폰을 여러 개 연결할 수 있는 헤드폰 앰프도 필요합니다.

▲ 헤드폰

▲ 헤드폰 앰프

## ● 미디 컨트롤러

요즘에는 스튜디오 장비와 악기를 소프트웨어로 구현하기 때문에 컴퓨터와 간단한 장비만으로도 과거에 수 억원이 필요했던 스튜디오 작업을 안방에서 구현할 수 있습니다. 다만, 소프트웨어 장치들을 마우스로 다루는 것보다는 외부 하드웨어 장치를 이용해서 조정한다면 폼도 나고, 능률적인 작업도 가능합니다. 이렇게 소프트웨어 장치를 외부에서 조정할 수 있게 하는 장치가 미디 컨트롤러입니다. Abletone Live은 믹서의 페이더나 노브를 컨트롤하는 단순 작업을 넘어서 모든 기능을 컨트롤할 수 있는 Push와 연주 악기로 취급될 만큼 많은 인기를 끌고 있는 Launchpad 또는 Akai APC가 거의 필수품처럼 사용되고 있습니다.

▲ 푸쉬3 (ableton.com)

▲ 런치패드 (novationmusic.com)

# 03 장치 연결

음악 작업에 필요한 시스템의 종류를 살펴보긴 했지만, 학습을 시작하면서부터 모든 장비를 준비할 필요는 없습니다. 처음 공부하는 독자라면 가능한 최소한의 장비로 시작을 하면서 능력이 향상됨에 따라 느껴지는 부족함을 하나씩 채워 나가는 것이 자신에게 적합한 장비를 효과적으로 구축할 수 있는 방법입니다. 다만, 장비를 구입하기로 결정했다면, 가격을 고려하여 적당한 제품을 선택하기 보다는 자신의 경제적 능력이 허락하는 한도에서 많은 사람들로부터 인정받고 있는 제품을 선택하는 것이 현명합니다.

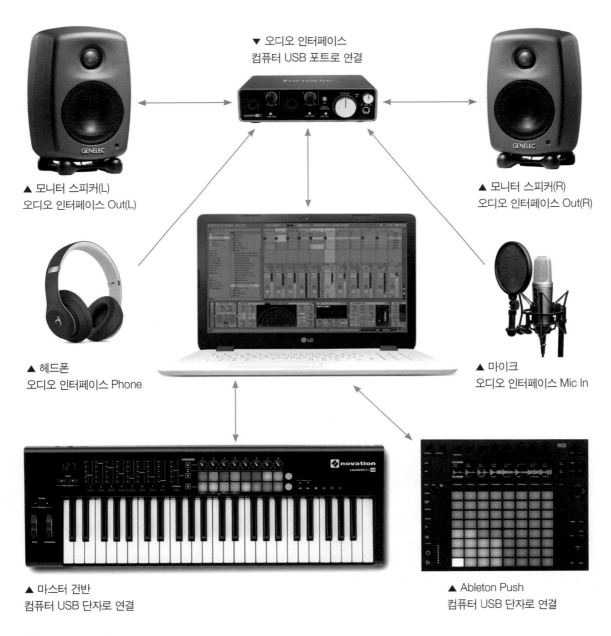

▼ 오디오 인터페이스
컴퓨터 USB 포트로 연결

▲ 모니터 스피커(L)
오디오 인터페이스 Out(L)

▲ 모니터 스피커(R)
오디오 인터페이스 Out(R)

▲ 헤드폰
오디오 인터페이스 Phone

▲ 마이크
오디오 인터페이스 Mic In

▲ 마스터 건반
컴퓨터 USB 단자로 연결

▲ Ableton Push
컴퓨터 USB 단자로 연결

*01* 오디오 인터페이스를 USB 단자에 연결합니다. 좋은 소리를 얻기 위한 목적 외에 레이턴시 해결을 위해 꼭 필요한 장비입니다. 레이턴시는 오디오 입/출력 타임을 말하는 것으로, 건반을 눌렀을 때 소리가 늦게 들리는 현상은 레이턴시가 길기 때문이며, 이것을 해결하려면 오디오 인터페이스가 필요합니다.

USB 단자에 연결

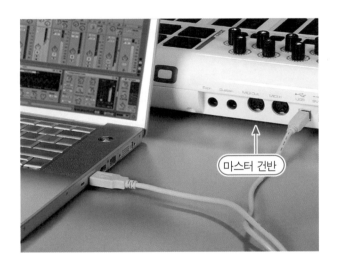

*02* 마스터 건반을 USB 단자에 연결합니다. 건반만 있는 것과 컨트롤러가 포함된 두 가지 타입이 있습니다. 전용 컨트롤러를 가지고 있다면 조금 저렴한 건반 타입도 좋고, 이참에 피아노 공부까지 하겠다면 88건반 또는 디지털 피아노도 좋습니다.

마스터 건반

*03* 컴퓨터 USB 단자가 모자라는 경우에는 이를 확장시킬 수 있는 USB 허브를 사용합니다. 하나의 단자를 4-8개로 확장할 수 있는 제품이 대부분이며, 가격은 몇 천원에서부터 몇 만원까지 다양합니다.

USB Hub

**04** 마이크는 오디오 인터페이스의 Mic 단자에 연결합니다. 콘덴서 마이크의 경우에는 팬텀 전원 (48V)이 필요하기 때문에 오디오 인터페이스를 구입할 때 지원 여부를 확인하는 것이 좋습니다.

Mic in으로 연결

48V 지원

**05** 오디오 인터페이스 메인 아웃에 모니터 스피커를 연결합니다. 제품에 따라 55타입, 폰 타입, 캐논 타입 등, 다양한 단자를 가지고 있으므로, 케이블을 구매할 때 확인합니다. 헤드폰은 오디오 인터페이스의 Phone 단자에 연결합니다.

캐논 단자

캐논 케이블

**06** 라이브 활동을 목적으로 한다면 에이블톤 전용 컨트롤러도 필요합니다. 국내에서 구입 가능한 제품은 Novation Launchpad, Akai APC, Ableton Push 정도가 있으며, 모두 USB 단자에 연결하여 사용합니다.

> **TIP**
>
> *Ableton Push는 컴퓨터 없이 단독으로 사용할 수 있는 Standalone 제품도 있습니다.*

# 환경설정

Options 메뉴의 Preference를 선택하거나 Ctrl+콤마(,) 키를 누르면 환경을 설정할 수 있는 창이 열립니다. 에이블톤을 설치하고 가장 먼저 해야 할 것이 미디와 오디오 인터페이스를 시스템에 맞게 설정하는 것입니다. 특히, 오디오 인터페이스를 선택하는 Audio 페이지의 Driver Type과 Audio Device는 반드시 확인을 해야합니다. 그 외, 나머지 옵션은 그대로 두어도 좋지만, 각 페이지의 옵션이 어떤 역할을 하는지 한 번쯤 확인을 해 두면, 작업을 하면서 발생하는 문제점을 스스로 해결할 수 있게 될 것입니다.

## 01 | Audio

컴퓨터에 내장된 사운드 카드 또는 추가 설치한 오디오 인터페이스 중에서 어떤 것을 사용할 것인지를 결정합니다. 프로그램을 설치하고 가장 먼저 해야할 설정이 Driver Type에서 ASIO를 선택하고, Audio Device에서 사용자 컴퓨터에 연결되어 있는 오디오 인터페이스를 선택하는 일입니다. 맥 사용자라면 Driver Type에서 CoreAudio를 선택합니다.

## Audio Device

● Driver Type : 오디오 디바이스를 선택합니다. MAC은 CoreAudio, PC는 ASIO 드라이버를 권장합니다.

● Audio Deivce : 컴퓨터에 내장되어 있는 사운드 카드 또는 컴퓨터에 연결한 오디오 인터페이스를 선택합니다.

● Channel Configuraion : 에이블톤에서 사용할 오디오 인터페이스의 인/아웃을 선택합니다. 버튼을 클릭하면 모노 및 스테레오 인/아웃을 선택할 수 있는 창이 열리며, 각 포트에 연결한 장치의 이름을 입력할 수 있습니다.

## Sample Rate

● In/Out Sample Rate : 인/아웃 샘플 레이트를 선택합니다. 음원 제작이 목적이라면 44100으로도 충분하지만, 목적이 확정되지 않은 경우에는 시스템이 허락하는 한도내에서 가장 크게 설정하는 것이 좋습니다. 일반적으로 48000을 가장 많이 사용합니다.

● Default SR & Pitch Conversion : 샘플을 로드 할 때 최대한 원음이 유지되게 합니다.

## Latency

● Buffer Size : 버퍼 사이즈를 설정합니다. In/Output Latency 합이 30ms 이하를 권장하지만, 테스트를 해보고 시스템에 맞게 설정합니다. 오디오 인터페이스에 따라 Hardware Setup 버튼을 제공하는 경우도 있습니다.

● Driver Error Compensation : 레이턴시 보정 타임을 설정합니다.

● Overall Latency : 인/아웃 레이턴시의 합을 표시하며, Driver Error Compensation 옵션으로 보정 가능합니다.

## Test

● Test Tone : 오디오 인터페이스의 연결 상태를 체크하는 비프음을 발생시킵니다.

● Tone Volume : 비프음의 볼륨을 조정합니다.

● Tone Frequency : 비프음의 주파수를 조정합니다.

● CPU Usage Simulator : 사용자 시스템에 적합한 CPU 사용량을 체크합니다.

## 02 | Link, Tempo & MIDI

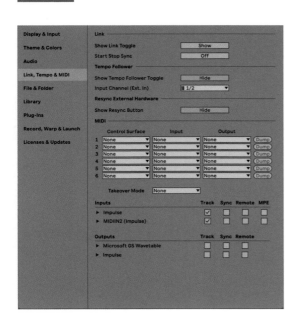

미디 장치 및 컨트롤러 환경을 설정합니다. 기본적으로 미디 장치는 자동으로 인식을 하지만, 에이블톤에서 사용할 장치를 구분하고 싶다면, In/Outputs에서 Track 항목을 체크하거나 해제합니다.

## Link

컨트롤 바에 Link 버튼을 표시하는 Show Link Toggle과 연결된 컨트롤러에서 시작 및 정지 명령을 동기화 할 수 있는 Start Stop Sync 옵션을 제공합니다.

## Tempo Follower

컨트롤 바에 Follow 버튼을 표시하는 Show Tempo Follower Toggle와 입력 포트를 선택하는 Input Channel 옵션을 제공합니다.

## Resync External Hardware

컨트롤 바에 Resync 버튼을 표시하는 Show Resync Button 옵션을 제공합니다.

## MIDI

에이블톤 지원 컨트롤러를 최대 6대까지 연결할 수 있습니다. Control Surface에서 장치를 선택하고, In/Output에서 해당 장치의 입/출력 포트를 선택합니다. 장치에 따라 Dump를 실행해야 하는 경우도 있습니다. 그 외, 컨트롤러를 움직일 때, 같은 값에서 동작되게 하는 Pickup과 컨트롤 위치를 따라가게 하는 Value Scaling을 선택할 수 있는 Takeover Mode 옵션을 제공합니다.

## In/Outputs

컴퓨터에 연결되어 있는 미디 장치를 표시하며, Track, Sync, Remote, MPE 사용 여부를 On/Off 합니다.

## 03 | Display & Input

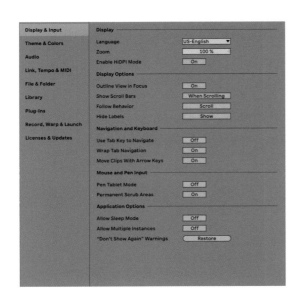

프로그램 언어 및 화면 크기 또는 Tab 및 좌/우 방향키의 동작 방법 등을 결정하는 옵션을 제공합니다.

## Display

- Language : 프로그램 언어를 선택합니다. 기본 언어는 US-English이며, 한글은 지원하지 않습니다.
- Zoom : 화면 크기를 50-200% 범위로 조정합니다.
- Enable HiDPI Mode : 고해상도 HiDPI 그래픽 지원 모드 입니다.

## Display Options

- Outline View in Focus : 선택된 창 테두리에 윤각선을 표시합니다.
- Show Scroll Bars : 스크롤 막대를 항상 표시할 것인지, 필요할 때만 표시되게 할 것인지를 선택합니다.
- Follow Behavior : 곡을 재생할 때 송 포지션 라인에 따라 화면이 스크롤되게 할 것인지의 여부를 선택합니다. 버튼을 클릭하여 Page로 변경하면 송 포지션 라인이 고정되고, 화면이 페이지 단위로 넘어갑니다.
- Hide Lables : 믹서의 파라미터 이름 표시 여부를 선택합니다.

## Navigation and Keyboard

- Use Tab Key to Navigate : Off이면 Tab 키가 세션 및 어레인지먼트 뷰 전환용으로 사용되며, On이면 파라미터 이동 버튼으로 사용됩니다. 이때 Shift+Tab은 이전 파라미터로 이동하고 Tab은 다음 파라미터로 이동합니다.
- Warp Tab Navigation : Use Tab Key to Navigate 옵션을 사용할 경우에 Tab 키가 순환되도록 합니다. 첫 번째 파라미터가 선택된 경우에 Shift+Tab은 마지막 파라미터로 이동합니다.
- Move Clips With Arrow Keys : 좌/우 방향키를 이용하여 선택한 클립이 이동되게 할 것인지를 결정합니다.

## Mouse and Pen Input

- Pen Tablet Mode : 펜 또는 터치 스크린 지원 모드 입니다.
- Permanent Scrub Areas : 스크럽 라인을 클릭하여 모니터 할 수 있게 합니다. 옵션을 Off 한 경우에는 Shift 키를 누른 상태로 룰러 라인이나 스크럽 라인을 클릭하여 모니터 할 수 있습니다.

## Application Options

- Allow Sleep Mode : 시스템 절전 모드에 들어가지 않게 합니다.
- Allow Multiple Instances : 여러 인스턴트를 열 수 있게 합니다.
- Don't show Again Warnings : 에이블톤에서 열리는 경고 창은 "Don't Show Again Warnings" 옵션을 체크하여 열리지 않게 할 수 있지만, 필요한 경우에 Restore 버튼을 클릭하여 다시 열리게 합니다.

# 04 | Theme & Colors

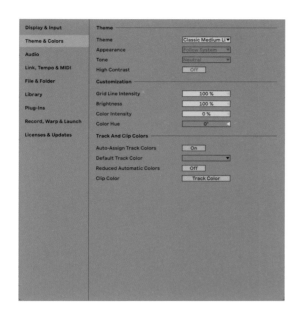

화면 색상 및 톤을 설정합니다. 특별히 기본 설정을 변경할 이유는 없지만, 시력이 좋지 않거나 작은 모니터의 노트북을 사용하는 경우에 유용한 옵션입니다. 특히, 색맹을 위한 컬러 옵션까지 제공하고 있습니다.

## Theme

- Theme : 화면 색상을 선택합니다. Default에서 다음 옵션을 사용할 수 있습니다.
- Appearance : 사용자 시스템 밝기를 따르게 하거나 밝게 또는 어둡게 설정할 수 있습니다.
- Tone : 톤을 차갑게 또는 따뜻하게 설정할 수 있습니다.
- High Contrast : 좀 더 선명하게 표시합니다.

## Costomization

- Brightness : 화면 밝기를 조정합니다.
- Color Intensity : 컬러 명함을 조정합니다.
- Color Hue : 컬러 색조를 조정합니다.

## Track And Clip Colors

- Auto-Assign Track Colors : 트랙 색상이 자동으로 결정되게 합니다.
- Default Track Color : Auto-Assign Track Colors 옵션을 Off 하면, 트랙 색상을 선택할 수 있습니다.
- Reduced Automatic Colors : 색맹을 위한 색상으로 적용되게 합니다.
- Clip Color : 클립 색상을 트랙과 같게 할 것인지, 자동으로 결정되게 할 것인지를 선택합니다.

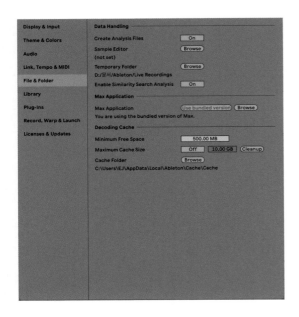

# 05 | File & Folder

에이블톤 라이브는 샘플을 가져올 때 분석 파일 및 캐시 파일을 만들며, 각 파일이 저장될 경로와 디스크 크기를 설정합니다.

## Data Handling

- Create Analysis Files : 샘플 분석 파일(*.asd)을 만들 것인지 선택합니다.
- Sample Editor : 오디오 편집 툴을 선택합니다. Adobe사의 Audition을 많이 사용합니다.
- Temporary Folder : 템플릿 파일(*.als)이 저장될 위치를 선택합니다.

## Max Application

Max Application이 설치되어 있는 위치를 선택합니다.

## Decoding Cache

- Minimum Free Space : 압축 샘플을 재생하기 위한 디코딩 과정에서 생성되는 캐시 파일이 저장될 최소 공간을 결정합니다. 설정 크기가 넘어가면 오래된 파일부터 자동 삭제됩니다.
- Maximum Cache Size : 캐시 디스크 최대 크기를 제한 할 수 있습니다. Cleanup 버튼은 Live Set에 사용되지 않는 모든 캐시 파일을 삭제합니다.
- Cache Folder : 캐시 파일이 저장될 폴더 위치를 지정합니다.

# 06 | Library

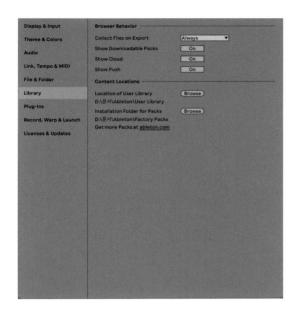

라이브 팩 및 사용자 라이브러리 경로를 관리합니다.

## Browser Behavior

● Collect Files on Export : 클립이나 디바이스를 사용자 라이브러리로 저장할 때의 옵션을 선택합니다. Always 는 관련 파일을 복사하고, Ask는 복사 옵션을 선택할 수 있는 창을 열고, Never는 복사하지 않습니다.

● Show Downloadable Packs : Packs 카테고리에 업데이트 및 사용 가능한 팩을 표시합니다.

● Show Cloud : Places 카테고리에 Ableton Cloud 서비스 폴더를 표시합니다.

● Show Push : Places 카테고리에 Push 컨트롤러를 표시합니다.

## Content Locations

● Installation Folder for Packs : 라이브 팩이 설치된 위치를 선택합니다.

● Location of User Library : 사용자 라이브러리가 설치된 위치를 선택합니다.

# 07 | Plug-Ins

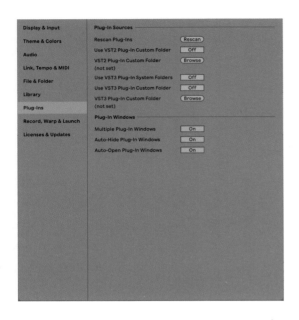

사용자 컴퓨터에 설치되어 있는 플러그인을 관리합니다.

## Plug-In Sources

● Rescan Plug-Ins : 에이블톤이 실행 중일 때는 새로 설치되는 플러그-인을 자동으로 감지하지 못하므로, 다시 실행해야 하는데, Rescan 버튼은 실행 중에도 즉시 사용할 수 있도록 합니다.

● Use VST2 Plug-in Custom Folder : 사용자 지정 폴더의 VST2 플러그-인들을 사용할 수 있게 합니다.

● VST2 Plug-In Custom Folder : VST2 플러그-인이 설치되어 있는 폴더를 지정합니다.

● VST Plug-In Custom Folder : 플러그-인 폴더를 지정합니다.

● Use VST3 Plug-in System Folder : 시스템에 설치되어 있는 VST3 플러그-인들을 사용할 수 있게 합니다.

● Use VST3 Plug-in Custom Folder : 사용자 지정 폴더의 VST3 플러그-인들을 사용할 수 있게 합니다.

● VST3 Plug-In Custom Folder : VST3 플러그-인이 설치되어 있는 폴더를 지정합니다.

## Plug-in Windows

● Multiple Plug-In Windows : 두 개 이상의 플러그-인을 열 수 있게 합니다.

● Auto-Hide Plug-In Windows : 선택한 트랙의 플러그-인만 열리게 합니다.

● Auto-Open Plug-In Custom Editor : 플러그-인을 로드할 때 자동으로 열리게 합니다.

# 08 Record, Warp & Launch

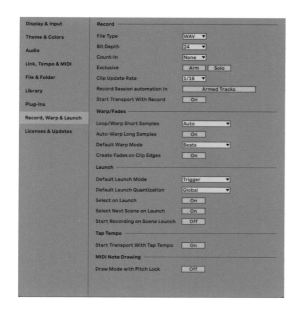

라이브 세트의 기본 구성 및 레코딩 환경을 설정합니다.

## Record

● File Type : 녹음 포맷을 선택합니다.

● Bit Depth : 녹음 할 때 적용되는 샘플 비트를 선택합니다.

● Count-In : 카운트의 길이를 설정합니다.

● Exclusive : 선택한 트랙의 Arm 및 Solo 버튼을 활성화 합니다. 선택하는 모든 트랙을 활성화하고 싶은 경우에는 Off 합니다.

● Clip Update Rate : 녹음 중에 클립 컨트롤을 변경하면, 얼마 만에 업데이트되게 할지를 선택합니다.

● Record Session automation in : 오토메이션을 기록할 수 있는 트랙을 선택합니다. Armed Tracks은 Arm 버튼이 켜져 있는 트랙에서만 기록할 수 있고, All Tracks은 Arm 버튼에 상관없이 전체 트랙에 기록할 수 있습니다.

● Start Playback with Record : 레코드 버튼을 누르면 바로 진행되게 합니다.

## Warp/Fades

● Loop/Warp Short Samples : 짧은 샘플을 추가할 때 루프 및 워프 기능의 동작 상태를 선택합니다.

● Auto-Warp Long Samples : 긴 샘플을 추가할 때 자동으로 워프 기능을 동작합니다. 원래 템포로 재생되게 하고 싶은 경우에는 옵션을 해제합니다.

● Default Warp Mode : 워프 동작의 기본 모드를 선택합니다.

● Create Fade on Clip Edges : 새로운 클립의 시작과 끝에 4ms 길이로 페이드를 생성합니다.

## Launch

- Dafault Launch Mode : 런치 버튼의 기본 모드를 선택합니다.
- Defautl Launch Quantization : 런치 퀀타이즈의 기본 값을 선택합니다. Global은 세트 퀀타이즈 입니다.
- Select on Launch : 런치 버튼을 클릭하면 해당 클립 뷰로 이동합니다.
- Select Next Scene on Launch : 다음 씬이 자동으로 재생되게 합니다.
- Start Recording on Scene Launch : 씬을 재생할 때 빈 슬롯에 녹음을 진행할 수 있게 합니다.

## Tap Tampo

- Start playback with tap tempo : 탭으로 템포를 설정할 때 연주되게 할 것인지를 선택합니다.

## MIDI Note Drawing

- Draw Mode with Pitch Lock : 마우스 드래그로 노트를 입력할 때 피치가 고정되게 합니다.

---

##  | Licenses & Updates

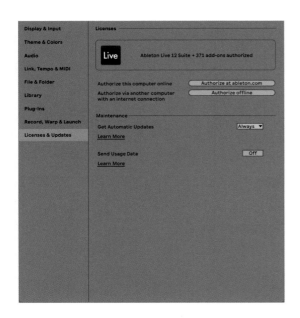

제품 활성화 및 업그레이드를 진행할 수 있는 페이지입니다. Ableton.com에 회원 가입 및 제품 코드가 등록되어 있어야 합니다.

# 화면구성

에이블톤을 설치 후 처음 실행하면 브라우저 뷰, 세션 뷰, 인포 뷰, 디바이스 뷰, 도움말 뷰로 구성된 데모 곡이 열리며, 스페이스 바 키를 눌러 재생할 수 있습니다. 데모 곡이 연주되지 않는 경우에는 오디오 설정에 문제가 있는 것이므로, Options 메뉴의 Preference를 선택하여 창을 열고, Audio 페이지의 Driver Type과 Audio Device에서 사용하고 있는 오디오 인터페이스가 선택되어 있는지 확인합니다.

## 01 메인 화면

화면 중앙에 표시되는 메인 뷰는 음원 작업을 위한 어레인지먼트 뷰와 연주를 위한 세션 뷰를 제공하며, Tab 키를 눌러 전환할 수 있습니다. 프로그램을 설치하고 처음 열리는 데모 곡은 어레인지먼트 뷰로 열리며, 위쪽에는 메뉴와 컨트롤 바, 아래쪽에는 인포 뷰와 디테일 뷰, 왼쪽에는 브라우저 뷰, 오른쪽에는 도움말 뷰가 열려 있습니다.

본서를 읽는 독자에게 도움말과 인포 뷰는 필요 없을 것이므로, 닫기 버튼을 클릭하여 닫습니다.

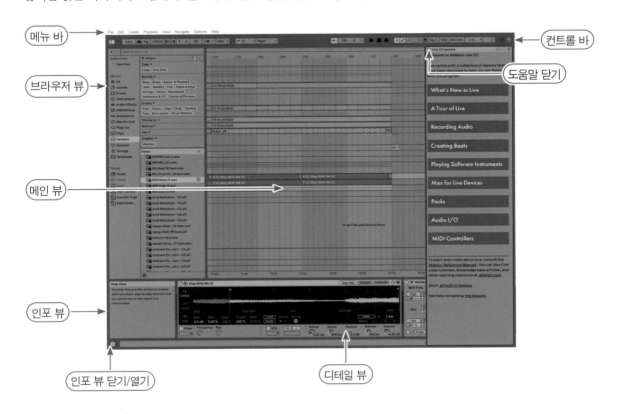

● File 메뉴

에이블톤 라이브 세트(Live Set)를 관리하는 명령들로
구성되어 있습니다.

| File | |
|---|---|
| New Live Set | Ctrl+N |
| Open Live Set... | Ctrl+O |
| Open Recent Set | > |
| Close Window | Ctrl+W |
| Install Pack... | |
| Add Folder to Browser... | |
| Manage Files | |
| Save Live Set | Ctrl+S |
| Save Live Set As... | Ctrl+Shift+S |
| Save a Copy... | |
| Collect All and Save | |
| Save Live Set As Template... | |
| Save Live Set As Default Set... | |
| Export Audio/Video... | Ctrl+Shift+R |
| Export MIDI Clip... | Ctrl+Shift+E |
| Quit | Ctrl+Q |

▶ New Live Set : 새로운 작업을 위한 라이브 세트를
엽니다.

▶ Open Live Set : 기존에 작업한 라이브 세트를 불러
올 수 있는 오픈 창을 엽니다.

▶ Open Recent Set : 최근에 작업한 라이브 세트 목
록이 서브 메뉴로 열리며, 선택하여 열 수 있습니다.

● Remove Unavailable Sets : 최근 작업 목록 중에서 위치가 이동되었거나 삭제되어 불러올 수 없는 라이브 세
트는 회색으로 표시되며, 이를 목록에서 삭제합니다.

● Clear List : 최근 작업 목록을 삭제합니다.

▶ Close Window : 에이블톤은 듀얼 모니터 사용자를 위해 세컨 뷰를 열 수 있으며, 이를 닫습니다. 보통은 화면
오른쪽 상단 모서리의 X 표시를 클릭하여 닫기 때문에 메뉴를 사용하는 경우는 없습니다.

▶ Install Pack : 에이블톤 팩(*.alp) 파일을 열어 설치합니다. 기본적으로 제공하는 팩은 브라우저의 Pack 카테고
리에서 다운로드 버튼을 클릭하여 설치하며, Ableton.com에서 추가 구매한 파일은 다운 받은 파일을 더블 클릭하
면 설치되기 때문에 실제로 메뉴를 사용하는 경우는 없습니다.

▲ Available Pack 설치

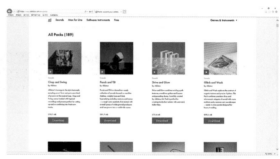

▲ ableton.com

▶ Add Folder to Browser : 브라우저 Places 섹션에 폴더를 추가합니다. 탐색기에서 폴더를 드래그하여 직접 추가할 수 있기 때문에 자주 사용하는 메뉴는 아닙니다.

▶ Manage Files

작업 샘플을 관리할 수 있는 창을 엽니다. 샘플이 누락된 경우에는 상태 표시줄에 Media files are missing... 문자가 표시되며, 이를 클릭해도 창을 열 수 있습니다.

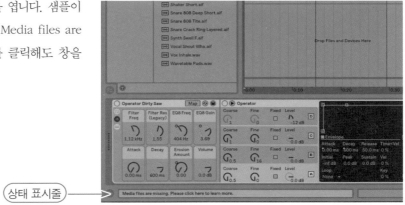

상태 표시줄

샘플이 누락되는 이유는 경로가 바뀌었거나 삭제한 경우입니다. 삭제한 경우에는 방법이 없지만, 경로가 바뀐 경우에는 위치를 다시 지정해주면 됩니다. ① Manage Set 버튼을 클릭하고, ② Missing Files 섹션의 Locate 버튼 클릭하고, ③ Automatic Search의 Go 버튼을 클릭하면 자동으로 검색할 수 있습니다. 이때 검색 위치는 Set Folder 버튼을 클릭하여 지정합니다. Search Project와 Search Library 옵션은 세트와 라이브러리를 포함해서 검색할 것인지를 선택하는 것입니다.

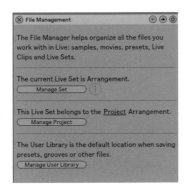

▶ Save Live Set : 작업 중인 라이브 세트를 저장합니다. 처음 저장하는 경우에는 파일 이름을 입력할 수 있는 Save Live Set As 창이 열립니다.

▶ Save Live Set As : 작업 중인 라이브 세트를 다른 이름으로 저장합니다.

▶ Save a Copy : 작업 중인 라이브 세트를 다른 위치로 복사합니다.

▶ Collect All and Save : 작업 중인 라이브 세트에 사용하고 있는 샘플을 한 곳에 모아서 저장할 수 있습니다. 여러 경로에 흩어져 있는 파일, 세트, 사용자 라이브러리, 기본 팩 옵션을 선택할 수 있는 창이 열립니다.

▶ Save Live Set As Template : 현재 라이브 세트를 사용자 라이브러리 템플릿 폴더에 저장합니다.
▶ Save Live Set As Default Set : 현재 라이브 세트를 사용자 라이브러리 템플릿 폴더에 저장하고 새로운 라이브 세트로 만듭니다.
▶ Export Audio/Video
작업한 음악을 오디오 파일로 만들 수 있는 익스포트 창을 열며, 옵션은 다음과 같습니다.

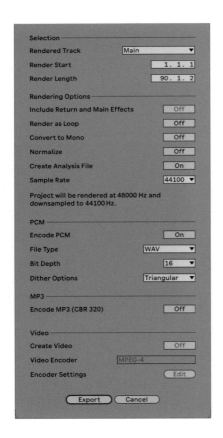

Rendered Track : 어떤 트랙을 오디오 파일로 만들 것인지를 선택합니다. 최종 출력은 Main이며, 모든 트랙을 개별적으로 만드는 All Individual Tracks과 선택한 트랙을 만드는 Selected Tracks Only, 그리고 오디오 트랙 목록이 있습니다.

Render Start/Length : 오디오 파일로 만들 시작 위치(Render Start)와 길이(Render Length)을 선택합니다.
렌더링 작업을 하기 전에 Ctrl+A 키를 눌러 모든 클립을 선택하면, 전체 구간이 자동으로 설정됩니다.

Include Return and Main Effects : 개별 트랙을 만들 때 리턴 및 메인 이펙트를 포함합니다.

Render as Loop : 오디오 파일에 루프 속성을 부여합니다.

Convert to Mono : 모노 파일로 만듭니다.

Normalize : 오디오 파일을 피크가 발생하지 않는 최대 레벨로 끌어올려 줍니다. 전체 레벨은 믹싱과 마스터링 작업에서 완성하는 것이 좋으므로, 이 옵션을 사용하는 경우는 거의 없습니다.

Create Analysis File : 오디오 분석 파일(*.asd)을 만듭니다.

Sample Rate : 샘플 레이트를 선택합니다. 오디오 CD 표준은 44100Hz이며, 영상은 48000Hz를 많이 사용합니다.

Encode PCM : 렌더링 활성 여부를 On/Off 합니다. MP3 파일만 만들겠다면 Off 합니다.

File Type : 파일 포맷을 선택합니다. 윈도우 표준의 Wav 파일과 맥 표준의 Aif, 그리고 FLAC 포맷을 지원합니다.

Bit Depth : 샘플 비트를 선택합니다. 오디오 CD의 경우에는 16bit가 표준이며, 영상은 24bit를 많이 사용합니다.

Dither Options : 세트 설정 이하의 비트와 레이트로 렌더링할 때 발생할 수 있는 디지털 잡음을 방지하는 옵션입니다. POW-1, 2, 3 순서로 좀 더 높은 디더링 옵션을 제공하지만, 기본 설정의 Triangular가 안전합니다.

Encode MP3 (CBR 320) : MP3 파일을 만듭니다. 대부분의 음원 사이트에서 사용하는 규격입니다.

Create Video : 세트에 사용한 영상을 오디오 파일과 같은 폴더에 저장합니다.

Video Encoder : 영상 포맷을 선택합니다. 사용자 컴퓨터에 설치되어 있는 코덱에 따라 다르지만, 많이 사용하는 H.264 코덱의 MP4 포맷을 기본 지원합니다.

Encoder Settings : 영상 크기와 오디오 포맷을 설정할 수 있는 창을 엽니다. Video Settings에서 영상의 크기와 평균 전송률을 선택하며, Audio Setiings에서 샘플 레이트와 평균 전송률을 선택합니다. 비디오 평균 전송률이 높을수록 화질은 좋지만, 용량이 커지고, 렌더링 시간도 길어집니다. 유튜브를 목적으로 한다면 인터넷이 느린 해외 유저를 감안하여 낮은 값을 선택하는 것이 안전합니다.

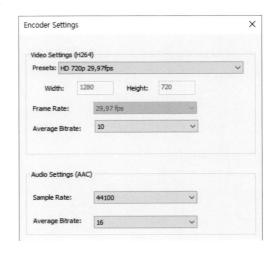

▶ Export MIDI Clip : 선택한 클립을 미디 파일로 만듭니다.

▶ Quit : 프로그램을 종료합니다. 실제로는 오른쪽 상단 모서리의 X 표시를 클릭하는 경우가 많습니다.

## ● Edit 메뉴

편집 관련 명령들로 구성되어 있으며, 뷰에 따라 사용 여부가 결정되고, 명령이 바뀌는 것도 있습니다.

| | |
|---|---|
| Undo | Ctrl+Z |
| Redo | Ctrl+Y |
| Cut | Ctrl+X |
| Copy | Ctrl+C |
| Paste | Ctrl+V |
| Duplicate | Ctrl+D |
| Delete | Del |
| Deactivate Clip | 0 |
| Select All | Ctrl+A |
| Invert Selection | Ctrl+Shift+A |
| Select Loop | Ctrl+Shift+L |
| Loop Selection | Ctrl+L |
| Clip Markers | > |
| Group | Ctrl+G |
| Ungroup | Ctrl+Shift+G |
| Cut Time | Ctrl+Shift+X |
| Paste Time | Ctrl+Shift+V |
| Duplicate Time | Ctrl+Shift+D |
| Delete Time | Ctrl+Shift+Del |
| Apply Transformation/Generator | Ctrl+Enter |
| Rename | Ctrl+R |
| Edit Info Text | |
| Solo Track | S |
| Arm Track | C |
| Freeze Track | Ctrl+Shift+Alt+F |
| Freeze and Flatten Track | |
| Remove Stop Button | Ctrl+E |
| Consolidate | Ctrl+J |
| Fit to Time Range | Ctrl+Alt+J |
| Quantize | Ctrl+U |
| Quantize Settings... | Ctrl+Shift+U |
| Extract Groove(s) | |
| Record Quantization | > |
| Simplify Envelope | |

세션 뷰 : Remove Stop Button
어레인지먼트 뷰 : Split
클립 뷰 : Chop Note(s) on Grid

어레인지 뷰 : Consolidate
클립 뷰 : Join Notes

▶ Undo : 작업을 역순으로 취소합니다. 자주 사용하는 명령이므로 단축키 Ctrl+Z을 외우는 것이 좋습니다.
▶ Redo : 취소한 작업을 다시 실행합니다.

▶ Cut : 선택한 클립 또는 구간을 잘라냅니다. 단축키는 Ctrl+X 입니다.
▶ Copy : 선택한 클립 또는 구간을 복사합니다. 단축키는 Ctrl+C 입니다.

▶ Paste : Cut 또는 Copy로 복사한 클립 또는 구간을 마우스 클릭 위치에 붙입니다.

▶ Duplicate : 선택한 클립 또는 구간을 복제합니다. 단축키는 Ctrl+D 입니다.

▶ Delete : 선택한 클립 또는 구간을 삭제합니다. 단축키는 Delete 입니다.


▶ Deactivate/Activate : Clip, Note, Device 등 선택한 개체가 재생되지 않게 하거나 활성화합니다.


▶ Select All : 전체를 선택합니다. 단축키는 Ctrl+A 입니다.

▶ Invert Selection : 선택한 노트 이외의 노트를 선택합니다.

▶ Select Loop : 선택 구간을 반복합니다.

▶ Loop Selection : 선택 구간을 반복 구간으로 지정합니다. 단축키는 Ctrl+L 입니다.

▶ Clip Markers : 재생 및 반복 위치를 설정할 수 있는 서브 메뉴로 구성되어 있습니다.

● Set Start/End Marker : 클릭 위치에 시작 및 끝 마커를 위치시킵니다.

● Set Loop Start/End : 클릭 위치에 반복 시작 및 끝 마커를 위치시킵니다.

▶ Group : 트랙 또는 노트를 그룹으로 만듭니다. 그룹 노트는 Chance 및 편집이 공통으로 적용되며, 그룹 노트를 마우스 오른쪽 버튼으로 클릭하여 Group Notes (Play One)로 변경하면 한 번에 하나의 노트만 재생됩니다.

▶ Ungroup : 그룹 트랙 또는 노트를 해제합니다.


▶ Cut Time : 선택 구간의 전체 트랙을 잘라냅니다.

▶ Paste Time : Cut 또는 Copy로 복사한 전체 구간을 마우스 클릭 위치에 붙입니다.

▶ Duplicate Time : 선택한 구간의 전체 트랙을 복제합니다.

▶ Delete Time : 선택한 구간의 전체 트랙을 삭제합니다.


▶ Apply Transformation/Generator : 클립의 Transform 및 Generator 속성을 적용합니다.

Transform 속성

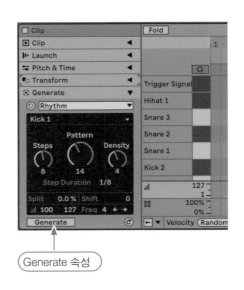

Generate 속성

▶ Rename : 선택한 트랙이나 클립의 이름을 변경합니다.

▶ Edit info Text : 인포 뷰에 간단한 메모를 할 수 있습니다.


▶ Solo Track : 트랙의 솔로 버튼을 On/Off 합니다.

▶ Arm Track : 트랙의 Arm 버튼을 On/Off 합니다.

▶ Freeze Track : 선택한 트랙의 장치들을 동결하여 시스템 자원을 확보합니다.

▶ Freeze and Flatten Track : 동결시킨 트랙의 장치 결과물을 데이터로 만듭니다.


▶ Remove/Add Stop Button : 세션 뷰에서 정지 버튼을 제거/추가합니다.

● Split : 어레인지 뷰 또는 클립 뷰에서 클립 또는 노트를 자릅니다.

● Chop Notes(s) on Grid : 노트를 선택한 경우에 그리드 단위로 자릅니다.

▶ Consolidate : 어레인지 뷰에서 선택 구간의 클립을 하나로 붙입니다.

● Jon Note : 동일한 피치의 노트를 선택한 경우에 하나로 붙입니다.

▶ Fit to Time Range : 노트의 길이를 선택한 구간에 맞추어 조정합니다.


▶ Quantize : 미디 노트를 정렬합니다.

▶ Quantize Settings : 미디 노트 정렬 기준을 설정할 수 있는 Transform
속성을 엽니다.

▶ Extract Groove : 선택한 클립을 그루브로 추출합니다.

▶ Record Quantization : 녹음을 할 때 미디 노트가 자동
으로 정렬되게 할 수 있습니다. 이때 어떤 단위로 정렬할 것
인지를 선택하는 서브 메뉴로 구성되어 있습니다.

▶ Simplify Envelope : 오토메이션 포인트의 양을 줄입니다.

| ✓ | No Quantization |
|---|---|
| | Quarter-Note Quantization |
| | Eighth-Note Quantization |
| | Eighth-Note Triplets Quantization |
| | Eighth-Note and Triplets Quantization |
| | Sixteenth-Note Quantization |
| | Sixteenth-Note Triplets Quantization |
| | Sixteenth-Note and Triplets Quantization |
| | Thirty-Second Note Quantization |

## ● Create 메뉴

클립 및 트랙을 추가하거나 삭제하는 명령들로 구성되어
있으며, 뷰에 따라 사용 여부가 결정됩니다.

```
Create
    Insert Audio Track                      Ctrl+T
    Insert MIDI Track                       Ctrl+Shift+T
    Insert Return Track                     Ctrl+Alt+T
    Insert Take Lane                        Shift+Alt+T

    Insert Silence                          Ctrl+I
    Capture and Insert Scene                Ctrl+Shift+I
    Consolidate Time to New Scene

    Insert Empty MIDI Clip                  Ctrl+Shift+M
    Capture MIDI                            Ctrl+Shift+C

    Create Fade                             Ctrl+Alt+F

    Slice to New MIDI Track
    Convert Harmony to New MIDI Track
    Convert Melody to New MIDI Track
    Convert Drums to New MIDI Track

    Add Locator
    Insert Time Signature Change

    Import Audio/MIDI File...
```

▶ Insert Audio Track : 오디오 트랙을 추가합니다.

▶ Insert MIDI Track : 미디 트랙을 추가합니다.

▶ Insert Return Track : 리턴 트랙을 추가합니다.

▶ Insert Take Lane : 레인 트랙을 추가합니다.


▶ Insert Silence : 선택 위치에 빈 공간을 삽입합니다.

▶ Capture and Insert Scene : 선택한 씬을 복제합니다.

▶ Consolidate Time to New Scene : 선택한 범위의 클립들을 하나로 통합하여 새로운 씬으로 만듭니다.


▶ Insert Empty MIDI Clip : 비어있는 미디 클립을 만듭니다.

▶ Capture MIDI : 작곡을 할 때 실제로 녹음은 하지 않고, 건반을 연주해보는 경우가 있습니다. 그러다가 마음에
드는 멜로디가 떠오르면 해당 연주를 녹음한 것처럼 기록하는 기능입니다.


▶ Create Fade : 클립의 시작 및 끝 위치에 선택 범위 길이의 페이드 인/아웃을 만듭니다. 앞을 선택하면 Create
Fade In, 뒷부분을 선택하면 Create Fade Out, 겹치 부분을 선택하면 Create Crossfade로 표시됩니다. 클립 자체
에서 페이드 인/아웃을 편집할 수 있기 때문에 자주 사용하는 메뉴는 아닙니다.

▶ Slice to New MIDI Track : 오디오 파일을 시간 단위로 나누어 미디 노트로 만듭니다. 단위는 Create one slice per에서 선택하며, 노트는 드럼 랙의 체인으로 배치됩니다.

▶ Convert Harmony/Melody/Drums to New MIDI Track

하모니, 멜로디, 드럼의 3가지 Convert 메뉴도 오디오를 미디 노트로 바꿔주는 명령입니다. 단, Slice to New MIDI Track은 소스에 상관없이 무조건 선택한 비트로 나누지만, 3가지 Convert 메뉴는 오디오 파일을 분석하여 나눈다는 차이가 있습니다. 이때 오디오 트랜지언트(Transient) 마커가 기준이므로, 명령을 수행하기 전에 다듬어 놓는 것이 좋으며, Harmony, Melody, Drums 중에서 오디오 소스에 적합한 메뉴를 선택해야 만족한 결과를 얻을 수 있습니다. 참고로 오디오 샘플을 미디 클립이 있는 트랙으로 가져다 놓으면, Covert 명령이 자동으로 수행됩니다.

▶ Add/Delete Locator : 스크럽 라인에 로케이터를 추가하거나 삭제합니다.
▶ Insert/Delete Time Signature Change : 스크럽 라인에 박자 기호를 추가하거나 삭제합니다.

▶ Import File : 미디 트랙에서는 Import MIDI file로 활성화되고, 오디오 트랙에서 Import Audio File로 표시되며, 각각 미디 또는 오디오 파일을 불러오는 역할을 합니다. 탐색기에서 드래그로 임포트할 수 있기 때문에 자주 사용하는 메뉴는 아닙니다.

● Plaback 메뉴

재생 관련 메뉴입니다. 대체로 컨트롤 바의 트랜스포트 또는 단축키를 많이 사용하기 때문에 메뉴를 사용할 일은 거의 없습니다.

| Playback | |
|---|---|
| Play | Space |
| Continue Playback | Shift+Space |
| Play From Insert Marker | Ctrl+Space |
| Return Play Position to 1.1.1 | |
| Move Insert Marker To Playhead | Ctrl+Shift+Space |
| Options | > |
| Record to Arrangement | F9 |
| Arm Recording to Arrangement | Shift+F9 |
| Record to Session | Ctrl+Shift+F9 |
| Metronome | O |
| Hear Metronome Only While Recording | |
| Back to Arrangement | F10 |

▶ Play : 재생 시작 메뉴입니다. 재생 중일 때는 Stop으로 활성화 됩니다.

▶ Continue Playback : 플레이헤드가 있는 위치에서 재생됩니다.

▶ Play From Insert Marker : 인서트 마커가 있는 위치에서 재생됩니다.

▶ Return Play Position to : 처음으로 이동합니다.

▶ Move Insert Marker To Playhead : 플레이헤드 위치로 인서트 마커를 이동시킵니다.

▶ Options : 체크 유무로 활성 여부를 결정하는 서브 메뉴로 구성되어 있습니다.

● Follow : 화면이 플레이헤드를 따라 이동되게 합니다.

● Start Transport With Record : 레코딩 버튼을 눌렀을 때 바로 진행되게 합니다.

● Start Transport With Tap Tempo : 탭 템포 설정 후 바로 재생되게 합니다.

● Link Start Stop Sync : 링크로 연결된 프로그램과 함께 재생 및 정지 되도록 합니다.

▶ Record to Arrangement : 어레인지먼트 뷰의 레코딩을 시작합니다.

▶ Arm Recording to Arrangement : 어레인지먼트 뷰 레코딩 준비 상태로 전환합니다. 메뉴는 해제의 Disarms Recording to Arrangement로 활성화 됩니다.

▶ Record to Session : 세션 뷰의 레코딩을 시작합니다.

▶ Metronome : 메트로놈을 활성화 합니다.

▶ Hear Metronome Only While Recording : 레코딩을 진행하는 동안에만 메트로놈 소리가 들리게 합니다.

▶ Back to Arrangement : 클립을 재생할 때 Back to Arrangement 버튼이 켜지면 어레인지먼트 뷰에 기록된 내용과 다르다는 것을 나타냅니다. 이때 버튼을 클릭하여 어레인지먼트 뷰로 전환합니다.

## ● View 메뉴

뷰를 열거나 닫는 역할을 하며, 뷰에 따라 사용 여부가 결정됩니다.

```
View
      Full Screen                                  F11
      Second Window                         Ctrl+Shift+W
  ✓   Info                                          ?
      Help View                               Ctrl+Alt+7
      File Manager

      Toggle Arrangement/Session View           Tab

  ✓   Clip View                               Ctrl+Alt+3
      Device View                             Ctrl+Alt+4
      Toggle Clip/Device View                 Shift+Tab
      Expand Clip View                        Ctrl+Alt+E

  ✓   Arrange Clip View Panels Automatically
      Arrange Clip View Panels Horizontally
      Arrange Clip View Panels Vertically

  ✓   MIDI Note Editor                        Shift+Alt+1
      Envelopes Editor                        Shift+Alt+2
      Expression Editor                       Shift+Alt+3

  ✓   Browser                                 Ctrl+Alt+5
      Groove Pool                             Ctrl+Alt+6
      Tuning

      Search in Browser                          Ctrl+F
      Show Similar Files                    Ctrl+Shift+F

  ✓   Plug-In Windows                         Ctrl+Alt+P
  ✓   Video Window                            Ctrl+Alt+V

  ✓   Mixer                                   Ctrl+Alt+M
      Mixer Controls                               >
      Arrangement Track Controls                   >

      Overview                                Ctrl+Alt+O
      Scene Tempo and Time Signature

      Automation Mode                              A
      Collapse All Tracks                        Alt+U
      Fold Selected Track                          U

      Fold to Notes                                F
      Fold to Scale                                G

      Zoom In                                      +
      Zoom Out                                     -
      Zoom to Clip Selection                       Z
      Zoom Out Clip Completely                     X
```

세션 뷰 : Show Chains
어레인지먼트 및 클립 뷰 : Zoom In
디바이스 뷰 : Unfold

세션 뷰 : Hide Chains
어레인지먼트 및 클립 뷰 : Zoom Out
디바이스 뷰 : Fold

▶ Full Screen : 전체 모드로 실행합니다.

▶ Second Window : 세션과 어레인지 뷰를 따로 열 수 있습니다. 듀얼 모니터 사용자에게 유용합니다.

▶ Info : 인포 뷰를 열거나 닫습니다.

▶ Help View : 도움말 뷰를 열거나 닫습니다.

▶ File Manager : 파일 관리 뷰를 열거나 닫습니다.


▶ Toggle Arrangement/Session View : 세션과 어레인지 모드로 전환합니다. 단축키는 Tab 입니다.


▶ Clip View : 클립 뷰를 열거나 닫습니다.

▶ Device View : 디바이스 뷰를 열거나 닫습니다.

▶ Toggle Clip/Device View : 디테일 뷰에 표시되는 클립과 디바이스 모드 전환 메뉴입니다.

▶ Expand Clip View : 클립 뷰를 전체 화면으로 확대합니다.


▶ Arrange Clip View Panels Automatically : 클립 뷰 크기에 따라 속성 창의 섹션을 자동 정렬합니다.

▶ Arrange Clip View Panels Horizontally : 속성 창의 섹션을 가로로 정렬합니다.

▶ Arrange Clip View Panels Vertically : 속성 창의 섹션을 세로로 정렬합니다.


▶ MIDI Note Editor : 미디 노트 편집 창을 엽니다. 오디오 트랙에서는 Sample Editor를 엽니다.

▶ Envelopes Editor : 엔벨로프 편집 창을 엽니다.

▶ Expression Editor : 익스프레션 편집 창을 엽니다.


▶ Browser : 브라우저 뷰를 열거나 닫습니다.

▶ Groove Pool : 그루브 풀을 열거나 닫습니다.

▶ Tuning : 튜닝 뷰를 열거나 닫습니다.


▶ Search in Browser : 브라우저의 검색 기능을 실행합니다. 단축키는 Ctrl+F 입니다.

▶ Show Similar Files : 브라우저에서 선택한 아이템과 비슷한 유형의 아이템을 모두 찾습니다.


▶ Plug-in Windows : 플러그-인 창을 엽니다.

▶ Video Window : 비디오 창을 엽니다.


▶ Mixer : 믹서 섹션을 열거나 닫습니다.

▶ Mixer Controls : 믹서 섹션에 표시할 컨트롤러를 선택할 수 있는 서브 메뉴로 구성되어 있습니다.

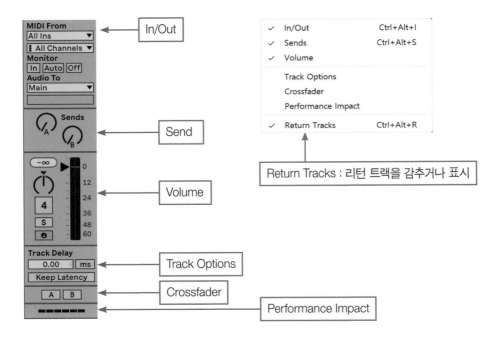

▶ Arrangement Track Controls : 어레인지먼트 트랙에 표시할 컨트롤러를 선택할 수 있는 서브 메뉴로 구성되어 있습니다.

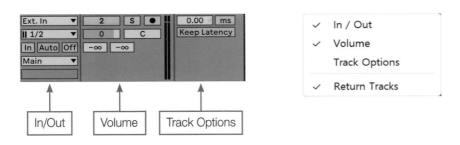

▶ Overview : 어레인지 뷰의 오버 뷰 라인을 열거나 닫습니다.

▶ Scene Tempo and Time Signature : 씬에 템포 및 박자를 표시합니다.

▶ Automaton Mode : 오토메이션 트랙을 열거나 닫습니다.

▶ Show Grouped Tracks : 그룹 트랙을 열거나 닫습니다.

▶ Show Selected Grouped Tracks : 선택한 트랙의 그룹을 열거나 닫습니다.

▶ Fold to Notes : 미디 클립에 입력되어 있는 노트 라인만 표시되게 합니다.

▶ Fold to Scale : 클립 속성의 스케일 라인만 표시되게 합니다.


▶ Show/Hide Chains : 세션 뷰에서 체인 리스트를 열거나 닫습니다.

● Zoom In/Out : 어레인지 뷰 또는 클립 뷰에서 작업 공간을 확대/축소하는 Zoom In/Out 메뉴로 동작합니다.

● Show/Hide Grouped Track : 어레인지 뷰에서 그룹 트랙을 선택하면 그룹을 열거나 닫는 메뉴로 동작합니다.

● Fold/Unfold : 디바이스 뷰에서 장치를 열거나 닫는 메뉴로 동작합니다.

▶ Zoom to Time Selection : 어레인지 뷰에서 선택한 구간을 전체 화면으로 확대합니다. 확대된 경우에는 세로로 확대하는 Zoom In/Out Selected Arrangement Lanes으로 동작하며, 클립 뷰에서는 Zoom to Clip Selection 으로 표시됩니다.

▶ Zoom Back from Time Selection : 확대 전으로 복구합니다.


● Navigate 메뉴

선택한 뷰로 이동합니다. 자주 열었다가 닫을 필요가 있는 뷰는 단축키를 외워두는 것이 좋습니다.


▶ Control Bar~Tuning : 각각의 뷰로 이동합니다.

| Navigate | |
| --- | --- |
| Control Bar | Alt+0 |
| Session View | Alt+1 |
| Arrangement View | Alt+2 |
| Clip View | Alt+3 |
| Device View | Alt+4 |
| Browser | Alt+5 |
| Groove Pool | Alt+6 |
| Help View | Alt+7 |
| Tuning | |
| Mixer | Shift+Alt+M |
| Clip Panels | Shift+Alt+P |
| Previous | |
| Next | |
| Switch To MPE Editor | Ctrl+Shift+Tab |
| Switch To Envelopes Editor | Ctrl+Tab |
| Browser History Back | Ctrl+[ |
| Browser History Forward | Ctrl+] |
| Use Tab Key to Move Focus | |
| ✓ Wrap Keyboard Navigation | |

▶ Mixer : 어레인지 뷰에서 믹서를 선택합니다.

▶ Clip Panels : 세션 뷰에서 클립 패널을 선택합니다.


▶ Previous/Next : 이전/다음 포커스로 이동합니다.

▶ Switch To MPE Editor : MPE 에디터를 활성화합니다.

▶ Switch To Envelopes Editor : 엔벨로프 에디터를 활성화 합니다.


▶ Browser Histroy Back/Forward : 브라우저에서 이전 및 다음 히스토리로 이동합니다.


▶ Use Tab Key to Move Focus : 탭 키를 포커스 이동 키로 사용합니다.

▶ Wrap Keyboard Navigation : 탭 키를 이용할 때 마지막 포커스에서 멈추지 않고 처음으로 이동되게 합니다.

## ● Options 메뉴

에이블톤을 최적화 할 수 있는 옵션을 제공하며, 뷰에 따라 사용 여부가 결정됩니다.

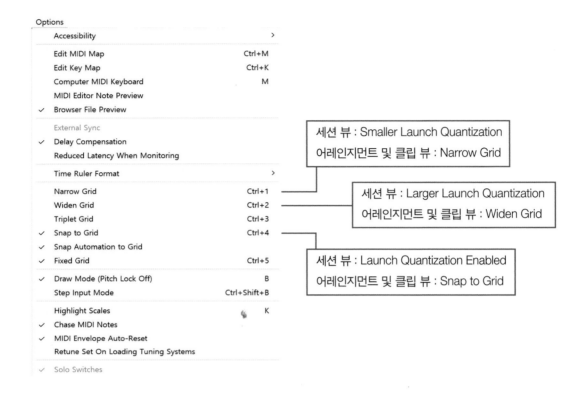

▶ Accessibility : 맥의 'VoiceOver' 또는 윈도우의 '내레이터'에서 에이블톤 라이브의 인포, 메뉴, 슬라이더 값을 정확히 판독할 수 있도록 하는 서브 옵션을 제공합니다.

● Speak Info Text : 인포 뷰의 메모를 판독할 수 있게 합니다.

● Speak Menu Commands : 메뉴 명령을 판독할 수 있게 합니다.

● Speak Minimum and Maximum Sliders Values : 슬라이더의 최소 및 최대 값을 판독할 수 있게 합니다.

▶ 맥의 VoiceOver 기능은 Apple 메뉴에서 시스템 설정을 선택하여 창을 열고, 손쉬운 사용의 VoiceOver에서 켜거나 끌 수 있습니다.

▶ 윈도우의 내레이터는 Windows 로고 키+Ctrl+ Enter를 눌러 실행하거나 종료할 수 있으며, 실행 시 열리는 첫 화면에서 지금 설치 버튼을 클릭하 면 좀 더 자연스러운 음성을 위한 언어를 추가할 수 있습니다.

▶ Edit MIDI Map : 에이블톤에서 제공하는 파라미터를 외 부 미디 컨트롤러로 동작할 수 있게 연결합니다. 컨트롤 바 에서 MIDI 버튼을 제공하고 있습니다.

▶ Edit Key Map : 에이블톤에서 제공하는 파라미터를 컴 퓨터 키보드로 동작할 수 있게 연결합니다. 컨트롤 바에서 Key 버튼을 제공하고 있습니다.

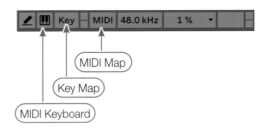

▶ Computer MIDI Keyboard : 컴퓨터 키보드를 미디 건반으로 사용할 수 있게 합니다. 컨트롤 바에서 건반 모양 의 MIDI Keyboard 버튼을 제공하고 있으며, Z와 X는 옥타브 이동, C와 V는 벨로시티 조정 키로 동작합니다.

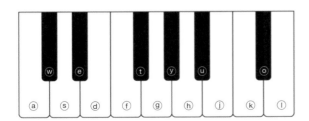

▶ MIDI Eidtor Note Preview : 미디 노트를 편집할 때 사운드가 들리게 합니다.
▶ Browser File Preview : 브라우저에서 아이템을 선택할 때 사운드가 들리게 합니다.

▶ External Sync : 외부 장비가 연결되어 있는 경우에 동기 작업을 할 수 있게 합니다.
▶ Delay Compensation : 장치에서 발생할 수 있는 딜레이를 자동으로 보정합니다. 수동으로 보정하고 싶은 경우 외에는 옵션을 해제할 이유가 없습니다.
▶ Reduced Latency When Monitoring : 인풋 모니터 트랙의 레이턴시를 보정합니다. 옵션을 선택하면 딜레이가 보정된 리턴 트랙과 타임이 맞지 않을 수 있기 때문에 꼭 필요한 경우에만 일시적으로 사용합니다.

▶ Time Ruler Format : 어레인지 뷰 타임 라인의 표시 단위를 선택할 수 있는 서브 메뉴를 제공합니다.

▶ Narrow Grid : 어레인지 뷰 및 클립 뷰에서는 그리드 라인을 좁게하는 Narrow Grid로 동작하며, 클립 뷰에서는 재생 간격을 줄이는 Smller Launch Quantization으로 동작합니다.

▶ Widen Grid : 어레인지 뷰 및 클립 뷰에서는 그리드 라인을 넓게하는 Widen Grid로 동작하며, 클립 뷰에서는 재생 간격을 늘이는 Larger Launch Quantization으로 동작합니다.

▶ Triplet Grid : 그리드 라인을 잇단음으로 설정합니다.

▶ Snap to Grid : 어레인지 뷰 및 클립 뷰에서는 클립 및 노트를 편집할 때 그리드 라인에 맞추는 Snap to Grid로 동작하며, 클립 뷰에서는 Launch Quantization 기능을 On/Off하는 Launch Quantization Enabled로 동작합니다.

▶ Snap Automation to Grid : 오토메이션을 편집할 때 그리드 라인에 붙게 합니다.

▶ Fixed Grid : 화면 크기와 상관없이 그리드 라인을 고정합니다. Narrow, Siden, Triplet을 포함하여 그리드 단위는 클립 뷰 또는 어레인지 뷰에서 마우스 오른쪽 버튼을 클릭하면 열리는 단축 메뉴에서 선택합니다.

▶ Draw Mode : 마우스 포인터를 노트 입력을 위한 연필 툴로 전환합니다. 컨트롤 바에서 연필 툴을 선택하거나 단축키 B 를 누릅니다.

▶ Step Input Mode : 선택한 클립 트랙의 Arm 버튼을 켜고, 미디 편집을 위한 피아노 롤을 엽니다.

▶ Highlight Scales : 스케일 노트 라인을 강조합니다.

▶ Chase MIDI Notes : 특정 위치에서 곡을 재생할 때, 노트의 시작 위치가 아니더라도 재생되게 합니다.

▶ MIDI Envelope Auto-Reset : 클립이 시작될 때 미디 엔벨로프가 기본값으로 설정되게 합니다.

▶ Retune Set On Loading Tuning Systems : 클립을 튜닝 시스템에 맞춥니다.

▶ Solo Switches : 헤드폰 아웃을 솔로 모드로 합니다.

▶ Cue Switches : 헤드폰 아웃을 Cue 모드로 합니다.

Solo 및 Cue 스위치는 Cue 섹션에서 제공하고 있습니다.

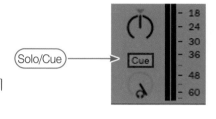

▶ Solo in Place : 트랙을 솔로로 모니터 할 때 리턴 트랙을 들을 수 있게 합니다. 기본적으로 체크되어 있습니다.

▶ Lock Envelopes : 오토메이션을 고정시켜 클립과 함께 편집되지 않게 합니다. 어레인지 뷰에서 On/Off 버튼을 제공하고 있습니다.

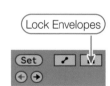

▶ MIDI Arrangement Overdub : 어레인지 뷰에서 오버 더빙을 할 수 있게 합니다. 컨트롤 바에서 On/Off 버튼을 제공하고 있습니다.

Overdub

▶ Audio Engine : 에이블톤 라이브에서 오디오 드라이버를 사용하지 않게 끄거나 켤 수 있습니다. 대부분의 오디오 인터페이스는 듀플렉스 기능을 갖추고 있기 때문에 에이블톤 라이브가 실행되어 있는 상태에서도 다른 미디어 프로그램을 사용할 수 있는데, 간혹, 이를 지원하지 않는 오디오 인터페이스 사용자는 에이블톤 라이브의 오디오 엔진을 끌 필요가 있습니다.

▶ Preferences : 환경설정 창을 엽니다.

● Help 메뉴

다양한 도움말을 제공합니다.

Help
　　Built-In Lessons
　　Load Demo Set
　　Read the Live Manual...
　　Learn Live at ableton.com...

　　Join the User Forum...
　　Get Support
　　User Account and Licenses...

　　Check for Updates...

　　About Live...

▶ Biilt-In Lessons : 도움말 뷰를 엽니다.
▶ Load Demo Set : 데모 곡을 엽니다.
▶ Read the Live Manual : PDF 도움말을 엽니다.
▶ Learn Live at ableton.com : 홈페이지에 연결합니다.
▶ Jon the User Forum : 사용자 포럼에 연결합니다.
▶ Get Support : 메일 전송 페이지에 연결할 수 있는 도움말 뷰를 엽니다.
▶ User Account and Licenses : 사용자 등록 페이지에 연결할 수 있는 환경설정 창을 엽니다.
▶ Check for Updates : 최근 업데이트 버전을 다운 받을 수 있는 페이지에 연결합니다.
▶ About Live : 현재 사용하고 있는 버전 정보를 확인합니다.

# 03 컨트롤 바

컨트롤 바는 템포, 스케일, 트랜스포트, 루프, 모드의 5가지 그룹으로 구성되어 있습니다.

## ● 템포 그룹

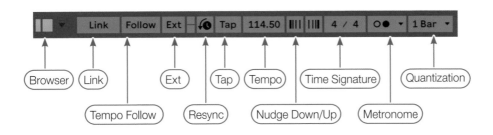

▶ Browser : 브라우저 뷰를 열거나 닫습니다. 오른쪽에 역삼각형 아이콘을 클릭하면 튜닝(Tuning)과 그루브 풀 (Groove Pool)을 열거나 닫을 수 있는 메뉴가 열립니다.

▶ Link : 동일한 네트워크에 연결되어 있는 Link 지원 장치와 동기화 되도록 합니다. Link를 지원하는 프로그램이나 하드웨어 목록은 https://www.ableton.com/en/link/products에서 확인할 수 있습니다.

▲ ableton.com/en/link/products

Link 버튼은 Preferences의 Link, Tempo & MIDI 페이지에서 Show Link Toggle을 Show로 선택하여 표시할 수 있으며, Start Stop Sync 버튼이 On으로 되어 있어야 재생 및 정지 명령이 동기화 됩니다.

| Audio | Link | |
|---|---|---|
| | Show Link Toggle | Show |
| Link, Tempo & MIDI | Start Stop Sync | On |

▶ Tempo Follow : 에이블톤 라이브의 템포가 외부 오디오 연주를 따라가게 합니다. 버튼은 Preferences의 Link, Tempo & MIDI 페이지에서 Show Tempo Follower Toggle을 Show로 선택하여 표시할 수 있으며, 입력 채널은 Input Channel(Ext.In) 항목에서 선택합니다. 버튼을 켜면 해당 포트로 입력되는 오디오 신호를 실시간으로 분석하여 템포가 동기화 되는 것입니다.

▶ Ext : 미디 입/출력이 가능한 외부 시퀀서 및 장치와 동기화 되도록 합니다. 버튼은 Preferences의 Link, Tempo & MIDI 페이지에서 MIDI IN/Output의 Sync 옵션을 체크하여 표시할 수 있으며, 미디 클럭 및 타임 정보가 정상적으로 송/수신되면 버튼 오른쪽의 인디케이터가 깜빡거립니다.

▶ Resync : 미디 클럭 신호를 재전송합니다. 에이블톤 라이브와 동기화된 외부 미디 장치와 시간이 맞지 않을 때 새로 맞추는 역할을 하는 것입니다. 버튼은 Preferences의 Link, Tempo & MIDI 페이지에서 Show Resync Toggle을 Show로 선택하여 버튼을 표시할 수 있습니다.

▶ Tap : 마우스 클릭으로 템포를 설정합니다. 4번을 클릭하면 속도가 계산되고 재생됩니다.
▶ Tempo : 템포를 표시합니다. 마우스 드래그 및 더블 클릭으로 변경합니다.
▶ Nudge Down/Up : 누르고 있는 동안 템포를 증/감 합니다.
▶ Time Signature : 박자를 표시합니다. 마우스 드래그 및 더블 클릭으로 변경합니다.

▶ Metronome : 메트로놈 기능을 On/Off 합니다. 오른쪽의 역삼각형 모양의 버튼을 클릭하면 메트로놈 사운드와 마디 및 비트 단위로 선택할 수 있는 메뉴가 열립니다. Count-in은 레코딩을 할 때의 예비 박을 마디 단위로 선택하며, Enable Only While Recording 옵션을 체크하면 레코딩을 하는 동안에만 메트로놈이 동작되게 합니다.

| Count-In: | | | |
|---|---|---|---|
| ✓ None | 1 Bar | 2 Bars | 4 Bars |
| Sound: | | | |
| ✓ Classic | Click | Wood | |
| Rhythm: | | | |
| ✓ Auto | 1 Bar | 1/2 | 1/2T |
| 1/4 | 1/4T | 1/8 | 1/8T |
| 1/16 | 1/16T | | |
| ✓ Enable Only While Recording | | | |

▶ Quantization : 클립 재생 단위를 선택합니다. 클립을 연속으로 재생할 때 어느 정도 간격으로 진행되게 할 것인지를 선택하는 것입니다. 지연 타임 없이 바로 재생되게 하려면 None을 선택합니다.

● 스케일 그룹

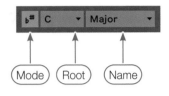

Mode 버튼을 On으로 하면 Root 및 Name에서 설정한 키가 미디 클립 및 디바이스에 공통으로 적용되게 할 수 있습니다. 단, Tuning을 사용하는 경우에 스케일 모드는 해제됩니다.

● 트랜스포트 그룹

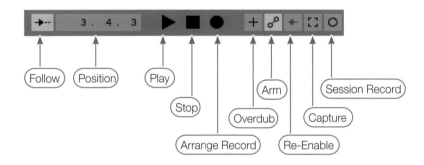

▶ Follow : 재생 위치에 맞추어 화면을 스크롤 합니다.

▶ Position : 어레인지먼트 뷰의 재생 위치를 표시합니다. 재생 위치는 검정색의 세로 실선으로 표시되며, 이를 송 포지션 라인이라고 합니다.

▶ Play : 곡을 재생하며, 단축키는 스페이스 바 입니다. 언제나 시작 위치에서 재생을 하며, 송 포지션 라인 위치에 서부터 재생을 하려면 Shift 키를 누른 상태에서 스페이스 바 키를 누릅니다.

▶ Arrange Record : 어레인지먼트 뷰에 미디 및 오디오 데이터를 기록합니다. Shift 키를 누른 상태로 클릭하면 녹음 준비 상태가 되며, Play 버튼 또는 스페이스 바 키를 누르거나 세션을 시작할 때 녹음할 수 있습니다.

▶ Overdub : 트랙에 미디 클립이 존재할 때, 새롭게 녹음하는 데이터를 믹스합니다.

▶ Automtion Arm : 컨트롤 파라미터의 움직임을 오토메이션으로 기록합니다.

▶ Re-Enable : 오토메이션이 기록되어 있는 파라미터를 움직이면 오토메이션이 해제되면서 이 버튼이 켜집니다. 버튼을 클릭하면 다시 오토메이션이 동작합니다.

▶ Capture : 녹음을 하지 않고도 사용자 연주를 기록할 수 있게 합니다.

▶ Session Record : 세션 뷰에서 녹음 준비 버튼이 On되어 있는 트랙에 클립을 녹음합니다.

● 루프 그룹

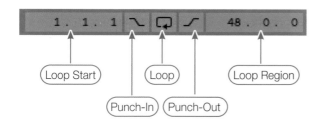

▶ Loop Start : 루프 및 펀치의 시작 위치를 표시합니다. 마우스 드래그 및 더블 클릭으로 편집할 수 있습니다.

▶ Punch-In : 펀치 인 기능을 동작시킵니다.

▶ Loop : 루프 기능을 동작시킵니다.

▶ Punch-Out : 펀치 아웃 기능을 동작시킵니다.

▶ Loop Region : 루프 및 펀치 길이를 표시합니다. 마우스 드래그 및 더블 클릭으로 편집할 수 있습니다.


● 모드 그룹

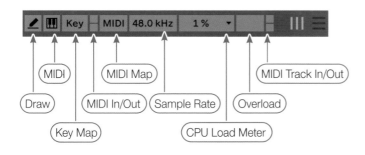

▶ Draw : 미디 및 엔벨로프를 입력하거나 편집할 수 있는 모드 입니다.

▶ MIDI : 컴퓨터 키보드를 건반으로 사용할 수 있는 모드 입니다.

▶ Key Map : 컴퓨터 키보드의 미디 컨트롤 맵을 설정할 수 있는 모드 입니다.

▶ MIDI In/Out : 미디 인(위)/아웃(아래) 상태를 표시합니다.

▶ MIDI Map : 미디 컨트롤러의 맵을 설정할 수 있는 모드 입니다.

▶ Sample Rate : 오디오 레코딩 품질을 선택합니다. 클릭하면 값을 변경할 수 있는 Preferences 창이 열립니다.

▶ CPU Load Meter : 시스템 사용량을 표시합니다. 클릭하면 표시 방법을 선택할 수 있는 메뉴가 열립니다.

▶ Overload : Disk 및 CPU의 과부하 상태를 표시합니다.

▶ MIDI Track In/Out : 미디 트랙 인(위)/아웃(아래) 상태를 표시합니다.

## 브라우저 뷰

에이블톤에서 제공하는 라이브러리 및 사용자 컴퓨터에 저장되어 있는 라이브러리를 관리합니다. 컨트롤 바의 브라우저 버튼을 클릭하거나 Ctrl+Alt+B 키를 눌러 닫거나 열 수 있습니다.

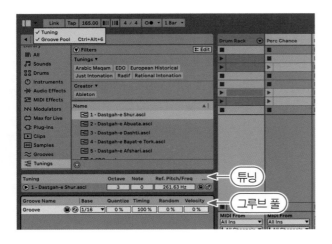

## 튜닝 및 그루브 풀

피치를 조정할 수 있는 튜닝(Tuning)과 타임 및 벨로시티를 조정할 수 있는 그루브 풀(Groove Pool)은 브라우저 열기/닫기 버튼 오른쪽의 작은 삼각형을 클릭하여 열리는 메뉴에서 선택할 수 있습니다.

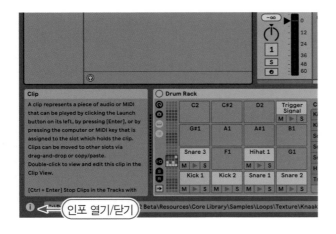

## 인포 뷰

마우스 위치의 파라미터 역할을 소개합니다. 영어로 설명되고 있다는 점이 아쉽지만, 파라미터의 역할을 바로 확인할 수 있는 유용한 뷰입니다. 필요 없다면 인포 열기/닫기 버튼을 클릭하여 디테일 뷰 영역을 확보합니다.

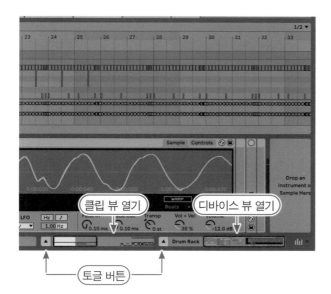

## 디테일 뷰

디바이스 뷰와 클립 뷰 영역입니다. 디바이스 뷰는 악기 및 이펙트와 같은 장치 패널이 표시되는 뷰이며, 클립 뷰는 미디 및 오디오 데이터를 편집할 수 있는 뷰입니다. 각각을 선택하여 개별적으로 열거나 토글 버튼을 선택하여 두 개의 뷰를 동시에 열 수 있습니다.

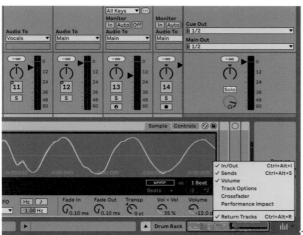

## 믹서 섹션

디바이스 뷰 열기 오른쪽의 믹서 버튼을 클릭하여 믹서 섹션을 열거나 닫을 수 있습니다. 버튼 오른쪽의 작은 삼각형을 클릭하면 믹서에 표시할 컨트롤러를 선택할 수 있습니다.

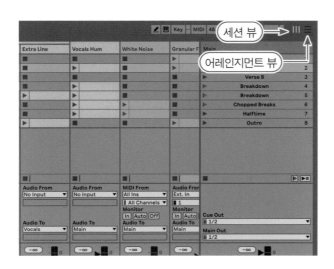

## 어레인지 및 세션 뷰

에이블톤에서의 실제 작업은 세션 뷰와 어레인지먼트 뷰에서 이루어집니다. 화면은 세션 및 어레인지먼트 뷰 버튼을 클릭하거나 Tab 키를 눌러 전환할 수 있습니다.

# 일단 한번 해보기

## 05

프로그램을 처음공부 할 때는 메뉴의 역할이나 파라미터의 기능을 하나씩 익히는
것보다 일단은 전체적인 작업 과정을 이해하는 것이 좋습니다. 뭐가 뭔지 모르겠
고, 간혹 이해할 수 없는 용어가 튀어나와도 일단 한 번 쭉 따라해 보기 바랍니다.
곡을 완성하지 못해도 상관없습니다. 일단 해 보고, 학습을 진행하는 것이 효과적
이며, 학습을 마치고 다시 해보면, 별거 아니었다는 생각이 들것입니다.

## 01 | 실습 준비

*01* 프로그램을 실행합니다. 미디와 오디오 트
랙이 두 개씩 준비되어 있는 세트가 열립니다. 프
로그램이 실행되어 있는 상태에서 새 세트를 만들
때는 File 메뉴의 New Live Set을 선택합니다.

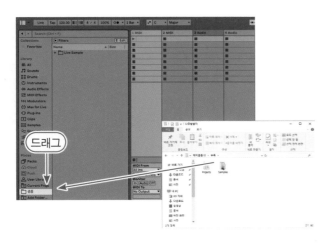

*02* 실습용 샘플 파일은 hyuneum.com 자료실
에서 다운 받을 수 있습니다. 다운 받은 파일의 압
축을 풀고, Samples 폴더를 Places로 드래그하여
등록합니다.

# 02 | 드럼 파트

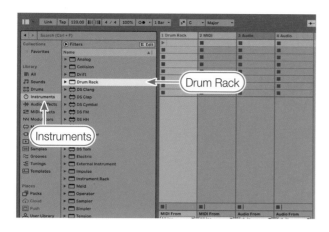

**01** 샘플 - Ex_01

Instruments 카테고리의 Drum Rack을 더블 클릭합니다. 선택되어 있는 1 MIDI 트랙에 로딩되며, 트랙 이름은 Drum Rack으로 변경됩니다.

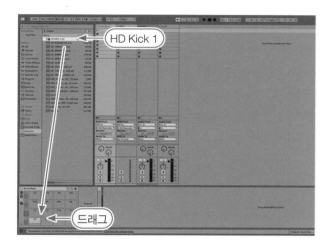

**02** Drum Rack은 오디오 샘플을 가져다가 드럼 악기로 사용할 수 있는 샘플러입니다. Samples 폴더에서 HD Kick 1. aif 파일을 C1 패드로 드래그하여 가져다 놓습니다.

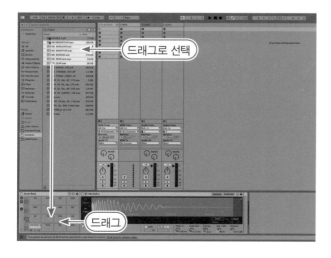

**03** 여러 개를 동시에 가져다 놓을 수도 있습니다. HD_909CLHAT.wav부터 HD_CLAP.wav까지 드래그하여 선택하고, C#1 패드로 가져다 놓습니다. 순서대로 F1까지 로딩됩니다.

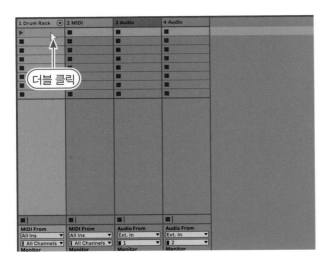

**04** Drum Rack 트랙의 첫 번째 슬롯을 더블 클릭하면 한 마디 길이의 클립이 생성됩니다. 미디 노트를 입력하거나 편집할 수 있는 클립 뷰는 화면 아래쪽에 열립니다.

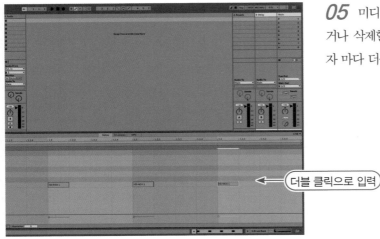

**05** 미디 노트는 마우스 더블 클릭으로 입력하거나 삭제할 수 있습니다. HD Kick 1 노트를 박자 마다 더블 클릭하여 4비트로 입력합니다.

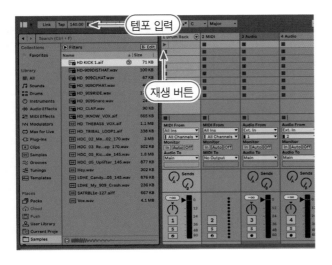

**06** 템포 항목을 선택하여 140으로 입력하고, 클립 재생 버튼을 클릭하여 사운드를 모니터 합니다. 정지할 때는 스페이스 바 키를 누릅니다.

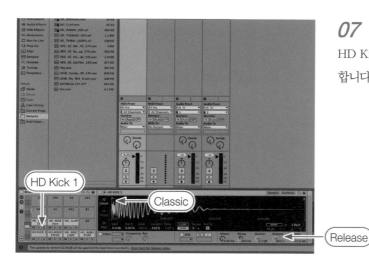

**07** Shift+Tab 키를 눌러 디바이스 뷰를 엽니다. HD Kick 1 패드를 선택하고, Classic 모드로 변경합니다. Release를 6.76s 정도로 늘립니다.

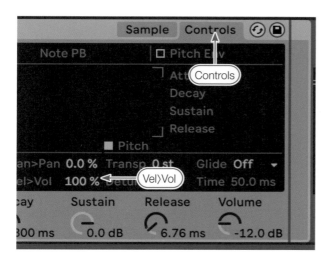
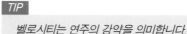

**08** Controls 탭을 클릭하여 열고, Vel〉Vol 값을 100%로 올립니다. 벨로시티가 강해지는 것을 확인할 수 있습니다.

> **TIP**
>
> 벨로시티는 연주의 강약을 의미합니다.

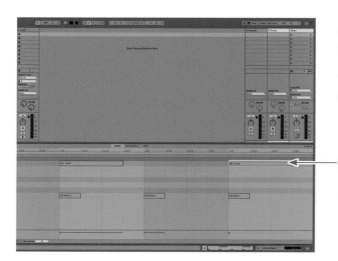

**09** Shift+Tab 키를 눌러 클립 뷰를 열고, HD_CLAP 노트를 2 박자와 4 박자 위치에 입력합니다. 두 개의 노트를 마우스 드래그로 선택하고, 오른쪽 끝을 드래그하여 길이를 늘립니다.

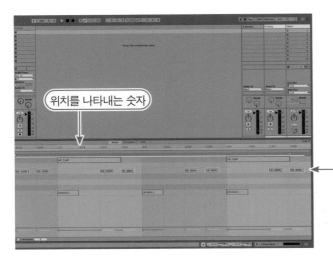

위치를 나타내는 숫자

HD-909OPHAT

**10** HD_909OPHAT 노트를 1 박자의 3, 4비트, 2 박자의 3, 4비트, 3 박자의 3, 4비트, 4 박자의 3, 4비트에 입력하고, 마우스 드래그로 모두 선택합니다. 오른쪽 끝을 드래그하여 길이를 줄입니다. 숫자는 마디. 박자. 비트를 표시합니다.

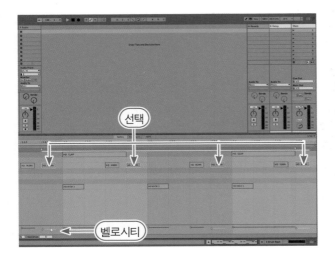

선택

벨로시티

**11** Shift 키를 누른 상태로 4 비트 위치의 노트를 모두 선택합니다. 그리고 벨로시티 라인을 조금 낮춥니다.

TIP

*Alt 키를 누른 상태로 노트를 드래그하여 벨로시티를 조정할 수 있습니다.*

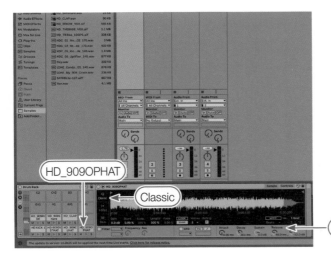

HD_909OPHAT

Classic

Release

**12** Shift+Tab 키를 눌러 디바이스 뷰를 엽니다. HD_909OPHAT 패드를 선택하고, Classic 모드로 변경합니다. Release를 50ms 정도로 줄입니다.

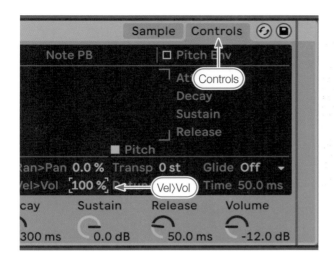

**13** Controls 탭을 클릭하여 열고, Vel〉Vol 값을 100%로 올립니다.

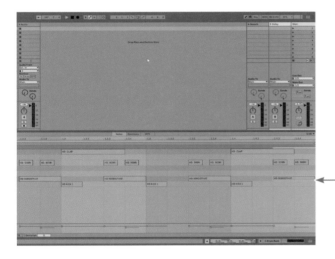

HD_909DISTHAT

**14** Shift+Tab 키를 눌러 클립 뷰를 열고, HD_909DISTHAT 노트를 각 박자의 3비트 위치에 입력합니다. 그리고 오른쪽 끝을 드래그하여 길이를 늘립니다.

HD_909DISTHAT

Classic

Release

**15** Shift+Tab 키를 눌러 디바이스 뷰를 엽니다. HD_909DISTHAT 패드를 선택하고, Classic 모드로 변경합니다. 그리고 Release를 500ms 정도로 줄입니다.

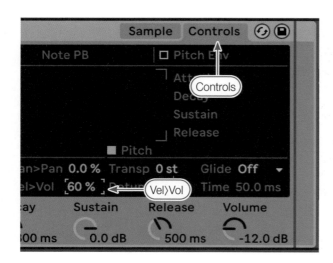

**16** Controls 탭을 클릭하여 열고, Vel〉Vol 값을 60% 정도로 올립니다.

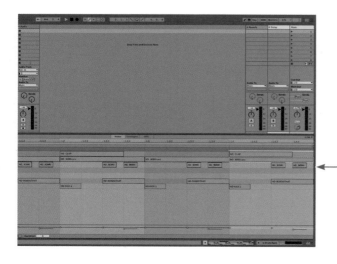

**17** HD_909RIDE 노트를 박자마다 입력하고 마우스 드래그로 선택합니다. 오른쪽 끝을 드래그하여 길이를 늘립니다.

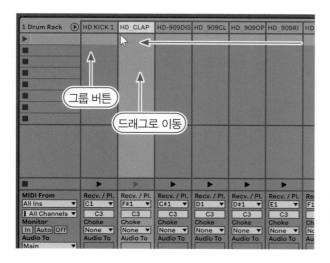

**18** Drum Rack 트랙의 그룹 버튼을 클릭하여 서브 트랙을 열고, 오른쪽 끝에 있는 HD_CLAP 트랙을 HD KICK 1 트랙 오른쪽으로 드래그하여 이동시킵니다.

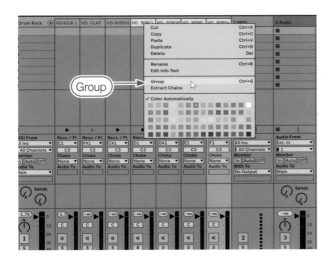

**19** 세번째 HD_909CLHAT 트랙을 선택하고, Shift 키를 누른 상태로 오른쪽 끝에 HD_909 RIDE 트랙을 클릭하여 4개의 심벌 트랙을 모두 선택합니다. 마우스 오른쪽 버튼을 클릭하여 단축 메뉴를 열고, Group을 선택합니다.

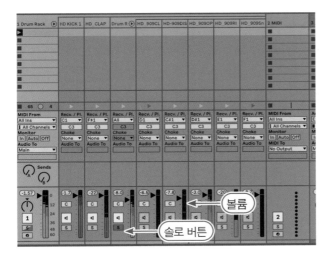

**20** 그룹으로 묶은 심벌 트랙의 솔로 버튼을 On으로 하고, 사운드를 모니터 하면서 HD_909DISTHAT 트랙은 -5dB 정도, HD_909OPHAT 트랙은 -2dB 정도로 볼륨을 줄입니다.

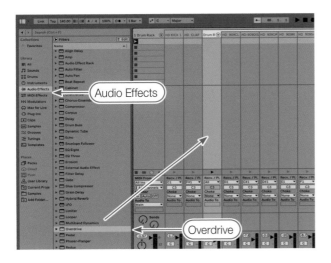

**21** Audio Effects 카테고리의 Overdrive를 심벌을 묶은 그룹 트랙으로 드래그하여 적용합니다.

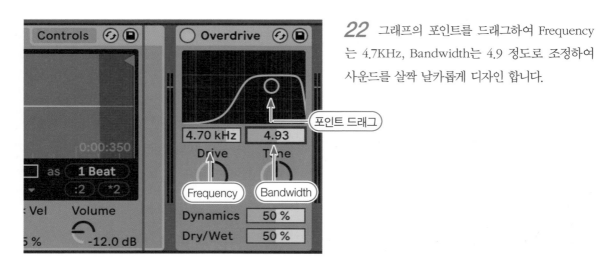

**22** 그래프의 포인트를 드래그하여 Frequency는 4.7KHz, Bandwidth는 4.9 정도로 조정하여 사운드를 살짝 날카롭게 디자인 합니다.

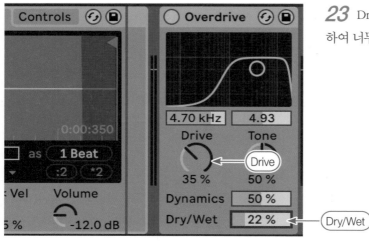

**23** Drive는 35%, Dry/Wet는 22% 정도로 조정하여 너무 시끄럽지 않게 합니다.

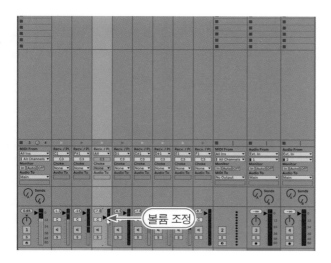

**24** 솔로 버튼을 Off하여 전체 사운드를 모니터 하면서 심벌 그룹 트랙의 볼륨을 -6dB 정도 줄입니다. 볼륨 밸런스 및 사운드 디자인은 개인 취향입니다. 실습에서 제시하는 값들은 참조만 하고, 자신의 취향대로 조정합니다.

# 03 루프 믹스

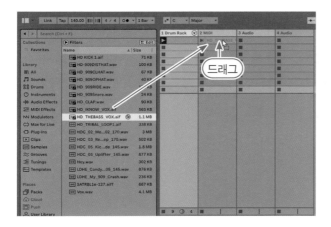

## 01 샘플 - Ex_02

댄스 음악의 드럼 파트는 몇 가지 루프를 섞어서 완성하는 것이 일반적입니다. Samples 폴더의 TRIBAL_LOOP1.aif 파일을 2 MIDI 트랙의 슬롯으로 드래그하여 클립을 만듭니다.

*TIP*

오디오 샘플을 미디 트랙으로 가져가면 오디오 트랙으로 바뀝니다.

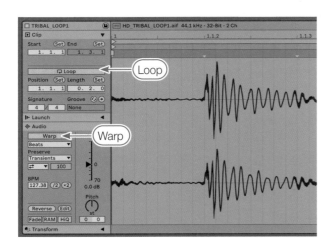

## 02
Sample 박스의 Warp 버튼을 On으로 하여 비트가 분석되게 하고, Loop 버튼을 On으로 하여 반복 속성을 부여합니다.

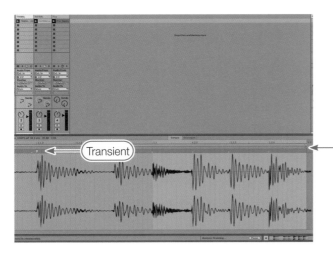

## 03
비트가 정확하지 않습니다. 첫 번째 트랜지언트(Transient) 마커를 1.1.2 위치로 조정하고, Loop End 마커를 1.3 위치에 맞춥니다.

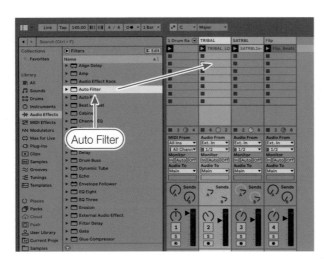

*04* Audio Effects 카테고리에서 Auto Filter를 TRIBAL 트랙으로 드래그 합니다.

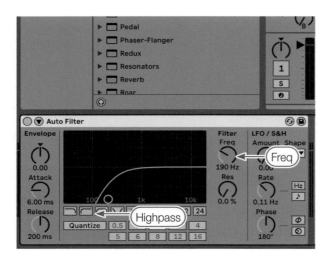

*05* 필터 타입은 Highpass를 선택하고, 프리퀀시(Freq)를 190Hz 정도로 조정합니다. 저음역을 차단하는 것입니다.

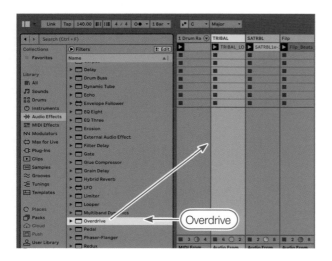

*06* Audio Effects 카테고리에서 Overdrive를 TRIBAL 트랙으로 드래그 합니다.

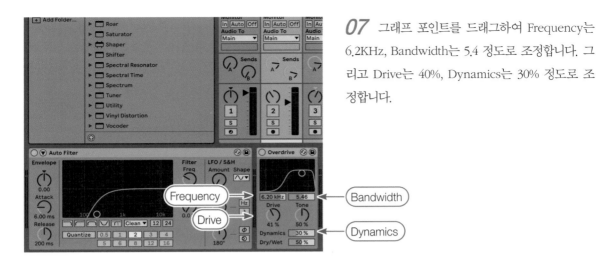

**07** 그래프 포인트를 드래그하여 Frequency는 6.2KHz, Bandwidth는 5.4 정도로 조정합니다. 그리고 Drive는 40%, Dynamics는 30% 정도로 조정합니다.

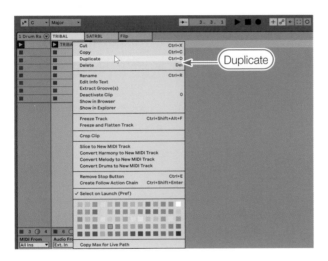

**08** TRIBAL 트랙 이름 항목을 마우스 오른쪽 버튼으로 클릭하여 단축 메뉴를 열고, Duplicate를 선택하여 복제합니다.

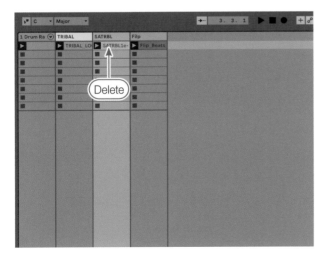

**09** 복제한 트랙의 클립을 선택하고, Delete 키로 삭제합니다. 트랙의 이펙트를 그대로 사용하기 위해서 복제한 것입니다.

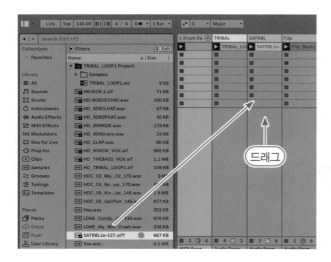

**10** Samples 폴더에서 SATRBL1e.aiff 파일을 복제한 트랙의 슬롯으로 드래그합니다.

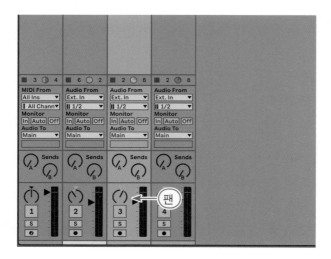

**11** TRIBAL 트랙의 팬을 11시 방향으로 돌리고, 복제한 트랙의 팬은 1시 방향으로 돌립니다. 두 트랙의 볼륨을 -12dB 정도로 줄입니다.

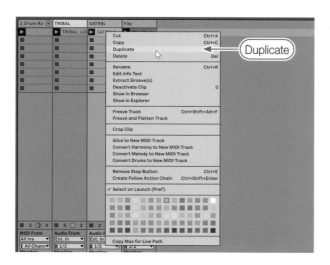

**12** 복제한 트랙의 이름을 마우스 오른쪽 버튼으로 클릭하여 단축 메뉴를 열고, Duplicate를 선택하여 또 복제합니다.

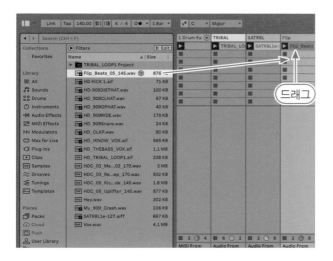

**13** 복제한 트랙의 클립을 Delete 키로 삭제하고, Samples 카테고리에서 Filp_Beats.wav 파일을 드래그하여 가져다 놓습니다.

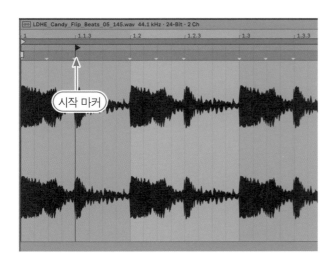

**14** 시작 마커를 드래그하여 두 번째 파형이 튀는 부분에 맞춥니다. 샘플 재생이 시작되는 위치를 변경한 것입니다.

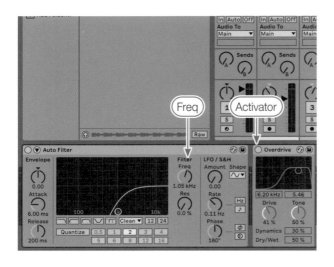

**15** Auto Filter의 Freq 값을 1KHz 정도로 수정하고, Overdrive는 Activator 버튼을 Off 합니다. Overdrive는 사용하지 않겠다는 의미입니다.

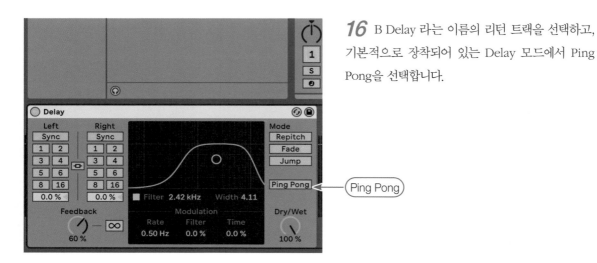

**16** B Delay 라는 이름의 리턴 트랙을 선택하고, 기본적으로 장착되어 있는 Delay 모드에서 Ping Pong을 선택합니다.

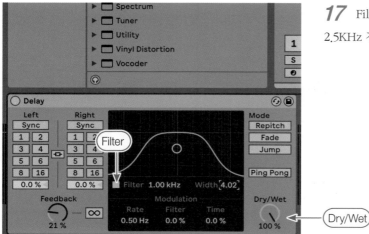

**17** Filtter를 체그하여 활성화 하고, 주파수는 2.5KHz 정도, Width를 4.0 정도로 설정합니다.

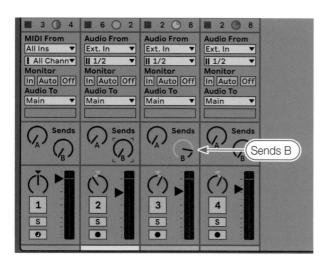

**18** TRBAL 트랙과 이를 복제한 트랙의 Sends 섹션에서 B 노브를 3시 방향 정도로 조정합니다. 두 트랙에 Delay 효과를 적용하는 것입니다.

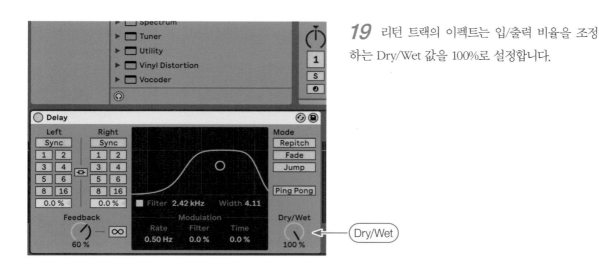

**19** 리턴 트랙의 이펙트는 입/출력 비율을 조정하는 Dry/Wet 값을 100%로 설정합니다.

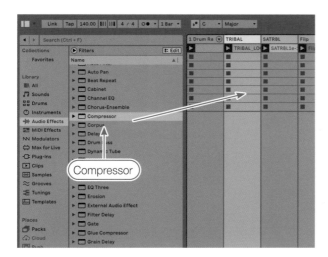

**20** Audio Effects 카테고리에서 Compressor을 TRIBAL 트랙으로 드래그합니다.

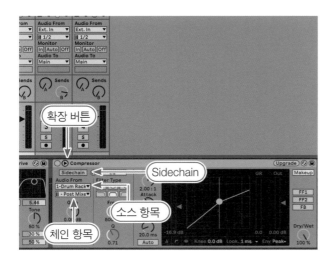

**21** 확장 버튼을 클릭하고, Sidechain 버튼을 On으로 합니다. 소스 항목에서 Drum Rack을 선택하고, 체인 항목에서 Drum Rack | HD Kick1 | Post Mixer를 선택합니다.

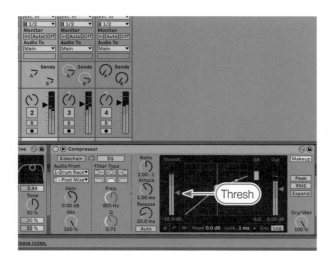

**22** TRIBAL 트랙을 솔로로 모니터 하면서 Thresh 값을 조금씩 낮춥니다. -17dB 정도로 조정 하면, Kick이 연주될 때 루프 사운드가 작아지는 것을 느낄 수 있습니다.

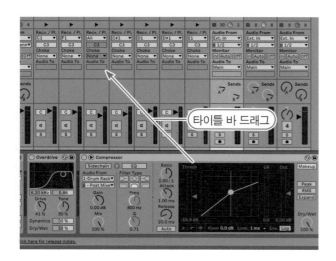

**23** Compressor 타이틀 바를 Ctrl 키를 누른 상 태로 드래그하여 복제 트랙과 심벌 계열을 묶은 그룹 트랙으로 복사합니다.

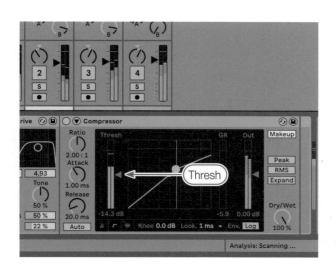

**24** 심벌 그룹 트랙의 Thresh 값을 -14dB 정도 로 수정하고, Ctrl 키를 누른 상태에서 타이틀 바 를 드래그하여 Ping Pong Delay를 장착했던 리턴 트랙으로 복사합니다.

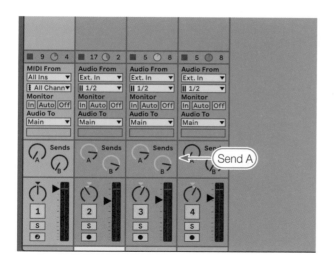

**25** TRIBAL 트랙과 복제 트랙의 Sends 섹션에서 A 노브를 3시 방향으로 조정합니다. A Reverb 트랙에 기본적으로 장착되어 있는 리버브 효과를 적용하는 것입니다.

**26** A Reverb 트랙을 선택하고, 사운드를 모니터 하면서 Input Processing 섹션의 디스플레이 포인트를 드래그하여 Frequency는 11KHz, Bandwidth는 6.5 정도가 되게 조정합니다.

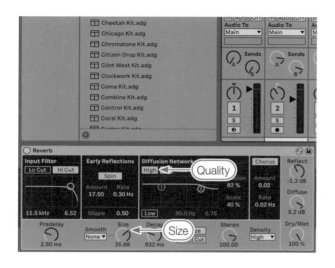

**27** Global 섹션의 Quality에서 High를 선택하고, Size는 35 정도로 조정합니다.

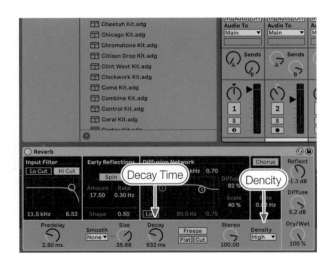

**28** Diffusion Network 섹션의 Decay Time을 900ms 정도, Density를 80% 정도로 조정합니다.

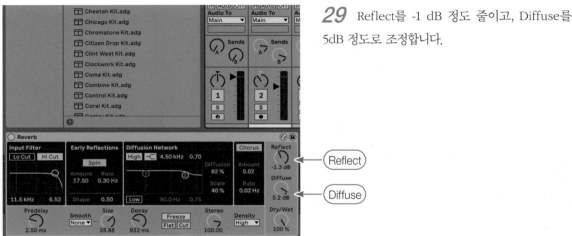

**29** Reflect를 -1 dB 정도 줄이고, Diffuse를 5dB 정도로 조정합니다.

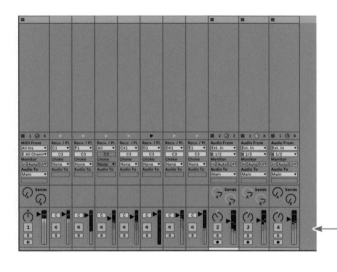

**30** 이펙트를 사용하면 볼륨 변화가 생깁니다. 볼륨을 다시 한 번 체크하고, Ctrl+S 키를 눌러 지금까지의 작업을 저장합니다.

# 04 베이스 파트

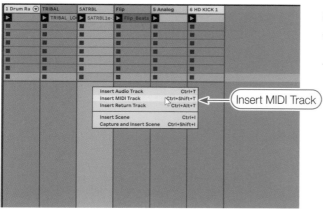

**01** 샘플 - Ex_03

마우스 오른쪽 버튼을 클릭하여 단축 메뉴를 열고, Insert MIDI Track을 선택하여 추가합니다.

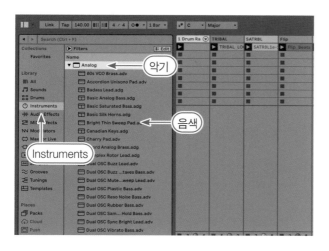

**02** 악기는 Instruments 카테고리에서 선택합니다. 악기 이름 왼쪽의 삼각형을 클릭하면 음색 목록을 볼 수 있고, 마우스 선택으로 들어볼 수 있습니다. 마음에 드는 Bass 음색을 새로 만든 트랙으로 드래그하여 로딩합니다. 실습에서는 Analog 악기를 로딩하겠습니다.

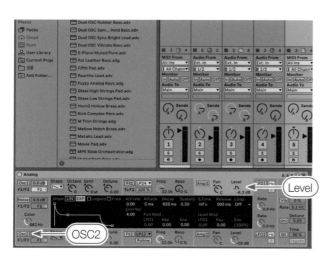

**03** Osc 2를 클릭하여 Off하고, Amp1 섹션의 Level을 -6dB 정도로 올립니다. 음색을 로딩한 경우라면 이 부분은 건너뜁니다.

**04** 슬롯을 더블 클릭하여 한 마디 길이의 클립을 만들고, 한 박자 길이의 E0 노트를 입력 합니다. 노트는 마우스 더블 클릭으로 입력하고, 길이는 오른쪽 끝을 드래그하여 조정합니다.

E0

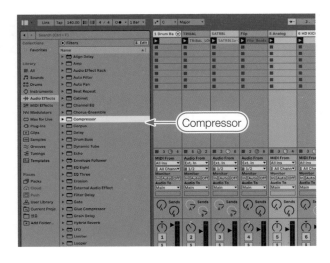

Compressor

**05** Audio Effects 카테고리에서 Compressor를 더블 클릭하여 로딩합니다. 악기가 로딩된 미디 트랙에는 오디오 이펙트를 적용할 수 있습니다.

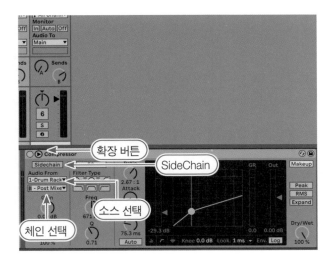

확장 버튼

SideChain

소스 선택

체인 선택

**06** 확장 버튼을 클릭하고, Sidechain 버튼을 On으로 합니다. 소스 선택 항목에서 Drum Rack을 선택하고, 체인 선택 항목에서 Drum Rack | HD Kick 1 | Post Mixer를 선택합니다.

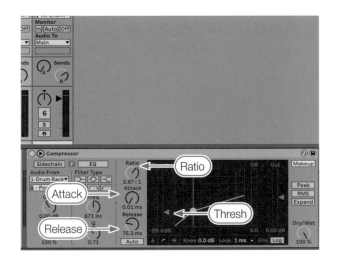

**07** 사운드를 모니터 하면서 Thresh 를 -30dB 정도로 줄이고, Ratio을 2.6:1 정도로 조정합니다. Attack 타임을 0ms로 조정하고, Release 타임을 75ms 정도로 조정합니다.

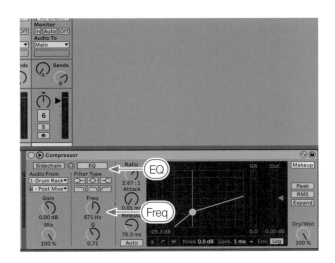

**08** 베이스에 사이드체인을 걸어서 업 비트로 연주되게 하는 기법은 댄스 음악에서 흔하게 사용됩니다. EQ를 On으로 하고, Freq를 670Hz 정도로 조정합니다.

**09** Audio Effects 카테고리에서 EQ Eight을 더블 클릭하여 컴프레서 다음에 로딩되게 합니다.

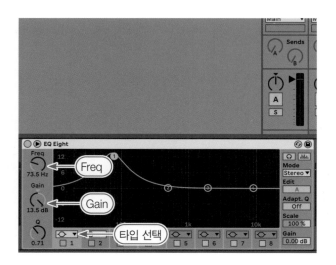

**10** 1번 밴드의 타입을 Bell로 변경하고, 포인트를 드래그하여 Freq가 70Hz, Gain이 13dB 정도되게 조정합니다.

**11** 트랙에서 마우스 오른쪽 버튼을 클릭하여 단축 메뉴를 열고, Insert MIDI Track을 선택하여 추가합니다.

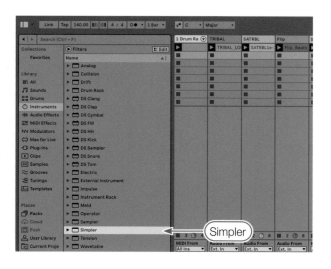

**12** Instruments 카테고리에서 Simpler를 더블 클릭하여 로딩 합니다. Simpler는 오디오 파일을 악기로 사용할 수 있게 해주는 장치입니다.

**13** Samples 카테고리에서 HD Kick 1.aif 샘플을 악기 디스플레이로 드래그하여 로딩합니다.

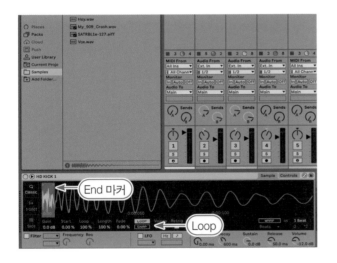

**14** Loop 버튼을 On으로 하고, End 마커를 왼쪽으로 드래그하여 반복 구간을 짧게 만듭니다. 마스터 건반을 눌러 사운드를 모니터하면서 클릭 잡음이 발생하지 않게 조정합니다.

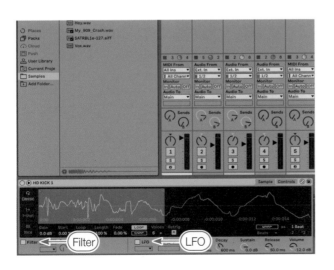

**15** 디스플레이를 드래그하면 파형을 확대할 수 있습니다. Filter와 LFO를 모두 Off 합니다.

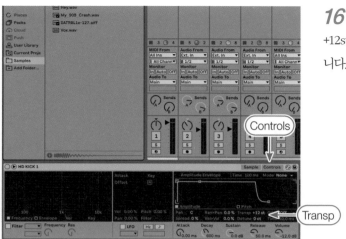

**16** Controls 탭을 선택하여 열고, Transp 값을 +12st로 올립니다. 피치를 한 옥타브 올리는 것입니다.

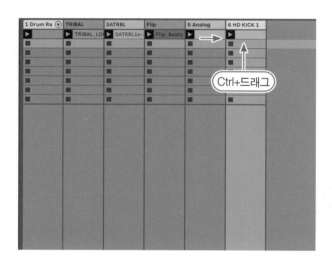

**17** 베이스 노트를 입력했던 Analog 트랙의 클립을 Ctrl 키를 누른 상태로 드래그하여 Simpler를 로딩한 트랙으로 복사합니다.

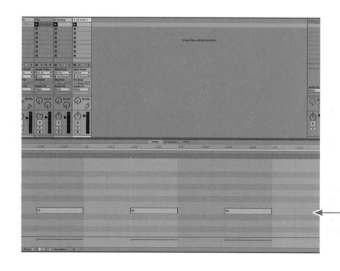

**18** 복사한 클립을 더블 클릭하여 열고, 마우스 드래그로 모든 노트를 선택합니다. 시작 지점을 오른쪽으로 드래그하여 길이를 반으로 줄입니다. 베이스의 업 비트를 강조하기 위해서 2개의 사운드를 믹스한 것입니다.

# 05 신디 파트

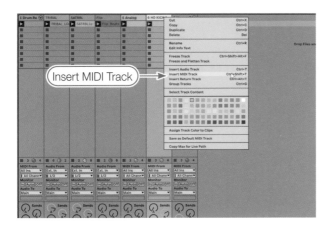

Insert MIDI Track

**01** 샘플 - Ex_04

마우스 오른쪽 버튼을 클릭하여 단축 메뉴를 열고, Insert MIDI Track을 선택하여 추가합니다.

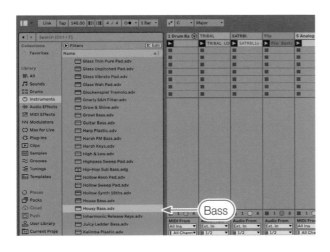

Bass

**02** Instruments 카테고리에서 Operator 악기를 열고, Bass 음색을 더블 클릭하여 새로 만든 트랙으로 로딩합니다.

> **TIP**
>
> *베이스 음색이라고 해서 꼭 베이스 연주에 사용해야 한다는 고정관념은 버립니다.*

**03** 슬롯을 더블 클릭하여 클립을 만들고, 다음과 같이 노트를 입력합니다.

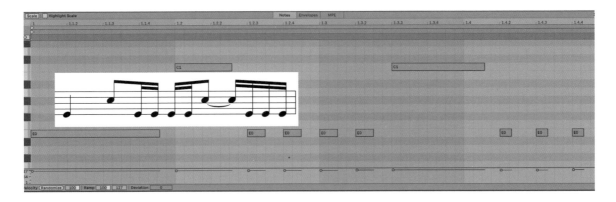

**04** Shift+Tab 키를 눌러 디바이스 뷰를 열고, OSC 3를 선택합니다. Wave 항목에서 Noise White를 선택하고, 사운드를 모니터하면서 OSC 3 Level을 조정합니다.

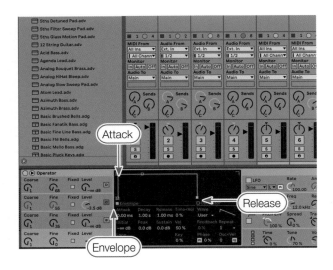

**05** 4개의 오실레이터(OSC) 모두 Envelope에서 어택(Attack)은 0ms, 릴리즈(Release)는 1ms로 조정합니다. 각각 디스플레이의 포인트를 드래그하여 조정할 수 있습니다.

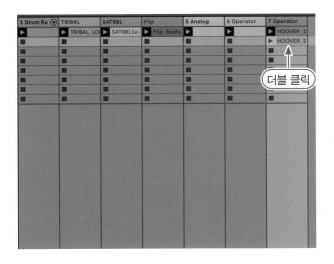

**06** Hoover 트랙의 두 번째 슬롯을 더블 클릭하여 클립을 하나 더 만듭니다.

*07* 다음과 같이 노트를 입력합니다.

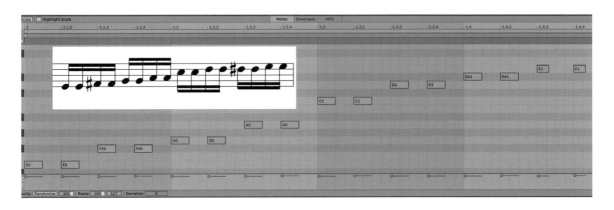

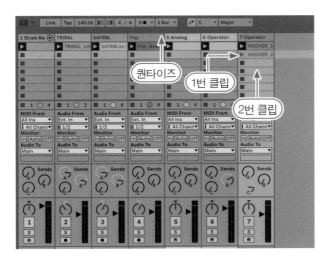

*08* 1번 클립을 연주하고 있다가 2번 클립의 재생 버튼을 클릭하여 바꿀 수 있고, 다시 1번 클립의 재생 버튼을 클릭하여 바꿀 수 있습니다. 이때의 간격은 퀀타이즈 항목에 선택된 단위이며, 기본값은 한 마디(1Bar) 입니다.

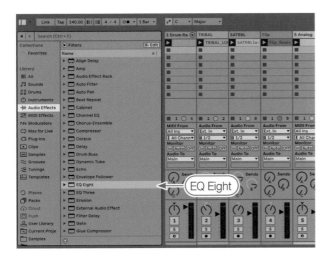

*09* Audio Effects 카테고리에서 EQ Eight을 더블 클릭하여 로딩합니다.

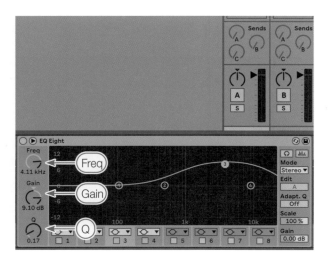

**10** 3번 밴드의 포인트를 드래그하여 Freq가 4KHz, Gain이 9dB 정도 되게 조정합니다. Q 값은 0.17 정도로 조정합니다.

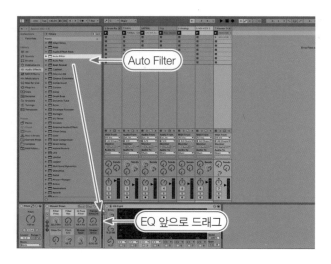

**11** Audio Effects 카테고리에서 Auto Filter를 EQ Eight 앞으로 드래그하여 로딩합니다. 장치는 사용자가 원하는 위치로 로딩이 가능하며, 순서에 따라 사운드가 달라집니다.

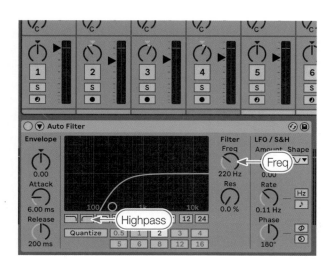

**12** Highpass 타입을 선택하고, 포인트를 드래그하여 Freq가 220Hz 정도가 되게 조정합니다.

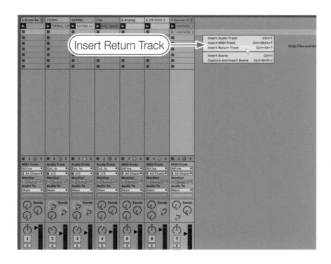

**13** 작업 공간에서 마우스 오른쪽 버튼을 클릭하여 단축 메뉴를 열고, Insert Return Track을 선택하여 리턴 트랙을 추가합니다.

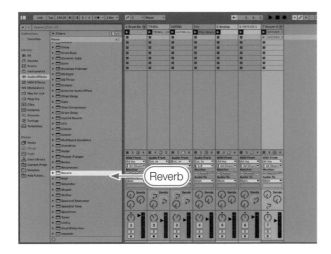

**14** Audio Effects 카테고리에서 Reverb를 더블클릭하여 새로 추가한 리턴 트랙에 로딩합니다.

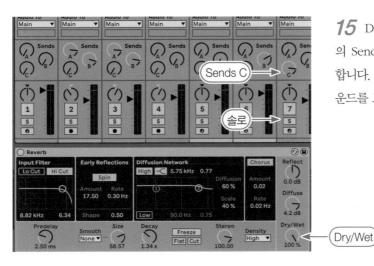

**15** Dry/Wet를 100%로 설정하고, Hoover 트랙의 Sends 섹션에서 C 노브를 3시 방향으로 조정합니다. 필요하다면 솔로 버튼을 On으로 하여 사운드를 모니터하면서 리버브를 조정합니다.

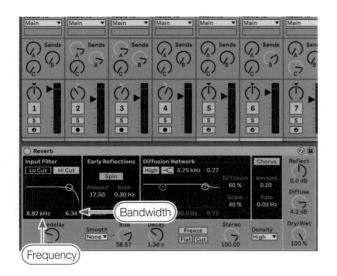

**16** Input Processing 섹션의 디스플레이 포인트를 드래그하여 Frequency가 8KHz, Bandwidth가 6 정도가 되게 조정합니다.

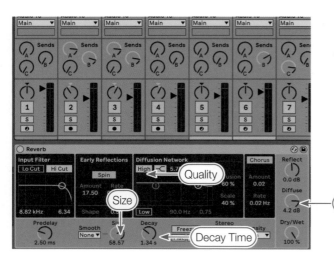

**17** Global 섹션의 Quality에서 High를 선택하고, Size를 60 정도로 조정합니다. Decay Time을 1.3s, Diffuse를 4dB 정도로 조정합니다.

**18** Sends 섹션의 C 노브를 3방향 정도로 조정하고, 볼륨을 -12dB 정도로 낮춥니다.

## 06 메인 파트

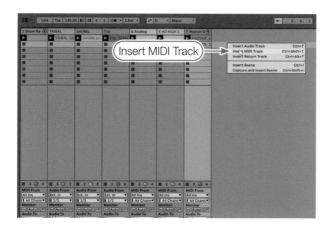

**01** 샘플 - Ex_05

마우스 오른쪽 버튼을 클릭하여 단축 메뉴를 열고, Insert MIDI Track을 선택하여 추가합니다.

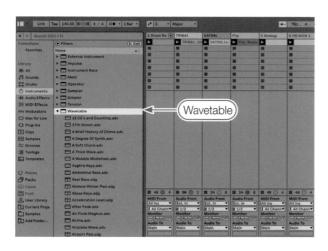

**02** Instruments 카테고리에서 Wavetable 악기를 열고, Synth Lead 계열의 음색을 더블 클릭하여 새로 만든 트랙으로 로딩합니다.

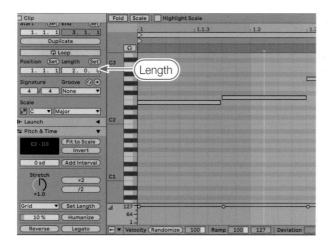

**03** 슬롯을 더블 클릭하여 클립을 만들고, Loop 항목에서 Length 값을 2로 입력합니다. 클립 길이를 2마디로 늘리는 것입니다.

**04** 다음과 같이 노트를 입력합니다.

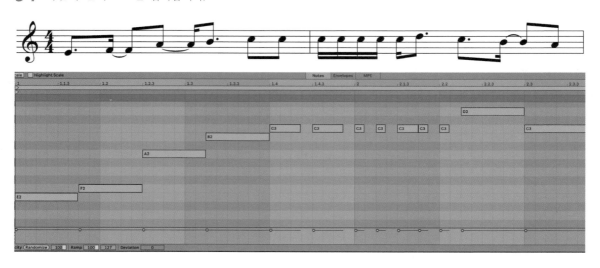

**05** 매크로 섹션에서 Unison을 60%, Release를 1.5ms 정도로 조정하고, 디바이스 열기 버튼을 클릭합니다.

**06** OSC2 탭을 선택하여 열고, 파형을 White Noise로 선택합니다. 그리고 Gain을 -6dB 정도로 줄입니다.

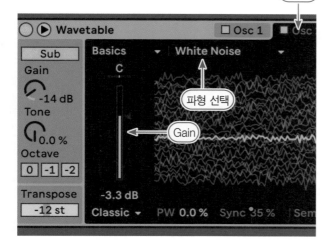

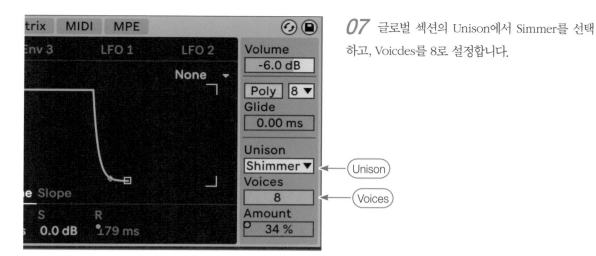

**07** 글로벌 섹션의 Unison에서 Simmer를 선택하고, Voicdes를 8로 설정합니다.

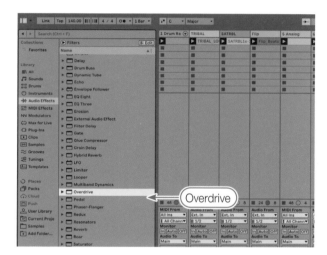

**08** Audio Effects 카테고리에서 Overdrive를 더블 클릭하여 로딩합니다.

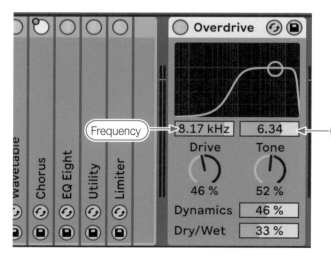

**09** 포인트를 드래그하여 Frequency를 8KHz, Bandwidth를 6 정도로 조정합니다. Drive와 Dynamics을 45%, Dry/Wet를 30% 정도로 조정합니다.

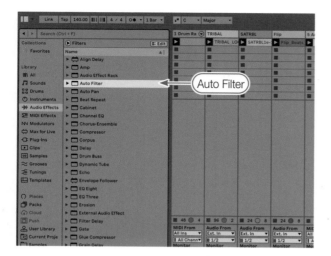

**10** Audio Effects 카테고리에서 Auto Filter를 더블 클릭하여 로딩합니다.

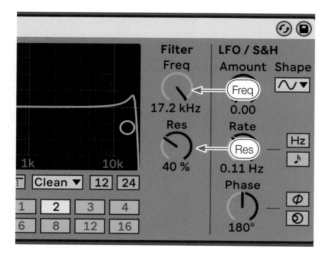

**11** 포인트를 드래그하여 Freq가 20KHz, Res가 20% 정도 되게 조정합니다.

**12** Sends 섹션의 C 노브를 3시 방향 정도로 조정하고, 볼륨을 -9dB 정도로 줄입니다.

## 07

어레인지 1

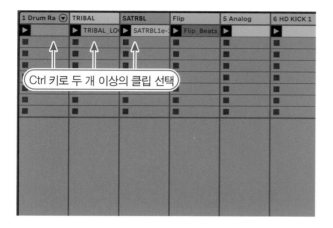

**01** 샘플 - Ex_06

Drum Rack, TRIBAL, SATRBL 트랙의 클립을 Ctrl 키를 누른 상태로 선택하고, 마우스를 누르고 있는 상태에서 Tab 키를 누릅니다.

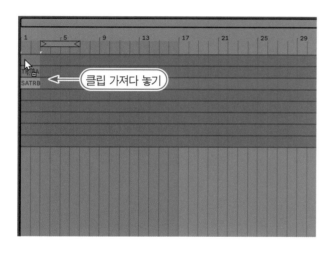

**02** 어레인지먼트 뷰가 열리며, 클립 뷰에서 선택한 클립들을 가져다 놓을 수 있습니다. 시작 위치에 가져다 놓습니다.

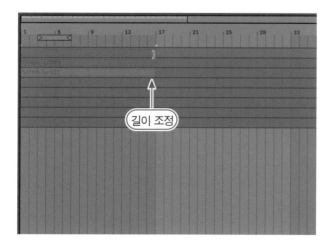

**03** 각각의 클립 오른쪽 끝을 17마디 위치까지 드래그하여 늘립니다. 3개의 드럼 패턴을 16마디 반복하는 것입니다.

**04** Drum Rack 클립을 선택하고, Ctrl+D 키를 눌러 복사합니다. TRIBAL 클립은 17마디로 드래그하여 이동시킵니다. SATRBL 클립은 오른쪽 끝을 드래그하여 33마디까지 늘립니다.

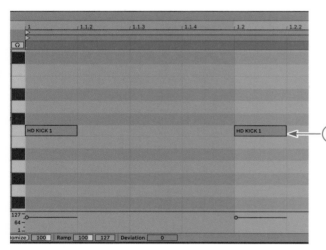

**05** Drum Rack의 첫 번째 트랙을 더블 클릭하여 클립 뷰를 열고, Kick을 제외한 나머지 노트를 마우스 드래그로 선택합니다. Delete 키를 눌러 삭제합니다.

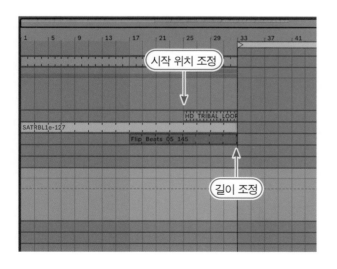

**06** Tab 키를 눌러 세션 뷰를 열고, Flip 트랙의 클립을 선택합니다. 마우스를 누르고 있는 상태에서 Tab 키를 눌러 어레인지 뷰를 열고, 17마디 위치에 가져다 놓습니다. 길이를 33마디까지 늘리고, TRIBAL 클립은 왼쪽 끝을 드래그하여 시작 위치를 25마디 위치로 조정합니다.

*07* Drum Rack 트랙을 Alt 키를 누른 상태로 드래그하여 17-25 마디 범위를 선택합니다. Edit 메뉴의 Split을 선택하거나 단축키 Ctrl+E 키를 눌러 자릅니다.

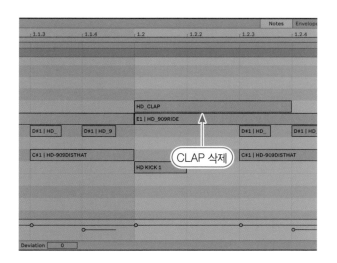

*08* 잘린 17마디 위치의 Drum Rack 클립을 더블 클릭하여 클립 뷰를 열고, CLAP 노트를 삭제합니다. 16마디 동안 Kick만 연주하다가 17마디에서 심벌이 추가되고, 25마디에서 CALP이 추가되는 16-8-8 마디로 편곡한 것입니다. 조금 지루하다면 8-4-4 마디로 줄여도 좋습니다.

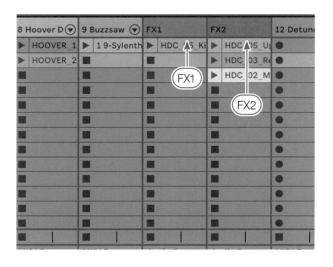

*09* 효과음을 추가하겠습니다. Tab 키를 눌러 세션 뷰를 열고, Ctrl 키를 누른 상태에서 T 키를 두 번 눌러 두 개의 오디오 트랙을 추가합니다. Ctrl+R 키를 눌러 각 트랙의 이름을 FX1과 FX2로 변경합니다.

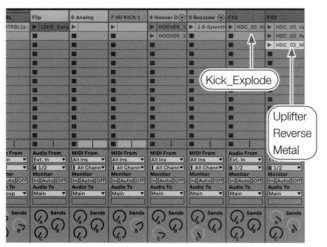

**10** FX1 트랙에는 Kick_Explode 샘플을 가져다 놓고, FX2 트랙에는 Uplifter, Reverse, Metal의 3가지 샘플을 차례로 가져다 놓습니다.

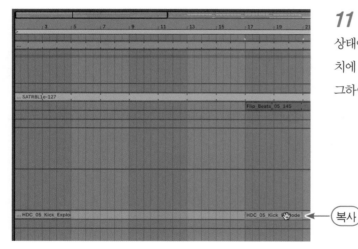

**11** FX1 트랙의 Kick_Explode 클립을 선택한 상태에서 Tab 키를 눌러 어레인지 뷰에 1마디 위치에 가져다 놓습니다. Ctrl 키를 누른 상태로 드래그하여 17 마디 위치에 복사합니다.

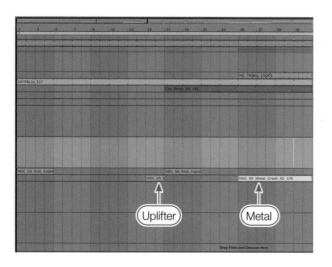

**12** 같은 방법으로 FX2 트랙의 Uplifter 샘플은 15 마디 위치에 가져다 놓고, Metal 샘플은 25 마디 위치에 가져다 놓습니다.

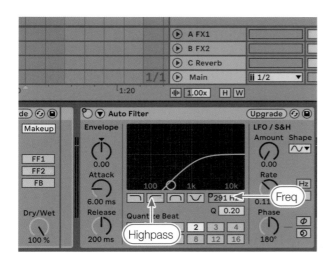

**13** Audio Effects 카테고리에서 Auto Filter를 Drum Rack 트랙으로 드래그하여 로딩하고, 타입을 Highpass로 선택합니다. 포인트를 드래그하여 Freq가 250Hz 정도되게 조정합니다.

**14** 오토메이션 모드 버튼을 On으로 하고, 디바이스 항목에서 Auto Filter를 선택합니다.

**15** 빨간색 오토메이션 라인이 보입니다. 17 마디와 33마디 위치를 클릭하여 포인트를 만들고, 중간에 포인트를 하나 더 만들어 17 마디 위치로 드래그하여 Off 되게 합니다. 17-33 마디 구간에서 Auto Filter가 Off 되게 하는 것입니다.

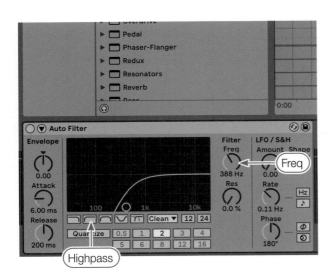

16 FX2 트랙에 Auto Filter를 로딩하고, 타입
을 Highpass로 선택합니다. 포인트를 드래그하여
Freq가 400 Hz 정도 되게 조정합니다.

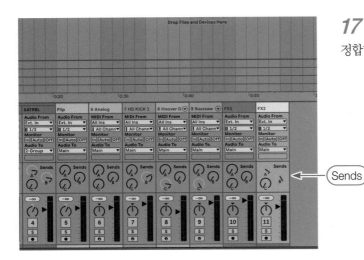

17 FX2 트랙의 Sends A와 B 노브를 Full로 조
정합니다. 볼륨은 -9dB 정도로 낮춥니다.

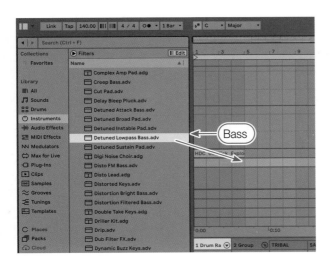

18 Instruments 카테고리의 Operator에서
Bass 음색을 작업 공간으로 드래그하여 미디 트랙
을 만듭니다.

（레코딩）

**19** 31 마디 정도 위치를 클릭하여 인서트 라인을 가져다 놓고, F9 키를 누릅니다. 녹음이 시작되면 33마디 위치에서 49마디까지 16마디 길이의 E1 노트를 녹음합니다.

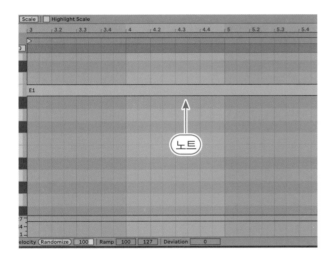

（노트）

**20** 스페이스 바 키를 눌러 정지하고, 오버된 클립의 길이를 33-49 마디 범위로 수정합니다. 녹음한 노트도 시작 위치와 길이도 확인을 하고 수정합니다.

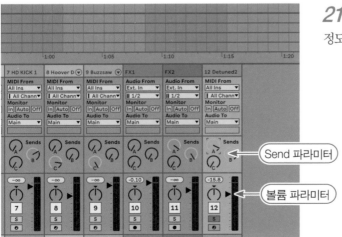

（Send 파라미터）

（볼륨 파라미터）

**21** Send A와 B 값을 증가시키고, 볼륨은 -12dB 정도로 낮춥니다.

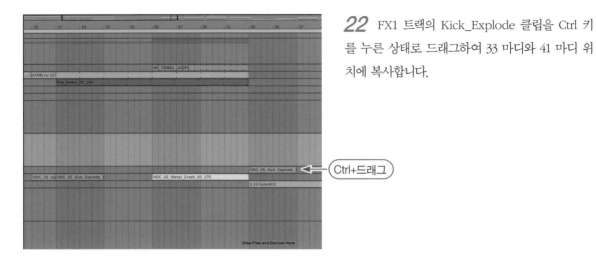

**22** FX1 트랙의 Kick_Explode 클립을 Ctrl 키를 누른 상태로 드래그하여 33 마디와 41 마디 위치에 복사합니다.

Ctrl+드래그

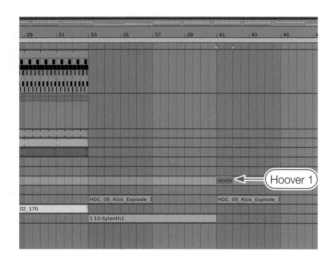

**23** Tab 키를 눌러 세션 뷰를 엽니다. Hoover 트랙의 Hoover 1 클립을 선택하고, Tab 키를 눌러 어레인지 뷰 41 마디 위치에 가져다 놓습니다.

Hoover 1

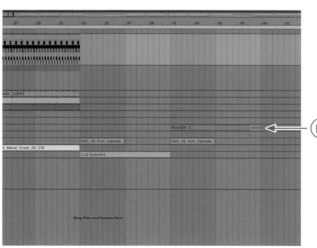

**24** 같은 방법으로 Hoover 2 클립을 48마디 위치에 가져다 놓습니다. Hoover 1 클립의 길이는 48 마디까지 늘립니다.

Hoover 2

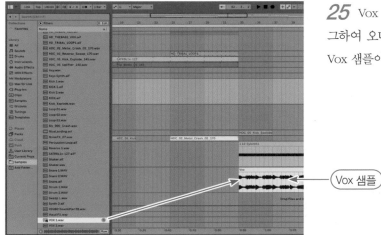

**25** Vox 샘플을 작업 공간 33 마디 위치로 드래그하여 오디오 트랙을 만들고, Ctrl+D 키를 눌러 Vox 샘플이 두 번 반복되게 합니다.

Vox 샘플

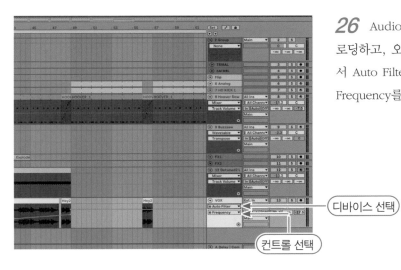

**26** Audio Filter를 Vox 트랙으로 드래그하여 로딩하고, 오토메이션 섹션의 디바이스 항목에서 Auto Filter를 선택합니다. 컨트롤 항목에서는 Frequency를 선택합니다.

디바이스 선택

컨트롤 선택

**27** 33 마디와 48마디 위치를 클릭하여 포인트를 만들고, 33 마디 포인트는 아래로 내립니다. Auto Filter의 Freq가 점점 증가하는 것입니다.

오토메이션 조정

**28** Sends A와 Sends C 파라미터를 -20dB 정도로 조정합니다.

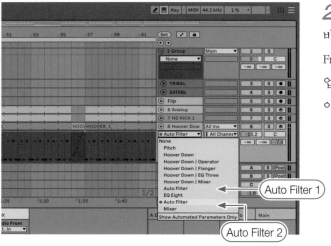

**29** Hoover 트랙에 Auto Filter를 로딩하고, 디바이스 항목에서 Auto Filter, 컨트롤 항목에서 Frequency를 선택합니다. Hoover 트랙은 세션 작업을 할 때 로딩한 Auto Filter를 포함하여 두 개이므로, 나중에 추가한 것을 선택합니다.

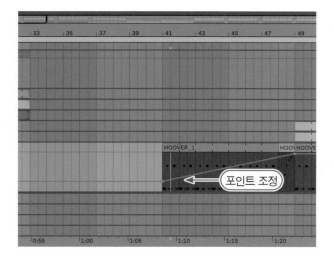

**30** 41 마디와 49 마디 위치를 클릭하여 포인트를 만들고, 41 마디의 포인트를 150Hz 정도로 내립니다.

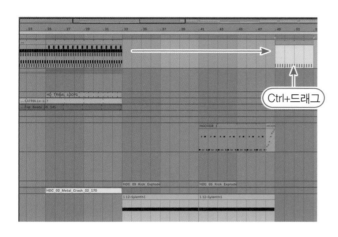

*01* 샘플 - Ex_07

Drum Rack 트랙의 클립을 Ctrl 키를 누른 상태로 드래그하여 49 마디 위치로 복사합니다.

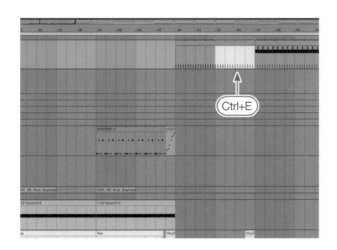

*02* 53 마디에서 57 마디까지 마우스 드래그로 선택하고, Ctrl+E 키를 눌러 자릅니다.

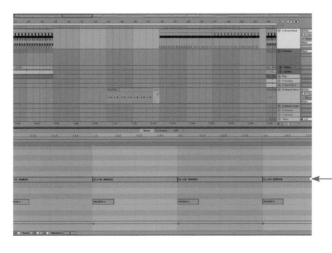

*03* 잘린 53 마디 위치의 클립을 더블 클릭하여 클립 뷰를 열고, HD_909RIDE 노트를 4비트로 입력합니다.

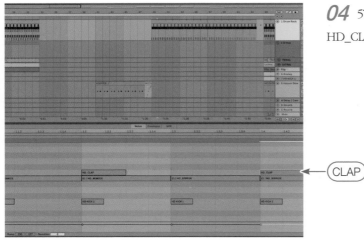

**04** 57 마디 클립을 선택하고, HD_909 RIDE와 HD_CLAP 노트를 입력합니다.

CLAP

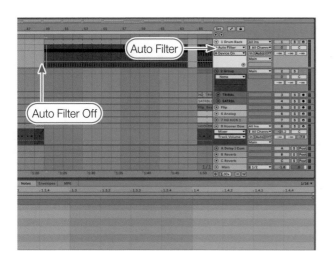

Auto Filter

Auto Filter Off

**05** 오토메이션 섹션에서 Auto Filter를 선택하고, 49 마디 위치에 포인트를 만듭니다. 그 이후에 포인트를 하나 더 만들어 49 마디 위치에서 Off 되게 합니다.

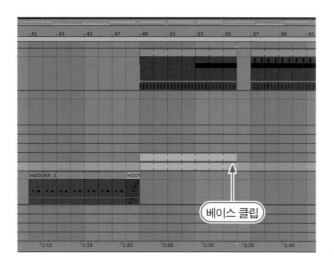

베이스 클립

**06** Tab 키를 눌러 세션 뷰를 열고, 베이스 파트의 Analog와 HD_Kick 트랙의 클립을 Ctrl 키를 누른 상태로 선택하고, 다시 Tab 키를 눌러 어레인지 뷰 49 마디 위치에 가져다 놓습니다. 길이를 65 마디까지 늘립니다.

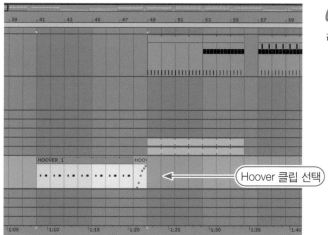

Hoover 클립 선택

**07** Hoover 트랙의 41 마디에서 49 마디까지 드래그하여 두 개의 클립을 모두 선택합니다.

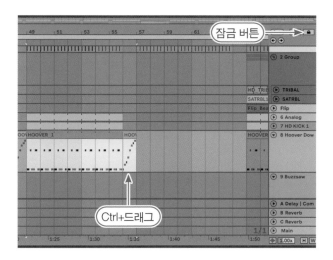

잠금 버튼

Ctrl+드래그

**08** 잠금 버튼을 On으로 하고, 선택한 두 개의 클립을 Ctrl 키를 누른 상태로 드래그하여 49 마디와 57 마디 위치에 두 번 복사합니다.

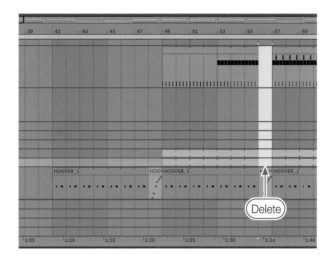

Delete

**09** Alt 키를 누른 상태에서 56 마디를 드래그하여 Drum Rack과 베이스 파트의 Analog 및 HD_ Kick 트랙의 클립을 모두 선택하고 Delete 키를 눌러 삭제합니다.

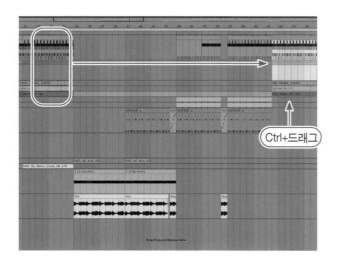

**10** Alt 키를 누른 상태로 25 마디에서 33 마디까지 드래그하여 드럼 파트를 연주하고 있는 4개의 트랙을 모두 선택합니다. Ctrl 키를 누른 상태로 드래그하여 65 마디 위치에 복사합니다.

Ctrl+드래그

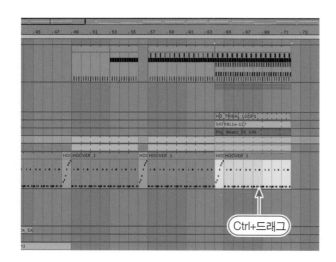

**11** Alt 키를 누른 상태로 57 마디에서 65 마디까지 드래그하여 두 개의 베이스 파트와 Hoover 트랙의 클립을 모두 선택합니다. Ctrl 키를 누른 상태로 드래그하여 65 마디 위치로 복사합니다.

Ctrl+드래그

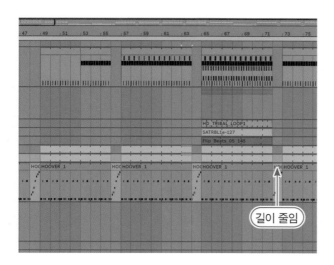

**12** 57 마디 위치의 Drum Rack 트랙과 베이스 파트의 클립 오른쪽 끝 부분을 왼쪽으로 드래그하여 한 마디씩 줄입니다.

길이 줄임

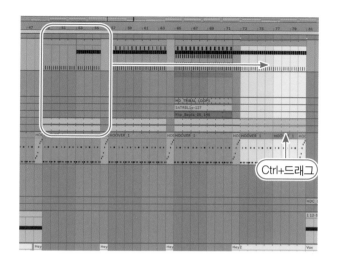

**13** Alt 키를 누른 상태로 49 마디에서 57 마디까지 드래그하여 Drum Rack과 베이스 파트, Hoover 트랙의 클립들을 모두 선택합니다. Ctrl 키를 누른 상태로 드래그하여 73 마디 위치에 복사합니다.

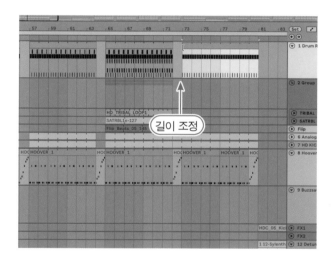

**14** 77 마디 위치의 Drum Rack 클립 시작 부분을 왼쪽으로 드래그하여 73 마디 위치까지 덮어 씌웁니다.

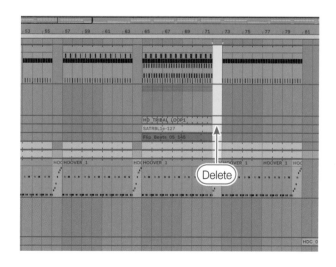

**15** Alt 키를 누른 상태로 72 마디 구간을 드래그하여 Drum Rack 트랙에서 베이스 트랙까지의 클립들을 선택합니다. 그리고 Delete 키를 눌러 삭제합니다.

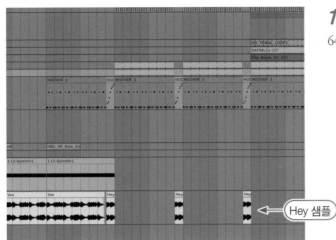

**16** Hey 샘플을 Vox 트랙의 46 마디, 56 마디, 64 마디, 72 마디 위치에 각각 가져다 놓습니다.

Hey 샘플

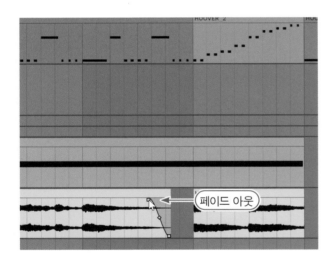

**17** 48 마디 위치는 기존의 Vox 샘플과 자연스럽게 연결되지 않습니다. 클립의 끝 부분을 살짝 줄이고, 페이드 포인트를 드래그하여 페이드 아웃되게 합니다.

페이드 아웃

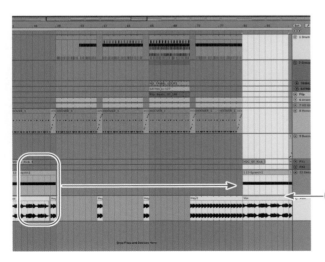

**18** 잠금 버튼을 Off 하고, 33 마디에서 49 마디까지 FX1 부터 Vox 트랙의 모든 클립을 마우스 드래그로 선택합니다. Ctrl 키를 누른 상태로 드래그하여 81 마디 위치로 복사합니다.

Ctrl+드래그

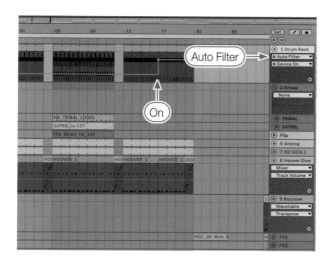

**19** Drum Rack 오토메이션 섹션의 디바이스 항목에서 Auto Filter를 선택하여 77 마디 위치에서 On 되게 합니다.

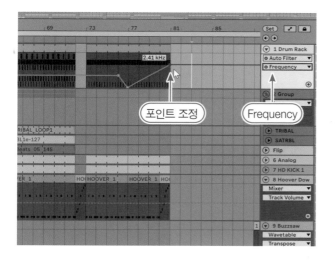

**20** 컨트롤 항목에서 Frequency를 선택하고, 76, 77, 81 마디 위치를 클릭하여 포인트를 만듭니다. 77 마디 위치의 포인트는 내리고, 81 마디 위치의 포인트는 2.4KHz 정도로 올립니다.

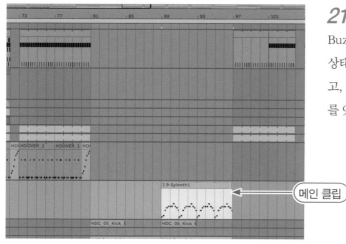

**21** Tab 키를 눌러 세션 뷰를 열고, 메인 트랙의 Buzz 클립을 선택합니다. 마우스를 누르고 있는 상태에서 다시 Tab 키를 눌러 어레인지 뷰를 열고, 89 마디 위치에 가져다 놓습니다. 클립의 길이를 97 마디까지 늘립니다.

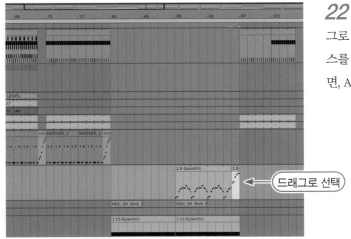

드래그로 선택

**22** 복사한 메인 클립의 96 마디를 마우스 드래그로 선택하고, Ctrl+E 키를 눌러 자릅니다. 마우스를 드래그할 때 FX1 트랙의 빈 곳에서 시작하면, Alt 키를 누르지 않아도 됩니다.

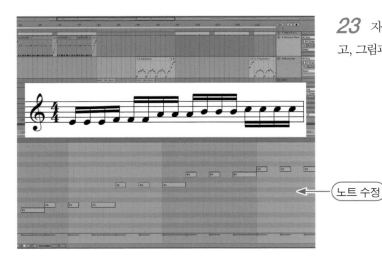

노트 수정

**23** 자른 클립을 더블 클릭하여 클립 뷰를 열고, 그림과 같이 노트를 수정합니다.

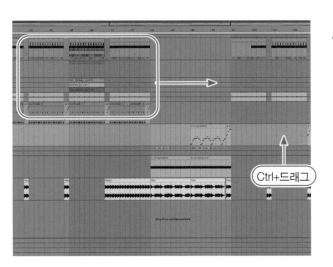

Ctrl+드래그

**24** 49 마디에서 81 마디까지 Alt 키를 누른 상태로 드래그하여 드럼과 베이스 파트의 모든 클립을 선택합니다. Ctrl 키를 누른 상태로 드래그하여 97 마디 위치로 복사합니다.

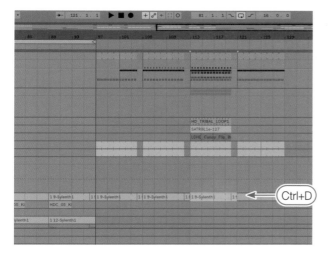

**25** 두 개로 나누어 노트를 편집했던 메인 파트의 두 클립을 Ctrl 키를 누른 상태로 선택하고, Ctrl 키를 누른 상태로 D 키를 3번 눌러 반복시킵니다.

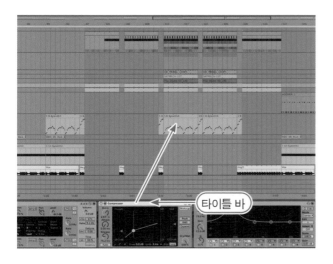

**26** Analog 트랙을 선택하고, 디바이스 뷰에서 Compressor의 타이틀 바를 드래그하여 베이스 트랙으로 복사합니다.

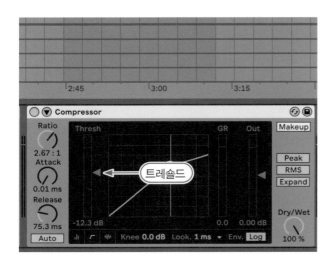

**27** 베이스 트랙에 복사한 Compressor의 트레숄드 값을 -12dB 정도로 올립니다.

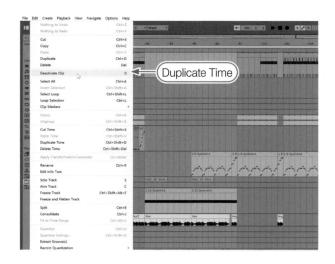

**28** 113-121 마디를 드래그로 선택하고, Edit 메뉴의 Duplicate Time 또는 Ctrl+Shift+D 키를 눌러 선택 구간을 복제합니다.

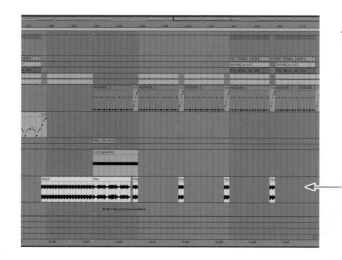

**29** Vox 트랙의 Hey 샘플을 Ctrl 키를 누른 상태로 드래그하여 104, 112, 120, 128 위치로 각각 복사합니다.

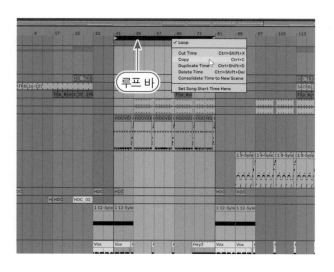

**30** 루프 바의 시작과 끝 포인트를 드래그하여 41 마디에서 81 마디 범위로 설정합니다. 마우스 오른쪽 버튼을 클릭하여 단축 메뉴를 열고, Copy를 선택합니다.

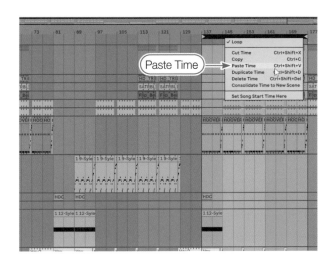

**31** 루프 바 중앙을 드래그하여 137 마디 위치로 이동시킵니다. 마우스 오른쪽 버튼을 클릭하여 단축 메뉴를 열고, Paste Time을 선택하여 앞에서 복사한 구간을 붙입니다.

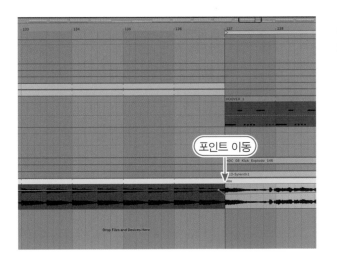

**32** 72 마디와 128 마디의 Hey 클립을 Vox 클립까지 늘리고, 81 마디와 137 마디의 Auto Filter 포인트를 두 박자 전으로 이동시켜 자연스럽게 변조되게 합니다.

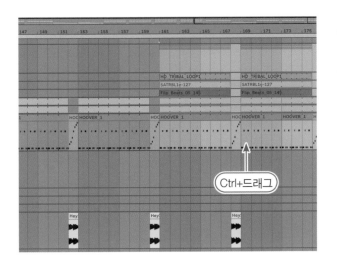

**33** 61 마디에서 169 마디까지 드럼 루프로 사용하고 있는 3개의 클립을 마우스 드래그로 선택하고, Ctrl 키를 누른 상태로 드래그하여 169 마디 위치로 복사합니다.

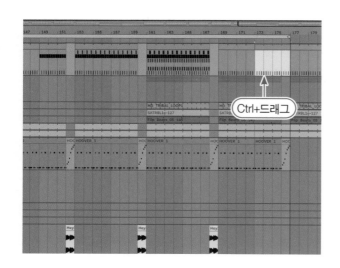

**34** Drum Rack 트랙의 145 마디 위치에 있는 클립을 Ctrl 키를 누른 상태로 드래그하여 169 마디와 173 마디로 복사합니다.

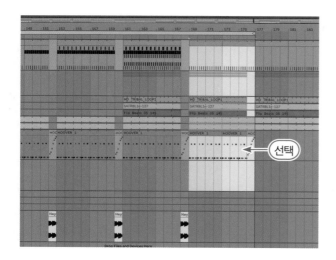

**35** Alt 키를 누른 상태로 169 마디에서 177 마디까지 드래그하여 드럼과 베이스 파트의 클립들을 선택하고, Ctrl+D 키를 눌러 복제합니다.

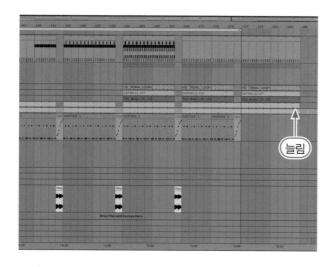

**36** 복제한 클립에서 드럼 믹스로 사용한 3개의 오디오 클립 길이를 Drum Rack에 맞추어 늘려줍니다.

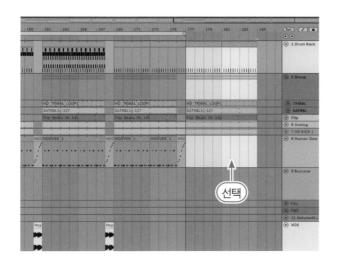

선택

**37** Atl 키를 누른 상태로 177 마디부터 185 마디까지 드래그하여 Drum Rack과 드럼 루프 3개의 클립을 모두 선택합니다. Ctrl+D 키를 눌러 복제합니다.

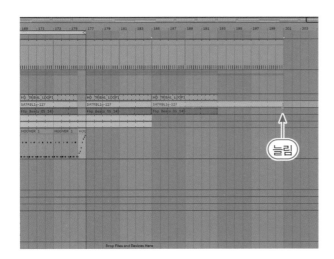

늘림

**38** Drum Rack과 SATRBL 클립의 오른쪽 끝을 드래그하여 201 마디까지 연장합니다.

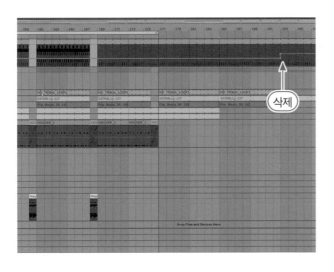

삭제

**39** Drum Rack 클립의 193 마디에 있는 Auto Filter 포인트를 클릭하여 삭제합니다. 편곡 작업이 완료되었습니다. 실습은 전형적인 음악 형식에 맞춰본 것입니다. 참고만 하고, 자신의 취향대로 해도 좋습니다.

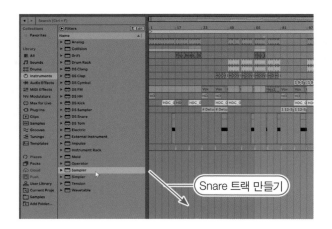

**01** 샘플 - Ex_08

Instruments 카테고리에서 Simpler를 작업 공간으로 드래그하여 미디 트랙을 만듭니다.

Snare 트랙 만들기

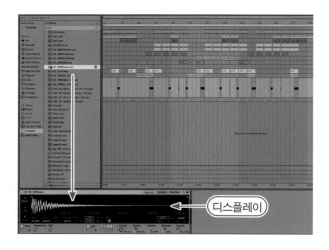

**02** 오디오 샘플을 임포트하여 악기로 사용할 수 있는 샘플러 입니다. Samples 폴더에서 HD_909Snare.wav 파일을 디스플레이로 드래그하여 로딩합니다.

디스플레이

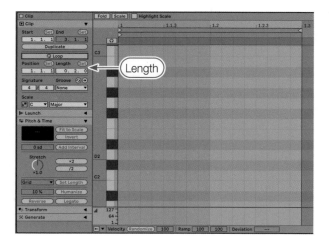

**03** Snare 트랙의 슬롯을 더블 클릭하여 클립을 만들고, Clip 박스의 Length 항목에서 2를 입력하여 두 마디 길이로 만듭니다.

Length

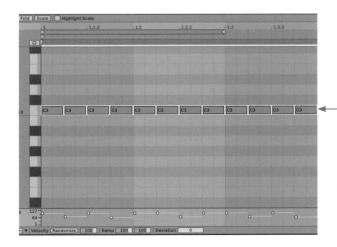

*04* B 키를 눌러 연필 툴을 선택합니다. C3를 드래그하여 16비트 노트를 입력하고, 다시 B 키를 눌러 연필 툴을 해제합니다.

( 드래그로 노트 입력 )

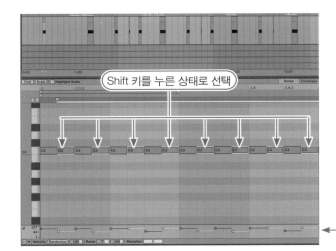

*05* Shift 키를 누른 상태에서 업 비트에 해당하는 노트를 모두 선택하고 벨로시티를 70 정도로 낮춥니다.

( Shift 키를 누른 상태로 선택 )

( 벨로시티 )

*06* Shift+Tab 키를 눌러 디바이스 뷰를 열고, Controls 탭을 선택합니다. Vel〉Vol 값을 100%로 조정하고, Release 타임을 1.0s 정도로 늘립니다.

( Controls )

( Vel〉Vol )

( Release )

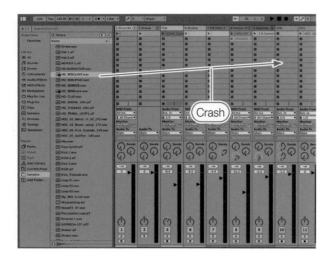

*07* Samples 카테고리에서 HD_909 Crash.wav 파일을 빈 공간으로 드래그하여 Crash 트랙을 만듭니다.

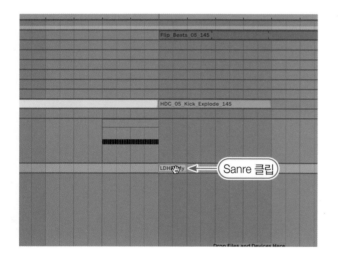

*08* Snare 트랙의 클립을 선택한 상태에서 Tab 키를 눌러 어레인지 뷰를 열고, 15마디 위치에 가져다 놓습니다.

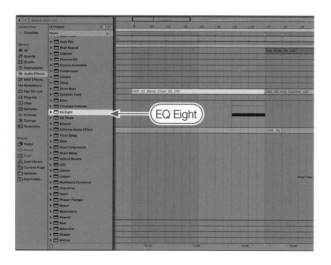

*09* Audio Effects 카테고리에서 EQ Eight를 더블 클릭하여 Snare 트랙에 로딩합니다.

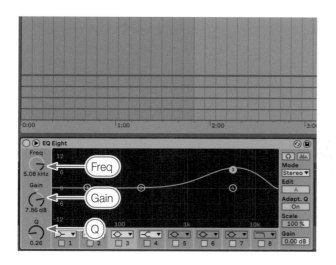

**10** 3번 포인트를 드래그하여 Freq가 13KHz, Gain이 12dB 정도가 되게 조정합니다. Q 값은 0.28 정도로 조정합니다.

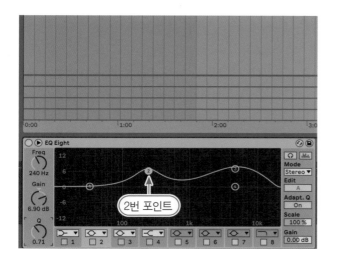

**11** 2번 포인트를 드래그하여 Freq가 280Hz, Gain이 6dB 정도가 되게 조정합니다. 스네어의 어택이 잘 들리게 만드는 것입니다.

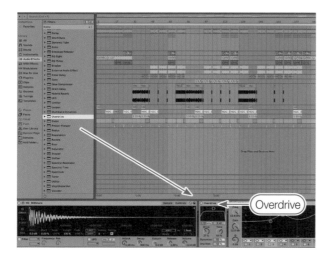

**12** Audio Effects 카테고리에서 Overdrive를 EQ Eight 왼쪽으로 드래그하여 삽입합니다.

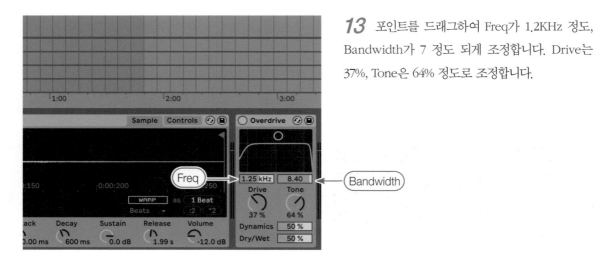

**13** 포인트를 드래그하여 Freq가 1.2KHz 정도, Bandwidth가 7 정도 되게 조정합니다. Drive는 37%, Tone은 64% 정도로 조정합니다.

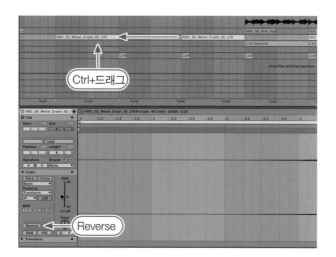

**14** FX2 트랙의 17 마디 위치에 있는 Metal 클립을 Ctrl 키를 누른 상태로 드래그하여 9 마디 위치로 복사합니다. Audio 박스의 Reverse 버튼을 On으로 하여 사운드의 재생 방향을 바꿉니다.

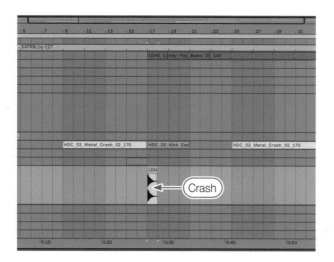

**15** 세션 뷰에서 Crash 트랙의 클립을 선택하고 Tab 키를 눌러 17마디 위치에 가져다 놓습니다.

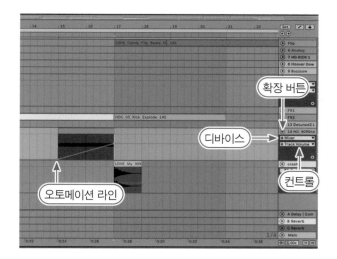

**16** Snare 트랙의 확장 버튼을 클릭하여 열고, 디바이스에서 Mixer, 컨트롤에서 Track Volume 을 선택합니다. Snare 클립의 시작과 끝 위치를 클릭하여 포인트를 만들고, 시작 위치의 포인트를 아래로 내립니다.

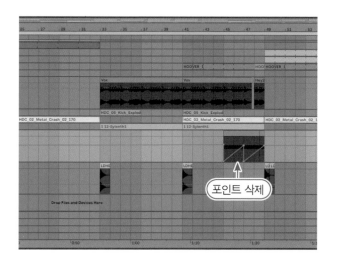

**17** Ctrl 키를 누른 상태로 Snare 클립을 드래그 하여 45 마디와 47 마디에 복사합니다. 중간에 겹처있는 오토메이션 라인의 포인트를 클릭하여 삭제 합니다.

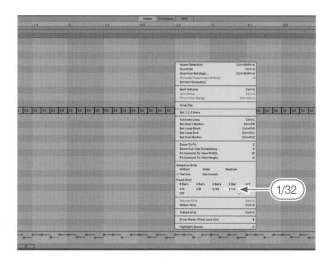

**18** 47 마디 위치의 클립을 선택합니다. 클립 뷰에서 마우스 오른쪽 버튼을 클릭하여 단축 메뉴를 열고, Gird를 1/32로 선택합니다.

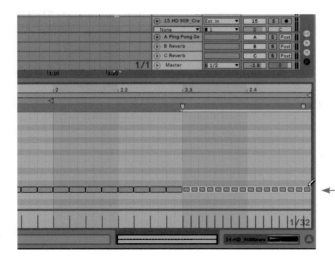

**19** B 키를 눌러 연필 툴을 선택하고, 2.3 마디 위치에서 기존에 입력되어 있던 16비트 노트를 드래그로 삭제하고, 다시 드래그하여 32비트로 입력합니다. B 키를 다시 눌러 연필 툴을 해제합니다.

노트 입력

**20** 25 마디 위치의 Metal 클립을 Ctrl 키를 누른 상태로 드래그하여 49 마디 위치로 복사하고, Rev 를 적용했던 9 마디 위치의 Metal 클립은 33 마디 위치로 복사합니다.

리버스 재생   정상 재생

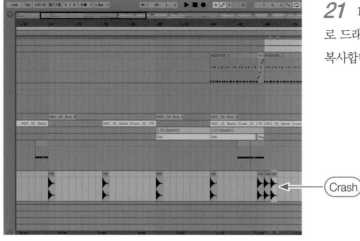

**21** 17 마디 Crash 클립을 Ctrl 키를 누른 상태로 드래그하여 25, 33, 41, 49, 50 마디 위치로 각각 복사합니다.

Crash

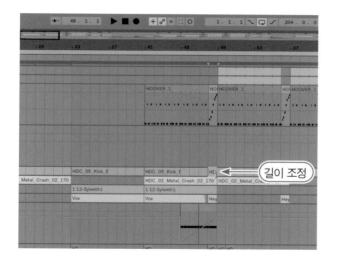

22 FX 1 트랙의 Kick_Explode 클립을 Ctrl 키를 누른 상태로 드래그하여 48 마디 위치로 복사하고, 클립의 오른쪽 끝을 드래그하여 한 마디 길이로 줄입니다.

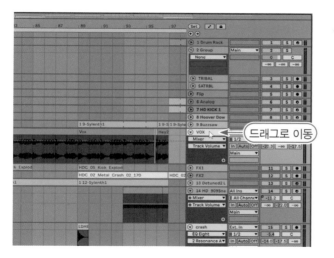

23 FX2와 Snare 트랙 사이에 있는 Detuned과 Vox 트랙을 드래그하여 FX1 트랙 위쪽으로 이동시킵니다

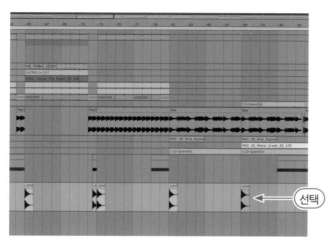

24 Alt 키를 누른 상태로 FX1 트랙의 41 마디 위치에서 Crash 트랙의 49 마디 위치까지 드래그하여 선택합니다. Ctrl 키를 누른 상태로 드래그하여 89, 137, 177 마디 위치로 복사합니다.

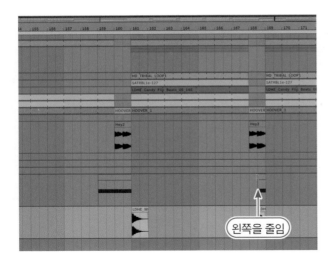

**25** 45 마디 Snare 클립을 Ctrl 키를 누른 상태로 드래그하여 63, 79, 111, 127, 159 마디 위치로 복사하고, 47 마디 Snare 클립을 72, 120, 168 마디 위치로 복사합니다. 72, 120, 168 위치로 복사한 Snare 클립은 32비트만 연주되게 왼쪽을 드래그하여 반으로 줄입니다.

왼쪽을 줄임

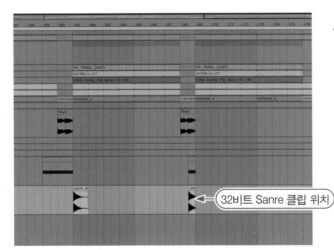

**26** Crash 트랙의 클립을 Ctrl 키를 누른 상태로 드래그하여 57, 65, 73, 81, 89, 105, 113, 121, 129, 153, 161 마디 위치에 복사하고, 72, 120, 168 마디도 Snare 클립에 맞추어 복사합니다.

32비트 Sanre 클립 위치

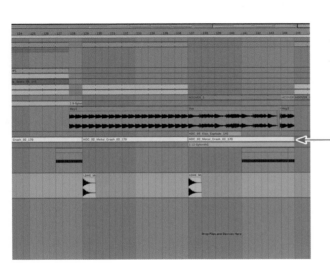

**27** 마지막으로 49마디 위치의 Metal 클립을 97, 113, 129 마디 위치에 복사하고, 89 마디의 Rev가 적용된 Metal 클립은 121 마디로 복사합니다.

Metal 클립

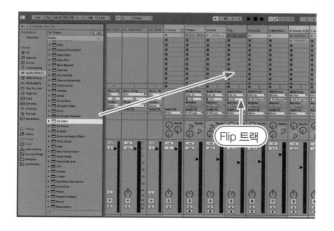

**01** 샘플 - Ex_09

세션 뷰에서 Flip 트랙에 Audio Effects의 EQ Eight을 드래그하여 적용합니다.

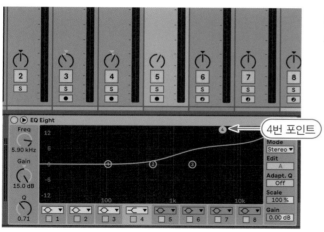

**02** 4번 밴드의 포인트를 드래그하여 6KHz 부근을 최대 값 15dB로 올립니다.

**03** Drum Rack 서브 트랙의 HD_909OPHAT에도 EQ Eight를 로딩하고, 3번 포인트를 드래그하여 2KHz 부근을 4dB 정도 올립니다.

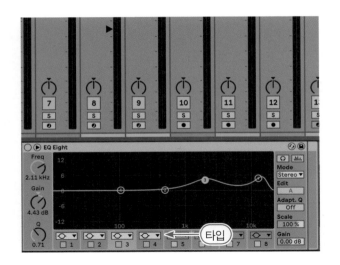

**04** 4번 밴드는 Bel 타입을 선택하고, 포인트를 드래그하여 14KHz 부근을 5dB 정도 올립니다.

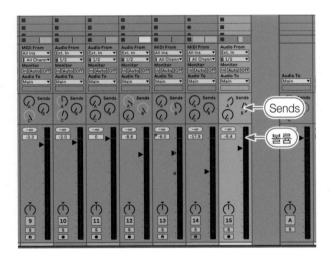

**05** Snare 트랙의 Sends B를 12시 방향으로 조정하고, 볼륨을 -9dB 정도 낮춥니다. Crash 트랙의 Sends A와 B를 1시 방향으로 조정하고, 볼륨을 -6dB 정도 낮춥니다.

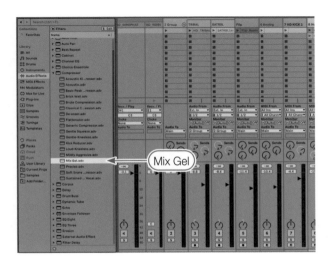

**06** 마스터링은 최종 출력 라인의 Main 트랙에서 진행하는 프로세싱 작업입니다. Main 트랙을 선택하고, Compressor의 Mix Gel 프리셋을 더블 클릭하여 로딩합니다.

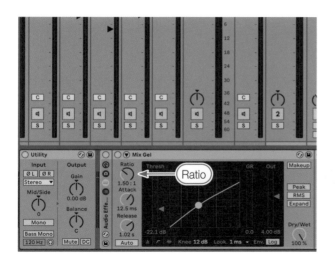

**07** 압축 비율을 결정하는 Ratio 값만 1.5 정도
로 조정하고, 나머지 파라미터는 프리셋 설정을 그
대로 둡니다.

**08** 저음, 중음, 고음역으로 나누어 사운드를 압
축할 수 있는 Multiband Dynamics를 더블 클릭
하여 로딩합니다. 고음역은 5dB, 저음역은 4dB 정
도 Output 레벨을 올리고, Amount를 56%로 조정
합니다.

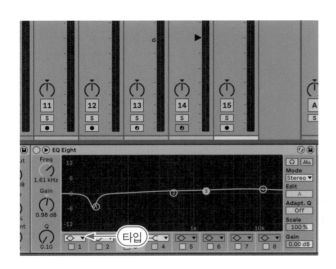

**09** EQ Eight을 더블 클릭하여 로딩하고, 1번 밴
드 타입을 Bell로 선택합니다. 포인트를 드래그하
여 Gain을 -6dB 정도 낮추고, Q 값을 3.6 정도로
조정합니다.

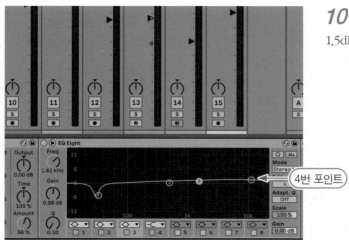

**10** 4번 포인트를 드래그하여 12KHz 부근을 1.5dB 정도로 살짝 증가시킵니다.

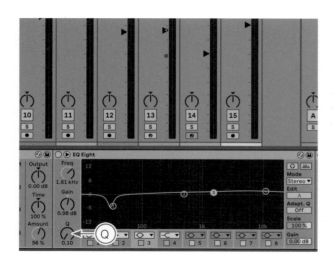

**11** 3번 포인트를 드래그하여 1.6KHz 부근도 0.1dB 정도로 살짝 올립니다. Q 값은 0.1로 넓게 설정합니다.

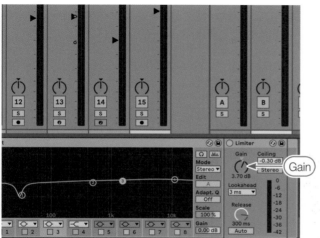

**12** 최정 출력 레벨을 제한하는 Limiter를 더블 클릭하여 로딩하고, Gain을 3dB 정도 올립니다.

**13** 어레인지 뷰를 열고, Ctrl+A 키를 눌러 모든 구간을 선택합니다. File 메뉴의 Export Audio/Video를 선택합니다.

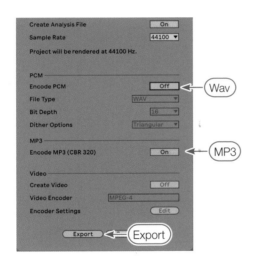

**14** PCM 버튼은 오디오 CD 제작을 위한 Wav 파일을 만드는 것이며, MP3 버튼은 MP3 파일을 만드는 것입니다. 둘 다 만들 수 있고, 필요한 것만 만들 수 있습니다. 원하는 파일 포맷을 선택하고, Export 버튼을 클릭합니다.

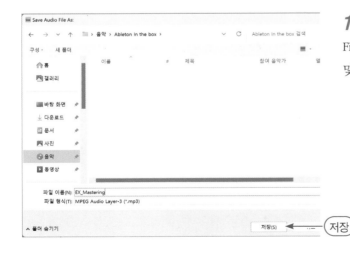

**15** 파일 이름을 입력할 수 있는 Save Audio Files As 창이 열리며, 저장 버튼을 클릭하면 Wav 및 MP3 파일 렌더링 과정이 진행됩니다.

# Ableton Live 12

# 2

# 작업 뷰

에이블톤의 가장 큰 특징은 라이브 연주에 특화되어
있는 세션 뷰를 제공하고 있다는 것입니다. 그 외에도
음원 제작을 위한 어레인지먼트 뷰와 믹서 등을 제공
하고 있는데 이것들에 관해서 살펴보겠습니다.

Ableton Live 12

# 브라우저

브라우저는 사운드, 악기, 이펙트, 클립, 팩, 프리셋 등 음악 작업에 사용하는 라이
브러리를 관리합니다. 라이브러리는 에이블톤에서 제공하는 것 외에 사용자가 가
지고 있는 것들을 추가할 수 있으며, 이것들을 체계적으로 관리를 할 수 있어야 효
율적인 작업이 가능합니다. 브라우저의 구조에서 라이브러리 관리까지의 모든 내
용을 살펴보겠습니다.

## 01 | 브라우저의 구성

### 01 사이드 바
브라우저는 사이드 바와 콘텐츠의 두 가지 패널
로 구성되어 있으며, 왼쪽 사이드 바는 즐겨 사용
하는 라이브러리를 모아 놓는 Collections, 에이블
톤에서 제공하는 라이브러리를 타입 별로 나열한
Library, 사용자 라이브러리를 관리하는 Places의
3가지 섹션으로 구성되어 있습니다.

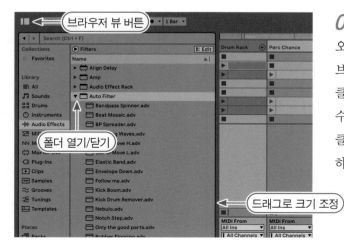

### 02 콘텐츠 패널
오른쪽 콘텐츠 패널은 사이드 바에서 선택한 라이
브러리 내용을 표시하며, 삼각형 모양의 아이콘을
클릭하거나 좌/우 방향키를 눌러 폴더 목록을 볼
수 있습니다. 브라우저는 왼쪽 상단의 뷰 버튼을
클릭하여 열거나 닫을 수 있고, 외각선을 드래그
하여 크기를 조정할 수 있습니다.

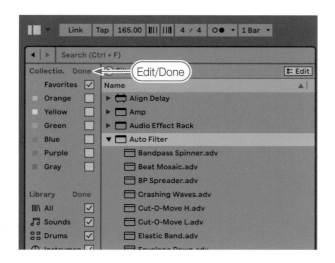

### 03 즐겨찾기

Collections은 즐겨 사용하는 콘텐츠를 등록하여 빠르게 찾을 수 있도록 합니다. Edit 버튼을 클릭하고, 사이드 바에 표시하고자 하는 색상을 체크합니다.

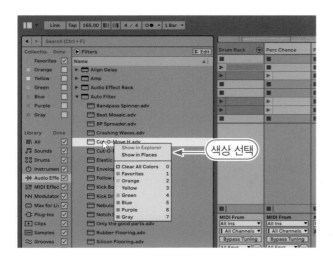

### 04

자주 사용하는 프리셋을 마우스 오른쪽 버튼으로 클릭하면 색상 목록을 볼 수 있으며, 선택을 하면 이름에 색상이 표시됩니다.

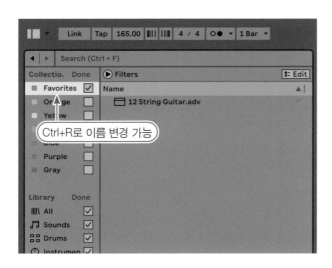

### 05

즐겨 찾기에서 색상을 선택하면 사용자가 등록한 프리셋 목록을 볼 수 있습니다. 색상 이름은 마우스 오른쪽 버튼을 클릭하여 Rename을 선택하거나 Ctrl+R 키를 눌러 구분하기 쉽게 변경할 수 있습니다.

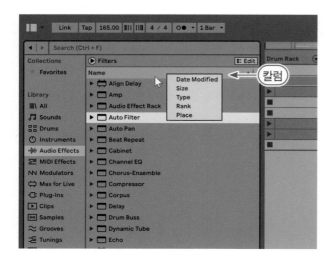

## 06 칼럼 추가/정렬

콘텐츠 목록은 이름(Name) 외에 Size, Type 등의 칼럼을 추가하여 정렬할 수 있습니다. 칼럼은 마우스 오른쪽 버튼을 클릭하면 열리는 단축 메뉴에서 선택하여 추가할 수 있고, 정렬할 때는 해당 칼럼의 이름을 클릭합니다

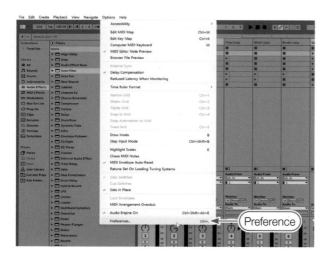

## 07 사용자 라이브러리

에이블톤에 익숙해지면 랙이나 프리셋 등, 사용자만의 라이브러리를 만들게 됩니다. 이것이 하나의 폴더에서 관리되도록 하려면 Options 메뉴의 Preferences를 선택하여 창을 엽니다.

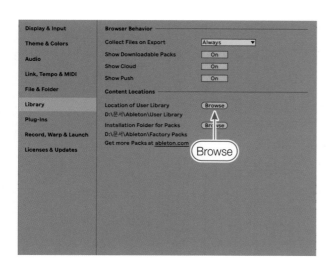

## 08
Library 탭을 선택하여 페이지를 열면, Location of User Library 항목을 볼 수 있습니다. Browse 버튼을 클릭하여 사용자 라이브러리가 저장될 폴더의 위치를 선택합니다.

TIP

Show Downloadable Packs, Show Cloud, Show Push On/Off 버튼은 각 폴더의 표시 여부를 결정합니다.

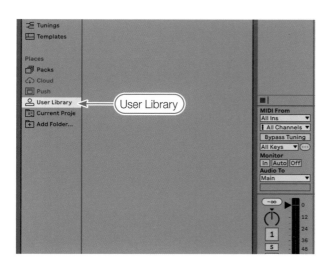

*09* Places 섹션의 User Library가 활성화되고, Clips, Defaults, Groves, Presets, Samples, Templates 콘텐츠가 생성됩니다. 아직은 모두 비어 있지만, 앞으로 사용자가 만든 프리셋이 저장될 폴더입니다.

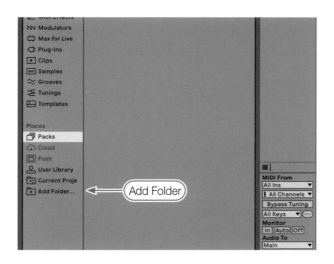

*10* 사용자 폴더

사용자가 모아놓은 샘플 폴더를 Places 섹션에 추가하여 관리할 수 있습니다. Add Folder 클릭하여 폴더를 선택합니다.

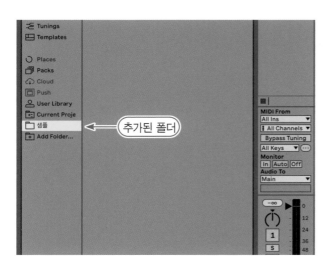

*11* Places 섹션에 선택한 폴더가 추가됩니다. 윈도우 탐색기를 열지 않아도 작업에 사용할 샘플을 Places 섹션에서 바로 이용할 수 있습니다.

> *TIP*
>
> 사용자 폴더는 윈도우 탐색기에서 Places 섹션으로 드래그하여 추가할 수 있습니다.

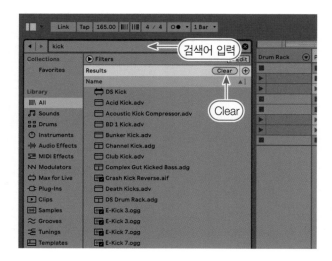

**12** 콘텐츠 검색

브라우저는 사용자가 원하는 콘텐츠를 빠르게 찾을 수 있는 검색과 필터 기능을 제공합니다. 검색 창을 클릭하거나 Ctrl+F 키를 누르고, Kick 이라는 단어를 입력해봅니다. 검색을 취소할 때는 Clear 버튼을 클릭하거나 Esc 키를 누릅니다.

TIP

*Clear 버튼 오른쪽의 + 기호를 클릭하면 검색 결과를 카테고리로 저장할 수 있습니다.*

**13** 카테고리 별로 Kick 문자가 포함되어 있는 콘텐츠만 표시되어 원하는 샘플을 조금 더 빠르게 찾을 수 있습니다. All 카테고리에는 검색된 모든 콘텐츠를 표시합니다.

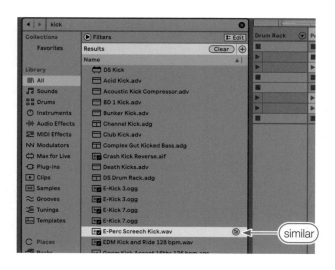

**14** 악기 및 샘플의 경우에는 선택된 아이템에 Similar 버튼이 표시되며, 클릭하여 비슷한 음색을 가진 악기 및 샘플로 범위를 줄일 수 있습니다.

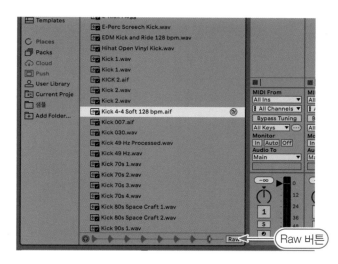

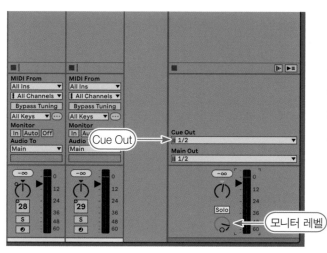

**15** 검색된 샘플이나 악기 프리셋을 선택하면 사운드를 미리 들어볼 수 있습니다. 자동 재생이 되지 않으면, 프리뷰 탭의 모니터 버튼이 On 되어 있는지 확인합니다.

*TIP*

클립은 자동으로 재생되지 않습니다. 프리뷰 탭을 클릭하거나 키보드의 오른쪽 방향키를 눌러 수동으로 모니터 합니다.

**16** 미리 듣기는 세트의 템포 값으로 모니터 됩니다. 원래 템포로 모니터하고 싶은 경우에는 프리뷰 항목의 Raw 버튼을 On으로 합니다.

**17** 모니터 레벨은 메인 트랙의 프리뷰 노브를 이용해서 조정합니다. 음악이 재생되는 동안 헤드폰을 통해서 모니터 하려면 헤드폰 아웃을 지원하는 멀티 오디오 인터페이스가 필요합니다. 장치를 갖추고 있다면 Cue Out에서 헤드폰 아웃 포트를 선택합니다.

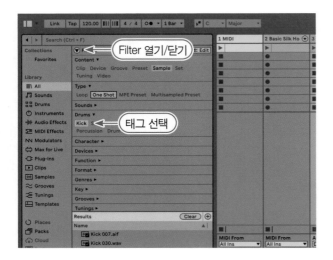

**18** 필터

Filters 섹션은 그룹별로 태그를 선택하여 콘텐츠를 검색할 수 있는 기능입니다. 태그는 선택한 카테고리에 따라 달라지며, 모든 태그로 검색하고자 할 때는 All 카테고리를 이용합니다.

*TIP*

*검색 창에서 #을 붙여 입력하면 해당 태그로 검색할 수 있습니다.*

**19** Edit 버튼을 클릭하면 사용자 샘플에 태그를 할당할 수 있는 창이 열립니다. 각 그룹마다 새로운 태그를 만들 수 있는 Add Tag를 제공하며, 맨 아래쪽에는 그룹을 추가할 수 있는 Add Group을 제공합니다.

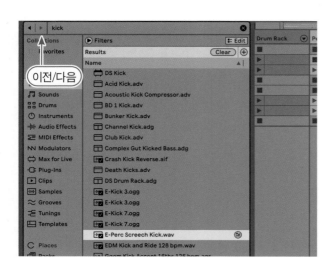

**20** 브라우저에서 선택한 것들은 모두 기록되고 있으며, 검색 창 왼쪽의 이전 및 다음 버튼을 클릭하여 이전 또는 다음에 선택했던 상태로 이동할 수 있습니다.

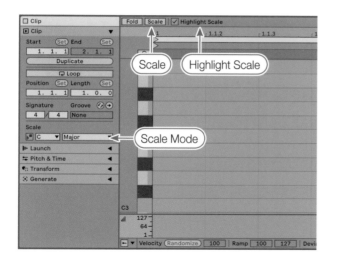

**21** 스케일 및 튜닝

컨트롤 바의 스케일 모드는 기본적으로 활성화 되어 있으며, 클립 및 디바이스에 적용됩니다. 클립 속성 창의 스케일 모드 역시 활성화 되어 있으며, 여기서 설정해도 됩니다. 에디터 창의 Sacle 버튼을 켜서 선택한 스케일 노트만 표시할 수 있고, Highlight Scale 옵션을 체크하여 스케일 노트를 클립 색상으로 표시할 수 있습니다.

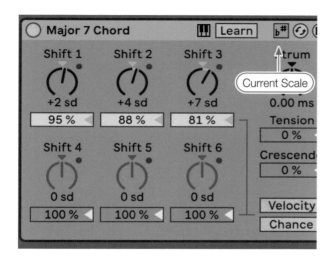

**22** 스케일 모드 기능은 미디 디바이스에서 더욱 진가를 발휘하며, 이를 지원하는 장치는 컨트롤 바의 키 설정을 따르게 할 것인지를 선택할 수 있는 Current Scale 버튼을 제공합니다.

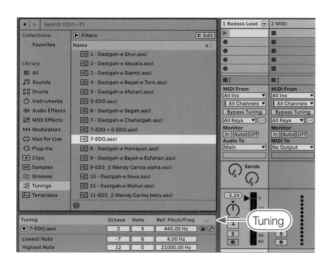

**23** Tuning 카테고리에서 ascl 파일을 더블 클릭하여 비 표준 스케일 모드를 적용할 수 있습니다. 브라우저 아래쪽에 Tuning 패널이 열리며 기준 노트(Octave/Note)와 피치(Ref. Pitch/Freq), 그리고 범위(Lowest~Highest Note) 설정이 가능합니다.

# 02 세트 저장과 열기

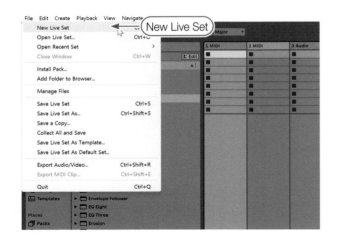

**01** 새로운 작업을 위한 라이브 세트는 File 메뉴의 New Live Set을 선택하여 만듭니다. 기본적으로 2개의 미디 트랙과 2개의 오디오 트랙을 갖추고 있습니다.

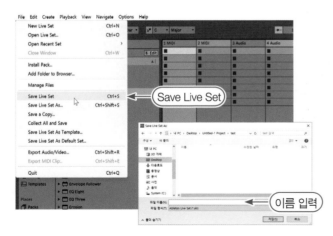

**02** 작업한 세트를 저장할 때는 File 메뉴의 Save Live Set을 선택합니다. Save Live Set As 창이 열리면 바탕 화면을 선택하고, Test Save라고 이름을 입력해봅니다.

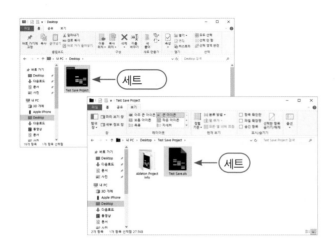

**03** 바탕 화면에 생성된 Test Save Project 폴더가 생성되며, 열어보면 Test Save.als 세트 파일이 저장된 것을 확인할 수 있습니다.

> **TIP**
>
> *에이블톤이 실행되어 있는 않은 경우에도 세트 파일을 더블 클릭하여 열 수 있습니다.*

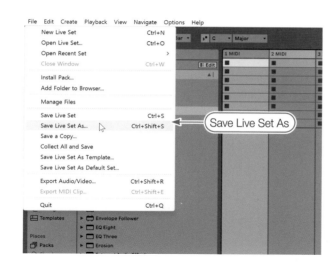

**04** Test save 세트를 열고, 작업을 진행한다고 가정했을 때, 원본을 그대로 두고 추가 진행한 세트를 다른 이름으로 저장하고 싶은 경우가 있습니다. 이때는 File 메뉴의 Save Live Set As를 선택하여 새로운 이름으로 저장합니다.

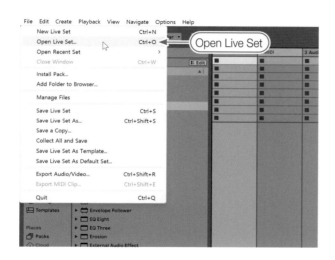

**05** 에이블톤이 실행되어 있는 상태에서 저장했던 세트를 불러올 때는 File 메뉴의 Open Live Set을 선택하여 창을 열고, 파일을 더블 클릭합니다.

**06** 에이블톤은 최근에 열어보았던 세트 목록이 File 메뉴의 Open Recent Set에 기록되어 있으며, 여기서 세트를 선택하여 바로 열 수 있습니다. 위치가 변경되었거나 삭제된 세트는 회색으로 표시되며, Remove Unavailable Sets를 선택하여 제거할 수 있습니다. Clear List는 모든 리스트를 제거합니다.

*01* 작업 세트를 스튜디오나 클럽으로 복사해서 가져갈 때, 샘플을 빼먹는 실수를 피하려면 File 메뉴의 Collect All and Save 명령을 이용하는 것이 좋습니다.

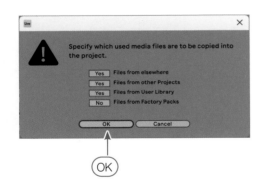

*02* 다른 위치, 다른 세트, 사용자 라이브러리, 팩토리 팩 등에서 사용한 샘플을 세트에 복사할 것인지를 선택할 수 있는 창이 열립니다.

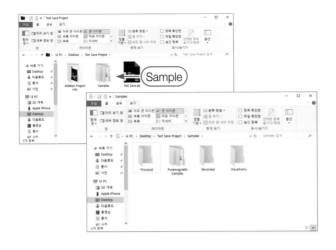

*03* 세트 폴더를 열어보면, Sample 폴더가 생성되어 있고, 음악을 제작하면서 사용한 샘플들이 Imported, Processed, Recorded, Wavefroms 폴더별로 저장된 것을 확인할 수 있습니다. 스튜디오나 클럽에 세트 폴더만 복사해가면 되는 것입니다.

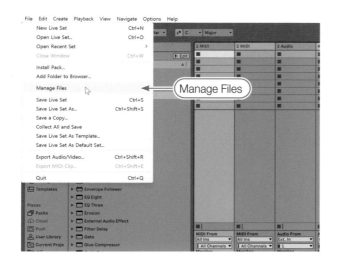

**04** 에이블톤은 세트 정보를 관리할 수 있는 매니저 기능을 제공합니다. File 메뉴의 Manage Files를 선택하면 화면 오른쪽에 File Management 창이 열립니다.

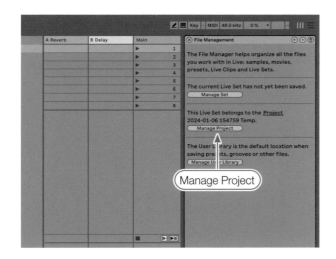

**05** File Management에는 세트, 세트, 사용자 라이브러리 정보를 제공합니다. Manage Project 버튼을 클릭해 봅니다.

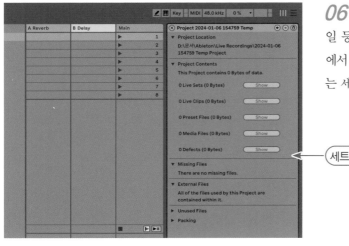

**06** 세트 저장 위치, 용량, 콘텐츠 정보, 누락 파일 등의 정보를 확인할 수 있습니다. 라이브 현장에서 오랜 준비를 허사로 만드는 요인 중의 하나는 세트 관리를 소홀히 하는 것입니다.

# 04 클립 및 디바이스 저장

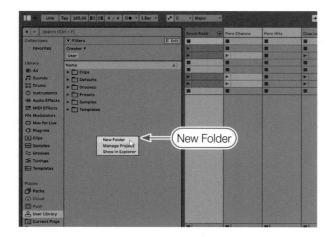

**01** 클립이나 디바이스를 사용자 라이브러리로 저장하여 사용할 수 있습니다. User Library 콘텐츠에서 마우스 오른쪽 버튼을 클릭하여 단축 메뉴를 열고, New Folder를 선택하여 새로운 폴더를 만듭니다.

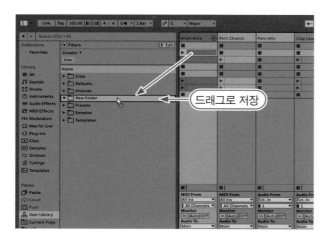

**02** 클립 및 디바이스를 저장하는 작업은 간단합니다. 클립이나 디바이스를 새로 만든 폴더로 드래그하면 됩니다.

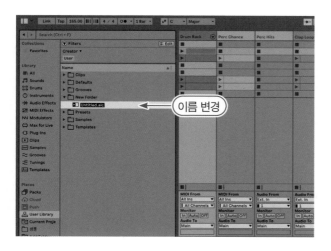

**03** alc 포맷의 사용자 클립이 저장됩니다. 트랙에 사용된 클립 이름으로 생성되지만, 구분하기 쉬운 이름으로 변경 가능합니다. 이름을 변경할 때는 마우스 오른쪽 버튼을 클릭하여 단축 메뉴를 열고, Rename을 선택합니다.

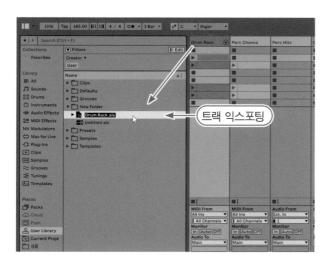

**04** Ctrl 또는 Shift 키를 누른 상태로 두 개 이상의 클립을 드래그하면 als 포맷의 그룹으로 저장됩니다. 전체 클립을 익스포팅 할 때는 트랙을 드래그합니다.

**05** 클립을 미디 파일로 익스포팅하여 다른 시퀀싱 프로그램에서 이용해서 할 수 있습니다. 클립을 마우스 오른쪽 버튼으로 클릭하여 단축 메뉴를 열고, Export MIDI Clip을 선택하여 저장하면 됩니다.

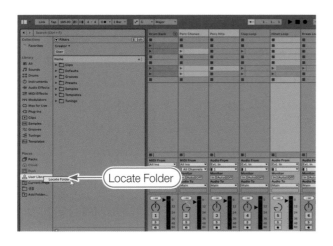

**06** User Library의 기본 경로는 사용자 문서 폴더의 Ableton 입니다. 이를 삭제했거나 경로를 바꾼 경우에는 User Library가 비활성화되어 있습니다. 마우스 오른쪽 버튼을 클릭하여 단축 메뉴를 열고, Locate Folder로 위치를 지정합니다.

# 05 템플릿 만들기

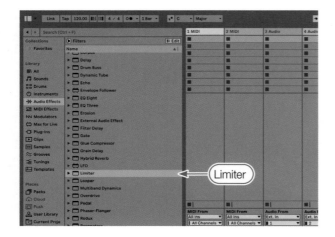

**01** 작업을 하다 보면 자신만의 루틴이 형성되기 마련입니다. 주로 사용하는 드럼세트, 루프, 템포, 악기 등 공통적으로 진행하는 것들이 있다면 매번 반복할 필요가 없습니다. 예를 들어 메인 트랙에 클리핑 방지를 위한 리미터를 항상 사용한다고 가정합니다. Main 트랙을 선택하고 Audio Effects의 Limiter를 더블 클릭합니다.

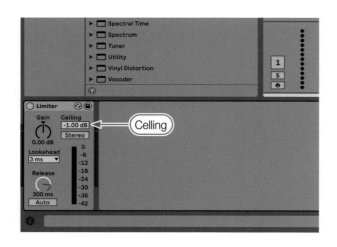

**02** 어느 정도의 레벨이 초과되지 않게 할 것인지를 결정하는 Celling 값을 설정합니다. 값을 -1dB로 설정했다고 가정합니다.

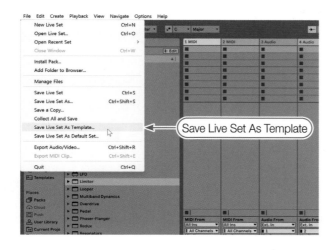

**03** 그 밖에 음악 작업을 할 때마다 주로 사용하는 드럼 세트나 루프 등 자신만의 루틴이 있다면 트랙을 모두 꾸미고 File 메뉴의 Save Live Set As Template를 선택하여 저장합니다.

> **TIP**
>
> *템플릿은 작업을 예상하여 구성하는 것 보다 이미 작업이 완료된 세트로 만드는 것이 좋습니다.*

**04** User Library 카테고리의 Templates 폴더에 저장되는 것을 확인할 수 있습니다. 구분하기 쉬운 이름을 입력합니다. 마우스 오른쪽 버튼을 클릭하면 이름을 변경하거나 삭제할 수 있는 Rename 및 Delete 메뉴를 열 수 있습니다.

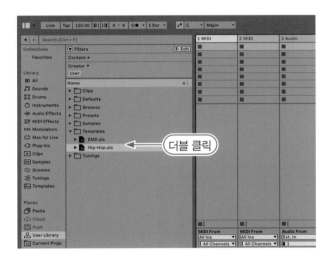

**05** File 메뉴의 New Live Set를 선택하여 새로운 세트를 만들고, 앞에서 만든 템플릿을 더블 클릭하여 불러오면 메인 트랙에 Celling 값이 -1dB로 설정된 리미터가 로딩되어 있는 세트가 열리는 것을 확인할 수 있습니다.

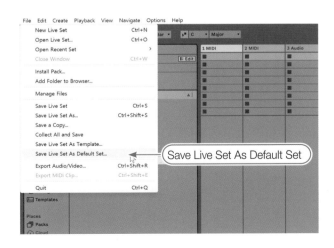

**06** 워드 및 엑셀 등의 서식과 같은 개념으로 작업 시간을 획기적으로 줄일 수 있는 유용한 기능입니다. 에이블톤을 실행하거나 새로운 라이브 세트를 만들 때 기본적으로 열리게 하고 싶은 템플릿이 있다면 File 메뉴의 Save Live Set As Default Set으로 저장합니다.

# 세션뷰

## 02

에이블톤 라이브가 다른 DAW와 다르게 라이브 연주나 디제잉이 가능한 이유는
세션 뷰(Session View) 때문입니다. 대부분의 DAW는 클립을 시간 단위로 배열하
여 재생하지만, 에이블톤의 세션 뷰는 클립의 배열 순서에 상관없이 사용자가 원
하는 위치에서 독립적으로 재생할 수 있기 때문입니다. 에이블톤의 핵심 패널인
세션 뷰에 관해서 살펴보겠습니다.

## 01 세션 뷰의 구성

샘플 - Session

세션 뷰는 클립이 배치되는 트랙(위)과 볼륨이나 팬 등을 컨트롤할 수 있는 믹서(아래)로 구성되어 있습니다. 화면
아래쪽은 트랙에 로딩한 악기나 이펙트 장치들을 컨트롤할 수 있는 디바이스 뷰와 클립을 편집할 수 있는 클립 뷰
를 표시하는 디테일 뷰 입니다. 클립 및 디바이스 뷰는 Shift+Tab 키를 눌러 전환할 수 있으며, 믹서 섹션을 포함하
여 동시에 열어 놓을 수 있는 열기 버튼을 제공합니다.

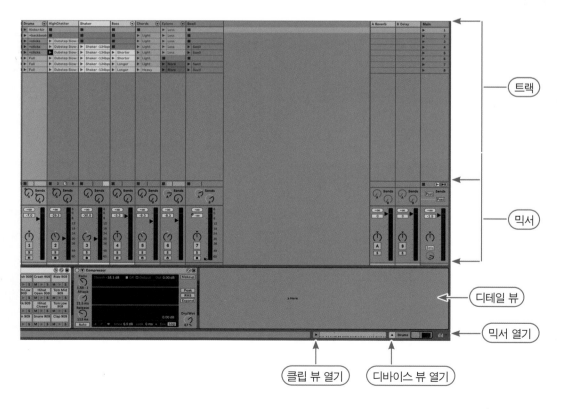

트랙

믹서

디테일 뷰

믹서 열기

클립 뷰 열기

디바이스 뷰 열기

## ● 세션 뷰의 이해

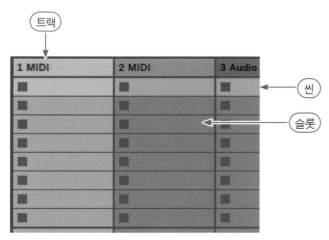

**01** 세션 뷰의 세로 라인을 트랙이라고 하며, 가로 라인을 씬이라고 합니다. 각 트랙마다 비어있는 슬롯이 있으며, 여기에 오디오나 미디 샘플을 가져다 놓을 수 있습니다.

**02** 슬롯에 샘플을 가져다 놓으면, 재생 버튼과 샘플의 이름이 표시되며, 이것을 클립이라고 합니다. 에이블톤에서는 재생 버튼을 런치(Launch) 버튼이라고 부릅니다. 본서에서도 이를 혼용하여 사용하겠습니다.

**03** 재생 버튼을 클릭하면 해당 클립이 재생됩니다. 1번 트랙에서 드럼 샘플을 재생하고, 2번 트랙에서 기타 연주 샘플을 재생하는 식으로 여러 트랙의 클립을 동시에 재생시켜 하나의 음악을 연주하는 것입니다. 단, 같은 트랙내에서는 하나의 클립만 재생할 수 있으며, 아무 슬롯이나 정지 버튼을 클릭하면 해당 트랙의 클립이 정지됩니다.

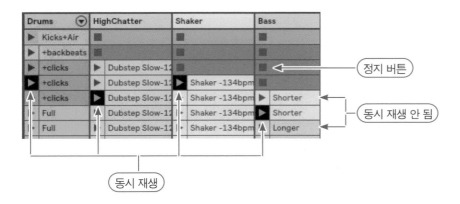

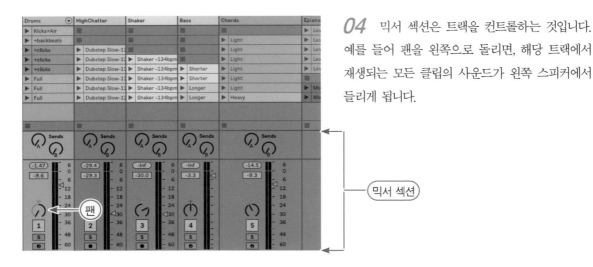

**04** 믹서 섹션은 트랙을 컨트롤하는 것입니다. 예를 들어 팬을 왼쪽으로 돌리면, 해당 트랙에서 재생되는 모든 클립의 사운드가 왼쪽 스피커에서 들리게 됩니다.

믹서 섹션

팬

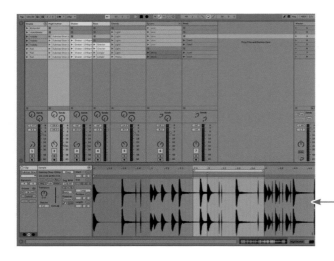

**05** 클립을 개별적으로 컨트롤하고자 할 때는 클립을 더블 클릭하면 열리는 클립 뷰에서 진행합니다. 오디오 클립은 파형이 표시되고, 미디 클립은 노트와 벨로시티가 표시됩니다.

오디오 클립 뷰

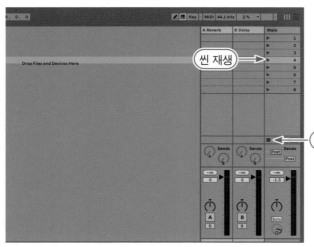

**06** 메인 트랙의 재생 버튼은 해당 라인에 존재하는 모든 클립을 재생하는 씬 버튼이며, 아래쪽의 정지 버튼은 모든 클립을 정지합니다.

씬 재생

모든 클립 정지

## ● 트랙의 종류

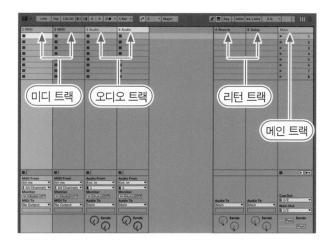

*01* 에이블톤을 실행하거나 File 메뉴의 New Live Set을 선택하면 미디 트랙 2개, 오디오 트랙 2개, 리턴 트랙 2개, 메인 트랙 1개로 구성된 새로운 세트가 열립니다. 미디와 오디오 트랙에서는 연주 클립을 만들고, 리턴 트랙은 이펙트를 센드 방식으로 걸어주는 역할을 하며, 메인 트랙은 최종 출력을 컨트롤 합니다.

*02* Sounds, Drums, Instruments, MIDI Effects 등의 미디 장치나 클립은 미디 트랙에 가져다 놓을 수 있고, Audio Effects, Clips, Samples 등의 오디오 장치나 샘플들은 미디와 오디오 트랙 둘 다 가져다 놓을 수 있습니다.

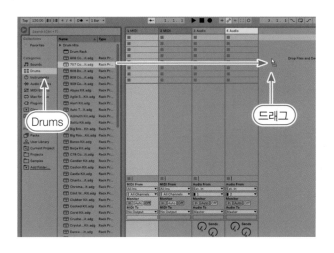

*03* 그룹 트랙은 여러 트랙을 하나로 묶어서 관리하는 역할을 합니다. Drums 카테고리에서 적당한 프리셋을 트랙 창의 빈 곳으로 드래그하여 트랙을 만들어 봅니다.

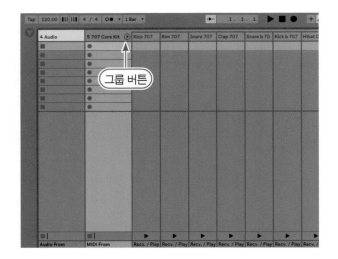

*04* 드럼은 각 구성 악기를 개별적으로 컨트롤할 수 있는 그룹 트랙이 생성됩니다. 트랙에 보이는 그룹 버튼을 클릭하면 서브 트랙을 볼 수 있습니다.

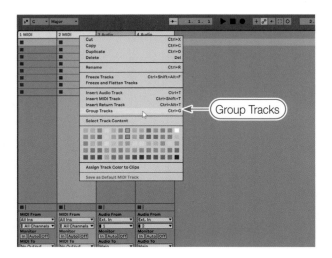

*05* 그룹 트랙을 임으로 만들고자 하는 경우에는 원하는 트랙을 Ctrl 키를 누른 상태로 선택하고, 마우스 오른쪽 버튼을 클릭하면 열리는 단축 메뉴의 Group Tracks을 선택합니다.

TIP

*그룹을 해제 할 때는 단축 메뉴의 Ungroup Tracks을 선택합니다.*

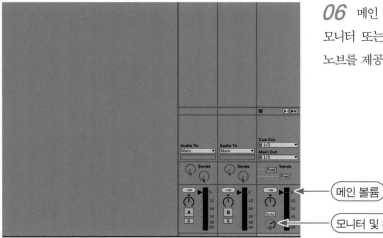

*06* 메인 트랙은 전체 출력 볼륨과 브라우저의 모니터 또는 헤드폰 볼륨을 조정할 수 있는 Cue 노브를 제공합니다.

# 02 트랙 편집

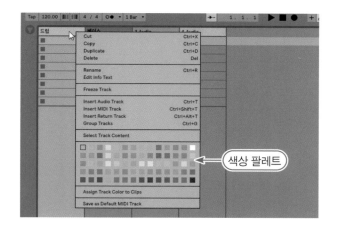

색상 팔레트

**01** 트랙 색상은 마우스 오른쪽 버튼을 클릭하면 열리는 단축 메뉴의 색상 팔레트에서 변경할 수 있습니다. 클립은 트랙과 같은 색깔로 만들어지며, 드럼은 빨강, 베이스는 노랑 등, 미리 결정을 해두면 작업을 할 때 효과적입니다.

Ctrl+R 키로 트랙 이름 변경

**02** 트랙 이름 항목을 마우스 오른쪽 버튼으로 클릭하여 단축 메뉴를 열고, Rename을 선택하거나 Ctrl+R 키를 누르면 트랙의 이름을 변경할 수 있습니다.

경계선을 드래그하여 넓이 조정

**03** 트랙은 마우스 드래그로 이동시키거나 경계선을 드래그하여 넓이를 조정할 수 있습니다. 트랙을 드래그할 때 Ctrl 키를 누르면 복사됩니다.

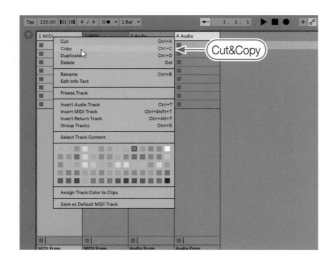

*04* 트랙을 한 화면에 보이지 않는 위치로 이동하거나 복사할 때는 단축 메뉴의 Cut 또는 Copy를 선택합니다. 이동, 복사 단축키 Ctrl+X, Ctrl+C를 이용하는 것이 편리할 것입니다.

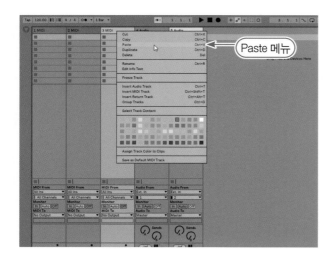

*05* Ctrl+X로 잘라내거나 Ctrl+C 키로 복사한 트랙은 단축 메뉴의 Paste 또는 Ctrl+V 키로 붙여넣을 수 있습니다. 선택한 트랙의 왼쪽으로 이동되거나 복사됩니다.

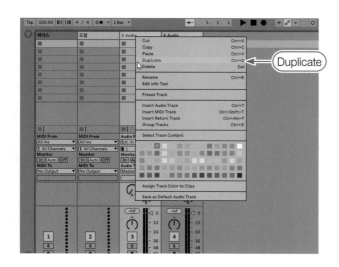

*06* 마우스 오른쪽 버튼을 클릭하여 단축 메뉴를 열고, Duplicate를 선택하면, 트랙을 바로 오른쪽으로 복제할 수 있습니다. 자주 사용하는 명령이므로 단축키 Ctrl+D를 외워두기 바랍니다.

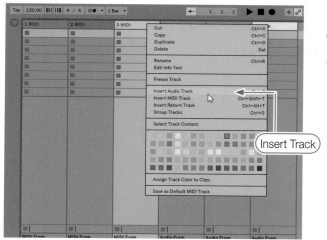

*07* 단축 메뉴 Insert Audio Track, Insert MIDI Track, Insert Return Track은 선택한 트랙의 오른쪽에 만들며, 빈 공간에서 실행하면, 가장 오른쪽에 만듭니다. 트랙을 삭제하는 단축키는 Delete 입니다.

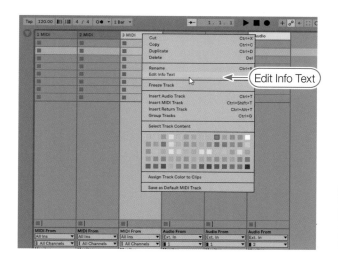

*08* 단축 메뉴의 Edit Infor Text를 선택하면 화면 왼쪽 하단에 열리는 인포 뷰에 간단한 메모를 할 수 있습니다.

<br>

*TIP*

평소에 인포 뷰는 마우스 위치의 파라미터 기능을 안내하는 역할을 합니다.

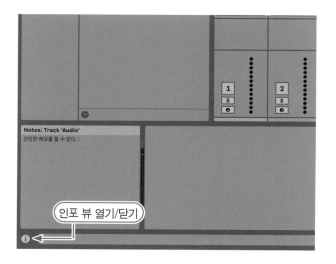

*09* 인포 뷰는 왼쪽 하단의 버튼을 이용해서 열거나 닫을 수 있으며, 한글을 지원하기 때문에 트랙 정보를 입력해 둘 수 있는 유용한 뷰가 될 것입니다.

## ● 클립 만들기

**01** 트랙마다 8개의 슬롯이 준비되어 있으며, 미디 트랙의 슬롯을 더블 클릭하면 미디 데이터를 입력할 수 있는 빈 클립이 만들어집니다.

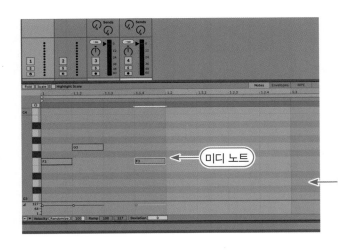

**02** 미디 클립을 만들면, 화면 아래쪽에 클립 뷰가 열리며, 악기를 연주할 수 있는 미디 노트를 입력하거나 편집할 수 있습니다.

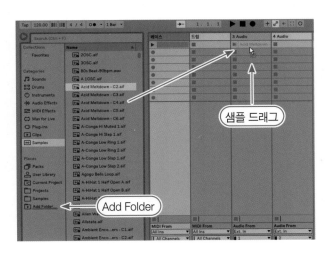

**03** 오디오 클립은 샘플을 드래그하여 만들 수 있습니다. 샘플은 윈도우 탐색기에서 드래그하여 가져다 놓는 것도 가능하지만, Add Folder로 브라우저에 등록해 놓는 것이 편합니다.

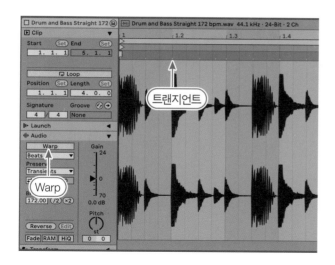

*04* 오디오 샘플은 워프(Warp) 기능이 기본적으로 작동되어 템포가 분석되고, 세트 템포 값으로 재생됩니다. 오디오 분석은 어택 타임을 기준으로 하며, 트랜지언트 마커를 만들고, 편집 가능합니다.

*05* 오디오 샘플을 미디 트랙으로 가져다 놓으면, 트랙이 오디오로 바뀝니다. 단, 미디 클립이 있는 트랙은 샘플을 미디 클립으로 만듭니다. 이때 샘플의 속성을 선택할 수 있는 창이 열리는데, 적합한 것을 선택해야 좀 더 정확하게 분석됩니다.

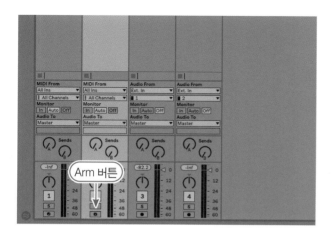

*06* 믹서 섹션의 Arm 버튼을 On으로 하면 슬롯에 레코드 버튼이 표시되고, 이를 클릭하여 사용자 연주나 노래를 미디 및 오디오 클립으로 만들 수 있습니다.

.

## ● 씬 다루기

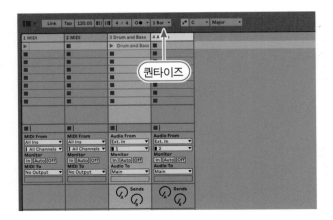

**01** Enter 키를 누르면 현재 재생되고 있거나 선택한 씬의 다음 씬이 재생됩니다. 이때 이동 타임은 컨트롤 바의 퀀타이즈 값으로 결정됩니다.

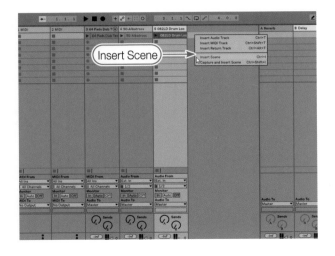

**02** 씬은 메인 트랙이나 작업 공간에서 마우스 오른쪽 버튼을 클릭하면 열리는 단축 메뉴의 Insert Scene을 선택하여 추가할 수 있습니다.

**03** 단축 메뉴 또는 Create 메뉴의 Capture and Insert Scene은 재생되고 있는 클립들을 새로운 씬으로 만듭니다. 씬을 구성할 때 자주 사용되는 메뉴입니다.

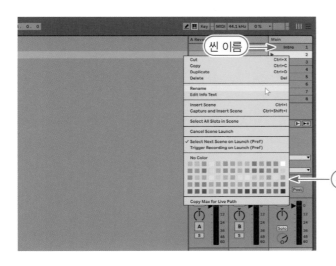

**04** 씬의 색상은 마우스 오른쪽 버튼을 클릭하면 열리는 단축 메뉴의 색상 팔레트에서 선택 가능하며, 씬의 이름은 Ctrl+R 키를 눌러 변경 할 수 있습니다.

**05** 씬은 자체적으로 템포와 박자를 설정할 수 있는 기능을 제공합니다. View 메뉴의 Scene Tempo and Time Signature를 선택합니다.

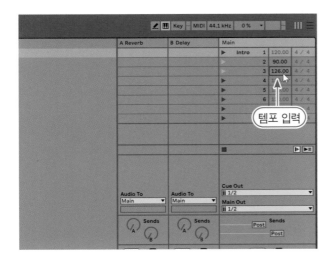

**06** 씬 네임 오른쪽에 템포 및 박자 값이 표시되며, 마우스로 드래그하거나 항목을 선택하여 입력할 수 있습니다. 해당 씬을 재생하면 세트 템포와 상관없이 입력한 템포로 연주되는 것입니다. 단, 이 다음에 연주되는 씬의 템포가 모두 변경되기 때문에 일시적인 템포 변화라면 다음 씬에 세트 템포 값을 넣어줘야 합니다.

# 03 라이브 믹서

샘플 - Mixer 세트

**01** 각 트랙의 볼륨을 조정한다거나 좌/우 팬으로 스테레오 음악을 완성하는 등, 믹싱 작업에서 빼놓을 수 없는
믹서는 인/아웃, 샌드, 볼륨 페이더로 구성되어 있으며, 믹서 열기 버튼 오른쪽의 작은 삼각형을 클릭하면 Track
Options, Crossfader, Performance Impact 등의 컨트롤러를 추가로 열거나 닫을 수 있습니다.

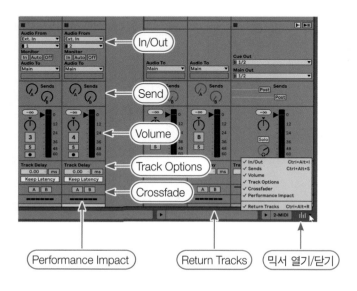

**02** 어레인지 뷰에는 각 트랙마다 In/Out,
Volume, Send 등을 제어할 수 있는 컨트롤러를
제공합니다. 역할은 믹서와 동일하기 때문에 믹싱
작업 전에는 작업 공간을 확보하기 위해 믹서를
닫아 놓고 여기서 컨트롤하는 경우가 많습니다.

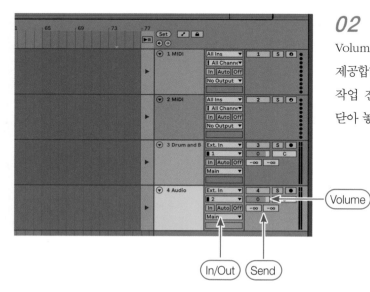

## ● 인/아웃 섹션

인/아웃 섹션은 입/출력 타입과 채널을 선택할 수 있는 항목과 모니터 항목으로 구성되어 있습니다.

*01* 인풋 타입

인풋 타입에서는 녹음 소스를 선택합니다. 미디 트랙은 마스터 건반을 비롯한 외부 미디 장치, 미디 트랙, 컴퓨터 키보드(Computer Keyboard)를 선택할 수 있습니다. 보통은 구분없이 녹음할 수 있는 All Ins 상태로 사용합니다.

*02* 오디오 트랙은 오디오 인터페이스(Ext.In), 메인 트랙(Resamplining), 미디와 오디오 트랙 등을 선택할 수 있습니다. 미디 트랙을 오디오로 녹음하거나 마스터를 리샘플링 하는 등, 필요에 따라 선택이 달라질 수 있습니다.

*03* 인풋 채널

입력 채널을 선택합니다. 미디 트랙에서는 여러 대의 악기를 멀티로 녹음을 할 때 외에는 채널 구분 없이 녹음할 수 있는 All Channels 상태로 사용합니다.

**04** 오디오 트랙의 Exit.In 타입에서는 마이크 및 악기가 연결되어 있는 오디오 인터페이스 포트 번호를 선택합니다. 믹싱 작업을 할 때 미디 트랙을 오디오로 녹음하는 경우가 있는데, 이때는 FX 적용 전(Pre)/후(Post)를 선택할 수 있습니다.

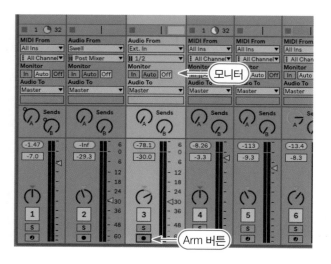

**05** 모니터

입력 소스를 모니터할 것인지의 여부를 선택합니다. Auto는 Arm 버튼이 On되어 있는 트랙을 모니터하는 역할입니다.

**06** 아웃 타입

아웃 타입에서는 출력 라인을 선택합니다. 서라운드 음악을 제작하는 경우가 아니라면, 보통은 메인 트랙(Master)으로 전송합니다. 그 외, 오디오 인터페이스(Ext.out), 오디오 트랙, Send Only를 선택할 수 있습니다. 악기를 로드한 미디 트랙의 아웃은 오디오 입니다.

## ● 리샘플링

인/아웃 섹션 라우팅 사용 예제를 살펴보겠습니다. 첫 번째는 리샘플링입니다. 리샘플링은 아웃 타입이 Master로 되어 있는 모든 트랙을 녹음하여 하나의 클립으로 만드는 작업입니다. 시스템 절약을 위해 프로세싱이 끝난 미디 트랙을 오디오로 바꿀 때 주로 사용하며, 다음과 같은 경우에도 응용이 가능합니다.

1. 마스터링 : 보통 마스터링 작업은 메인 트랙에서 진행을 하지만, 시스템 사양이 낮은 경우에는 하나의 트랙으로 리샘플링해서 진행합니다. 리샘플링을 하고 난 후에는 작업 트랙을 모두 삭제하고, File 메뉴의 Save As를 선택하여 다른 이름으로 저장하면 넉넉한 환경으로 마스터링을 진행할 수 있습니다.

2. 곡의 변화 : 곡 중간에 템포나 피치를 변화시켜 특수한 효과를 만드는 경우가 있습니다. 이때 이펙트나 오토메이션을 사용하는 경우라면, 전체 트랙을 그룹으로 묶어서 진행하지만, 클립 엔벨로프 작업이 필요한 경우에는 해당 구간을 리샘플링해서 진행합니다.

3. 리믹스 클립 : 여러 트랙의 클립 연주를 혼합해서 새로운 클립을 만들고자 할 때 사용합니다.

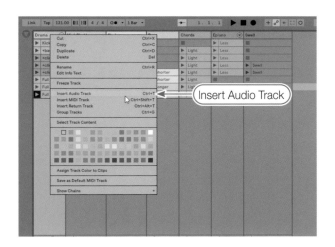

*01* 샘플의 Drums 트랙에서 마우스 오른쪽 버튼을 클릭하여 단축 메뉴를 열고, Insert Audio Track을 선택합니다.

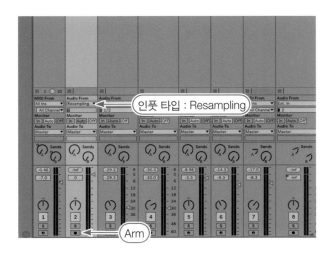

*02* Drums 트랙 오른쪽에 오디오 트랙이 추가됩니다. 인풋 타임에서 Resampling을 선택하고, Arm 버튼을 On 합니다.

*03* Drums 트랙의 첫 번째 클립을 연주했다가 스페이스 바 키를 눌러 정지하고, 솔로 버튼을 On 으로 합니다.

*04* 리샘플링 트랙의 클립 녹음 버튼을 클릭하면 앞에서 연주했던 클립이 자동 재생됩니다. 마디 단위로 2, 3, 4... 클립을 차례로 연주하고, 스페이스 바 키를 눌러 정지합니다.

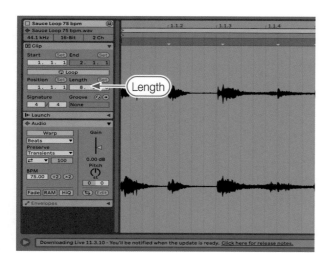

*05* 녹음한 오디오 클립을 더블 클릭하여 편집 창을 열고, Clip 탭의 Length 항목을 8 마디로 조정합니다. Drums 트랙의 미디 클립들을 연주해서 8마디 길이의 새로운 오디오 클립을 만든 것입니다. 필요없는 Drums 트랙은 Freeeze Track으로 시스템을 절약합니다.

## ● 내부 라우팅

두 번째 내부 라우팅은 리샘플링과 마찬가지로 다양한 장치를 사용하고 있는 미디 트랙을 오디오로 바꿔서 시스템을 절약하는 것이 목적이지만, 다음과 같은 작업에 응용이 가능합니다.

1. 여러 트랙을 하나의 트랙에서 컨트롤하고자 할 때
2. 하나의 악기를 여러 트랙으로 사용하고자 할 때
3. 사이드 체인 기능을 이용할 때
4. 여러 대의 악기를 합성한 레이어 사운드를 만들고자 할 때

리샘플링과의 차이점은 신호를 받는 오디오 트랙의 인풋 타입에서 체인 전의 사운드를 입력받는 Pre FX, 체인 이후의 사운드를 입력받는 Post FX, 최종 사운드를 입력받는 Post Mixer 중에서 선택할 수 있다는 것입니다. 드럼 랙이나 Impulse와 같은 멀티 악기의 경우에는 각 체인마다 Pre, Post, Mixer를 선택할 수 있습니다.

*01* 내부 라우팅의 방법은 두 가지 입니다.
첫 번째는 오디오 인풋 타입에서 미디 트랙을 선택하는 것입니다. 채널에서 Pre, Post, Post Mixer를 선택할 수 있고, 대부분 시스템 절약을 위해 Post를 선택합니다. 드럼과 같은 멀티 악기의 경우에는 악기마다 채널 선택이 가능합니다.

*02* 두 번째는 미디 아웃 타입에서 전송할 오디오 트랙을 선택하는 것입니다. 여러 트랙을 하나의 트랙에서 컨트롤하고자 할 때 주로 사용합니다.

## ● 센드와 리턴 섹션

이펙트를 센드 방식으로 사용하거나 멀티 아웃 작업을 할 때 사용되는 섹션입니다.

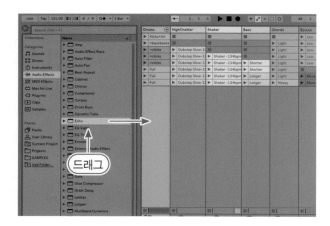

*01* 이펙트는 인서트와 센트 방식으로 사용합니다. 인서트는 소스와 마스터 사이에 장착하여 하나의 트랙에만 영향을 주는 방식입니다. Audio Effects 카테고리에서 Echo를 Durms 트랙으로 드래그하여 적용해봅니다.

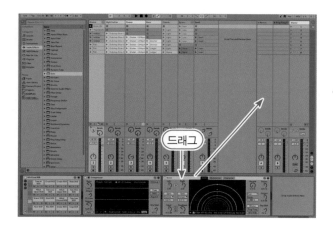

*02* 드럼 트랙의 클립을 재생하면 에코 효과가 적용된 것을 확인할 수 있습니다. 이것이 인서트 방식입니다. Drums 트랙의 Echo 이펙트를 리턴 트랙으로 드래그하여 이동시킵니다. 샘플의 경우 트랙 이름이 A Reverb 입니다.

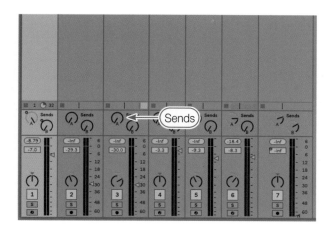

*03* Sends 섹션에서 A 노브를 증가시켜 보면, 모든 트랙에 에코가 적용되는 것을 확인할 수 있습니다. 이렇게 하나의 장치를 여러 트랙에서 사용할 수 있게 하는 것이 센드 방식입니다.

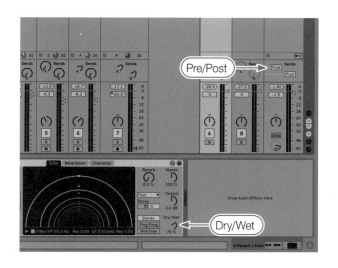

*04* 리턴 트랙의 이펙트는 Dry/Wet 값을 100% 로 사용하는 것이 일반적이며, 리턴 트랙의 이펙트를 볼륨 페이더 전(Pre)에 적용할 것인지, 후에 (Post) 적용할 것인지를 선택할 수 있습니다. Post 로 사용하는 것이 일반적이지만, 볼륨 값에 상관 없이 적용할 때는 Pre 모드로 선택합니다.

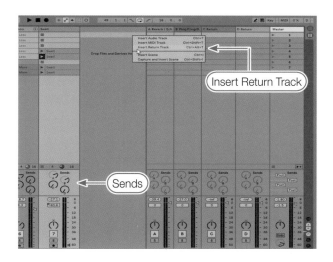

*05* 리턴 트랙은 마우스 오른쪽 버튼을 클릭하여 단축 메뉴를 열고, Insert Return Track을 선택하여 추가할 수 있습니다. Sends 섹션에는 추가한 트랙 만큼의 노브가 표시됩니다.

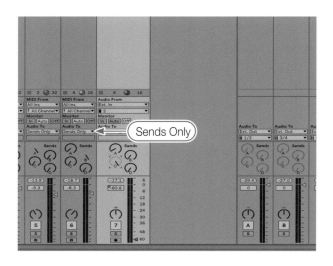

*06* 트랙의 아웃 타입에서 Sends Only를 선택하면 해당 트랙을 A, B, C.. 노브를 올린 리턴 트랙으로 전송합니다. 리턴 트랙을 멀티 아웃 작업에 응용하는 방법입니다.

● 믹서 섹션

트랙의 볼륨이나 팬 등을 컨트롤할 수 있는 섹션 입니다.

## 01 볼륨 슬라이더

트랙의 볼륨을 조정하며, 마우스 더블 클릭 또는 Delete 키를 눌러 초기화(0dB)할 수 있습니다. 피크 레벨은 가장 크게 연주된 레벨을 표시합니다.

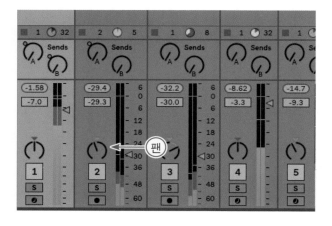

## 02 팬 노브

팬은 좌/우 밸런스를 조정하는 것으로 왼쪽으로 돌리면 왼쪽 스피커, 오른쪽으로 돌리면 오른쪽 스피커에서 소리가 들립니다. 스테레오 믹싱 작업에서 매우 중요한 역할을 합니다.

## 03 트랙 번호

트랙의 사용 여부를 결정하는 Track Activator 버튼입니다. Off 하면 해당 트랙은 비활성화되고, 소리가 뮤트됩니다. 단순히 소리만 뮤트되는 것이 아니라 시스템 자원을 확보할 수 있습니다.

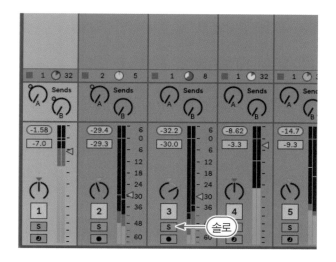

## 04 솔로

해당 트랙을 솔로로 연주합니다. 두 트랙 이상의 솔로 버튼을 활성화 할 때는 Ctrl 키를 누른 상태로 선택합니다.

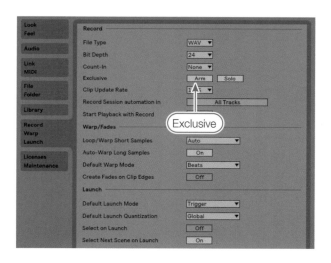

## 05

Ctlr 키 도움 없이 솔로 버튼을 유지하고 싶은 경우에는 Preference 창의 Record/Warp/Launch 페이지 Exclusive 항목에서 Solo 버튼을 Off 합니다. 이 때는 반대로 Ctrl 키를 눌렀을 때 해당 트랙만 선택됩니다. Arm 버튼도 동일합니다.

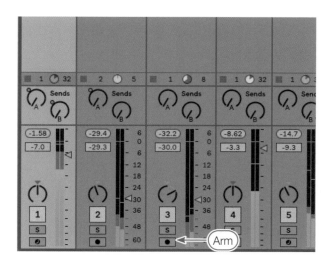

## 06 Arm

녹음 준비 버튼이라고도 하며, 해당 트랙에 녹음이 가능하도록 합니다. Monitor가 Auto로 선택되어 있으면, 입력 사운드가 모니터 됩니다.

## ● 딜레이와 크로스 섹션

트랙의 지연 현상을 보정하는 딜레이 섹션과 디제잉 작업을 위한 크로스 페이더 섹션입니다.

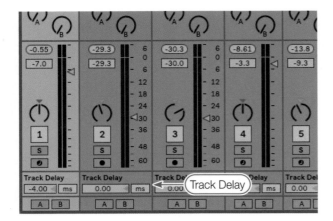

*01* 딜레이 섹션

사운드가 지연되는 경우에 이를 보정할 수 있으며, 트랙을 복사하여 시간차를 만드는 딜레이 효과를 만들 수도 있습니다.

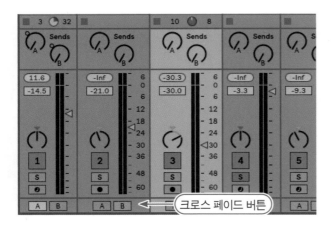

*02* 크로스 페이더

곡과 곡을 연결하는 크로스 페이더 디제잉 효과를 만듭니다. 하나의 곡을 클립으로 가져다 놓을 수도 있으며, 각 트랙의 출력을 A와 B로 선택할 수 있습니다.

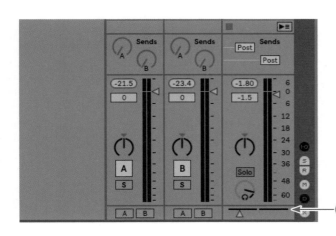

*03* 메인 트랙에는 페이더가 제공되고 있으며, 왼쪽으로 드래그하면, A로 선택된 트랙의 음악 소리만 들리고, 오른쪽으로 드래그하면 B로 선택된 트랙의 음악 소리만 들립니다. A 트랙의 음악에서 B 트랙의 음악으로 자연스럽게 전환되는 크로스 페이더 기법을 연출할 수 있는 것입니다.

## ● 헤드폰 큐

크로스 페이더를 연출하기 위해서는 A 트랙의 음악이 재생되고 있을 때, B 트랙의 음악을 헤드폰으로 모니터하고 있어야 합니다. 이를 위한 큐 라우팅 작업입니다.

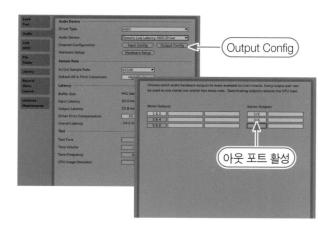

**01** 헤드폰으로 모니터를 하고 싶은 경우에는 멀티 오디오 인터페이스가 필요하며, Preferences 창의 Audio 페이지에서 Output Config 버튼을 클릭하여 창을 열고, 헤드폰이 연결되어 있는 아웃 풋을 활성화 해야 됩니다. 해당 채널에 이름을 입력하는 것도 가능합니다.

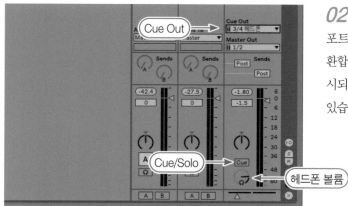

**02** 메인 트랙의 Cut Out에서 헤드폰을 연결한 포트를 선택하고, Solo 버튼을 클릭하여 Cue로 전환합니다. 트랙의 솔로 버튼은 헤드폰 모양으로 표시되며, 선택한 트랙을 헤드폰으로 모니터 할 수 있습니다.

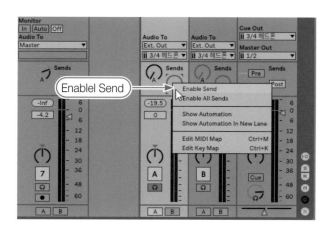

**03** 여러 트랙을 사용하는 경우에는 리턴 트랙으로 A/B를 나누어 사용하며, 리턴 트랙의 Sends은 마우스 오른쪽 버튼을 클릭하여 Enable Send를 선택해야 사용할 수 있습니다.

# 클립 뷰

디테일 뷰는 클립을 편집할 수 있는 클립 뷰와 장치를 연결하고 컨트롤할 수 있는 디바이스 뷰가 있으며, Shift+Tab 키를 이용하여 전환합니다. 디바이스 뷰는 미디 이펙트, 인스트루먼트, 오디오 이펙트와 같은 장치를 로딩하는 공간일 뿐이므로, 실제 학습은 각 장치를 학습하는 편에서 다루기로 하고, 여기서는 미디 및 오디오 데이터를 편집할 수 있는 클립 뷰에 관해서 살펴보겠습니다.

## 01 클립 뷰의 구성

샘플 - MIDI Editor

클립 뷰는 클립에 기록되어 있는 데이터를 편집하는 역할을 합니다. 미디 클립을 더블 클릭하면 미디 정보를 편집할 수 있는 미디 클립 뷰가 열리고, 오디오 클립을 더블 클릭하면 오디오 샘플을 편집할 수 있는 오디오 클립 뷰가 열립니다. 뷰는 오른쪽에 데이터를 표시하는 편집 창과 왼쪽에 속성을 편집할 수 있는 섹션으로 구성되어 있으며, 속성에는 Clip, Launch, Pitch&Time, Transform, Generate 또는 Audio 패널 탭이 있습니다.

Clip/Launch/Pitch&Time/Transform/Generate          미디 편집 창

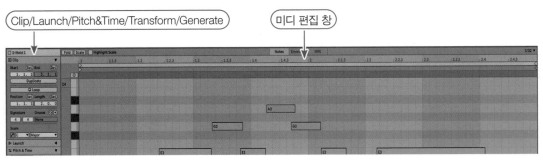

〈미디 클립〉

Clip/Launch/Audio/Transform          오디오 편집 창

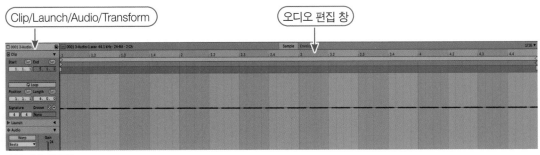

〈오디오 클립〉

미디 클립 뷰의 에디터 창은 상단에 모드 라인, 룰러 라인, 루프 라인, 스크럽 라인, 마커 라인이 있고, 왼쪽에 건반 그림이 있는 피아노 롤과 음정을 표시하는 노트 룰러가 있습니다. 편집이 이루어지는 공간은 상단에 노트 에디터와 하단에 레인 에디터로 이루어져 있습니다.

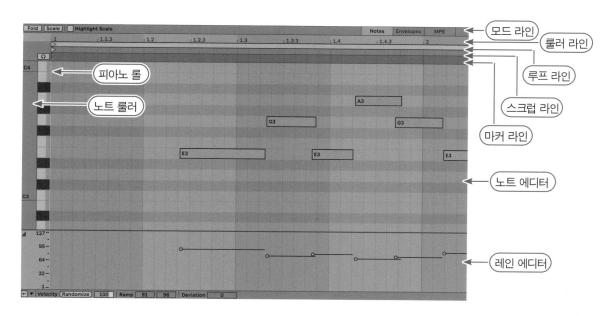

● 룰러 라인

노트의 위치를 마디, 박자, 비트 단위로 표시하는 룰러 라인에서 위/아래로 드래그하면, 편집 창이 확대/축소되고, 좌/우로 드래그하면, 위치가 이동되고, 더블 클릭하면 전체가 표시됩니다. 확대/축소 단축키는 +/- 이며, 아래쪽에 클립 뷰 버튼에서도 룰러 라인과 동일한 기능을 수행할 수 있습니다. 검정색 사각형은 화면에 표시되는 범위를 나타냅니다.

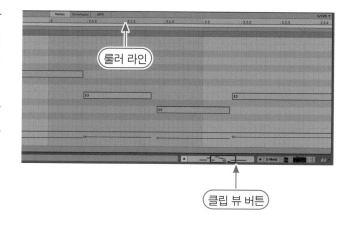

● 루프 라인

클립이 반복되는 구간을 나타내며, 시작 및 끝 위치를 조정할 수 있는 마커가 있습니다. 루프 기능은 Clip 섹션의 Loop 버튼을 클릭하여 On/Off 할 수 있고, 시작 위치(Position)와 길이(Lengh) 항목에서 수정할 수 있습니다.

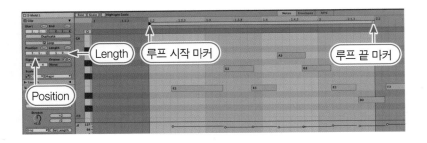

● 스크럽 라인

마우스를 위치하면 포인터가 스피커 모양으로 표시되며, 클릭한 위치에서 재생됩니다. 또 클립의 시작과 끝 위치를 표시하는 마커가 있으며, 마우스 드래그로 조정하거나 Clip 섹션의 Start와 End 항목에서 수정할 수 있습니다. 클립의 실제 길이와 상관없이 클립을 재생하면 시작 마커 위치에서부터 정지할 때까지 루프 구간을 반복합니다.

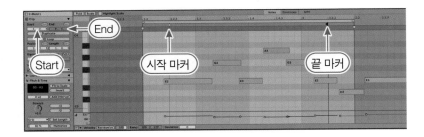

● 미디 마커 라인

미디 클립의 마커 라인을 드래그하면 스트래치 마커가 생성되며, 선택 구간의 노트 길이를 조정합니다. 노트 길이를 조정한다는 것은 템포의 변화를 의미합니다. 시작 마커를 드래그하면 왼쪽 노트가 함께 이동되고, 끝 마커를 드래그하면 오른쪽 노트가 함께 이동됩니다.

● 오디오 마커 라인

오디오 클립의 마커 라인에는 오디오 어택을 분석한 회색의 트랜지언트 마커와 마우스 더블 클릭으로 추가되는 노
란색의 워프 라인이 있습니다. 트랜지언트와 워프 마커는 편집이 가능하며, 곡의 비트를 자유롭게 다룰 수 있는 에
이블톤의 핵심 기능입니다.

● 피아노 롤

미디 클립 편집 창 왼쪽에 표시되는 건반 그림을 피아노 롤(Piano Roll)이라고 하며, 그 왼쪽에 음정이 표시되는 부
분을 노트 룰러(Note Ruler)라고 합니다. 상단에는 Fold, Scale, , Highlight Scale, Monitor 버튼이 있습니다.

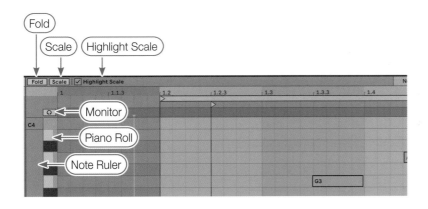

Fold : 노트가 입력되어 있는 라인만 표시합니다.

Scale : Clip 섹션의 Scale에서 선택한 스케일 노트만 표시되게 합니다.

Highlight : Clip 섹션의 Scale에서 선택한 스케일 노트 라인을 클립 색상으로 표시합니다.

Monitor : 피아노 롤을 클릭하거나 미디 노트를 편집할 때 소리를 들을 수 있게 합니다.

Piano Roll : 건반을 클릭하여 해당 노트를 모두 선택할 수 있습니다.

Note Ruler : 음정 또는 드럼 악기 이름이 표시되며, 마우스를 위/아래로 드래그하여 위치를 이동하거나 좌/우로 드
래그하여 확대/축소할 수 있습니다.

● 노트 에디터

미디 클립의 에디터 창은 노트를 표시하는 노트 편집 창과 벨로시티 및 찬스를 표시하는 레인 편집 창으로 구분되어 있습니다. 노트의 색상은 클립 색으로 표시되며, 벨로시티 값에 따라 명암 차이가 납니다. 벨로시티는 포인트를 드래그하거나 Alt 키를 누른 상태로 노트를 위/아래로 드래그하여 조정할 수 있습니다.

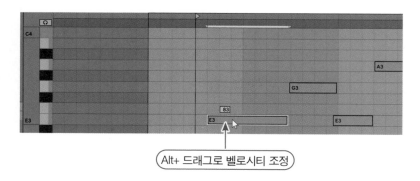

Velocity : 노트 편집 창 아래쪽에는 벨로시티를 조정할 수 있는 레인 창이 있습니다. 왼쪽 하단의 열기/닫기 버튼이 제공되고 있으며, 벨로시티를 무작위로 설정하는 Randomize, 선택한 노트의 시작 및 끝 값을 설정할 수 있는 Ramp, 그리고 클립이 반복될 때 벨로시티가 달라지게 하여 휴머니즘을 연출할 수 있는 Deviation을 제공합니다. Ctrl 키를 누른 상태에서 벨로시티 라인을 드래그하여 Devication 값을 설정할 수 있습니다.

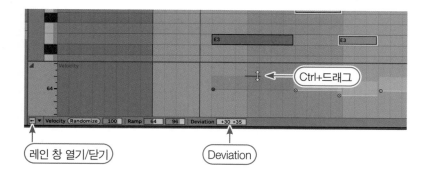

Chance : 레인 창 열기/닫기 버튼 오른쪽의 작은 삼각형을 클릭하여 Chance를 선택하면 레인 창에 함께 열 수 있으며, 경계선을 드래그하여 작업 공간의 크기를 조정할 수 있습니다.

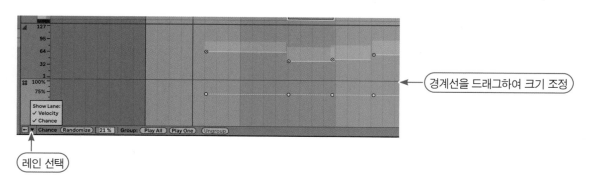

Chance는 클립이 반복될 때 노트의 재생 비율을 조정합니다. 50%로 설정하면 두 번 반복될 때 한 번 재생되는 것입니다. 찬스 레인에는 비율을 무작위로 설정하는 Randomize와 선택한 노트의 찬스를 그룹으로 적용하는 Group을 제공합니다. Group는 하나의 확률을 선택한 모든 노트가 공유하는 Play All과 반복될 때마다 하나씩 연주되는 Paly One, 그리고 그룹을 해제하는 Ungroup가 있습니다. 그룹으로 묶인 노트는 왼쪽 상단 모서리에 삼각형으로 표시됩니다.

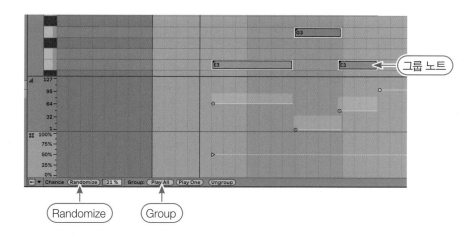

● Envelopes

모드 라인에서 Envelopes를 선택하여 편집 창을 열 수 있습니다. 엔벨로프는 파라미터의 움직임을 자동으로 움직이게 하는 역할을 하는 것으로 Device에서 장치를 선택하고, Control에서 파라미터를 선택합니다.

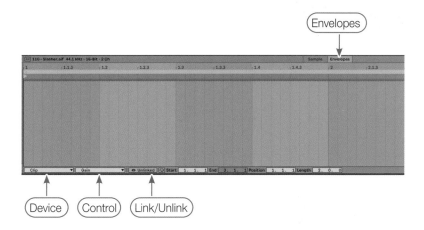

▶ Device : 믹서, 디바이스, 미디 컨트롤 정보(미디 클립), 오디오 클립 등, 편집하고자 하는 장치를 선택합니다.
▶ Control : Device에서 선택한 장치에서 편집하고자 하는 파라미터를 선택합니다.
▶ Link/Unlink : 루프와 엔벨로프 구간을 동기(Linked)할 것인지, 별개로 설정(Unlinked) 할 것인지를 선택합니다.
▶ Start/End : Unlinked 일 때 시작과 끝 위치를 설정합니다.
▶ Position/Length : Unlinked 일 때 루프의 시작 위치와 길이를 설정합니다.

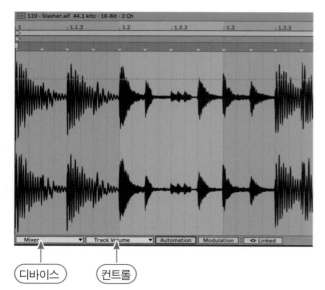

**01** 오코메이션은 리얼로 입력하는 방법과 마우스로 드로잉하는 방법이 있습니다. 디바이스에서 Mixer를 선택하고, 컨트롤에서 Track Volume을 선택합니다.

**02** 편집 창에 보이는 빨간색 점선을 오토메이션 라인이라고 합니다. 마우스로 클릭하면 포인트를 만들 수 있고, 다시 클릭하면 삭제됩니다. 포인트를 드래그하여 위치와 값을 조정합니다.

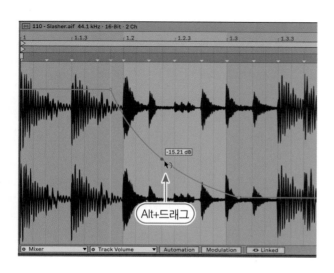

**03** 그림은 포인트를 시작과 끝 위치에 만들어 볼륨이 점점 작아지는 효과를 만든 것입니다. Alt 키를 누른 상태에서 라인을 드래그하면 곡선 타입으로 편집할 수 있습니다.

*04* 볼륨 슬라이더에 오토메이션이 기록되었다는 빨간색 점이 표시됩니다. 재생을 해보면 볼륨 슬라이더가 점점 내려오면서 볼륨이 작아집니다.

볼륨 슬라이더

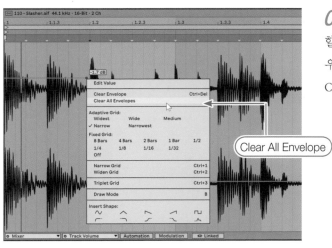

Clear All Envelope

*05* 오토메이션 포인트는 마우스 클릭으로 삭제할 수 있으며, 전체 오토메이션을 삭제할 때는 마우스 오른쪽 버튼을 클릭하면 열리는 단축 메뉴의 Clear All Envelope를 선택합니다.

연필 툴로 입력

*06* 연필 툴을 이용하면 그림을 그리듯이 엔오토메이션 라인을 입력할 수 있습니다. 포인트는 Grid 단위로 생성되며, Alt 키를 누른 상태로 드래그하면 Grid를 무시하고 입력할 수 있습니다.

*TIP*

연필 툴 선택 단축키는 B 입니다.

**07** 파라미터의 움직임을 녹음하는 방법도 있습니다. 컨트롤 바의 Automation Arm 버튼이 On으로 되어 있는지 확인하고, 클립 녹음 버튼을 클릭합니다. 볼륨 슬라이더를 움직이면, 오토메이션이 기록되는 것을 확인할 수 있습니다.

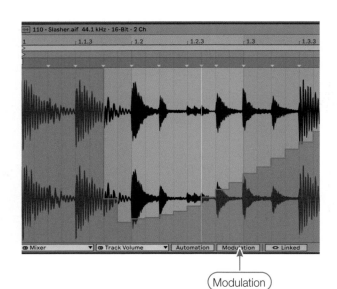

**07** Modulation을 선택하면 파라미터의 움직임을 클립에 기록할 수 있습니다. 편집 방법은 오토메이션과 동일하지만, 마우스로만 기록할 수 있다는 차이가 있으며, 색상은 파란색으로 표시됩니다.

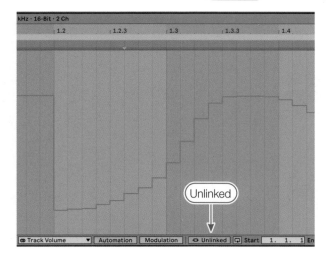

**08** 클립이 반복될 때 오토메이션을 다른 값으로 움직이게 하고 싶다면, Linked 버튼을 클릭하여 Unlinked로 변경합니다.

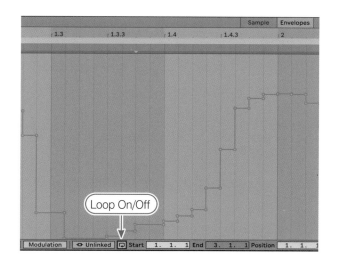

**09** Unlinked에서는 오토메이션을 반복시킬 것인지의 여부를 선택할 수 있는 Loop On/Off 버튼을 제공합니다.

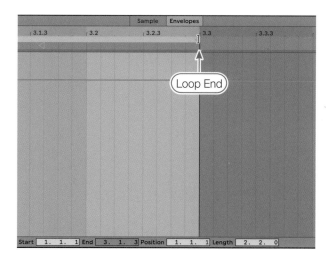

**10** Loop 버튼이 On인 경우에는 Position에서 Length 구간의 루프 범위를 반복합니다. 루프 범위는 루프 라인의 Start 및 End 마커를 드래그하여 조정할 수 있습니다.

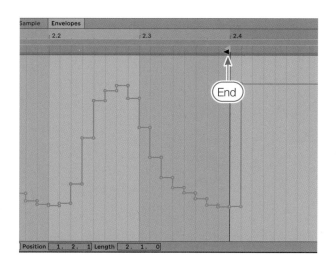

**11** Loop 버튼이 Off인 경우에는 Start에서 End 까지 한 번 재생되며, End 값이 유지됩니다. 범위는 스크럽 라인의 Start 및 End 마커를 드래그하여 조정할 수 있습니다.

● MPE

MPE(MIDI Polyphonic Expression)는 채널별로 수신되는 미디 정보 대신 개별 노트에 연결할 수 있는 MIDI 사양의 확장입니다. 이러한 MIDI 사용 방식을 통해 MPE 지원 장치는 모든 음표의 여러 매개변수를 실시간으로 제어하여 보다 표현력 있는 악기 연주를 할 수 있습니다. 미디 클립의 모드 라인에서 MPE를 선택하면 MPE 데이터를 편집할 수 있는 창이 열립니다.

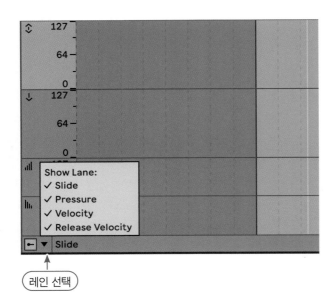

레인 선택

01 MPE 선택하면 레인 창에 MPE 데이터를 편집할 수 있는 창이 열립니다. MPE 데이터는 Slide, Pressure, Velocity, Release Velocity가 있으며, 레인 선택 버튼을 클릭하여 편집할 데이터를 열수 있습니다.

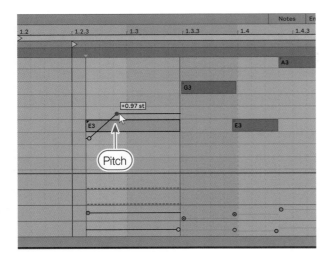

Pitch

02 MPE는 Slide, Pressure, Velocity, Release Velocity 외에 한가지 더 Pitch 정보가 있습니다. 이것은 선택한 노트 위에 표시됩니다.

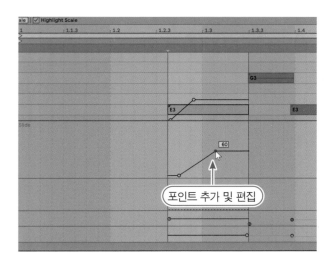

포인트 추가 및 편집

03 MPE 라인을 클릭하여 포인트를 추가할 수 있으며, 포인트를 드래그하여 편집할 수 있습니다. 포인트를 클릭하면 삭제됩니다.

TIP

Shift 키를 누른 상태로 포인를 드래그하면 값을 정밀하게 편집할 수 있습니다.

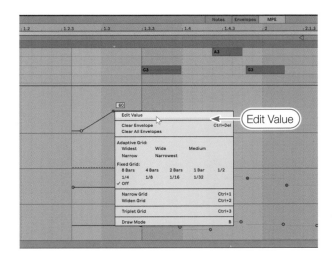

Edit Value

04 포인트를 마우스 오른쪽 버튼으로 클릭하여 단축 메뉴를 열고, Edit Value를 선택하면 값을 직접 입력할 수 있습니다.

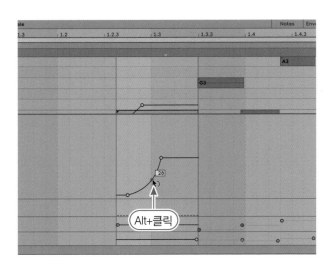

Alt+클릭

05 Alt 키를 누른 상태로 선을 클릭하면 곡선으로 편집할 수 있습니다. 직선으로 복구하려면 Alt 키를 누른 상태로 더블 클릭합니다.

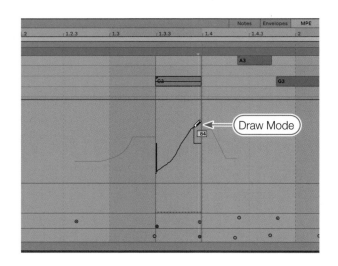

**06** B 키를 눌러 연필 툴을 선택하면 라인을 자유롭게 그려 넣을 수 있습니다. Alt 키를 누르면 그리드 간격에 맞추어 입력할 수 있습니다.

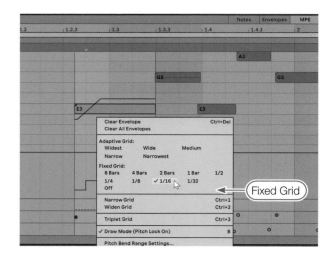

**07** 마우스 오른쪽 버튼을 클릭하면 그리드 간격(Fixed Grid)을 결정할 수 있으며, 이 경우에는 연필 툴이 반대로 동작합니다. 즉, Alt 키를 눌렀을 때 자유롭게 입력되는 것입니다.

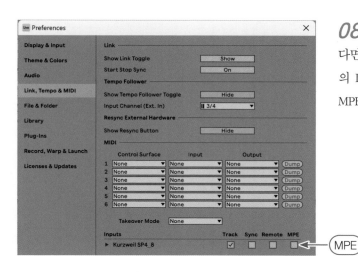

**08** MPE 지원 MIDI 컨트롤러를 사용하고 있다면 실시간 녹음이 가능하도록 Preferences 창의 Link, Tempo&MIDI 페이지에서 해당 장치의 MPE 모드를 활성화합니다.

# 03 속성 창

속성 창은 Clip, Launch, Pitch&Time, Audio 등의 패널로 구성되어 있으며, 패널 이름을 더블 클릭하여 개별적으로 열거나 닫을 수 있습니다. 속성 창과 편집 창의 경계선을 드래그하여 확장하면 패널이 탭으로 표시됩니다.

이름을 더블 클릭하여 열거나 닫음

속성 창을 확장한 경우

● Clip

클립의 이름, 색상 등의 정보를 설정합니다.

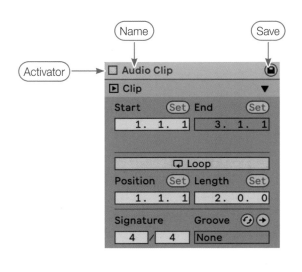

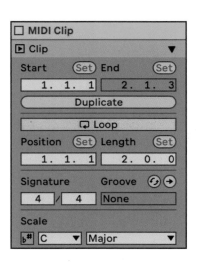

▶ Activator : 클립의 사용 여부를 결정합니다.

▶ Name : 클립의 이름을 표시하며, 마우스 오른쪽 버튼을 클릭하여 단축 메뉴를 열면, 이름을 변경할 수 있는 Rename 메뉴와 색상을 변경할 수 있는 팔레트가 보입니다.

▶ Save : 오디오 클립은 속성 정보를 샘플과 함께 저장할 수 있는 Save 버튼을 제공합니다.

▶ Start/End : 클립의 시작과 끝 위치를 표시하며, 변경 가능합니다. 마우스 드래그 및 좌/우 방향키로도 설정할 수 있습니다. 시작 마커를 선택하고 Alt 키를 누른 상태에서 방향키를 누르면 시작과 끝 위치를 동시에 조정할 수 있습니다. Set 버튼은 재생 중에 Start와 End 지점을 지정할 수 있는 역할을 합니다.

▶ Loop : 클립의 반복 기능을 On/Off 합니다. On일 경우에는 클립의 시작 위치에서 재생하여 루프 구간을 반복하지만, Off일 경우에는 클립의 끝 위치에서 정지합니다.

▶ Position : 루프의 시작 위치를 표시하며, 변경 가능합니다. Set 버튼은 재생중에 Position을 지정할 수 있습니다.

▶ Length : 루프의 길이를 표시하며, 변경 가능합니다. Set 버튼은 재생중에 Length를 지정할 수 있습니다.

▶ Signature : 박자를 표시하며, 변경 가능합니다.

▶ Groove : 그루브 풀에 등록한 목록이 표시되며, 클립에 적용할 그루브를 선택합니다. 목록에서 Open Groove Pool을 선택하면 그루브 풀을 열 수 있습니다. 오른쪽은 브라우저에서 선택한 그루브를 적용해 볼 수 있는 Hot-Swap 버튼과 선택한 그루브를 실제로 적용되게 하는 Commit 버튼을 제공합니다.

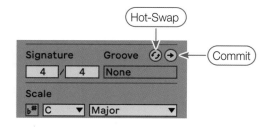

▶ Scale : 미디 클립에서 스케일 노트가 표시되게 합니다. 컨트롤 바의 글로벌 키와 연동되며 변경 가능합니다.

● Launch

클립의 재생 정보를 설정합니다.

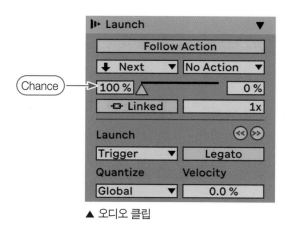

▲ 오디오 클립

▲ 미디 클립

▶ Follow Action : 클립이 재생된 후의 동작 상태를 설정합니다. 메뉴는 왼쪽이 A이고, 오른쪽이 B 이며, 각각 정지(Stop), 다시 재생(Play Again), 위/아래 클립으로 이동(Previous/Next), 가장 위/아래 클립으로 이동(First/Last), 무작위(Any/Other), 건너뛰기(Jump) 중에서 선택할 수 있습니다. Jump를 선택한 경우에는 오른쪽에 수를 지정할 수 있는 Jump Target 항목이 활성화 됩니다.

▶ Chance : Follow Action 메뉴 아래쪽의 Chance 슬라이드는 Action의 발생 확률을 설정합니다. Action을 A와 B의 두 가지로 설정한 경우에는 각각의 발생 확률을 설정할 수 있으며, 0%은 동작하지 않고, 10%는 10번중 1번이라는 의미입니다.

▶ Linked : 오른쪽 Follow Action Multiplier에서 지정한 수 만큼 재생된 후에 Follow Action이 수행되게 합니다. 버튼을 클릭하여 Unlinked로 설정하면 마디, 박자, 비트 단위로 지정할 수 있습니다.

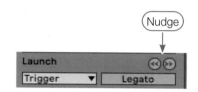

▶ Launch : 런치 버튼의 동작 상태를 결정합니다.
　　Trigger - 버튼을 누를 때 재생
　　Gate - 버튼을 누르고 있는 동안에 재생
　　Toggle - 버튼을 누를 때 마다 재생과 정지
　　Repeat - 버튼을 누르고 있는 동안에 퀀타이즈 단위로 반복 재생

▶ Nudge : Launch 오른쪽의 Nudge 버튼은 클립이 재생되고 있을 때, 퀀타이즈 단위만큼 재생 위치를 이동합니다. 타임이 안 맞는 클립을 믹스할 때 유용한 기능입니다.

▶ Legato : A 클립에서 B 클립으로 전환할 때 재생 위치를 유지 합니다. 단, 같은 트랙에서만 적용됩니다.

▶ Quantization : 클립의 시작 타임을 선택합니다. Global은 컨트롤 바의 퀀타이즈 값을 적용하겠다는 것입니다.

▶ Velocity : 벨로시티의 반응 정도를 조정 합니다. 0%는 영향을 주지 않으며, 100%는 작은 값에서도 재생합니다.

▶ Pgm Change : 미디 클립에서는 프로그램(Pgm), 뱅크(Bank), 서브 뱅크(Sub)의 3가지 필드가 제공되며, 각각 악기의 음색을 선택합니다. 외장 악기를 사용하는 경우에 이용하는 것이며, 악기의 뱅크와 프로그램 번호는 제조사 및 모델마다 다르므로, 해당 악기의 메뉴얼을 참조합니다.

● Audio

오디오 클립의 속성을 결정합니다.

▶ Warp : 오디오 샘플을 클립으로 불러오면, 비트를 분석하여 세트에 맞추는 워프 기능이 자동으로 실행됩니다.
버튼을 Off 하면 원래 템포로 재생됩니다.

▶ Warp Mode : 샘플 분석 모드를 선택합니다.

● Beats

드럼 또는 리듬 위주의 댄스 음악에 적합합니다. Preserve 컨트롤을 사용하여 샘플의 분할 경계선을 유지합니다.
가장 정확한 결과를 얻으려면 Transients를 선택하고, 비트를 유지하려면 노트 값을 선택합니다.

Transient Loop Mode는 클립의 Transients 속성을 결정하며, 오른쪽 Transient Envelope로 각각의 오디오 조각
에 페이드를 적용합니다. 0으로 설정할수록 급속히 감쇠합니다.

Loop Off

Transient 사이의 오디오 조각은 끝까지 재생한 후 정지합니다.

Loop Forward

Transient 사이의 오디오 조각은 끝까지 재생되고, 제로 크로싱 지점으로 이동하여 다음 Transient가 발생하는 시
간까지 반복합니다.

Loop Back and Forth

Transient 사이의 오디오 조각은 끝까지 재생되고, 제로 크로싱 지점에서 반전되어 진행합니다. 다음 Transient가
발생할 때까지 이 패턴이 계속됩니다.

● Tones

분명한 음정을 가진 단음 악기에 적합합니다. Grain Size 컨트롤을 이용하여 오디오 조각의 윤각을 조정합니다. 음정이 분명할수록 작은 값이 적당합니다.

● Texture

다선율 음악에 적합합니다. Grain Size 컨트롤을 이용하여 조각 사이즈를 조정하며, Flux 컨트롤을 이용하여 처리 과정에 랜덤한 정도를 조정합니다. 큰 값에서 더 많이 랜덤화 됩니다.

● Re-Pitch

재생 속도에 따라 음정이 조정되게 합니다.

● Complex

비트, 톤, 텍스처를 포함한 음악에 효과적입니다. 단, 높은 시스템 사양을 요구합니다.

● Complex Pro

Complex 보다 좋은 결과물을 얻을 수 있습니다. Formants 및 Envelope 컨트롤을 이용하여 원래 음색을 최대한 유지할 수 있습니다. 기본값 100%와 128은 대부분의 오디오에 적합합니다.

▶ BPM : 분석된 템포를 표시하며 변경 가능합니다. 간혹 절반 또는 두 배로 분석되는 경우가 있는데, ÷2 또는 ×2 버튼을 클릭하여 수정할 수 있습니다.

▶ Reverse : 샘플의 진행 방향을 바꿉니다.
▶ Edit : 오디오 편집 프로그램을 실행합니다. 프로그램은 사용자 컴퓨터에 설치되어 있어야 하며, Preferences의 File Folder 페이지에서 Sample Edit 항목의 Browse 버튼을 클릭하여 선택해야 합니다.

▶ Fade : 클립의 시작과 끝 위치에 4ms 길이의 페이드 인/아웃을 적용합니다.
▶ RAM : 샘플을 램으로 로딩하여 버퍼링 현상이 발생하지 않게 합니다. 단, 시스템 사용량이 많아 집니다.
▶ HiQ : 최대 음질을 확보합니다. 단, 시스템 사용량이 많아 집니다.

▶ Gain : 볼륨을 조정합니다.
▶ Pitch : 샘플의 음정을 조정합니다. 조정 값은 Transpos 항목에 반음 단위로 표시되며, 오른쪽은 100분의 1 단위로 Cents로 추가 조정이 가능합니다.

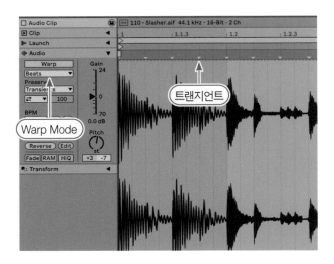

**01** 오디오 클립은 Warp Mode에 따라 비트와 템포가 자동으로 분석됩니다. 마커 라인에는 흰색의 삼각형 모양으로 분석 위치에 트랜지언트 마커를 표시하며, Shift 키를 누른 상태로 드래그하여 수정할 수 있습니다.

**02** 비트가 어긋나는 위치는 마우스 클릭으로 워프 마커를 만들어 보정할 수 있습니다. 이때 보정하고자 하는 트랜지언트의 앞/뒤가 고정되게 Ctrl 키를 누른 상태로 클릭하여 보정합니다.

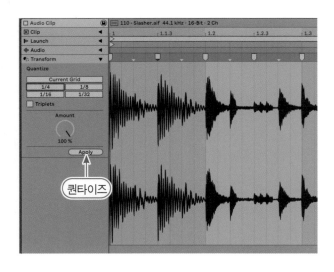

**03** 트랜지언트 마커는 미디 노트와 동일하게 취급되기 때문에 Transform 섹션의 Apply 버튼을 클릭하여 퀀타이즈를 적용할 수 있습니다. 퀀타이즈 값에 따라 워프 마커가 생성됩니다.

● Pitch & Time

미디 클립의 노트 피치와 타임을 조정합니다.

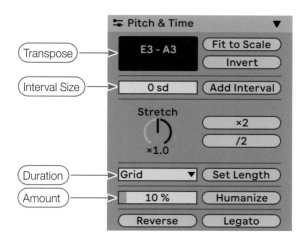

▶ Transpose : 선택한 노트의 범위를 나타내며, 드래그하여 변경 가능합니다. 선택한 노트가 없는 경우에는 전체 노트에 적용되며, 더블 클릭하여 취소할 수 있습니다.

▶ Fit to Scale : 스케일에서 벗어난 노트를 교정합니다.

▶ Invert : 선택한 노트의 위/아래 방향을 바꿉니다. 음정을 '도-솔'로 쌓았다면, '솔-도'로 바꾸는 것입니다.

▶ Interval Size : 선택한 노트를 스케일 간격으로 복사합니다.

▶ Add Interval : Interval Size 설정 노트를 추가합니다.

▶ Stretch : 선택한 노트 또는 클립의 길이를 조정합니다. ÷2 버튼은 반으로 줄이며, ×2는 두 배로 늘립니다.

▶ Set Length : 노트의 길이를 변경합니다. Duration에서 값을 지정합니다.

▶ Humanize : 노트의 시작 위치를 무작위로 변경합니다. Amount에서 범위를 지정합니다.

▶ Reverse : 선택한 노트의 앞/뒤 방향을 바꿉니다. '도-레-미' 연주를 선택한 경우라면 '미-레-도'로 바꾸는 것입니다. 노트를 선택하지 않은 경우에는 클립 전체 노트를 바꿉니다.

▶ Legato : 선택한 노트의 길이를 다음 노트의 시작점까지 늘려서 레가토 효과를 만듭니다.

속성 창의 Transform 섹션은 선택한 노트를 변형하는 역할을 합니다. 파라미터의 구성은 Arpeggiate, Connect, Ornament, Quantize, Recombine, Span, Stum, Time Warp 등 선택한 메뉴에 따라 달라지며, 메뉴 왼쪽의 Reset 버튼을 클릭하면 파라미터 값을 초기화 할 수 있습니다.

● Arpeggiate

아르페지오 연주를 만듭니다.

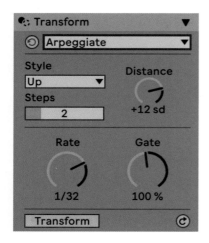

▶ Style : 아르페지오 방향을 선택합니다.

▶ Steps : 패턴이 조옮김 되는 단계를 설정합니다.

▶ Distance : 패턴이 전위되는 단계를 설정합니다.

▶ Rate : 노트의 길이를 설정합니다.

▶ Gate : Rate의 비율을 설정합니다.

▶ Transform : 모든 메뉴에 공통으로 사용되는 버튼으로 On 되어 있으면 파라미터 설정이 바로 적용되며, Off 되어 있으면 오른쪽의 Apply 버튼을 클릭하여 적용할 수 있습니다.

● Connect

선택한 노트 사이의 빈 공간을 채워 연결합니다.

▶ Spread : 원음을 기준으로 연결되는 노트의 피치 간격을 설정합니다.

▶ Density : 비어 있는 간격을 기준으로 추가할 노트 수를 결정합니다.

▶ Rate : 노트를 연결하는 최소 길이를 설정합니다.

▶ Tie : 노트 길이 또는 간격이 다음 노트로 확장되는 비율을 결정합니다.

● Ornament

플램(Flam) 및 꾸밈음(Grace notes)을 만들어 줍니다.

▶ Flam : 드럼의 플램 주법을 만듭니다. Position에서 위치를 설정하고, Vel에서 세기를 설정합니다.

▶ Grace notes : High는 높은 음, Same은 같은 음, Low는 낮은 음에서 시작하는 꾸밈음을 만듭니다. Chance에서 재생 비율을 설정하고, Amount에서 꾸밈음 수를 설정합니다.

● Quantize

Edit 메뉴의 Quantize Settings 명령입니다. Fixed Grid 값에 따르는 Current Grid 및 4, 8, 16, 32 비트 선택 버튼과 Triplets 옵션을 제공하고, 노트의 시작(Start)과 끝(End) 위치를 선택할 수 있는 Adjust Note, 그리고 어느 정도의 비율로 정렬할 것인지를 설정할 수 있는 Amount 노브가 있습니다.

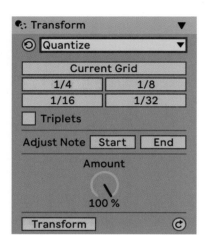

● Recombine

선택한 노트들 간의 피치, 길이, 벨로시티 위치를 변경합니다.

▶ Pitch, Lenght, Velocity : 피치, 길이, 벨로시티로 이동시킬 매개변수를 선택합니다.

▶ Rotate : 선택한 노트 매개변수를 오른쪽 또는 왼쪽으로 이동시킵니다.

▶ Shuffle : 선택한 노트의 매개변수를 무작위로 이동시킵니다.

▶ Mirror : 선택한 노트의 매개변수를 반전시킵니다.

● Span

레가토(Legato), 테누토(Tenuto), 스타카토(Staccato)를 만듭니다. 각각 Offset으로 길이를 설정하고, Variation으로
비율을 결정할 수 있습니다.

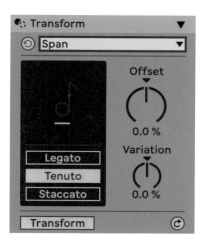

● Strum

스트러밍 주법을 만듭니다. 그래프의 상단 High 포인트를 드래그하여 고음에서 저음으로 스트럼되는 위치를 조정
하고, 하단의 Low는 그 반대 방향입니다. Tension은 스트럼 속도를 조정하며 그래프의 곡선으로 표시됩니다.

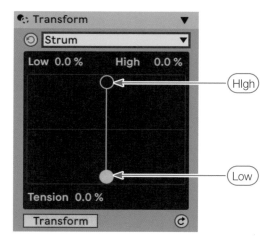

● Time Warp

노트의 시작 위치(Time)와 길이(Speed)를 조정합니다. 포인트는 번호를 선택하여 3개까지 추가할 수 있으며, 가로로 드래그하여 Time, 세로로 드래그하여 Speed를 조정합니다.

▶ Quantize : 그리드 설정에 따라 퀀타이즈 되게 합니다.

▶ Range : 노트의 길이가 유지될 수 있게 합니다.

▶ Note End : 노트의 시간 범위가 유지될 수 있게 합니다.

● Velocity Shaper

선택 범위의 벨로시티 곡선을 만듭니다. 그래프를 클릭하여 포인트를 추가하고 드래그하여 만들 수 있습니다.

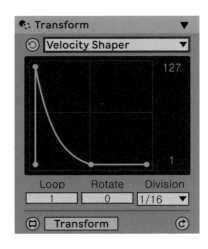

▶ Loop : 선택 범위 내에 반복 횟수를 결정합니다.

▶ Rotate : 그리드 설정에 따른 패턴의 반복 횟수를 결정합니다.

▶ Division : 패턴이 만들어지는 간격을 결정합니다.

# 05 제너레이터 섹션

속성 창의 Generate 섹션은 노트를 생성하는 역할을 합니다. 파라미터의 구성은 Rhythm, Seed, Shape, Stacks 등 선택한 메뉴에 따라 달라집니다.

● Rhythm

Pitch 설정 노트를 추가하여 드럼 및 베이스 등의 리듬을 만들어 줍니다.

▶ Pitch : 선택한 노트를 생성합니다.
▶ Steps : 패턴 단계를 설정합니다.
▶ Pattern : 리듬 패턴을 선택합니다.
▶ Density : 노트 수를 결정합니다.
▶ Step Duration : 노트의 길이를 설정합니다.

▶ Split : 리듬이 분할되는 비율을 설정합니다.
▶ Shift : 리듬을 회전시킵니다.
▶ Velocity : 다운 및 업 비트의 벨로시티를 설정합니다.
▶ Freq : 벨로시티를 회전시킵니다.

▶ Generate : 모든 메뉴에 공통으로 사용되는 버튼으로 On 되어 있으면 파라미터 설정이 바로 적용되며, Off 되어 있으면 오른쪽의 Apply 버튼을 클릭하여 적용할 수 있습니다.

● Seed

Pitch 범위의 노트를 추가하여 멜로디를 만들어 줍니다.

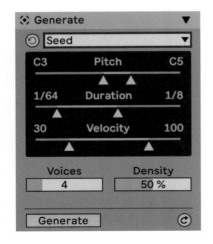

▶ Pitch : 멜로디 생성 범위를 설정합니다.

▶ Duration : 노트의 길이 범위를 설정합니다.

▶ Velocity : 벨로시티 범위를 설정합니다.

▶ Voices : 최대 보이스 범위를 설정합니다.

▶ Density : 보이스 생성 비율을 설정합니다.

● Shape

Pitch 범위의 노트를 그래프 모양대로 추가하여 멜로디를 만들어 줍니다.

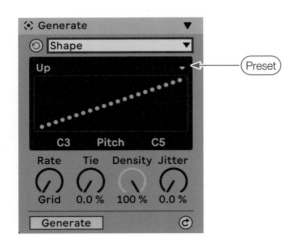

▶ Preset : 사전 설정된 멜로디 생성 패턴을 선택합니다.

▶ Pitch : 멜로디 생성 범위를 설정합니다.

▶ Rate : 노트 길이를 설정합니다.

▶ Tie : 연결될 노트의 비율을 설정합니다.

▶ Density : 쉼표의 비율을 설정합니다.

▶ Jitter : 생성 피치가 무작위로 변위되는 비율을 설정합니다.

● Stacks

코드를 만들어줍니다. 코드 보이싱은 패드를 드래그하여 선택할 수 있으며, Add/Delete로 추가/삭제합니다.

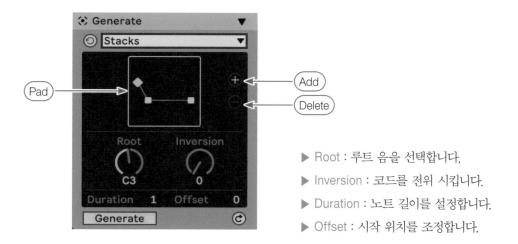

▶ Root : 루트 음을 선택합니다.

▶ Inversion : 코드를 전위 시킵니다.

▶ Duration : 노트 길이를 설정합니다.

▶ Offset : 시작 위치를 조정합니다.

● Euclidean

코드 패턴을 만들어 줍니다. Pattern과 Voices 탭으로 구성되어 있습니다.

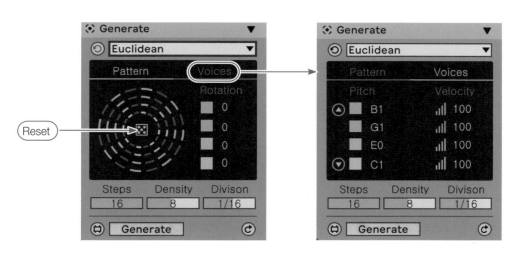

▶ Pattern : 그래프 중앙의 Reset 버튼을 클릭하여 코드 패턴을 만들 수 있으며, Roation의 색상 버튼을 On/Off 하여 보이스 수를 결정하거나 숫자를 드래그하여 해당 성부의 위치를 회전시킬 수 있습니다.

▶ Voices : 코드 피치 및 벨로시티를 변경할 수 있습니다. Pitch는 색상 버튼으로 On/Off하거나 위/아래 버튼을 클릭하여 이동시킬 수 있습니다.

▶ Step : 코드 생성 단계를 결정합니다.

▶ Density : 코드 생성 밀로들 결정합니다.

▶ Division : 코드 생성 비트를 결정합니다.

# 어레인지먼트 뷰

에이블톤의 어레인지먼트(Arrangement View)는 큐베이스나 로직과 같이 클립을 가로 시간 단위로 배치하여 재생하는 방식입니다. 처음부터 시퀀싱 작업을 진행한 다거나 세션 뷰의 라이브 연주를 기록하여 디지털 음원을 위한 Wav 또는 MP3와 같은 오디오 파일을 만드는 것이 목적입니다.

## 01 어레인지먼트 뷰의 구성

샘플 - Arrangement Project

에이블톤은 라이브 연주에 최적화되어 있는 세션 뷰와 음원 작업을 위한 어레인지먼트 뷰를 제공합니다. 각 뷰는 오른쪽 상단의 버튼 또는 Tab 키를 이용해서 선택할 수 있습니다.

어레인지먼트 뷰는 작업이 이루어지는 트랙 창을 중심으로 상단에 오버뷰, 룰러 라인, 스크립 라인이 있고, 하단에 믹서를 열거나 닫을 수 있으며, 믹서 열기/닫기 버튼 오른쪽의 작은 삼각형을 클릭하면 In/Out, Sends, Volume, Track Options, Crossfader, Performance Impact, Return Tracks의 표시 여부를 결정할 수 있는 메뉴가 열립니다.

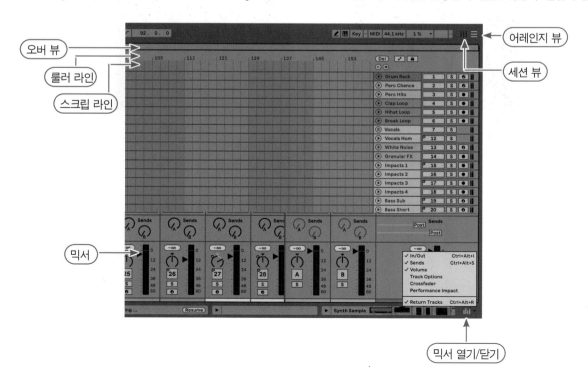

## ● 오버뷰

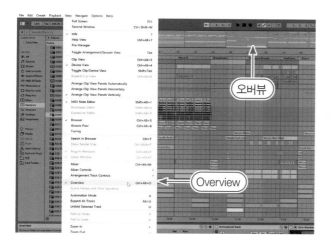

*01* 트랙 창의 전체 구성을 한 눈에 파악할 수 있는 오버뷰 라인은 View 메뉴의 Overview를 선택하여 열거나 닫을 수 있습니다.

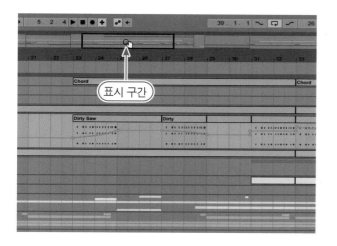

*02* 오버뷰 라인의 사각형은 트랙 창에 보이는 범위를 나타내며, 마우스를 위/아래로 드래그하여 확대/축소하거나 좌/우로 드래그하여 스크롤 할 수 있습니다.

TIP

*트랙 창에서 Ctrl 키를 누른 상태로 휠을 돌려 확대/축소하거나 Ctrl+Alt 키를 누른 상태로 드래그하여 스크롤 할 수 있습니다.*

*03* 화면에 표시되는 범위를 나타내는 사각형 테두리를 드래그하면 범위를 조정할 수 있고, 더블 클릭하면 전체 범위가 보이도록 조정됩니다.

## ● 룰러 라인

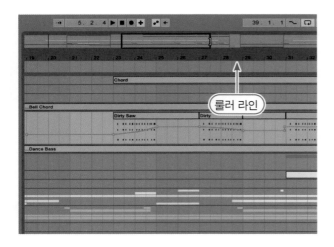

**01** 어레인지 뷰의 시간 흐름은 왼쪽에서 오른쪽이며, 위치를 나타내는 룰러 라인은 마디 단위입니다.

룰러 라인

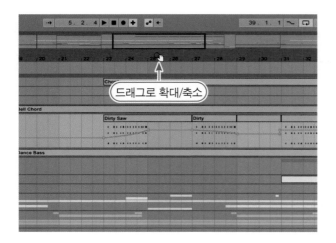

드래그로 확대/축소

**02** 룰러 라인에서도 마우스를 위/아래로 드래그하여 확대/축소하거나 좌/우로 드래그하여 스크롤할 수 있습니다.

> **TIP**
>
> *트랙 창의 가로 크기는 +/- 키로 확대/축소 할 수 있으며, Alt 키를 누른 상태에서는 선택한 트랙의 세로 폭을 확대/축소 할 수 있습니다.*

Shift 키로 재생

**03** 룰러 라인에서 Shift 키를 누르면, 마우스 포인터가 스피커 모양으로 변하며, 클릭한 위치에서 재생할 수 있습니다.

## ● 스크럽 라인

스크럽 라인

**01** 룰러 라인 아래쪽에 있는 스크럽 라인에 마우스를 가져가면 스피커 모양으로 표시되며, 클릭한 위치에서 재생됩니다.

*TIP*

*스크럽 라인에서 마우스를 누르고 있으면, 컨트롤 바의 퀀타이즈 길이만큼 반복 재생됩니다.*

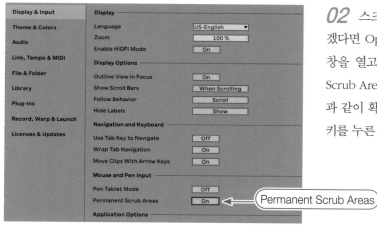

Permanent Scrub Areas

**02** 스크럽 라인에서 재생 기능을 사용하지 않겠다면 Options 메뉴의 Preferences를 선택하여 창을 열고, Display&Input 페이지의 Permanent Scrub Areas를 Off합니다. 이 경우에는 룰러 라인과 같이 확대/축소 및 이동 기능을 수행하며, Shift 키를 누른 상태로 클릭하여 재생합니다.

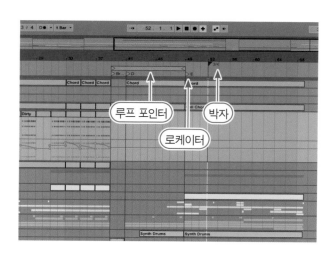

루프 포인터    박자
로케이터

**03** 스크럽 라인은 재생 기능 외에 반복 구간을 설정하는 루프 포인터나 위치를 표시하는 로케이터 및 박자 등의 정보를 표시할 수 있습니다.

## ● 루프 포인트

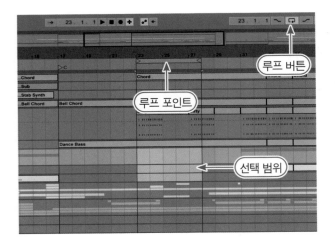

**01** 클립을 선택하거나 작업 공간의 일부분을 드래그로 선택하고, Ctrl+L 키를 누르면 루프 구간으로 설정됩니다. 루프 버튼은 자동으로 On 되고, 스페이스 바 키를 누르면 해당 구간이 반복 재생됩니다.

**02** 루프 포인트는 드래그로 위치를 이동시킬 수 있으며, 시작과 끝 부분을 드래그하여 범위를 조정할 수 있습니다. 컨트롤 바에는 루프의 시작 위치와 길이를 표시하는 항목이 있으며, 직접 입력하여 설정하는 것도 가능합니다.

> **TIP**
>
> *루프 포인트의 시작 점은 Ctrl, 끝 점은 Shift+Ctrl 키를 누른 상태로 클릭하여 새로 지정할 수 있으며, Alt+클릭으로 이동할 수 있습니다.*

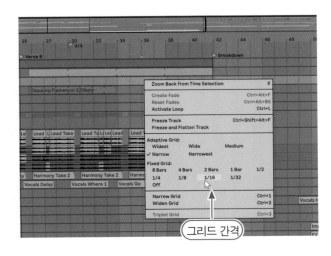

**03** 작업 공간을 드래그하거나 클립을 편집할 때의 기준은 세로로 표시되어 있는 그리드 라인입니다. 라인의 간격은 마우스 오른쪽 버튼을 클릭하면 열리는 단축 메뉴의 Gird로 선택합니다. Adaptive는 작업 공간 크기에 따라 조정되는 것이며, Fixed는 선택한 간격으로 고정합니다.

> **TIP**
>
> *Alt 키를 누른 상태로 드래그하면 Grid 값에 상관 없이 미세한 선택이 가능합니다.*

## ● 로케이터

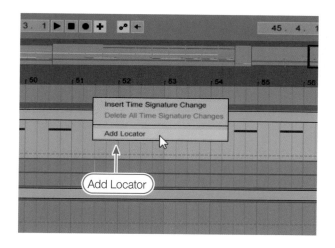

Add Locator

**01** 스크럽 라인에서 마우스 오른쪽 버튼을 클릭하여 단축 메뉴를 열고, Add Locator를 선택하면 Intro, Verse 등, 곡의 위치를 문자로 표시할 수 있는 로케이터를 입력할 수 있습니다.

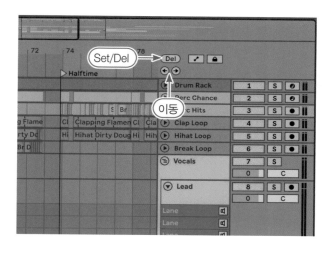

Set/Del
이동

**02** 로케이터는 Set 버튼을 클릭하여 입력할 수도 있으며, 로케이터가 선택된 경우에는 삭제 명령인 Del로 표시됩니다. 좌/우 방향 버튼은 이전/다음 로케이터로 이동하는 역할입니다.

로케이터 이름

**03** 로케이터 마커를 더블 클릭하면 해당 위치에서 재생되며, 마우스 드래그로 위치를 이동하거나 Ctrl+R 키로 이름을 변경할 수 있습니다.

> **TIP**
>
> *로케이터 단축 메뉴 Edit info Text를 선택하면 인포 창에 메모를 할 수 있습니다.*

## ● 박자 표시

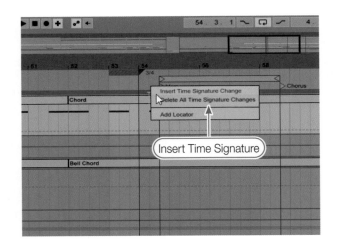

Insert Time Signature

*01* 스크럽 라인에서 마우스 오른쪽 버튼을 클릭하여 단축 메뉴를 열고, Insert Time Signature 를 선택하면, 곡 중간에 변경되는 박자 표시를 입력할 수 있습니다.

박자 항목

*02* 대기 상태에서 슬래시(/) 기호를 포함한 분모와 분자 값을 모두 입력하거나 컨트롤 바의 박자 표시 값을 변경하여 입력합니다. 입력된 박자는 마우스 드래그로 이동시킬 수 있으며, Delete 키로 삭제할 수 있습니다.

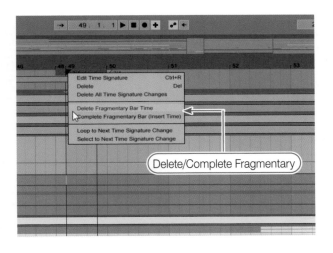

Delete/Complete Fragmentary

*03* 박자는 그리드 라인에 상관없이 입력되며, 마디와 일치하지 않는 경우에는 빗금으로 표시됩니다. 이때 단축 메뉴의 Delete Fragmentary Bar Time을 선택하여 구간을 삭제하거나 Complete Fragmentary Bar를 선택하여 마디를 채울 수 있습니다.

● 트랙

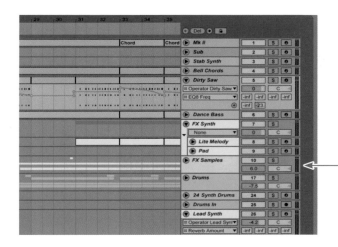

믹서 섹션

*01* 어레인지먼트 뷰의 트랙은 큐베이스나 로직과 동일하게 시간의 흐름이 왼쪽에서 오른쪽으로 진행되지만, 각 트랙의 볼륨이나 팬 등을 컨트롤할 수 있는 믹서 섹션이 오른쪽에 배치되어 있다는 차이점이 있습니다.

오토메이션 모드

확장 버튼

오토메이션 라인

*02* 트랙 이름은 Ctrl+R 키를 눌러 변경할 수 있으며, 오토메이션 모드 버튼을 클릭하면, 사용자 컨트롤을 기록하고, 재생하는 오토메이션 라인을 선택하거나 편집할 수 있습니다.

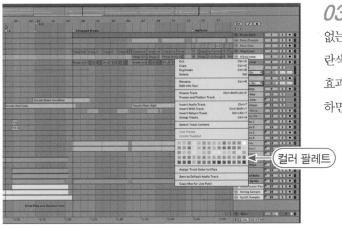

컬러 팔레트

*03* 트랙 및 클립의 색상은 음악 작업과 상관이 없는 것 처럼 보이지만, 드럼은 빨간색, 기타는 파란색 등, 악기마다 자신만의 색깔을 지정해놓으면, 효과적입니다. 색상은 마우스 오른쪽 버튼을 클릭하면 열리는 컬러 팔레트에서 지정합니다.

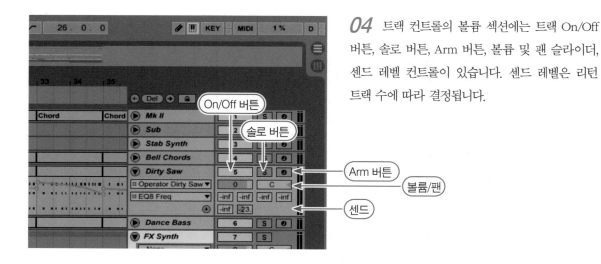

**04** 트랙 컨트롤의 볼륨 섹션에는 트랙 On/Off 버튼, 솔로 버튼, Arm 버튼, 볼륨 및 팬 슬라이더, 센드 레벨 컨트롤이 있습니다. 센드 레벨은 리턴 트랙 수에 따라 결정됩니다.

**05** 그 밖의 인/아웃 섹션과 트랙 옵션 및 리턴 트랙은 View 메뉴의 Arrangement Track Controls에서 선택하여 표시할 수 있습니다.

**06** 인/아웃 섹션은 오디오 및 미디 입/출력 포트와 채널을 선택합니다. In은 입력 사운드를 모니터하는 것이고, Auto는 Arm 버튼이 On되어 있는 경우에만 모니터하는 것입니다.

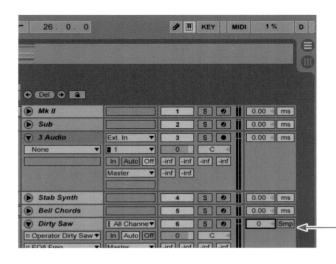

**07** 트랙 옵션은 재생 타임을 밀리언세컨드(ms) 또는 샘플(Smp) 단위로 지연시킬 수 있는 딜레이 컨트롤입니다. 에이블톤의 장치들은 자동으로 딜레이가 보정되기 때문에 트랙이 지연되는 현상은 발생하지 않지만, 오토메이션이나 외부 플러그-인을 사용할 때 발생하는 지연 타임을 보정할 수 있습니다.

딜레이

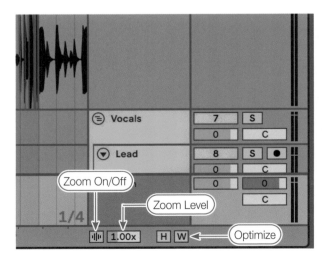

**08** 낮은 시스템 사양에서 사운드가 지연되는 현상이 발생한다면, 편집이 끝난 트랙은 마우스 오른쪽 버튼을 클릭하여 단축 메뉴를 열고, Freeze Track을 선택하여 고정하는 것이 좋습니다.

Freeze Track

**09** 메인 트랙 아래쪽에는 화면에 표시되는 오디오 파형의 크기를 조정할 수 있는 Zoom Level과 트랙 및 클립에 맞추어 가로(W)/세로(H) 범위를 맞추는 Optimize 버튼을 제공합니다.

Zoom On/Off

Zoom Level

Optimize

● 타임 라인

**01** 작업 공간의 빈 곳을 클릭하면 빨간색의 인서트 라인이 위치하며, 스페이스 바 키를 누르면 인서트 라인 위치에서 재생됩니다.

TIP

정지된 위치에서 재생할 때는 Shift 키를 누른 상태에서 스페이스 바 키를 누릅니다.

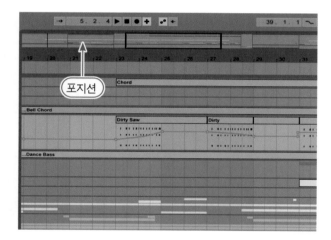

**02** 인서트 라인은 컨트롤 바의 포지션 항목에서 원하는 위치를 입력하여 이동시킬 수 있으며, 선택한 항목은 위/아래 방향키로 증/감시킬 수 있습니다.

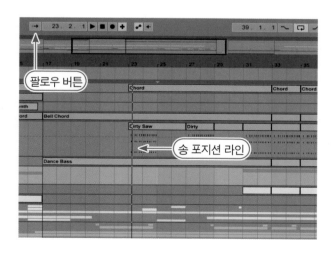

**03** 곡을 재생하면 오른쪽으로 흐르는 검정색 라인이 보이며, 재생 위치를 나타내는 송 포지션 라인이라고 합니다. 송 포지션 라인을 중앙에 고정하고, 화면이 스크롤되게 하고 싶은 경우에는 컨트롤 바의 팔로우 버튼을 On으로 합니다.

**04** 곡이 정지된 상태에서 컨트롤 바의 정지 버튼을 누르거나 Home 키를 누르면 송 포지션 라인 및 인서트 라인은 곡의 시작 위치로 이동하고, End 키를 누르면 끝으로 이동합니다.

정지 버튼

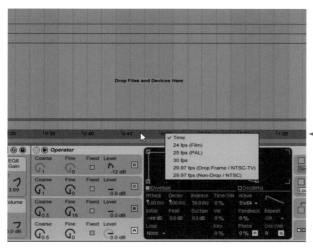

**05** 어레인지먼트 뷰 아래쪽에는 시간 단위로 표시되는 타임 라인을 제공하고 있으며, 마우스 오른쪽 버튼을 클릭하여 프레임 단위로 변경 가능합니다.

타임 라인

프레임

프레임(fps)은 영상에서 사용되는 단위이며, 1초에 몇 장의 정지된 이미지를 기록하거나 재생할 것인지를 나타냅니다. 24fps라면 1초에 24장의 이미지를 기록하거나 재생한다는 의미입니다. 인간은 초당 12장의 이미지를 인지한다고 해서 그 두 배인 24 프레임으로 이상으로 기록하면 자연스러운 움직임을 느낄 수 있다고 합니다. 그래서 영화는 24 프레임, TV는 30 프레임을 사용하게 되었는데, 컬러 TV가 등장하면서 색 정보를 넣을 프레임이 필요해서 29.97 fps으로 표준화 되었습니다. 29.97 fps는 Drop과 Non-Drop 방식으로 촬영되는데, 국내 TV의 경우에는 Drop 방식을 사용하므로, 국내 TV 영상 음악 작업을 한다면, 29.97 fps (Drop Frame / NTSC-TV)을 선택하면 됩니다. 참고로 PAL과 NTSC는 국가별 컬러 인코딩 방식을 의미하는 것으로 유럽에서는 PAL 방식을 사용하고, 국내에서는 NTSC 방식을 사용합니다.

# 02 클립 편집

● 이동과 복사

드래그로 이동 및 복사

*01* 어레인지먼트 뷰의 클립은 마우스 드래그로 이동시킬 수 있으며, Ctrl 키를 누른 상태로 드래그 하여 복사할 수 있습니다.

---

TIP

*이동 및 복사 단위는 그리드 라인 값입니다. 미세 한 편집이 필요하다면 그리드 라인을 None으로 설정합니다.*

드래그로 선택

*02* 두 개 이상의 클립을 이동하거나 복사할 때 는 작업 뷰의 빈 공간에서부터 드래그하여 클립을 선택하고 드래그합니다.

Ctrl+V로 인서트 라인에 붙이기

*03* 한 화면에 보이지 않는 위치로 이동하거나 복사할 때는 Ctrl+X 키로 잘라내거나 Ctrl+C 키로 복사한 다음에 원하는 위치를 클릭하여 인서트 라인을 가져다 놓고, Ctrl+V 키를 누릅니다.

## ● 자르기 및 붙이기

*01* 클립의 시작 및 끝 부분을 드래그하여 길이를 조정할 수 있습니다. 클립의 길이를 늘리는 경우에는 해당 범위만큼 반복됩니다.

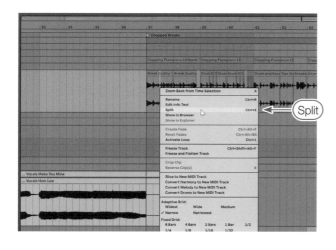

*02* 클립은 마우스 클릭으로 인서트 라인을 가져다 놓고, Ctrl+E 키를 누르거나 마우스 오른쪽 버튼을 클릭하면 열리는 단축 메뉴의 Split를 선택하여 자를 수 있습니다.

> **TIP**
>
> *범위를 선택하고 Ctlr+E 키를 누르면 선택 범위 앞/뒤로 자를 수 있습니다.*

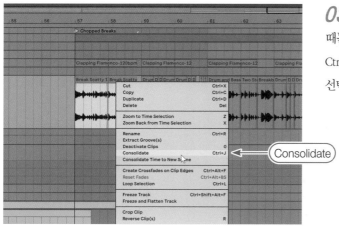

*03* 반대로 두 개 이상의 클립을 하나로 붙일 때는 Shift 키를 누른 상태로 클립들을 선택하고, Ctrl+J 키를 누르거나 단축 메뉴의 Consolidate를 선택합니다

## ● 복제

**01** 선택한 클립을 반복시킬 때는 Ctlr+D 키를 누르고, 작업을 취소할 때는 Ctrl+Z 키 입니다.

**02** 선택한 구간을 반복시킬 때는 룰러 라인에서 마우스 오른쪽 버튼을 클릭하여 단축 메뉴를 열고, Duplicate Time을 선택합니다. 이때 오른쪽 클립들은 복제되는 구간만큼 밀려납니다.

**03** 선택 구간을 삭제하고자 할 때는 마우스 오른쪽 버튼을 클릭하여 단축 메뉴를 열고, Delete Time을 선택합니다. 이때 오른쪽 클립들은 삭제되는 구간만큼 당겨집니다.

## ● 페이드 인/아웃

*01* 오디오 클립의 페이드 인/아웃 라인은 소리가 점점 크게 또는 점점 작게 만드는 열할을 하며, 클립에 표시되어 있는 핸들을 드래그하여 길이나 라인 타입을 조정할 수 있습니다.

*02* Ctrl+E 키를 눌러 클립을 자르면 왼쪽 클립은 페이드 아웃되고, 오른쪽 클립은 페이드 인 되는 크로스 페이드가 만들어집니다. 오디오 클립의 경우에는 잘못 자르면 틱 잡음이 발생할 수 있는데, 이를 방지하는 목적입니다.

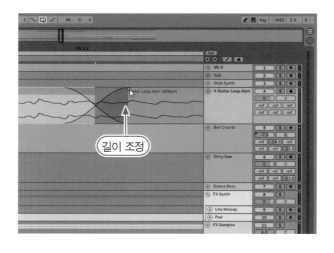

*03* 룰러 라인을 드래그하여 작업 공간을 확대해보면, 페이드 인/아웃 라인의 길이를 조정할 수 있는 핸들을 볼 수 있습니다.

## ● 구간 재녹음

Consolidate Time to New Scene

**01** 특정 범위를 클립으로 만들어 재구성한 것을 다시 녹음할 수 있습니다. 원하는 구간을 선택하고 마우스 오른쪽 버튼을 클릭하여 Consolidate Time to New Scene를 선택합니다.

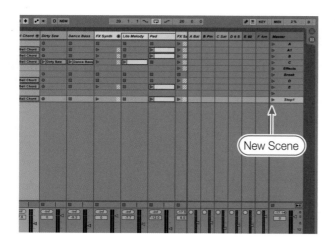

New Scene

**02** Tab 키를 눌러 세션 뷰를 열어보면, 선택한 범위의 클립들이 만들어진 것을 확인할 수 있습니다. F9 키를 눌러 녹음을 진행하고, 새로 만들어진 씬의 클립들을 다른 구성으로 연주합니다.

Back to Arrangement

**03** 녹음을 정지하고 Tab 키를 눌러 어레인지먼트 뷰를 열어보면, 새롭게 구성한 연주가 녹음된 것을 확인할 수 있습니다. Back to Arrangement 버튼을 클릭하여 완료 합니다.

## ● 클립의 재구성

*01* **샘플 - Loop**

루프 클립을 편집하여 새로운 리듬의 클립으로 만들 수 있습니다. Ctrl키를 누른 상태에서 D 키를 4번 눌러 클립을 복사합니다.

*02* 첫 번째 슬롯의 클립을 더블 클릭하여 에디터 뷰를 열고, End 루프 마커를 1.2 위치로 드래그 합니다. Kick 드럼 사운드만 연주되게 하는 것입니다.

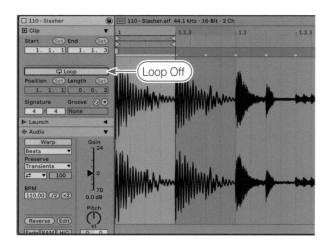

*03* 두 번째 슬롯의 클립을 선택하고, End 루프 파커를 1.2.3 위치로 드래그합니다. Sample 섹션의 Loop 버튼을 클릭하여 Off 합니다. 두 번째 킥 사운드는 반복되지 않게 하는 것입니다.

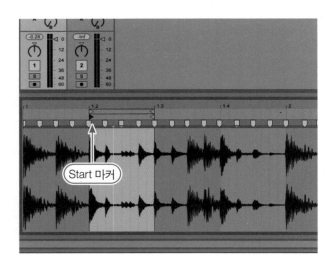

**04** 세 번째 슬롯의 클립은 Start 마커를 1.2 위치, End 마커는 1.3 위치로 드래그합니다. 스네어 드럼만 연주되게 하는 것입니다.

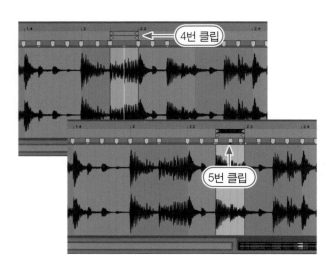

**05** 네 번째 클립은 2.1.3에서 2.2위치까지 루프 구간을 설정하고, 마지막 다섯 번째 클립은 2.2.3 에서 2.3 위치까지 루프 구간을 설정합니다.

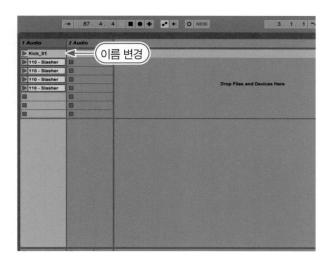

**06** 드럼 루프 클립을 복사하여 구성 악기별로 나눈 것입니다. 각각의 클립을 선택하고 Ctrl+R 키 를 눌러 Kick1, Kick2, Snare 등으로 구분하기 쉽 게 변경합니다.

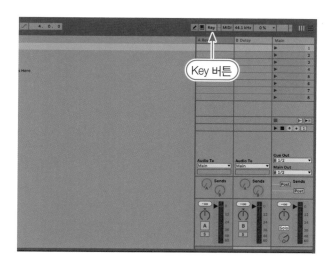

**07** 컨트롤 바의 Key 버튼을 클릭하여 맵 뷰를 열고, 각 클립에 1, 2, 3, 4, 5 키를 연결합니다.

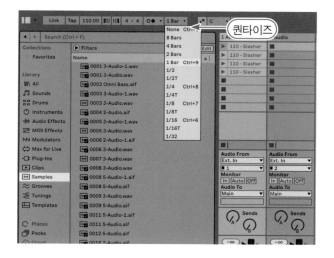

**08** 퀀타이즈 메뉴에서 1/16을 선택하여 클립을 16비트 단위로 재생할 수 있게 합니다.

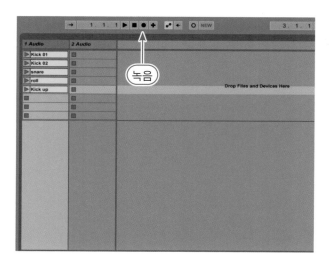

**09** 녹음 버튼을 클릭하거나 F9 키를 누르고, 키보드 1, 2, 3, 4, 5번 키를 차례로 눌러 드럼 리듬을 새롭게 연주합니다.

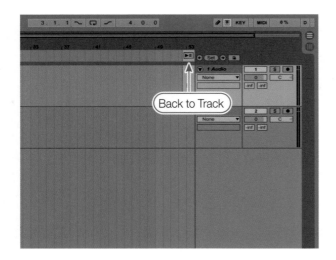

**10** Tab 키를 눌러 어레인지먼트 뷰를 열면 사용자가 연주한 드럼이 하나의 트랙으로 녹음된 것을 확인할 수 있습니다. Back to Track 버튼을 클릭하여 완료 합니다.

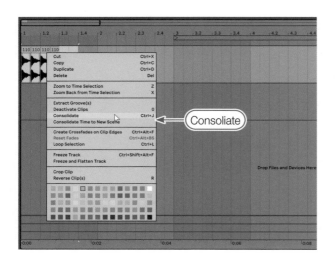

**11** 완료된 연주 클립들을 마우스 드래그로 선택합니다. 마우스 오른쪽 버튼을 클릭하여 단축 메뉴를 열고, Consolidate를 선택하면 하나의 클립으로 통합됩니다.

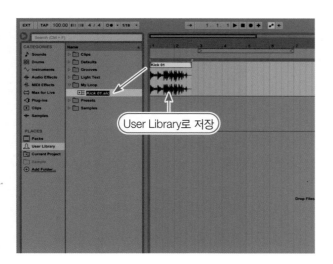

**12** 새롭게 구성한 리듬 클립은 User Library로 드래그하여 언제든 사용할 수 있는 사용자 라이브 러리로 만들 수 있습니다.

## ● 타임 편집

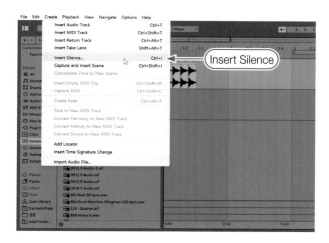

**01** 곡 중간에 빈 공간을 필요로 하는 경우에 원하는 구간을 선택하고, Create 메뉴의 Insert Silence를 선택하거나 Ctrl+I 키를 누릅니다.

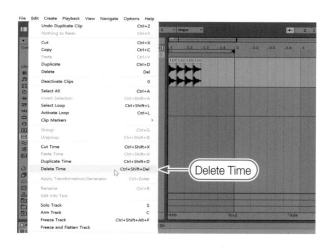

**02** Edit 메뉴의 Delete Time을 선택하면 선택 구간을 삭제할 수 있고, Cut Time을 선택하면, 잘라낼 수 있습니다.

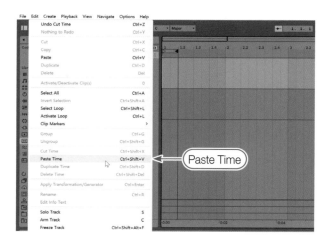

**03** Edit 메뉴의 Cut Time을 선택한 경우라면, 원하는 위치를 클릭하여 인서트 마커를 위치하고, Edit 메뉴의 Paste Time을 선택하여 이동시킬 수 있습니다.

# 03 | 오토메이션

**샘플 - Auto**

드럼의 피치가 점점 상승하는 라이징 사운드를 만든다거나 템포가 점점 느려지는 음악을 만드는 등, 악기나 이펙트의 파라미터 값이 시간의 흐름에 따라 자동으로 움직이게 만드는 것을 오토메이션이라고 합니다. 오토메이션은 외부 미디 컨트롤러를 이용해서 기록하는 것이 폼도 나고 편리합니다. 하지만 이상하게 컨트롤러를 가지고 있는 사람도 마우스를 사용하는 경우가 더 많습니다. 마우스를 이용한 오토메이션 기록 방법은 외부 컨트롤러를 이용하는 것과 동일한 리얼 입력과 그림을 그리듯 입력하는 드로잉이 있습니다.

## ● 리얼 입력

*01* Bass 트랙을 확장하고 오토메이션 모드를 버튼을 On으로 합니다. 트랙의 폭은 경계선을 드래그하여 조정할 수 있으며, 빨간색의 오토메이션 라인을 볼 수 있습니다.

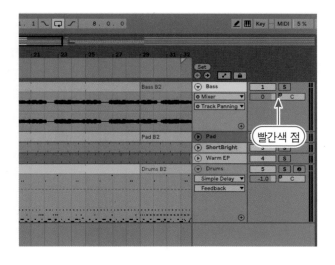

*02* 믹서 섹션을 보면 빨간색 점이 표시되어 있는 것이 있는데, 이것은 해당 파라미터의 움직임이 오토메이션으로 기록되어 있다는 의미이며, 파라미터를 선택하여 해당 오토메이션 라인을 표시할 수 있습니다.

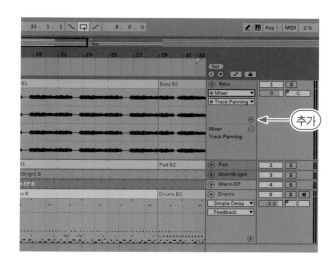

**03** 트랙에 보이는 + 기호 버튼은 오토메이션 트랙을 추가하는 것이며, 디바이스 메뉴에서 장치 및 컨트롤을 선택하여 오토메이션을 기록할 정보를 선택할 수 있습니다. - 기호 버튼은 오토메이션 트랙을 닫습니다.

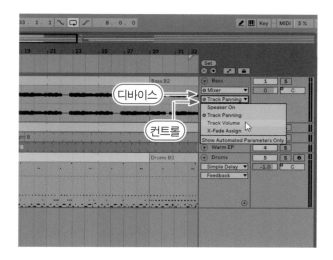

**04** 디바이스 메뉴에서 Mixer를 선택하고, 컨트롤 메뉴에서 Track Volume을 선택합니다. 볼륨의 움직임을 기록하겠다는 의미입니다.

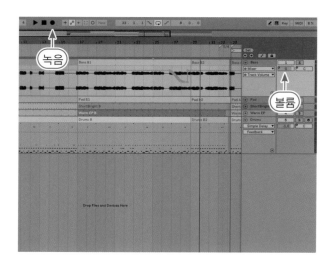

**05** 녹음 버튼을 클릭하고, 믹서 섹션의 볼륨 값을 움직이면 빨간색 라인으로 기록되는 것을 확인할 수 있습니다.

## ● 드로잉

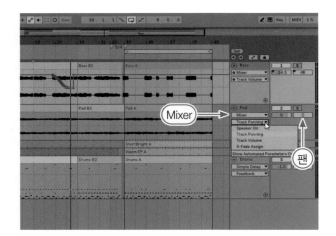

**01** 오토메이션을 마우스로 그려넣는 것도 가능합니다. Pad 트랙의 디바이스 메뉴에서 Mixer를 선택하고, 컨트롤 메뉴에서 Track Panning을 선택하거나 믹션 섹션에서 팬 항목을 클릭합니다.

**02** 오토메이션 라인을 클릭하면 포인트가 생성되며, 포인트를 드래그하여 값을 조정할 수 있습니다. 시작 위치와 5마디 위치에서 포인트를 만들고, 시작 포인트를 아래로 드래그 합니다. 사운드가 왼쪽에서 오른쪽으로 이동되게 만든 것입니다.

**03** Alt 키를 누른 상태로 라인을 드래그하면 곡선 모양으로 편집이 가능합니다. 포인트를 클릭하면 삭제됩니다.

**04** 마우스 드래그로 범위를 선택하고, Shift 키를 누른 상태로 라인을 드래그하면, 선택 범위의 시작과 끝 위치에 포인트가 생성되고, 해당 범위만 조정할 수 있습니다.

Shift 키를 누른 상태로 드래그

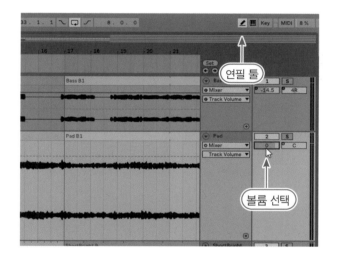

**05** 연필 툴을 이용하면 좀 더 자유로운 기록이 가능합니다. 믹서 섹션의 볼륨을 선택하여 볼륨 라인이 보이게 하고, 연필 툴을 선택합니다.

연필 툴

볼륨 선택

> **TIP**
>
> *연필 툴 선택 단축키는 B 입니다.*

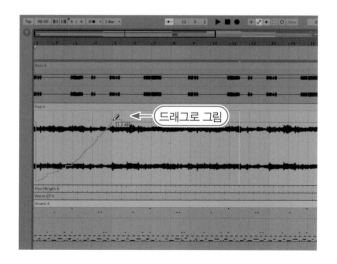

**06** 시작 위치에서 점점 상승하는 곡선을 그립니다. 볼륨이 점점 커지는 페이드 인 효과를 만든 것입니다. 라인은 그리드 단위로 그려지므로, 부드러운 라인이 필요하다면 단위를 Off로 설정하거나 Alt 키를 누른 상태로 그립니다.

드래그로 그림

> **TIP**
>
> *그리드 라인 Off 단축키는 Ctrl+4 입니다.*

## ● 오토메이션 편집

편집 범위 선택

**01** 특정 범위의 오토메이션 라인을 편집할 때
는 해당 범위를 선택합니다. 선택 범위는 마우스
드래그로 위치와 값을 변경할 수 있습니다.

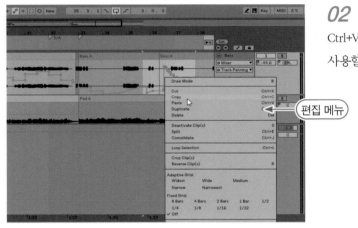

편집 메뉴

**02** 선택 범위는 클립과 별개로 Ctrl+X, Ctrl+C,
Ctrl+V, Ctrl+D, Delete 등의 편집 명령을 그대로
사용할 수 있습니다.

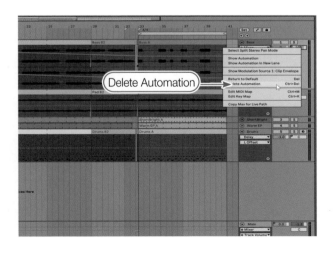

Delete Automation

**03** 특정 파라미터의 오토메이션 전체를 삭제하
고 싶은 경우에는 해당 파라미터에서 마우스 오
른쪽 버튼을 클릭하여 단축 메뉴를 열고, Delete
Automation을 선택합니다.

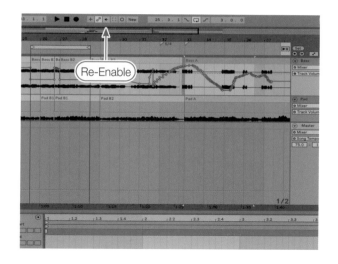

**04** 오토메이션이 설정되어 있는 파라미터를 움직이면, 빨간색이 회색으로 표시되면서 기존의 오토메이션 값을 무시한채 새로운 값을 테스트 해볼 수 있습니다. 다시 기존 값을 사용하고 싶을 때는 컨트롤 바의 Re-Enable 버튼을 클릭합니다.

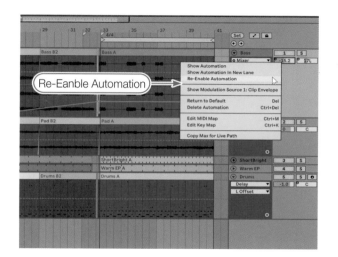

**05** Re-Enable 버튼은 전체 오토메이션을 되돌리는 것입니다. 일부만 되돌리고 싶은 경우에는 해당 파라미터에서 마우스 오른쪽 버튼을 클릭하여 단축 메뉴를 열고, Re-Enable Automation을 선택합니다.

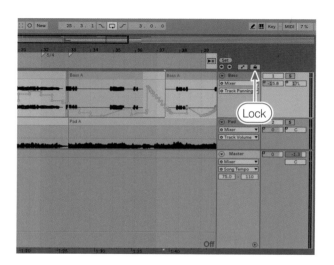

**06** 클립을 편집할 때 오토메이션을 그대로 두고 싶은 경우에는 Lock 버튼을 클릭하여 고정합니다.

## ● 템포 조정

*01* 템포와 같이 음악 전체를 컨트롤하려면 메인 트랙에서 오토메이션을 기록합니다. 메인 트랙의 디바이스 메뉴에서 Mixer를 선택하고, 컨트롤 메뉴에서 Song Tempo를 선택합니다. 그리고 범위를 75-100 정도로 설정합니다.

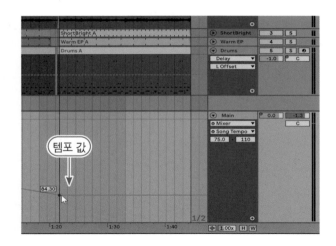

*02* 15마디 위치와 17마디 위치를 클릭하여 포인트를 만들고, 17마디 위치의 포인트를 80정도로 늦춥니다.

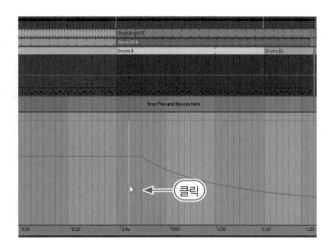

*03* Alt 키를 누른 상태로 라인을 드래그하여 곡선으로 조정하고, 15마디 이전 위치를 클릭하여 하여 인서트 라인을 가져다 놓습니다. 스페이스 바 키를 눌러 템포 변화를 모니터 해봅니다.

## ● 컨트롤 범위 설정

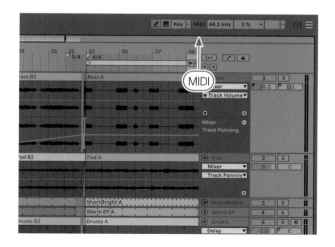

*01* 오토메이션을 기록할 때나 장치 파라미터를 조정할 때는 외부 컨트롤러를 이용하는 것이 편합니다. 외부 컨트롤러는 MIDI 버튼을 On으로 하여 연결할 수 있습니다.

*02* 맵핑이 가능한 파라미터들은 보라색으로 표시됩니다. 원하는 파라미터를 선택하고, 외부 미디 컨트롤러에서 노브 및 슬라이더를 움직이면 선택한 파라미터로 연결됩니다.

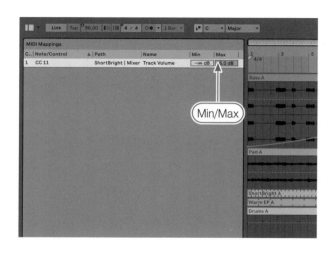

*03* 연결된 파라미터는 맵핑 브라우저에 등록되며, 컨트롤러를 움직일 때의 최소값(Min)과 최대값(Mix)을 설정할 수 있습니다. 맵핑 목록을 삭제할 때는 Delete 키를 누릅니다.

> *TIP*
>
> *Push와 같은 에이블톤 전용 컨트롤러는 별도의 맵핑 작업이 필요 없습니다.*

# 녹음과 편집

오디오와 미디를 다루는데 필요한 기본 지식에서부터
레코딩 방법 그리고 소프트 악기까지 데이터를 입력
하고 출력하는데 필요한 기능들을 살펴봅니다.

A b l e t o n   L i v e   1 2

# 오디오 레코딩

## 01

보컬과 같은 외부 사운드를 녹음할 때 음질을 결정하는 것은 마이크와 오디오 인터페이스 입니다. 오디오 인터페이스는 포트 수에 따라 가격 차이가 있지만, 성능에는 큰 차이가 없으므로 자신에게 필요한 포트 수를 고려하여 선택합니다. 단, 마이크는 취향에 따라 다르기 때문에 매장을 찾아 충분히 테스트를 해보는 것이 좋습니다. 그 전까지는 돈 만 원짜리 마이크로 연습을 해도 상관없습니다.

## 01 | 샘플 레이트

음향 엔지니어는 음정을 도, 레, 미... 음계보다 세분화하여 표현할 수 있는 주파수를 사용하며, 단위는 헤르츠(Hz)로 표시합니다. 인간이 들을 수 있는 주파수 범위는 사람마다 다르지만, 20Hz-20KHz 범위로 알려져 있습니다. 이러한 주파수를 디지털 사운드로 기록할 때, 얼마 만큼의 비율로 기록할 것인지를 결정하는 것이 샘플 레이트(Sample Rate)입니다. 아날로그 사운드는 마이크를 통해서 컴퓨터의 사운드 카드나 오디오 인터페이스로 입력되며, 사운드 카드는 아날로그 신호를 컴퓨터가 인식할 수 있는 0과 1이라는 디지털 신호로 바꾸는 작업을 합니다. 그리고 컴퓨터는 사운드 카드가 바꿔준 디지털 신호를 하드 디스크에 저장하는데, 이것이 아날로그 사운드가 디지털 사운드로 기록되는 과정입니다.

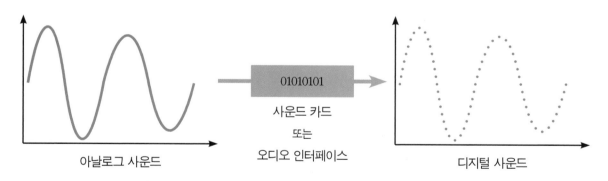

| 아날로그 사운드 | 01010101 사운드 카드 또는 오디오 인터페이스 | 디지털 사운드 |

디지털 신호를 단순히 0과 1이라는 숫자의 On/Off로 해석하여 0이라는 숫자에서는 기록을 하지 않고, 1이라는 숫자에서만 기록을 한다고 보아도 좋습니다. 결국, 앞의 그림에서와 같이 디지털 사운드는 주기적이지 못하고, 일정한 간격이 발생하게 됩니다. 하지만, 인간이 들을 수 있는 최대 주파수가 20KHz이므로, 이 두 배가 넘는 44.1KHz로 기록을 하면, 끊김 없는 자연스러운 사운드를 들을 수 있다는 것이 음향 이론입니다. 그래서 오디오 CD의 표준 샘플 레이트가 44.1KHz로 규격화된 것입니다. 요즘에는 기술이 더 발전하여 48KHz나 96KHz를 기록할 수 있는 오디오 장비들이 일반화되고 있는 추세입니다.

# 02 샘플 비트

사운드의 음질을 의미하는 것에는 샘플 레이트 외에 비트(bit)라는 것이 있습니다. 사운드의 레벨은 데시벨(dB)이라는 용어를 사용하며, 이 데시벨을 디지털 사운드로 기록할 때 얼마만큼의 간격으로 기록할 것인지를 나타내는 단위가 Bit depth 입니다. 그림을 보면 알 수 있듯이 비트 수가 클수록 기록 오차의 폭이 작다는 것을 알 수 있습니다. 디지털 사운드는 오차를 인식하지 못하거나 에러가 발생하는 경우가 있기 때문에 Bit depth 값은 사운드의 음질에 큰 영향을 줍니다. CD는 최대 96dB의 레벨 폭을 기록할 수 있으며, 이것을 처리하는데 필요한 비트 수는 16bit 입니다. 그래서 오디오 CD의 표준 Bit depth가 16bit로 규격화 된 것입니다. 요즘에는 24bit를 기록할 수 있는 오디오 장치들이 일반화되고 있는 추세이며, 영화의 경우에는 32bit로 기록하기도 합니다.

● Bit depth가 작으면 오차가 크기 때문에 아날로그 사운드를 그대로 기록하기 어렵다

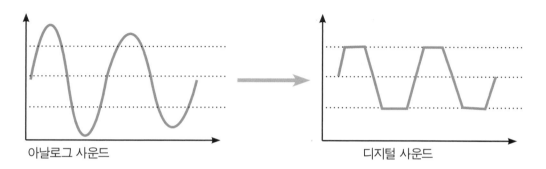

아날로그 사운드                    디지털 사운드

● Bit depth가 크면 오차가 작기 때문에 아날로그 사운드를 그대로 기록할 수 있다

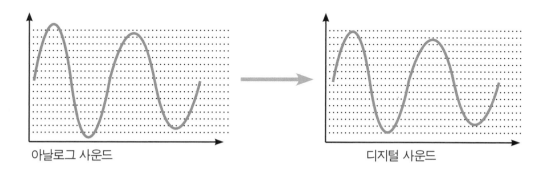

아날로그 사운드                    디지털 사운드

※ 16bit는 2의 16제곱을 의미하는 것으로 65,536 간격으로 비트를 처리하며, 24bit는 2의 24제곱으로 16,777,216 간격으로 비트를 처리합니다. 일반적으로 오디오 CD가 441.KHz/16bit로 규격화 되어 있지만, 자신이 작업한 사운드가 어떤 미디어에 담기게 될지 모르므로, 48KHz/24bit 또는 96KHz/24bit의 높은 포맷으로 녹음을 하는 추세입니다. 높은 포맷을 낮추는 것은 문제가 없지만, 낮은 포맷을 높게 바꾸는 것은 의미가 없기 때문입니다. 단, 음원 시장이 주류를 이루는 K-POP 작업자라면, 굳이 높은 포맷을 고집할 이유는 없습니다.

# 03 녹음 설정

오디오 품질을 결정하는 샘플 레이트와 비트는 녹음을 하기 전에 결정해야 합니다. 녹음 후에는 바꿀 수 없으며, 설정 값은 사용자가 바꾸기 전까지 유지가 됩니다.

*01* Ctrl+N 키를 눌러 새로운 세트를 만들고, 마이크를 오디오 인터페이스의 Mic In 단자에 연결합니다. 집에서 녹음을 하는 경우에는 반주가 녹음되는 것을 방지해야 하므로, 스피커는 Off 하고, 헤드폰으로 모니터 합니다.

TIP

사운드 카드 사용자는 폰잭 마이크를 PC의 Mic In 단자에 연결합니다.

*02* Option 메뉴의 Preferences를 선택하여 창을 열고, Audio 페이지의 In/Out Sample Rate 항목에서 샘플 레이트를 선택합니다. 음원 제작이 목적이라면 44100으로도 충분합니다.

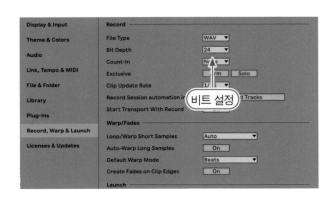

*03* 샘플 비트는 Record/Warp/Launch 페이지의 Bit Depth에서 설정합니다. 이것도 음원을 목적으로 한다면 16 비트로 충분합니다.

TIP

샘플 레이트와 비트 설정은 녹음을 할 때 마다 하는 것이 아니고, 한 번만 해두면 됩니다.

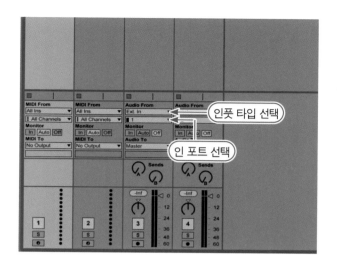

**04** I/O 버튼을 클릭하여 섹션을 열고, 인풋 타입에서 Ext.in을 선택합니다. 그리고 인풋 채널에서 마이크가 연결되어 있는 포트를 선택합니다.

인풋 타입 선택

인 포트 선택

*TIP*

Ext.in은 사운드 카드 및 오디오 인터페이스의 외부 입력을 의미합니다.

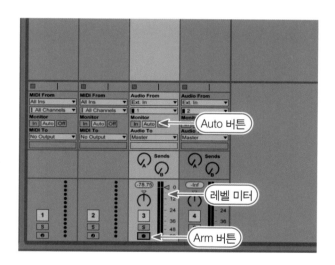

Auto 버튼

레벨 미터

Arm 버튼

**05** 모니터 항목의 Auto 버튼을 On으로 하고, Arm 버튼을 선택합니다. 레벨 미터를 보면서 마이크 레벨을 조정합니다. 녹음은 크게 하는 것이 좋으므로, 최대 레벨이 -6dB 정도 되게 조정합니다.

*TIP*

레벨을 최대값 0dB로 설정하지 않는 이유는 믹싱 작업을 위한 여유를 두는 것입니다. 이를 헤드룸이라고 합니다.

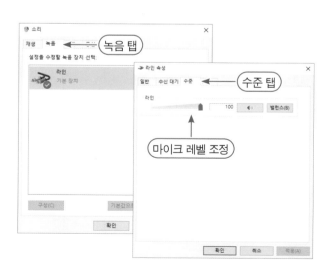

녹음 탭

수준 탭

마이크 레벨 조정

**06** 마이크 레벨은 오디오 인터페이스에서 조정합니다. 사운드 카드 사용자는 윈도우 작업 표시줄의 스피커 아이콘을 마우스 오른쪽으로 클릭하면 열리는 단축 메뉴에서 녹음 장치를 선택하여 창을 열고, 장치를 더블 클릭하면 열리는 속성 창의 수준 탭에서 조정합니다.

*TIP*

오디오 인터페이스의 레벨 조정은 제품마다 차이가 있으므로, 제품의 설명서를 참조합니다.

# 04 녹음 하기

녹음은 세션 뷰와 어레인지 뷰에서 모두 가능합니다. 각 뷰에서의 녹음 방법을 살펴봅니다.

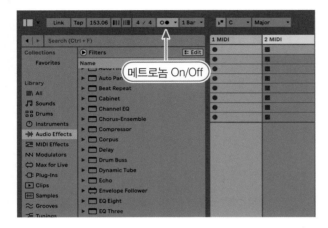

*01* 리듬을 미리 만들어 놓은 경우라면 필요 없겠지만, 그렇지 않은 경우에는 박자를 탈 수 있는 메트로놈 소리가 있어야 할 것입니다. 필요하다면 메트로놈 버튼을 On으로 합니다.

*TIP*

메트로놈 On/Off 단축키는 O 입니다.

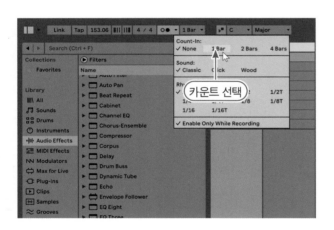

*02* 녹음을 시작할 때 준비 타임도 필요할 것이므로, 메트로놈 버튼 오른쪽의 작은 삼각형을 클릭하여 카운트 길이를 선택합니다. 여기서 선택한 길이만큼의 카운트 소리가 들린 다음에 녹음이 시작되는 것입니다.

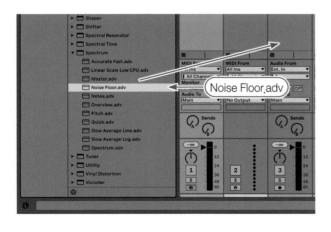

*03* Audio Effects 카테고리의 Spectrumd의 Noise Floor.adv 프리셋을 오디오 트랙으로 드래그하여 적용합니다.

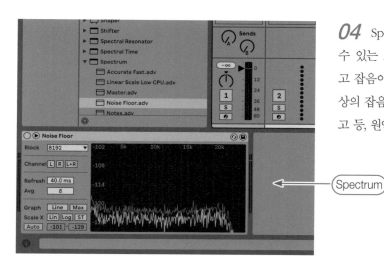

**04** Spectrum은 주파수 대역별 레벨을 체크할 수 있는 오디오 이펙트 장치입니다. 마이크를 켜고 잡음이 유입되고 있는지 체크합니다. -60dB 이상의 잡음이 유입되고 있다면 케이블, 에어컨, 냉장고 등, 원인을 찾아 제거해야 합니다.

Spectrum

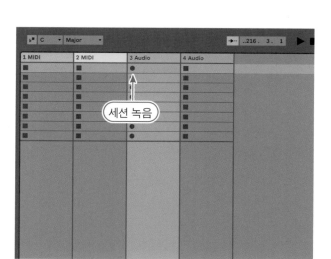

세션 녹음

**05** 세션 녹음은 슬롯의 녹음 버튼을 클릭하여 진행합니다. 카운트를 들은 후에 녹음을 시작하고, 스페이스 바 키를 눌러 정지합니다.

어레인지 녹음

**06** 어레인지 녹음은 툴 바의 녹음 버튼 또는 단축키 [F9]으로 진행합니다.

# 05 | 멀티 녹음

Guitar, Bass, Mic 등, 동시에 두 개 이상의 입력 라인으로 녹음하는 것을 멀티 레코딩이라고 합니다.

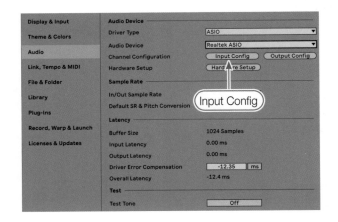

*01* 친구들과 밴드를 하고 연주를 녹음하고자 한다면 여러 개의 마이크 또는 라인을 연결할 수 있는 오디오 인터페이스가 필요하며, 에이블톤에서 각 포트를 활성화해야 합니다. Options 메뉴의 Preferences를 선택하여 창을 열고, Audio 페이지의 Input Config를 클릭합니다.

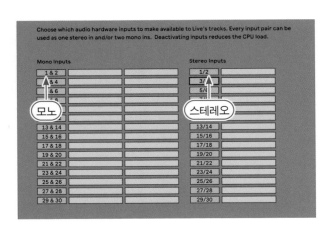

*02* 사용자 컴퓨터에 연결되어 있는 오디오 인터페이스의 입력 포트가 표시되며, 마우스 클릭으로 활성 여부를 선택할 수 있습니다. 마이크나 기타가 연결되어 있는 포트는 왼쪽의 모노 포트를 활성화 하고, 건반과 같은 스테레오 라인이 연결되어 있는 포트는 오른쪽의 스테레오 포트를 활성화 합니다. 둘 다 활성화시켜 놓아도 좋습니다.

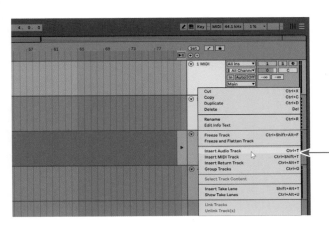

*03* 트랙에서 마우스 오른쪽 버튼을 클릭하여 단축 메뉴를 열고, Insert Audio Track을 선택하거나 Ctrl+T 키를 눌러 필요한 수 만큼의 오디오 트랙을 만듭니다.

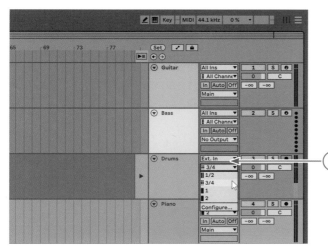

**04** Ctrl+R 키로 각 트랙의 이름을 변경하고, 인풋 채널에서 악기의 라인 또는 마이크가 연결되어 있는 포트를 선택합니다.

인풋 채널

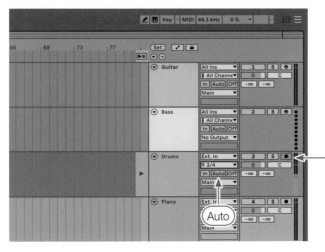

**05** Ctrl 키를 누른 상태로 녹음할 트랙의 Arm 버튼을 모두 On으로 합니다. 녹음실에서와 같이 연주하는 곳과 녹음하는 곳의 장소가 다르다면, 입력 사운드 모니터를 위한 Auto 버튼도 On으로 합니다.

Arm

Auto

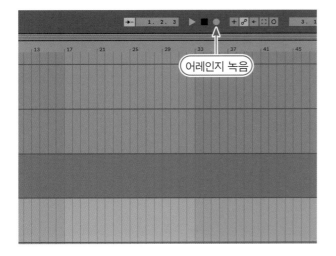

**06** 툴 바의 녹음 버튼 또는 단축키 [F9]를 누르면, 동시에 각 트랙으로 악기 연주가 녹음되는 멀티 녹음이 진행됩니다.

어레인지 녹음

# 06 루프 녹음

루프(Loop)는 반복을 의미하며, 노래가 잘 안 되는 구간을 잘 될 때까지 반복해서 녹음하고 싶을 때 이용합니다.

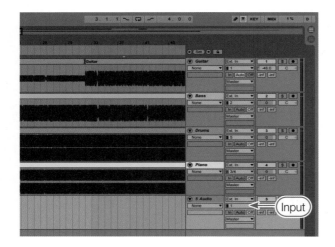

*01* 밴드 녹음이 끝난 반주에 보컬을 녹음한다고 가정하겠습니다. Ctrl+T 키를 눌러 트랙을 추가하고, 마이크를 연결한 In 포트를 선택합니다.

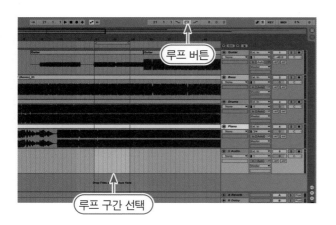

*02* 반복 녹음하고 싶은 구간을 마우스 드래그로 선택하고, Ctrl+L 키를 눌러 루프 구간으로 설정합니다. 루프 On/Off 버튼을 이용해서 수동으로 반복 여부를 결정할 수 있습니다.

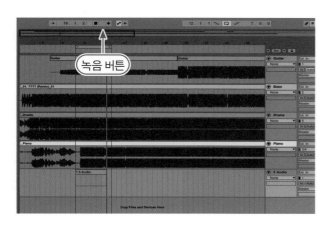

*03* 녹음 버튼을 클릭하거나 단축키 [F9] 키를 누르면 선택한 구간이 반복되면서 녹음이 진행됩니다. 마음에 드는 결과를 얻으면 스페이스 바 키를 눌러 정지합니다.

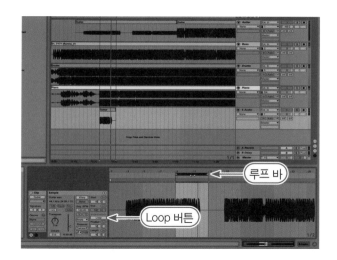

**04** 에디터 창을 보면 반복 녹음한 오디오가 모두 기록되어 있습니다. Clip View의 Loop 버튼을 On으로 하고, 룰러 라인의 루프 바를 드래그하여 잘 되었다고 생각되는 구간을 지정합니다.

루프 바

Loop 버튼

## 레이턴시

마이크에 입력되는 소리는 오디오 인터페이스를 통해서 컴퓨터로 저장되고, 다시 오디오 인터페이스의 출력 라인을 거쳐서 스피커로 전송됩니다. 이렇게 입력되는 소리가 스피커를 통해서 출력될 때까지의 시간을 레이턴시(Latency)라고 합니다. 레이턴시는 마이크로 입력되는 소리가 컴퓨터에 저장될 때까지의 시간을 인풋 레이턴시(Input Latency), 컴퓨터에 저장된 소리가 스피커로 출력될 때까지의 시간을 아웃풋 레이턴시(Output Latency), 총 합을 오버롤 레이턴시(Overall Latency)로 구분하며, 단위는 1000분의 1초인 ms를 사용합니다.

레이턴시를 결정하는 프로세서는 오디오 인터페이스와 컴퓨터의 CPU, RAM, DISK 속도이며, 처리 대기 용량을 결정하는 것은 버퍼 사이즈(Buffer Size) 입니다. 버퍼 사이즈가 작으면 작을 수록 레이턴시가 짧아지는데, 그 만큼 컴퓨터의 성능이 빨라야 하며, 같은 성능의 컴퓨터라도 오디오 인터페이스에 자체 연산 기능인 DSP가 내장되어 있는 경우에는 컴퓨터의 부담이 줄기 때문에 훨씬 더 빠른 레이턴시를 얻을 수 있습니다.

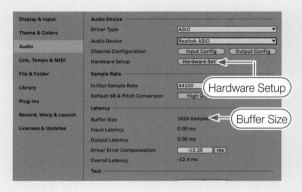

Hardware Setup

Buffer Size

용량은 Options 메뉴의 Preferences를 선택하여 창을 열고, Audio 페이지의 Buffer Size로 조정합니다. 일반적으로 10-20ms 범위면 무난하며, 제로 레이턴시는 있을 수 없습니다. 오디오 인터페이스에 따라 Hardware Setup 버튼을 클릭하여 설정하는 제품도 있습니다.

# 07 펀치 녹음

마음에 안 드는 구간을 다시 녹음하고 싶을 때, 녹음되어 있던 클립에서 원하는 구간을 잘라내고, 다시 해도 좋지만, 자동으로 기존 것을 제거하는 펀치 기능을 이용하면 편리합니다.

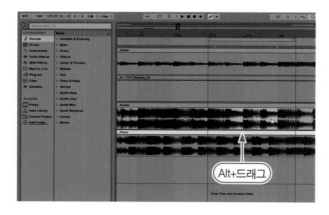

**01** 다시 녹음하고 싶은 구간을 Alt 키를 누른 상태로 드래그하여 선택합니다. 그리고 Ctrl+L 키를 눌러 선택 구간을 루프 구간으로 만듭니다.

**02** 녹음할 트랙의 Arm 버튼을 On으로 놓고, 컨트롤 바의 펀치 인과 펀치 아웃 버튼을 On으로 합니다.

**03** 선택 구간 이전을 클릭하여 포지션 라인을 위치하고, 녹음 버튼을 클릭하면, 선택한 구간에서만 녹음이 진행되는 것을 확인할 수 있습니다.

252 | Ableton Live 12

# 08 이펙트 녹음

보컬 녹음을 할 때 에코를 걸거나 기타나 베이스를 녹음할 때 앰프를 시뮬레이션하는 등의 하드웨어 이펙트를
사용하는 것과 동일한 효과를 얻을 수 있습니다.

*01* 기타 연주를 녹음한다고 가정합니다. Audio
Effects 카테고리의 Amp 폴더에서 Blues Drive.
adv 프리셋을 녹음할 트랙으로 드래그합니다.

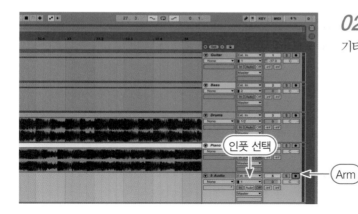

*02* 녹음할 트랙의 Arm 버튼을 On으로 놓고,
기타를 연결한 인풋을 선택합니다.

*03* 기타를 연주해보면서 레벨을 체크합니다.
빨간색의 피크 경우가 뜨지 않는 한도내에서 크게
녹음될 수 있게 오디오 인터페이스의 레벨을 조정
합니다.

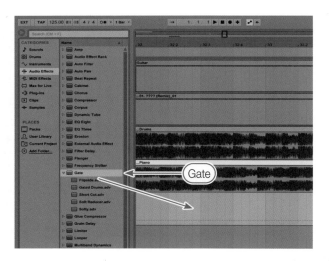

*04* 기타와 같은 전자 악기는 잡음이 발생할 수밖에 없습니다. 크게 지장이 없다면 그대로 진행해도 좋지만, Gate로 이를 차단할 수 있습니다. Audio Effects 카테고리에서 Gate를 기타 트랙으로 드래그 합니다.

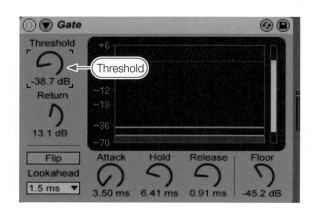

*05* 디스플레이를 보면 회색으로 잡음이 표시되는 것을 확인할 수 있습니다. Threshold를 돌려서 잡음 위로 주황색 라인을 위치시킵니다. 주황색 라인 아래쪽 사운드가 차단되는 것입니다.

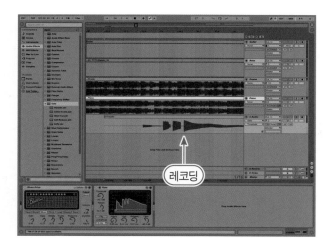

*06* F9 키를 눌러 녹음을 진행합니다. 실제 하드웨어 앰프와 노이즈 게이트를 사용하고 있는 효과를 얻을 수 있습니다.

녹음한 오디오 파일은 기본적으로 세트가 저장되어 있는 Sample\Recored 폴더에 저장되며, 세트를 저장하지 않은 경우라면 임시 폴더에 저장이 되었다가 세트를 저장할 때 이동됩니다. 임시 폴더는 기본적으로 C:\사용자\이름\문서\Ableton\Live Recordings\Temp Project 입니다. 만일, 녹음 파일이 저장되는 드라이브가 SSD 타입이 아니라면, 레이턴시가 발생할 수 있기 때문에 C 드라이브로 사용할 만큼의 큰 용량이 아니라도 음악 작업용으로 추가하는 것이 좋습니다.

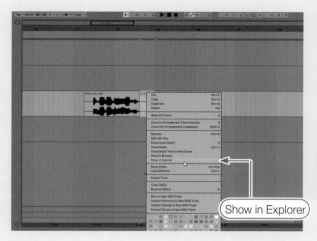

녹음한 오디오 클립을 마우스 오른쪽 버튼으로 클릭하여 단축 메뉴를 열고, Show in Explorer를 선택하면 윈도우 탐색기에서 위치를 확인할 수 있습니다. Show in Browser를 선택하면 브라우저에서 검색할 수 있으며, 탐색기에서와 똑같이 파일 이름을 변경하거나 삭제하는 등의 작업을 수행할 수 있습니다.

녹음 파일이 임시로 저장되는 C 드라이브가 SSD 타입이 아니라면, 작은 용량이라도 추가를 하고, Prefernces 창의 File/Folder 페이지에서 Temporary Folder와 Cache Folder 항목의 Browse 버튼을 클릭하여 추가한 드라이브를 선택합니다. 참고로 44.1KHz/16bit 스테레오 포맷으로 4분 길이의

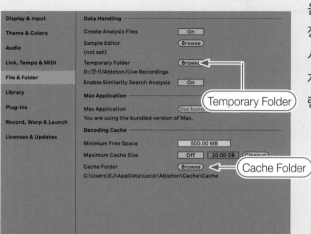

음악을 작업한다면, 한 트랙에 40MB 정도의 용량을 차지합니다. 20트랙을 사용한다면 800MB 정도의 용량을 차지하는 것이므로 몇 만원짜리 작은 용량으로도 충분합니다.

# 미디 데이터 입력

에이블톤에 미디 데이터를 입력하는 방법은 여러가지가 있습니다. 연주가 가능한 사용자라면 리얼 입력이 편할 것이고, 그렇지 않다면 마우스 입력 방법을 이용합니다. 그 외, 오버더빙, 오토메이션 등, 에이블톤에서 다뤄지는 미디 데이터 입력 방법을 살펴보겠습니다.

## 01 미디 레코딩

**01** 연주가 가능해야 한다는 조건이 필요하지만, 미디 노트를 입력하는데 가장 편한 것은 마스터 건반을 이용하는 것입니다. 신디사이저나 디지털 피아노도 가능하며 대부분 컴퓨터 USB 포트에 연결하여 사용합니다.

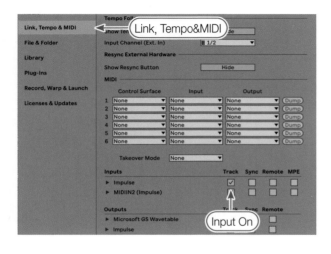

**02** Options 메뉴의 Preferences를 선택하여 창을 열고, Link, Tempo&MIDI 페이지를 엽니다. MIDI Port 목록에서 컴퓨터에 연결한 마스터 건반의 Input Track 항목을 On 으로 선택합니다.

> **TIP**
>
> 신디사이저나 디지털 피아노와 같은 외장 악기의 음색을 사용하겠다면 Output의 Track도 On으로 합니다.

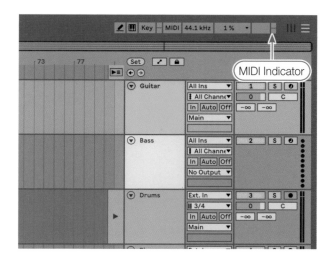

*03* 마스터 건반을 눌렀을 때 오른쪽 상단 모서리의 MIDI In Indicator 박스가 노란색으로 점멸하면 올바르게 연결된 것입니다.

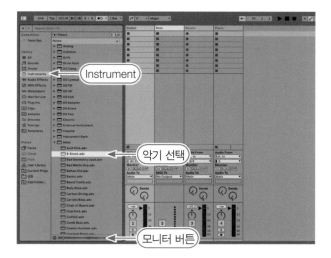

*04* 에이블톤은 13가지의 소프트 악기를 제공합니다. 자세한 것은 디바이스 편에서 다루기로 하고, 브라우저의 Instuments 카테고리에서 적당한 악기를 검색합니다. 모니터 버튼이 On 되어 있으면 선택한 악기의 음색을 모니터할 수 있습니다.

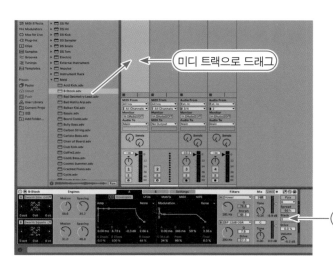

*05* 검색한 악기를 더블 클릭하면 선택되어 있는 트랙으로 로딩되며, 필요한 트랙으로 드래그하는 방법도 있습니다. 빈 공간으로 드래그하면 새로운 미디 트랙이 생성됩니다. 원하는 방법으로 적당한 악기를 로딩합니다.

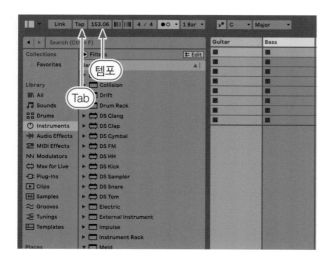

*06* 컨트롤 바의 템포 항목에서 녹음할 템포 값을 입력합니다. Tap 버튼으로도 템포 값을 입력할 수 있습니다. 마음속으로 리듬을 타며 마우스를 4번 클릭하면, 클릭 속도로 템포 값이 입력됩니다.

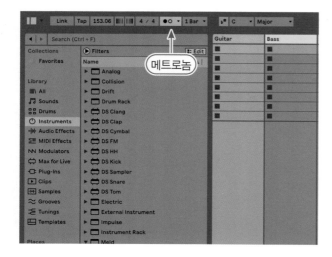

*07* 녹음을 진행할 때 메트로놈 소리가 필요하다면 메트로놈 버튼을 On으로 합니다.

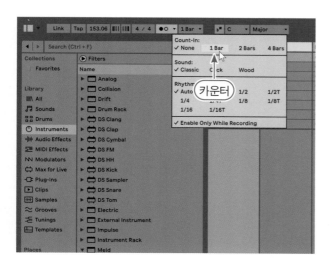

*08* 녹음을 시작하기 전에 예비박이 필요하다면 메트로놈 버튼 오른쪽의 작은 삼각형을 클릭하여 길이를 선택합니다. 1Bar는 한 마디를 의미하는 것으로 녹음을 시작하면 4번의 카운트 소리를 들려줍니다.

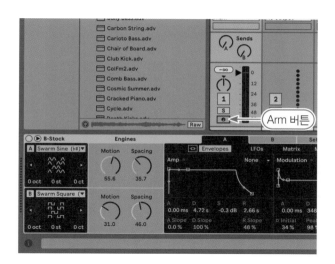

**09** 녹음할 트랙의 Arm 버튼이 On으로 되어 있는지 확인합니다. Off 되어 있는 트랙으로는 녹음되지 않습니다.

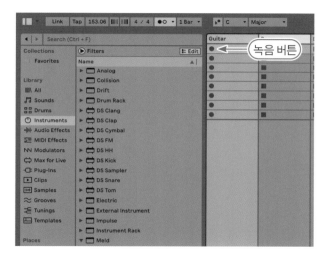

**10** 세션을 녹음할 때는 슬롯의 녹음 버튼을 클릭합니다. 카운터 소리가 들린 다음에 녹음이 시작되고, 연주를 하면 기록됩니다.

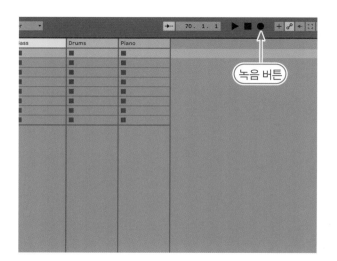

**11** 어레인지먼트 뷰에서 녹음을 할 때는 컨트롤 바의 녹음 버튼을 클릭하거나 F9 키를 눌러 진행합니다.

# 02 | 오버 더빙

미디는 데이터가 입력되어 있는 클립에 또 다시 데이터를 녹음하여 덧입힐 수 있습니다. 이것을 오버 더빙이라고 합니다. 한 번에 연주하기 어려운 드럼 패턴이나 코드 반주를 녹음할 때 유용합니다.

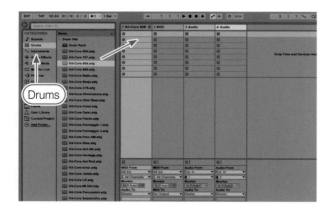

*01* Drums 카테고리에서 Drum His 폴더의 Kit-Core 808.adg 프리셋을 미디 트랙으로 드래그 합니다.

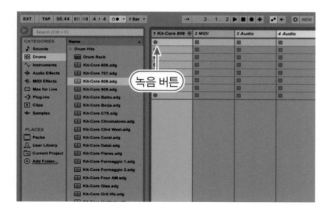

*02* 클립의 녹음 버튼을 클릭하고, 마스터 건반의 C1 노트를 눌러 Kick 드럼을 녹음해봅니다.

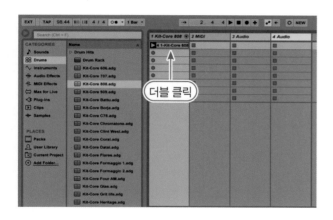

*03* 스페이스 바 키를 눌러 녹음을 중지하고, 클립을 더블 클릭하면 화면 아래쪽에 클립 뷰가 열립니다.

**04** 두 마디 길이의 패턴을 만들려고 했지만, 연주를 멈추고 스페이스 바 키를 누르는 동안 클립의 길이가 길어졌습니다. 루프 포인터를 드래그하여 두 마디 길이로 맞춥니다.

루프 포인트

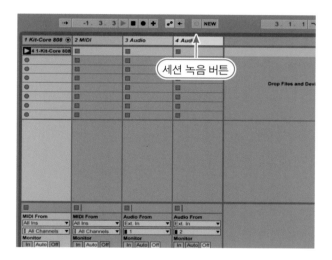

**05** 컨트롤 바의 세션 녹음 버튼을 클릭하면 앞에서 녹음한 두 마디 길이의 Kick 드럼 패턴이 반복 연주됩니다. D1의 Snare와 F#1의 하이햇을 차례로 연주하여 오버 더빙해봅니다.

세션 녹음 버튼

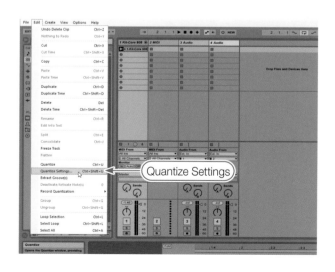

**06** 녹음한 데이터는 정확한 박자에 입력될 수 없습니다. 물론, 조금 어긋한 것은 그루브가 되기 때문에 교정할 필요가 없지만, 서툰 연주라면 Edit 메뉴의 Quantize Settings를 선택합니다.

Quantize Settings

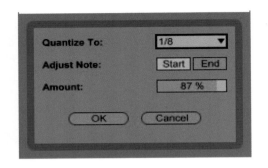

**07** Quantize to에서 교정하고자 하는 비트를 선택하고, Amount에서 얼만큼 교정할 것인지를 설정합니다. 댄스 음악이 아니라면 100%는 권장하지 않습니다. OK 버튼을 클릭하면 녹음한 드럼 패턴의 박자가 교정되는 것을 확인할 수 있습니다.

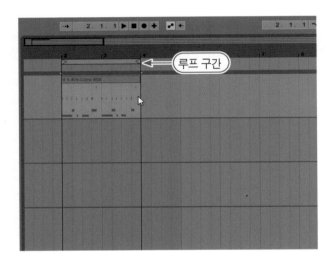

**08** 어레인지 뷰에서 오버 더빙을 할 때는 마우스 드래그로 반복 연주할 구간을 선택하고, Ctrl+L 키를 눌러 루프 구간으로 설정합니다.

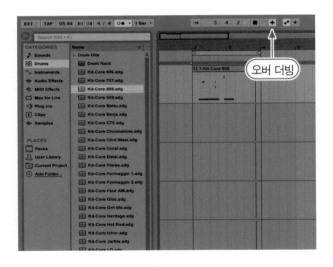

**09** 어레인지 뷰에서의 오버 더빙은 녹음 버튼 오른쪽에 +로 표시되어 있는 버튼입니다. 이것을 클릭하여 On으로 놓고, F9 키를 눌러 녹음을 진행하면, 사용자 연주를 계속 추가하는 오버 더빙 녹음이 가능합니다.

## 03

# 키보드 입력

컴퓨터 키보드를 마스터 건반처럼 이용할 수 있습니다. 커피숍이나 지하철이라도 노트북만 있으면, 리얼 입력이
가능한 음악 작업을 할 수 있는 것입니다.

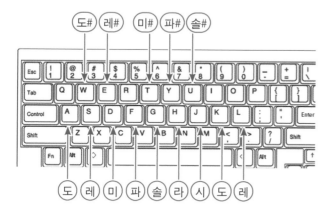

**01** 컴퓨터 키보드는 두 번째 문자열 (A-L)이 피
아노 흰 건반 역할을 하고, 첫 번째 문자열의 W,
E, T, Y, U가 검은 건반 역할을 합니다.

**02** 기본 배열은 C3-D4로 되어 있는데, Z 키를
눌러 한 옥타브 낮추거나 X 키를 눌러 한 옥타브
올릴 수 있습니다. 변경된 배열은 아래쪽 상태 표
시줄에 나타납니다.

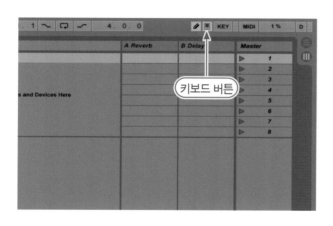

**03** 연주의 강/약을 표현하는 벨로시티는 100으
로 설정되어 있으며, C와 V 키를 이용해서 조정할
수 있습니다. 컨트롤 바의 키보드 버튼을 On으로
하면, 마스터 건반을 이용하는 것과 동일한 리얼
입력이 가능합니다.

# 04 | 마우스 입력

건반 연주가 어려운 경우라면 마우스를 이용해서 입력하는 방법을 이용합니다.

**01** 슬롯을 더블 클릭하면 한 마디 길이의 클립이 만들어지며, 아래쪽에 미디 데이터를 입력하고 편집할 수 있는 클립 뷰가 열립니다.

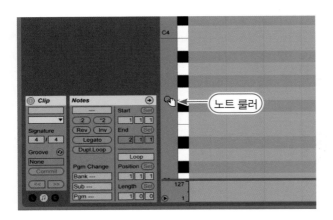

**02** 건반 그림 왼쪽의 노트가 표시되어 있는 공간을 노트 룰러라고 하며, 이 부분을 위/아래로 드래그하여 세로 위치를 이동하거나 좌/우로 드래그하여 세로 크기를 조정할 수 있습니다.

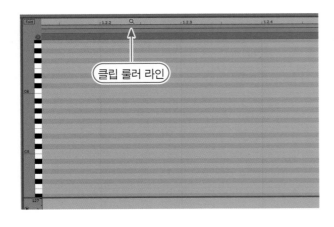

**03** 작업 공간 위쪽에 마디 위치가 표시되어 있는 클립 룰러 라인에서 마우스를 좌/우로 드래그하면, 가로로 이동되고, 위/아래로 드래그하여 가로 크기가 조정됩니다. 가로 확대/축소 단축키는 +/- 입니다.

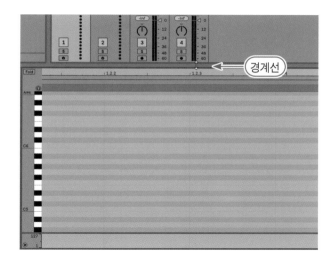

**04** 작업 공간의 크기는 세션 뷰와의 경계선을 드래그하여 조정할 수 있습니다.

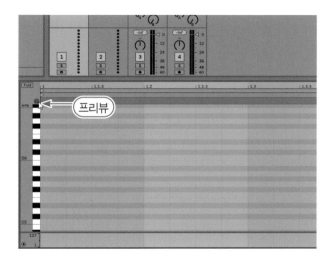

**05** 노트를 입력할 때 소리를 듣고자 한다면, 헤드폰 모양으로 되어 있는 프리뷰 버튼을 On으로 합니다.

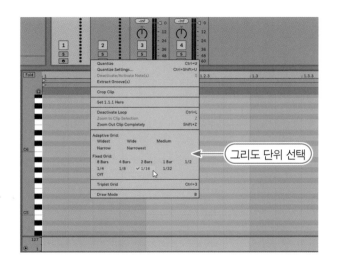

**06** 작업 공간에는 노트의 위치와 길이를 구분할 수 있게 세로 라인이 표시되어 있으며, 이를 그리드(Grid) 라인이라고 합니다. 그리드 라인은 마우스 오른쪽 버튼을 클릭하여 필요한 단위로 변경할 수 있습니다. 기본 값은 한 마디를 16등분한 1/16 입니다.

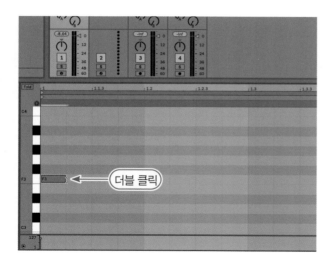

**07** 작업 공간을 더블 클릭하면 그리드 단위의 노트가 입력되며, 노트의 끝 부분을 드래그하여 길이를 조정할 수 있습니다. 노트를 드래그하면 음정과 박자를 수정할 수 있습니다.

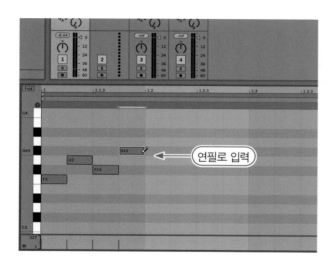

**08** B 키를 눌러 연필 툴을 선택하면, 클릭만으로 노트를 입력할 수 있으며, 입력한 노트를 다시 선택하면 삭제됩니다.

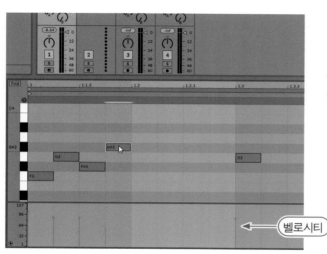

**09** 노트의 강약을 표현하는 벨로시티는 클립 뷰 아래쪽의 벨로시티 라인에서 조정할 수 있지만, Alt 키를 누른 상태로 노트를 위/아래로 드래그하는 방법도 있습니다.

# 05 | 스텝 입력

워드에 글자를 입력하듯이 건반과 키보드를 이용해서 노트를 입력하는 방법입니다.

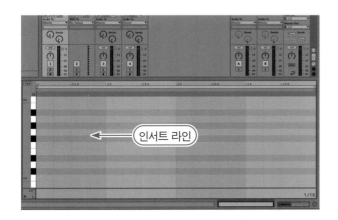

**01** 클립 뷰를 열고, 작업 공간을 클릭하면 빨간 색의 인서트 라인이 표시되는 것을 확인할 수 있습니다. 인서트 라인은 좌/우 방향키를 이용해서 이동시킬 수 있습니다. 테스트를 해보고, 처음 위치로 이동합니다.

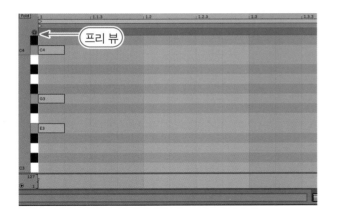

**02** 프리뷰 버튼을 On으로 놓고, 건반을 누르면, 위치가 표시됩니다. 이때 오른쪽 방향키를 누르면 그리드 단위의 16분 노트가 입력됩니다. 건반 대신에 키보드를 이용해도 좋습니다. 단, 벨로시티는 C와 V 키를 이용해서 설정해야 합니다.

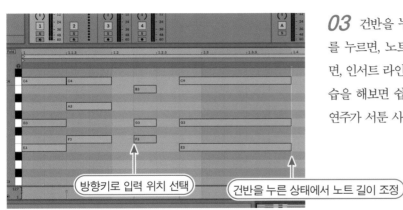

**03** 건반을 누르고 있는 상태에서 좌/우 방향키를 누르면, 노트의 길이가 조정되고, 건반을 놓으면, 인서트 라인을 이동시킬 수 있습니다. 몇 번 실습을 해보면 쉽게 사용할 수 있을 것입니다. 건반 연주가 서툰 사용자에게 유용한 입력 방법입니다.

# 미디 편집

미디 클립은 어떤 박자에서 어떤 음을 얼마만큼의 길이로 연주할 것인지를 나타내는 노트 정보와 그 노트를 얼마만큼의 세로로 연주할 것인지를 나타내는 벨로시티 정보로 이루어져 있으며, 이를 편집할 수 있도록 제공되는 것이 클립 뷰 입니다. 편집의 기초에서부터 자주 사용하는 실무 테크닉까지 모두 살펴보겠습니다.

## 01 | 노트의 이동과 복사

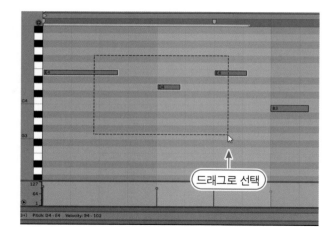

*01* 두 개 이상의 노트를 선택할 때는 빈 공간에서부터 드래그합니다.

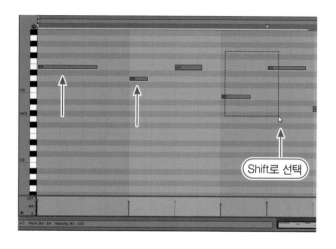

*02* 떨어져 있는 노트들을 선택할 때는 Shift 키를 누른 상태로 선택 및 드래그 합니다.

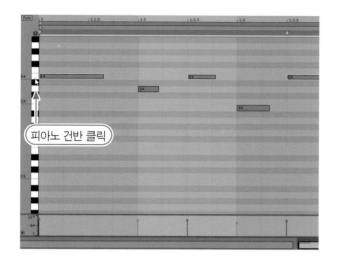

피아노 건반 클릭

**03** 같은 음의 노트를 선택할 때는 피아노 건반을 클릭합니다. Shift 키를 누른 상태로 두 음 이상을 선택할 수 있습니다.

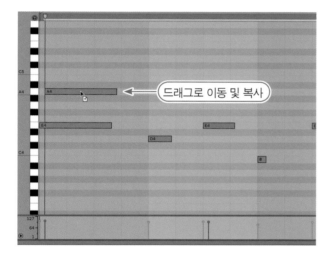

드래그로 이동 및 복사

**04** 선택한 노트는 마우스 드래그로 이동시킬 수 있으며, Ctrl 키를 누른 상태로 드래그하여 복사할 수 있습니다.

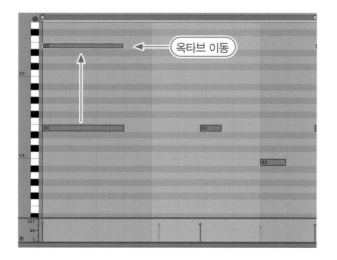

옥타브 이동

**05** 방향키로도 선택한 노트들을 이동시킬 수 있으며, Shift 키를 누른 상태로 위/아래 방향키를 누르면 옥타브 단위로 이동됩니다.

# 02 벨로시티

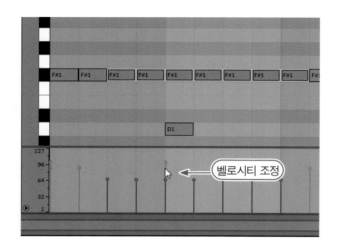

**01** 벨로시티는 노트의 강약을 의미하며, 에디터 창 아래쪽에 라인으로 표시됩니다. 값은 1-127 범위이며, 노트를 선택하고, 라인 끝의 포인트를 드래그하여 조정할 수 있습니다.

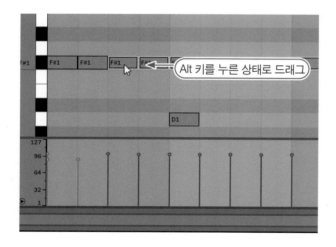

**02** 벨로시티는 Alt 키를 누른 상태로 노트를 위/아래로 드래그하여 조정하는 방법도 있습니다.

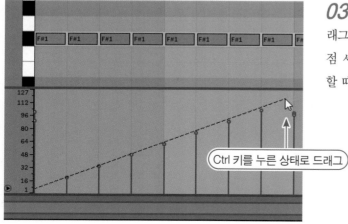

**03** 벨로시티 창에서 Ctrl 키를 누른 상태로 드래그하면 라인 타입으로 조정할 수 있습니다. 점점 세계 또는 점점 여리게 같은 다이내믹을 표현할 때 유용합니다.

# 03 | 노트 스트레치

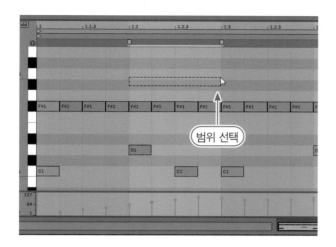

범위 선택

*01* 노트의 길이를 조정하여 템포 변조 효과를 만들 수 있습니다. 곡 중간에 템포를 조정하고 싶은 범위를 선택합니다.

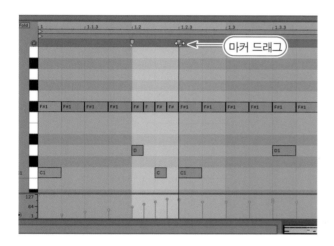

마커 드래그

*02* 마커 라인에 스크래치 마커가 생성되며, 시작 위치 또는 끝 위치 마커를 드래그하여 선택 범위의 노트 길이를 조정할 수 있습니다.

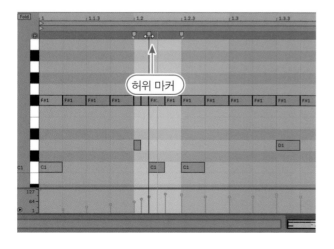

허위 마커

*03* 선택 범위 안쪽에 마우스를 위치하면 일시적으로 사용할 수 있는 허위 마커가 표시되며, 마우스 드래그로 선택 범위를 둘로 나누어 길이를 조정할 수 있습니다. 점점 빠르게 또는 점점 느리게와 같은 빠르기를 표현할 때 유용합니다.

# 04 오디오 컨버터

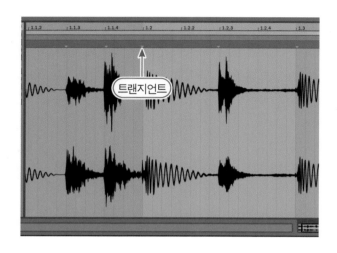

*01* 오디오 샘플을 슬롯에 가져다 놓으면, 자동으로 비트와 템포가 분석되고, 트랜지언트 (Transient)라고 하는 회색 마커가 표시됩니다.

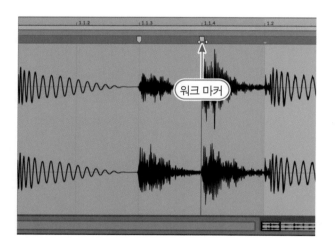

*02* 트랜지언트는 비트가 시작되는 어택 부분을 표시하는 것인데, 조금씩 어긋나는 부분이 있을 수 있습니다. 이런 곳은 마우스 클릭으로 워프 마커를 만들어 수정합니다.

*03* 수정이 끝난 오디오를 미디 노트로 바꾸는 단축 메뉴는 총 4가지를 제공합니다. 먼저 Slice to New MIDI Track을 선택해봅니다.

**04** 이것은 오디오 분석과 상관없이 마커 또는 비트 단위로 오디오를 잘라서 미디 노트로 변환하는 역할입니다. 단위는 Create one slice per에서 선택합니다.

> **TIP**
>
> *Slicing Preset은 잘린 오디오에 다양한 효과를 적용하는 것으로 에이블톤에서 제공하는 것과 User Library에 저장한 프리셋이 표시됩니다.*

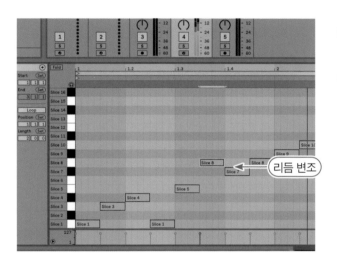

**05** 잘린 샘플은 드럼 랙에 로딩되고, 각 노트의 연주 순서를 재배열하여 자신의 음악에 어울리는 스타일로 변경할 수 있습니다.

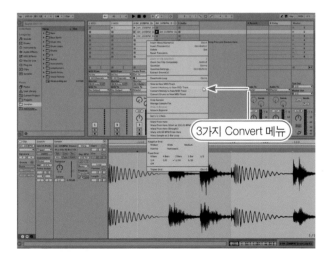

**06** Convert Harmony/Melody/Drums to New MIDI Track의 3가지 메뉴는 분석된 트랜지언트를 기준으로 하모니, 멜로디, 드럼 노트로 만들어주는 역할을 합니다. 변환을 하기 전에 트랜지언트를 다 듣고, 오디오 소스에 적합한 메뉴를 선택하면, 나머지는 자동으로 이루어집니다.

# 05 미디 컨버터

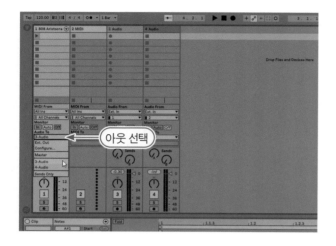

**01** 미디 트랙은 악기를 사용하기 때문에 오디오 보다 시스템 자원을 많이 사용합니다. 그래서 편집이 끝난 미디 클립은 오디오로 바꿔서 믹싱 작업을 진행하는 것이 효율적입니다. 미디 트랙의 아웃에서 오디오 트랙을 선택합니다.

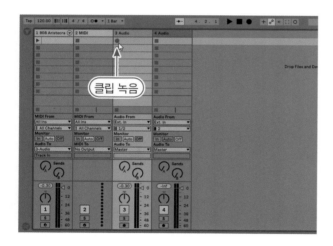

**02** 미디 아웃에서 선택한 오디오 트랙의 클립 녹음 버튼을 클릭하고, 미디 클립을 재생합니다.

**03** 녹음을 멈추고, 오디오 클립의 루프 시작과 끝 마커를 조정하여 실제로 연주할 구간을 선택합니다.

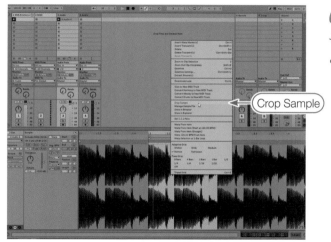

**04** 마우스 오른쪽 버튼을 클릭하여 단축 메뉴를 열고, Crop Sample을 선택하여 루프 구간 외에 오디오를 제거합니다.

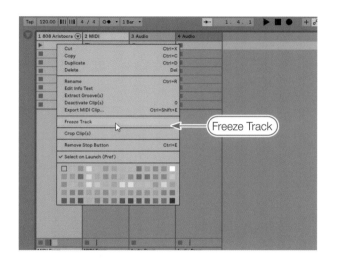

**05** 필요 없어진 미디 트랙은 삭제를 해도 좋지만, 만일을 위해 보관하는 것이 좋습니다. 마우스 오른쪽 버튼을 클릭하여 단축 메뉴를 열고 Freeze Track을 선택하여 보관합니다. 데이터는 보존이되지만, 트랙 사용을 정지시켜 시스템을 확보합니다.

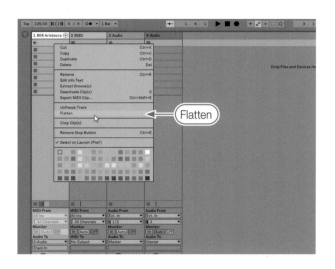

**06** 미디 데이터를 수정할 필요가 없다고 확신하는 경우에는 녹음 과정을 거치지 않고, Freeze 트랙에서 단축 메뉴의 Flatten을 선택하여 오디오로 바꿀 수 있습니다.

# 06 컨트롤러 맵핑

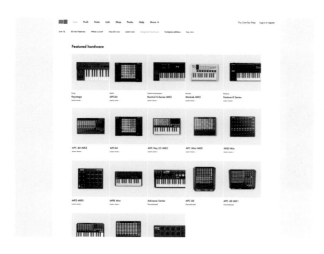

**01** 에이블톤의 파라미터를 모두 컨트롤할 수 있는 것은 Push 뿐이지만, 그 밖의 제품들도 주요 파라미터는 컨트롤이 가능합니다. 에이블톤에서 지원하는 컨트롤러의 종류는 ableton.com/live/integrated-hardware에서 확인할 수 있습니다.

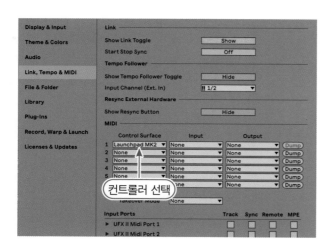

**02** 에이블톤에서 지원하는 컨트롤러를 가지고 있다면, Preference 창 Link/MIDI 페이지의 Control Surface, Input, Output 목록에서 선택하고, 해당 포트의 Track, Sync, Remote 버튼을 On으로 합니다.

컨트롤러 선택

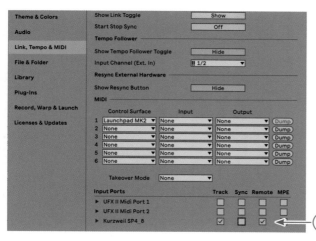

**03** 에이블톤에서 지원하지 않는 장치라도 컨트롤러로 사용할 수 있습니다. 이 경우에는 MIDI Ports 목록에서 해당 장치의 Remote 옵션을 체크하면 됩니다.

Remote 체크

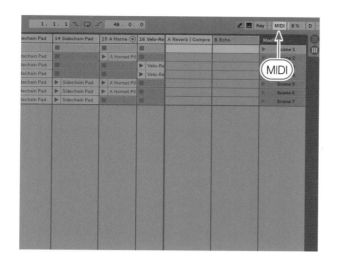

*04* 에이블톤에서 지원하는 장치라면 바로 장치에 연결된 파라미터를 움직일 수 있지만, 그렇지 않은 경우라면 수동으로 연결해야 합니다. 이것을 맵핑이라고 합니다. 컨트롤 바의 MIDI 버튼을 On으로 합니다.

*05* 맵핑 가능한 파라미터는 보라색으로 표시됩니다. 원하는 파라미터를 선택하고, 가지고 있는 컨트롤러의 파라미터를 움직이면 연결됩니다. MIDI 버튼을 Off로 하고 장치를 움직이면 연결된 파라미터가 움직이는 것을 확인할 수 있습니다.

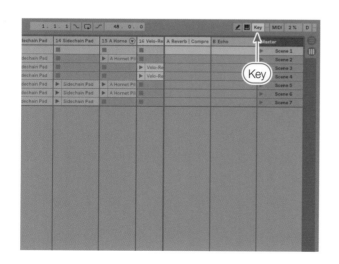

*06* 컴퓨터 키보드에 맵핑하여 사용하는 것도 가능합니다. 컨트롤 바의 Key 버튼을 On으로 하면 맵핑 가능한 파라미터가 노란색으로 표시되며, 앞에서와 마찬가지로 파라미터를 선택하고, 키보드를 누르면 됩니다.

# 그루브 풀

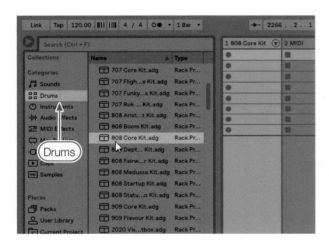

똑 같은 악보를 보고 연주를 해도 건반을 누르는 타임과 강약은 매번 달라지기 마련이며, 이것으로 리듬이 결정되고, 그루브라고 표현합니다. 에이블톤은 한 박자를 1000분의 1초 타임으로 나누고, 벨로시티는 127 단계로 기록하며, 사용자 연주를 세계적인 연주자가 녹음을 한 것처럼 바꿔주는 그루브(Groove)는 기능을 제공합니다. 연주자의 실력을 결정하는 리듬을 교정해주는 것입니다.

## 01 | 그루브 퀀타이즈

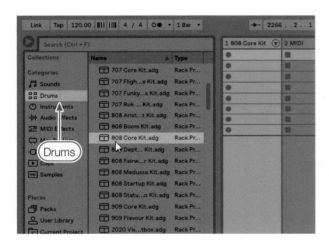

*01* 노트 타임을 정박으로 교정하는 기능이 퀀타이즈입니다. 여기서 좀 더 발전하여 남이 연주한 노트 타임과 벨로시티로 교정하는 기능이 글루브 퀀타이즈입니다. Drums 카테고리에서 마음에 드는 음색의 프리셋을 더블 클릭합니다.

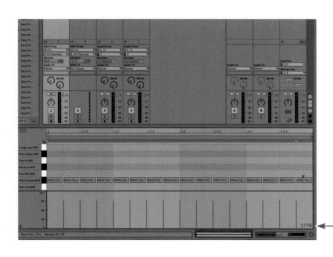

*02* 슬롯을 더블 클릭하여 클립을 만들고, B 키를 눌러 연필 툴을 선택합니다. 그리고 Hi-Hat 노트를 마우스 드래그로 입력합니다. Gird의 기본 값은 1/16이므로, 16비트로 입력이 됩니다.

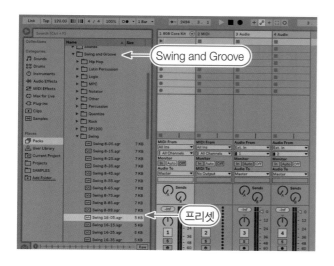

**03** 연주를 해보면 당연히 기계적으로 들립니다. Packs 카테고리의 Swing and Groove에서 전문 연주자들의 그루브 프리셋이 제공되며, 리듬을 모니터 할 수 있습니다. 마음에 드는 리듬을 클립으로 드래그하여 적용합니다.

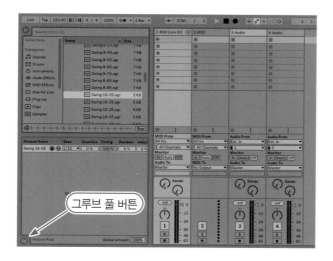

**04** 연주를 해보면 리듬이 바뀐것을 확인할 수 있습니다. 브라우저 아래쪽에 그루브 풀 열기 버튼을 클릭하거나 Ctrl+Alt+G 키를 누르면 앞에서 적용한 글루브 프리셋을 볼 수 있습니다.

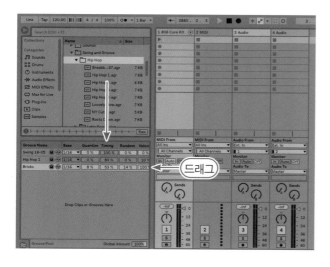

**05** Swing and Groove 폴더에서 선택에 고민이 되는 프리셋이 있다면, 그루브 풀로 드래그하여 가져다 놓습니다.

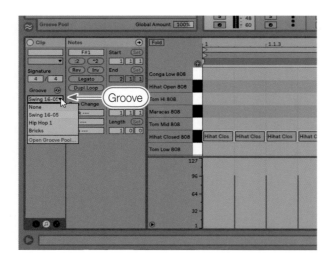

**06** Clip 박스의 Groove 항목을 클릭하면, 그루브 풀에 등록한 프리셋들이 열리며, 선택하여 리듬의 변화를 비교해 볼 수 있습니다.

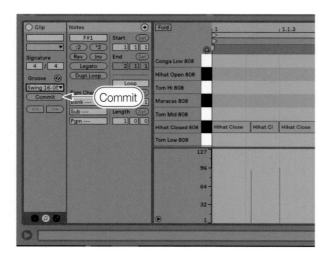

**07** 마음에 드는 리듬을 찾았다면, Commit 버튼을 클릭합니다. 노트의 타임과 벨로시티가 실제로 변경됩니다.

**08** 많은 팩을 설치하여 Core Library의 Swing and Groove 폴더를 빨리 찾지 못하는 경우라면, 그루브 풀에서 마우스 오른쪽 버튼을 클릭하여 단축 메뉴를 열고, Browse Groove Library를 선택하는 방법이 있습니다.

# 02 그루브 파라미터

프리셋은 Base, Quantize 등의 파라미터로 구성되어 있으며, 사용자가 원하는 스타일로 변경할 수 있습니다.

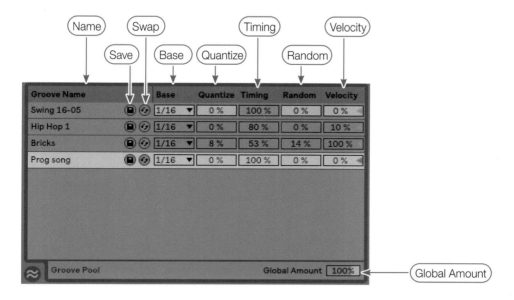

▶ Name : 프리셋 이름을 표시하며, Ctrl+R 키로 변경 가능합니다.

▶ Save : User Library의 Grooves 폴더에 저장합니다.

▶ Swap : 다른 프리셋을 더블 클릭하여 바꿀 수 있습니다.

▶ Base : 퀀타이즈 단위를 선택합니다.

▶ Quantize : 퀀타이즈 적용 정도를 조정합니다.

▶ Timing : 그루브 타이밍이 적용되는 정도를 조정합니다.

▶ Random : 그루브가 노트마다 다르게 적용되게 할 수 있으며, 그 정도를 조정합니다.

▶ Velocity : 벨로시티의 적용 정도를 조정합니다.

▶ Global Amount : 그루브 전체 파라미터의 적용 정도를 조정합니다.

※ 그루브를 적용한 클립을 재생하고, 파라미터의 값을 조정하면 결과를 바로 모니터 할 수 있습니다.

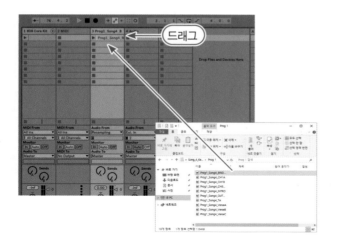

*01* 그루브의 꽃은 유명 연주자들의 음원에서 리듬을 추출하여 내가 연주한 노트에 적용하는 것입니다. 좋아하는 연주자의 오디오 파일을 트랙으로 드래그합니다.

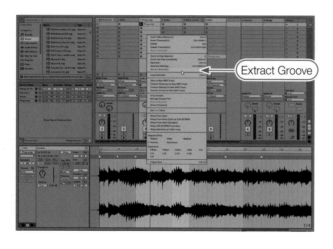

*02* 클립을 더블 클릭하여 에디터 창을 열고, 그루브로 만들고 싶은 구간을 선택합니다. 그리고 마우스 오른쪽 버튼을 클릭하여 단축 메뉴를 열고, Extract Groove를 선택합니다.

*03* 그루브 풀에 등록이되며, 사용자 연주에 적용할 수 있습니다. 자주 사용하게 될 리듬이라면, Save 버튼을 클릭하여 저장합니다.

TIP

*클립에서 Extract Groove를 선택하면 곡 전체 리듬이 그루브로 등록됩니다.*

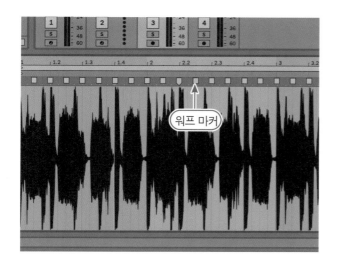

**04** 글루브는 오디오 클립에도 적용할 수 있습니다. Commit 버튼을 클릭하면 교정된 위치에 워프 마커가 생성되며, 편집 가능합니다.

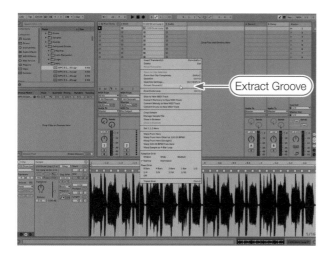

**05** 편집을 한 경우라면 마우스 오른쪽 버튼을 클릭하여 단축 메뉴를 열고, Extract Groove를 선택하여 그루브 풀에 다시 등록합니다.

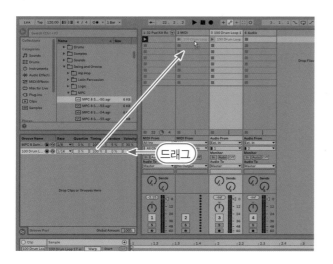

**06** 그루브 풀에 등록된 프리셋을 미디 트랙으로 드래그하여 클립으로 만듭니다.

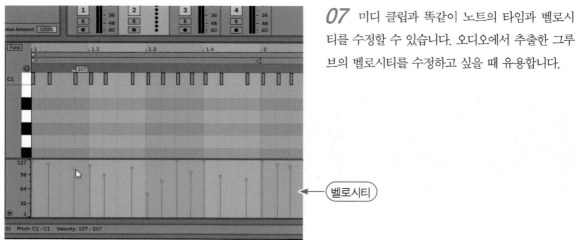

**07** 미디 클립과 똑같이 노트의 타임과 벨로시티를 수정할 수 있습니다. 오디오에서 추출한 그루브의 벨로시티를 수정하고 싶을 때 유용합니다.

벨로시티

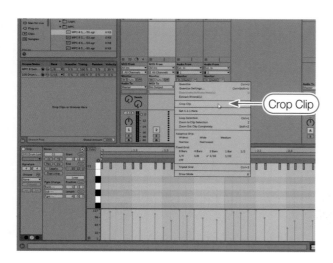

**08** 수정이 끝나면 그루브 프리셋으로 만들고 싶은 구간을 마우스 드래그로 선택합니다. 마우스 오른쪽 버튼을 클릭하여 단축 메뉴를 열고, Crop Clip을 선택하여 나머지 구간을 제거합니다.

Crop Clip

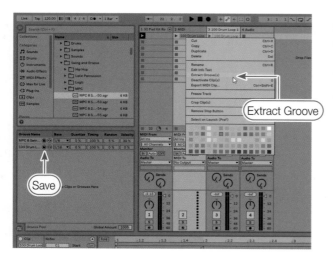

**09** 클립에서 마우스 오른쪽 버튼을 클릭하여 단축 메뉴를 열고, Extract Groove를 선택하면, 그루브 풀에 등록이 되며, Save 버튼을 클릭하여 사용자만의 그루브 프리셋을 만들 수 있습니다.

Extract Groove

Save

## 04

노트 그루브

**01** 드럼 연주는 Hihat, Tom, Percussion과 같은 노트만 그루브를 적용하고 싶은 경우가 있습니다. 원하는 노트 트랙을 마우스 오른쪽 버튼으로 클릭하여 단축 메뉴를 열고, Extract Chains을 선택합니다.

**02** 선택한 트랙이 드럼 그룹에서 추출되어 해당 클립에만 글루브를 적용할 수 있습니다. 여러 트랙을 사용하는 노트는 Ctrl 키를 누른 상태로 선택하여 추출하면 됩니다.

## 사용자 라이브러리

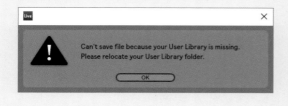

그루브를 저장할 때 그림과 같은 메시지가 열린다면, User Library 폴더를 지정해놓지 않은 경우입니다. Preferences 창 Library 페이지에서 Locaqtion of User Library 항목의 Browse 버튼을 클릭하여 사용자 라이브러리를 저장할 폴더를 선택합니다.

# 미디 이펙트

에이블톤은 건반을 하나만 눌러도 코드가 연주되게 한다거나 아르페지오 패턴이 연주되게 하는 등, 연주가 서툰 입문자도 프로 못지않은 미디 작업을 할 수 있는 이펙트를 제공합니다. 미디 이펙트는 연주 데이터를 소스로 삼는 것이기 때문에 악기 왼쪽으로 로딩되며, 두 개 이상의 이펙트를 조합해서 사용할 수 있습니다.

## 01 | Arpeggiator

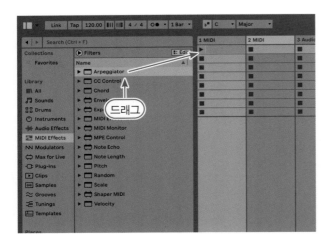

*01* 미디 이펙트는 MIDI Effects, Max for Live, Packs 카테고리에서 제공하고 있으며, 미디 트랙으로 드래그하거나 더블 클릭하여 로딩합니다.

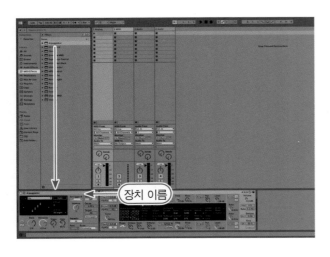

*02* 이펙트는 두 가지 이상을 조합할 수 있으며, 항상 악기 왼쪽에 배치됩니다. 장치를 디바이스 뷰로 드래그하여 원하는 위치에 가져다 놓거나 이름 항목을 드래그하여 재배열할 수 있습니다.

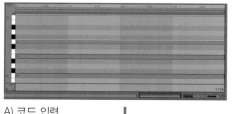

A) 코드 입력

아르페지오를 만드는 장치입니다. A와 같이 코드를 누르기만 해도 B와 같은 아르페지오 연주가 됩니다. 교육용 디지털 피아노에서 흔하게 볼 수 있는 기능으로 연주가 서툰 입문자에게 유용한 장치가 될 것입니다.

Current Scale

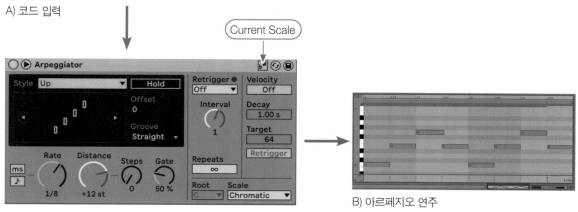

B) 아르페지오 연주

▶ Style : 위로, 아래로 등, 아르페지오 연주 스타일을 선택합니다.

▶ Hold : 버튼이 On이면, 건반에서 손을 떼어도 다음 노트가 연주될 때까지 아르페지오가 계속 연주되고, 버튼이 Off 이면, 건반을 누르고 있는 동안에만 연주합니다.

▶ Offset : 노트가 연주되는 순서를 결정합니다. 1을 선택하면 첫 번째 노트가 뒤로 이동하고, 2번째 노트가 먼저 연주되는 방식입니다.

▶ Groove : 기본 연주는 스트레이트이며, 스윙 패턴으로 변경할 수 있습니다.

▶ Rate : 아르페지오 연주 비트를 조정합니다. Free(ms) 또는 Sync(음표) 버튼을 클릭하여 타임 및 비트 단위로 설정할 수 있습니다.

▶ Distance : 아르페지오 연주 범위를 설정합니다.

▶ Step : Distance 범위에서의 반복 횟수를 설정합니다.

▶ Gate : 노트의 길이를 조정합니다. 100%를 기준으로 스타카토 또는 레가토 연주를 만들 수 있습니다.

▶ Retrigger : 패턴이 처음부터 다시 시작되도록 합니다. Note는 새로운 노트가 연주될 때, Beat 지정 비트에서 시작되게 합니다.

▶ Interval : 패턴이 시작되는 간격을 설정합니다.

▶ Repeats : 패턴이 반복되는 횟수를 설정합니다.

▶ Velocity : 벨로시티를 변조합니다. Decay에서 도달 시간을 설정하고, Targer에서 최종 벨로시티 값을 설정합니다. 이때 Retrigger를 On으로 하면, 패턴이 시작될 때 벨로시티 변조도 다시 시작됩니다.

▶ Root/Scale : 키를 설정합니다. Current Scale을 On으로 하면 컨트롤 바의 스케일 모드를 따릅니다.

## 02 | CC Control

미디 메시지를 전송합니다. 모듈레이션(Mode Wheel), 피치 벤드(Pitch Bend), 프레셔(Pressure)의 기본 컨트롤러 외에 사용자가 원하는 메시지를 설정할 수 있는 Custom을 제공합니다. 서스테인으로 설정되어 있는 Custom A는 최대값/최소값을 전송합니다.

## 03 | Chord

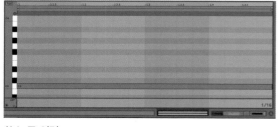

코드를 만드는 장치입니다. A와 같이 하나의 건반만 눌러도 B와 같은 코드가 연주됩니다. Arpeggiator와 함께 사용하면 하나의 건반으로 아르페지오 연주를 만들 수 있습니다.

A) 노트 입력

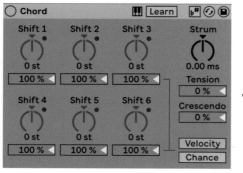

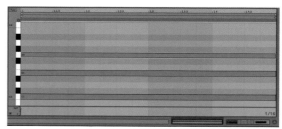

B) 코드 연주

Shift는 연주되는 노트를 기준으로 몇 도 간격의 노트를 쌓을 것인지를 설정하는 것으로 단위는 반음이며, 총 6개의 노트를 쌓을 수 있습니다. 예를 들어 (도)를 연주할 때 Shift 1을 4로 설정하면 (도)에서 4번째 건반 위의 (미)가 연주되고, Shift 2를 7로 설정하면 (도)에서 7번째 위의 (솔)이 연주되어 최종적으로 코드 C가 만들어지는 것입니다. 노브 아래쪽의 수치는 1.00을 기준으로 벨로시티 증/감 및 연주 비율을 설정합니다.

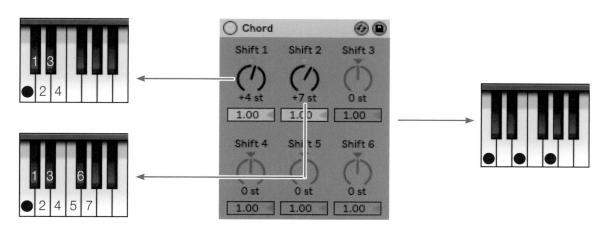

Strum은 저음역에서 고음역 순 또는 그 반대로 노트를 지연시켜 차례로 연주되게 합니다. 피아노 반주의 스트러밍 또는 기타 다운/업 스트로크 연주를 연출할 수 있습니다. 실제로 활용 방법은 트랙을 복사하여 하나는 양의 값으로 다운 스트로크를 만들고, 다른 하나는 음의 값으로 업 스트로크를 만듭니다.

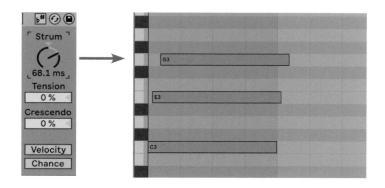

▶ Tension : 스트러밍 속도를 조정합니다.
▶ Crescendo : 스트러밍의 세기를 조정합니다.
▶ Volocity : Shift 아래쪽의 값으로 각 노트의 벨로시티를 조정합니다.
▶ Chance : Shift 아래쪽의 값으로 각 노트의 연주 비율을 조정합니다.

# 04 | Note Length

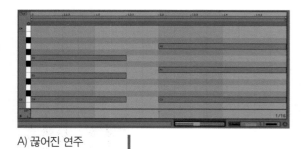

노트 길이를 조정합니다. 페달 사용이 서툰 경우에 자연스러운 레가토 효과를 만든다거나 반대로 짧게 끊어지는 스타카토 효과를 만들 수 있습니다.

A) 끊어진 연주

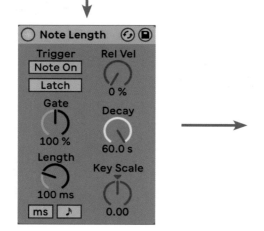

B) 레가토 연주

▶ Trigger : Note On/Off 메시지에 동작하도록 선택합니다.

▶ Latch : 모든 파라미터가 비활성화 되고, Note On/Off 설정이 그대로 유지됩니다.

▶ Gate : 100%를 기준으로 Lenght 노트를 증/감 합니다.

▶ Lenght : 노트의 길이를 조정합니다. 단위는 시간(ms) 및 비트(음표) 중에서 선택합니다.

▶ Rel Vel : 다음 3가지 파라미터는 Trigger를 Note Off 설정한 경우에 사용할 수 있습니다. Rel Vel은 벨로시티가 어느 정도 감소했을 때 Note Off로 인식할 것인지를 결정합니다.

▶ Decay Time : 벨로시티가 0으로 감쇠될 때까지의 타임을 조정합니다.

▶ Key Scale : 피치에 따라 Decay Time이 다르게 조정되게 합니다. 양수는 C3 위의 노트 타임이 길어지고, C3 아래 노트 타임은 짧아지게 하며, 음수는 반대로 동작합니다.

# 05 Pitch

음정을 조정하거나 연주 범위를 제한합니다.

▶ Pitch : 음정을 반음 단위로 조정합니다.

▶ Lowest : Range의 기준음을 설정합니다.

▶ Renge : 노트가 연주되는 범위를 결정합니다.

▶ Mode : Lowest 및 Range로 설정한 범위를 벗어난 노트의 처리 방법을 결정합니다. Block은 범위 밖의 노트를 차단하고, Fold는 범위 노트로 처리합니다. 그리고 Limit는 범위 노트로 제한합니다.

# 06 Random

노트를 무작위로 변화시킵니다.

▶ Chance : 노트가 변화되는 양을 설정합니다.

▶ Choices : 노트의 변화 가능 수를 설정합니다.

▶ Interval : 노트의 변화 폭을 설정합니다.

▶ Mode : 무작위로 변화시키는 Random과 순서대로 변화시키는 Alt 중에서 선택합니다.

▶ Sign : Add는 높은 음을 추가하고, Sub는 낮은 음을 추가합니다. Bi는 반반 입니다.

# 07 | Scale

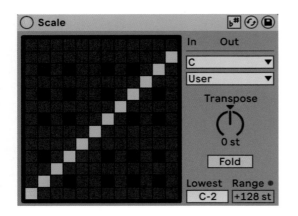

입력 노트를 특정 스케일로 교정하여 출력합니다. 현대 음악에서 사용하는 대부분의 스케일을 프리셋으로 제공 있기 때문에 스케일에 대한 지식이 부족한 경우에도 블루스, 모드, 얼터드 등의 재즈 스케일을 능숙하게 사용할 수 있습니다. 장치는 가로/세로 12개씩 셀로 구성되어 있으며, 가로가 입력 노트이고, 세로가 출력 노트입니다. 셀을 클릭하여 사용자만의 스케일을 만드는 것도 가능합니다.

▶ Base : 루트 및 네임 목록에서 키를 선택합니다.
▶ Transpose : 음정을 조정합니다.
▶ Fold : 입/출력 간격이 완전 5도 이상일 경우에 좀 더 가까운 완전 4도 아래 노트로 출력 합니다.
▶ Range : Lowest를 기준으로 적용되는 노트 범위를 설정합니다.

# 08 | Velocity

벨로시티를 변경합니다.

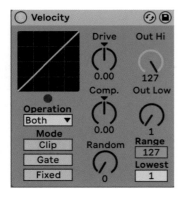

▶ Operation : Note On(Velocity), Note Off(Rel.Vel), 둘 다(Both) 중에서 벨로시티를 변경할 메시지를 선택합니다.
▶ Mode : Range 밖의 노트 처리 방법을 선택합니다. Clip은 범위 안에 맞추고, Gate는 범위 밖의 노트를 제거하고, Fixed는 Out Hi로 고정합니다.
▶ Drive : 벨로시티 곡선을 설정합니다.
▶ Comp : 값을 높일 수록 중간 값으로 몰아줍니다.
▶ Random : 벨로시티가 변경되는 범위를 설정합니다.
▶ Out Hi/Low : 출력 벨로시티의 범위를 설정합니다.
▶ Range : Lowest를 기준으로 적용되는 벨로시티 범위를 설정합니다.

## 09 MIDI Effect Rack

초보자도 멋진 미디 작업을 할 수 있도록 도와주는 미디 이펙트는 단독으로 사용되는 경우보다는 여러 개를 묶어서 사용하는 것이 일반적입니다. 하지만 매번 같은 구성과 설정을 반복한다면 이것도 작업 시간을 잡아먹는 일이 되고 맙니다. 그래서 자주 사용하는 미디 이펙트의 구성과 설정을 하나의 랙에 담아 관리할 수 있는 MIDI Effect Rack을 이용하는 것이 효율적입니다.

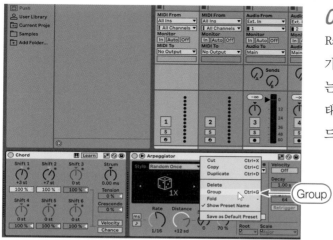

**01** 랙은 MIDI Effects 카테고리의 MIDI Effects Rack을 가져다 놓고, 그 안에 미디 이펙트들을 추가하는 방법도 있지만, 이미 트랙에 사용되고 있는 미디 이펙트의 타이틀 바를 Shift 키를 누른 상태로 선택하고, 단축 메뉴의 Group을 선택하여 만드는 방법을 더 많이 사용합니다.

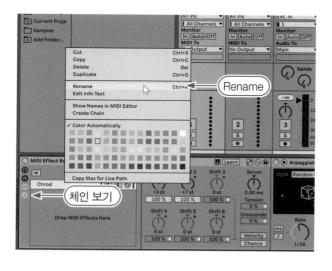

**02** 생성된 랙은 하나의 체인으로 구성되며, 필요에 따라 체인을 추가하여 병렬로 사용할 수 있습니다. 랙의 체인 보기 버튼을 클릭하여 열면 이펙트 이름으로 생성된 체인을 볼 수 있으며, 마우스 오른쪽 버튼으로 클릭하면 열리는 단축 메뉴의 Rename을 선택하여 구분하기 쉬운 이름으로 변경할 수 있습니다.

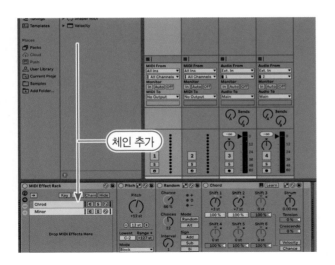

**03** 체인 리스트에 미디 이펙트를 가져다 놓으면 새로운 체인이 생성되고, 생성된 체인에는 사용자가 원하는 미디 이펙트를 추가하여 새로운 효과를 구성할 수 있습니다.

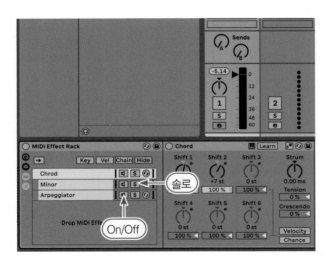

**04** 체인 수는 제한이 없으며, 기본적으로 모든 체인이 함께 병렬로 동작합니다. 단독으로 사용하고 싶은 체인이 있다면 스피커 모양의 활성화 버튼을 On/Off 하거나 솔로 버튼을 이용할 수 있습니다.

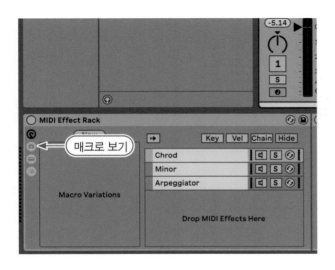

**05** 체인을 마우스로 On/Off하는 것은 라이브 현장에서 사용할 수 없는 방식입니다. 이때는 외부 컨트롤러를 이용할 수 있는 매크로를 이용하는데, 랙을 사용하는 목적이기도 합니다. 매크로 보기 버튼을 선택하여 엽니다.

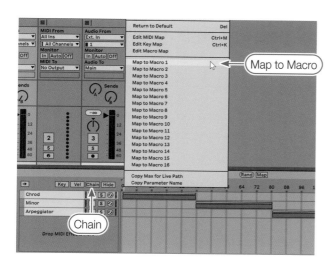

**06** Chine 버튼을 클릭하여 열고, 각 체인이 선택될 수 있는 범위를 설정합니다. 그리고 마우스 오른쪽 버튼을 클릭하여 단축 메뉴를 열고, Macro를 선택하여 할당합니다.

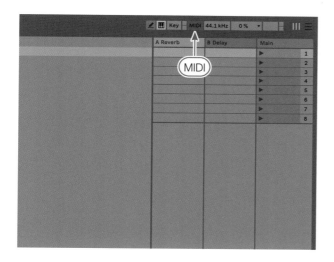

**07** Ctrl+M 키를 누르거나 컨트롤 바의 MIDI 버튼을 선택하여 체인 선택을 할당한 매크로 노브를 외부 장치로 컨트롤할 수 있도록 연결합니다.

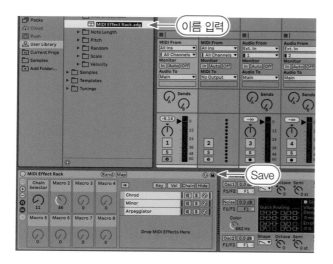

**08** 사용자가 자주 사용하는 이펙트를 체인으로 구성하고 외부 장치로 컨트롤할 수 있도록 만들었습니다. 계속 사용하겠다면 Save 버튼을 클릭하여 사용자 프리셋으로 저장합니다.

# 인스트루먼트

**06**

에이블톤은 Analog, Collision, DrumSynths, Electric, Operator, Sampler 등의 소프트 악기(Software Instruments)와 랙을 제공하고 있으며, Max for Live를 비롯한 다양한 플러그-인을 추가할 수 있습니다. 단, 에이블톤 12은 64bit만 지원하므로, 플러그-인 역시 64bit만 사용할 수 있습니다.

## 01 | 악기 사용하기

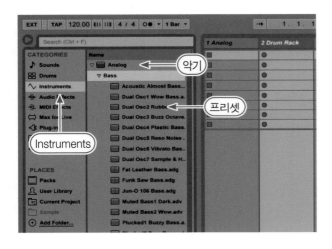

*01* 악기는 브라우저 뷰의 Instruments 카테고리에서 제공합니다. 악기 이름 왼쪽의 삼각형을 클릭하면 프리셋 목록이 열리며, 프리셋을 선택하면 음색을 모니터 할 수 있습니다.

*02* 악기는 미디 트랙에서 사용하며, 트랙을 선택하고 악기 또는 프리셋을 더블 클릭하거나 Enter 키를 누르면 로딩 됩니다. 트랙 이름은 악기 및 프리셋 이름으로 변경됩니다.

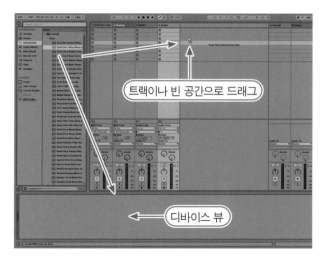

트랙이나 빈 공간으로 드래그

디바이스 뷰

**03** 악기 및 프리셋을 미디 트랙이나 디바이스 뷰로 드래그하여 로딩하는 방법도 있습니다. 빈 공간으로 드래그하면 해당 악기가 로딩된 새로운 미디 트랙이 만들어집니다.

TIP

*오디오 샘플을 디바이스 뷰로 드래그하면 Simpler가 자동으로 로딩됩니다.*

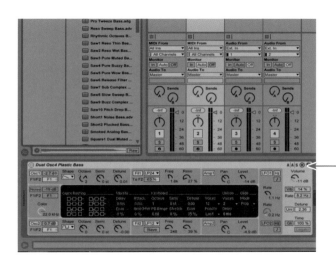

Hot 버튼

**04** 이미 악기가 있는 트랙에 새로운 악기를 로딩하여 변경할 수 있습니다. 프리셋만 바꿔보고 싶은 경우에는 Hot 버튼을 On으로 하고, 원하는 프리셋을 더블 클릭합니다.

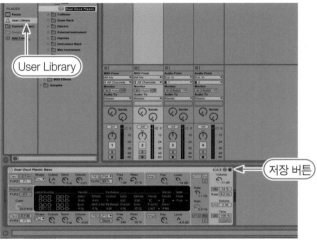

User Library

저장 버튼

**05** 사용자 설정을 프리셋을 저장하고 싶은 경우에는 디스크 모양의 아이콘을 클릭합니다. 프리셋은 User Library에 저장됩니다.

# 02 | Analog

아날로그 신디사이저는 60-70년대를 대표하는 전자 악기로 전기 신호를 가공, 합성해서 음색을 만드는 방식입니다. 악기에서 제공하는 파라미터의 미묘한 조작만으로도 출력 사운드의 결과가 완전히 달라지기 때문에 상상하는 음색을 자유롭게 만들 수 있고, 연주자의 개성을 뚜렷하게 표현할 수 있다는 장점이 있지만, 오랜 시간의 학습이 필요하다는 큰 단점이 있습니다. 결국, 시대가 흐름에 따라 실제 음원을 사용하여 음질도 좋고, 사용하기 쉬운 디지털 신디사이저가 시장을 점유하게 됩니다. 하지만, EDM, HIP-HOP 등의 전자 음악이 유행하면서 아티스트의 개성을 표현할 수 있는 아날로그 악기가 제 2의 전성기를 맞이하게 되었습니다.

그렇다고 고가로 거래되고 있는 아날로그 신디사이저를 구입할 필요는 없습니다. 과거 레전드로 불리던 아날로그 신디사이저의 대부분이 소프트웨어로 출시되었고, 유명 아티스트들이 만들어놓은 프리셋을 불러와 그대로 사용할 수 있는 디지털 기술까지 첨가되어 초보자도 쉽게 사용할 수 있다는 장점을 가지고 있기 때문입니다.

에이블톤의 Analog 역시 과거의 아날로그 신디사이저를 시뮬레이션하고 있는 것이며, 악기 파트 별로 수백 개의 프리셋을 제공하고 있습니다. 다만, 남들이 만들어놓은 프리셋을 그대로 사용하는 것에는 한계가 있고, 무엇보다 개성있는 색깔을 담을 수 없기 때문에 프리셋을 수정할 수 있는 최소한의 지식은 갖추는 것이 좋습니다.

Analog는 사운드를 생성하는 2개의 오실레이터(OSC)와 Noise, 이를 합성하고 가공할 수 있는 필터와 앰프 엔벨로프를 제공하는 전형적인 아날로그 신디사이저 입니다. 위/아래로 오실레이터→필터→앰프의 주요 섹션이 셀 타입으로 배치되어 있고, 각 셀을 선택하면 중앙 디스플레이에 세부 컨트롤이 가능한 파라미터가 표시됩니다.

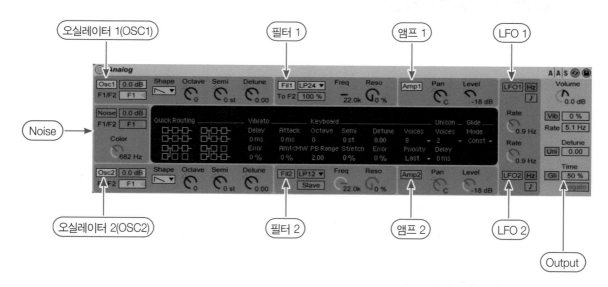

## ● 신호 경로

아날로그 신디사이저의 신호 경로는 대부분 비슷합니다. 에이블톤의 Analog는 두 개의 오실레이터와 노이즈 생성기를 제공하고 있으며, 이를 합성하는 것으로부터 시작합니다. 합성된 사운드는 필터와 앰프 엔벨로프로 가공되고, LFO로 변조되어 아웃풋으로 출력합니다.

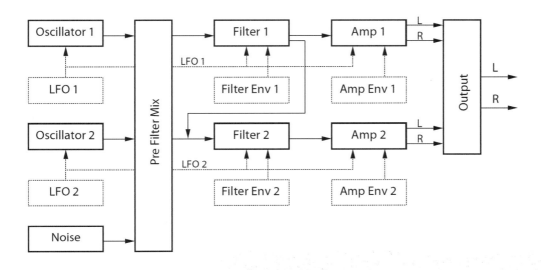

## ● 오실레이터

오실레이터(OSC)는 사운드를 만드는 근본 소스를 생성하는 섹션입니다. OSC1과 2를 합성하거나 개별적으로 사용할 수 있는 On/Off 버튼과 Level, Balance, Shape, Octave, Semi, Detune의 주요 파라미터를 제공합니다. 그리고 화이트 노이즈를 합성할 수 있는 Noise 섹션이 있습니다.

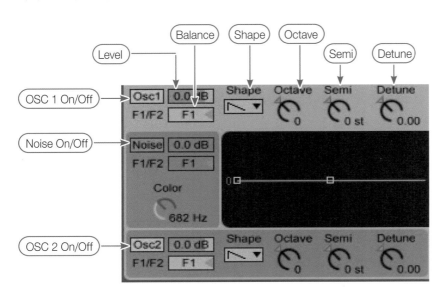

**Shape** : 아날로그 신디사이저에서 사운드를 생성하는 섹션은 오실레이터이며, 오실레이터의 시작은 파형의 선택입니다. 파형은 Shape 목록에서 선택하며, 사인파(Sine), 톱니파(Sawtooth), 사각파(Rectangle), 화이트 노이즈(White Noise)의 4가지를 제공합니다. 많지는 않지만, OSC1과 OSC2, 그리고 Noise까지 합성을 한다면, 사운드 생성의 가능성은 끝이 없습니다.

**Level** : 오실레이터의 아웃풋 레벨을 조정합니다. OSC1과 2를 합성할 경우의 비율이 되는 것입니다.

**F1/F2** : 오실레이터에서 생성되는 신호는 필터로 전송됩니다. Analog는 2개의 필터를 제공하고 있으며, 어떤 필터로 얼만큼의 신호를 전송할 것인지를 조정합니다. 마우스를 위로 올려 F1로 설정하면 필터 1로만 전송되고, 아래로 내려 F2로 설정하면 필터 2로만 전송됩니다.

**Octave/Semi/Detune** : 음정을 옥타브(Octave), 반음(Semi), 100분의 1음(Detune) 단위로 조정합니다.

▶ **Display** : 오실레이터의 세부 설정이 가능한 디스플레이는 PitchEnv, Pitch Mod, Pulse Width, Sub/Sync 파라미터로 구성되어 있습니다.

**PitchEnv** : 오실레이터의 피치를 시간의 흐름에 따라 변하게 합니다. Initial은 시작 음정을 조정하는 것으로 + 값은 높은 음에서 원음으로 낮아지고, - 값은 낮은 음에서 원음으로 높아집니다. Time은 원음에 도달하는 속도를 조정합니다. Pitch Env의 Initial과 Time은 엔벨로프 라인의 포인트를 드래그하여 조정할 수 있습니다.

**PitchMod** : LFO는 LFO 섹션이 On일 때만 사용할 수 있으며, LFO의 피치 변화 폭을 조정합니다. Key는 미디 노트에 따라 피치가 조정되는 정도를 설정합니다. 100%를 기준으로 + 값은 노트의 간격이 넓어지고, - 값은 좁아집니다. 0%라면 노트의 간격이 0이라는 것이므로, 모든 노트의 피치가 동일하게 연주됩니다.

**Pulse Width** : Shape에서 직사각파(Rectangle)를 선택했을 때 사용할 수 있으며, Width로 펄스 폭을 조정하고, LFO로 모듈레이션을 조정합니다. LFO 파라미터는 LFO 섹션이 On일 때 사용할 수 있습니다.

Sub/Sync : 서브 오실레이터를 발생시킵니다. Mode에서 Sub를 선택하면 1옥타브 아래의 서브 오실레이터를 발생시키며, Level로 음량을 조정합니다. Shape에서 사각파 또는 톱니파를 선택하면 정사각파를 발생시키고, 사인파를 선택하면 같은 사인파를 발생시킵니다. 화이트 노이즈에서는 사용할 수 없습니다.

Mode에서 Sync를 선택하면 동일한 파형의 내부 오실레이터를 발생시키며, Ratio로 피치를 조정합니다. Ratio가 0%로 일 때는 아무 영향이 없지만, 값을 증가시키면 내부 오실레이터의 화음이 변합니다.

● 노이즈

오실레이터에 화이트 잡음을 혼합할 수 있습니다. 본서를 읽는 대부분의 학생들은 본적도 없겠지만, Tape나 LP와 같은 아날로그 장치들은 '쏴-' 하는 화이트 잡음이 있으며, 성인들은 이 소리를 따뜻하다고 표현합니다. 추억 때문일 수도 있지만, 실제로 사운드의 질감을 두껍게 만드는 효과가 있습니다. 파라미터는 노이즈의 볼륨을 조정하는 Level과 밸런스를 조정하는 F1/F2, 톤을 조정하는 Color로 구성되어 있습니다.

● 필터

오실레이터에서 생성된 사운드는 필터로 전송되며, 필터는 저음, 미들, 고음 등의 주파수를 차단하는 역할을 합니다. 필터는 Fil1과 Fil2의 두 개를 제공하고 있으며, 각각 사용 여부를 결정하는 On/Off 버튼, 타입을 선택할 수 있는 Type, 차단 주파수를 설정하는 프리퀀시(Freq), 조정 폭을 설정하는 레조넌스(Reso), 필터 2로 전송할 때의 레벨을 조정할 수 있는 Output to Filter 2 파라미터가 있습니다. 필터 2의 경우에는 Output to Filter2 위치에 Slave Mode 버튼을 제공합니다.

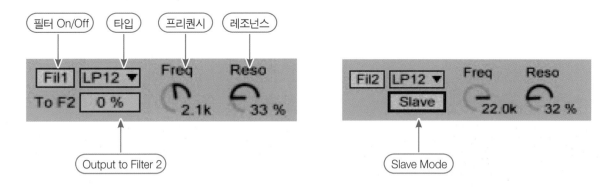

Type : 필터는 정수기의 필터, 공기 청정기의 필터와 동일한 의미로 주파수를 차단하는 역할을 합니다. 두 개의 오실레이터를 합성하게 되면 파형에 따라 의도치 않은 주파수가 증/감 되기 마련입니다. 이것을 필터로 보정하여 세련되게 다듬을 수 있는데, 어떤 주파수 대역을 차단할 것인지를 결정하는 것이 Type 입니다. Low-pass, Band-pass, Notch, High-pass, Fromant 각각 6dB/Oct, 12dB/Oct, 24dB/Oct를 제공합니다.

Low-pass : 저음역을 통과시킨다는 의미로 Freq에서 설정한 주파수 이상의 고음역을 차단합니다. 12dB/Oct와 24dB/Oct는 프리퀀시를 기준으로 옥타브 범위까지의 감소 레벨을 의미합니다. Low-pass는 고음역을 차단하는 것이므로, Freq가 1KHz라면, 그 두 배인 2KHz가 옥타브 범위이며, 12dB 또는 24dB로 감소시킵니다.

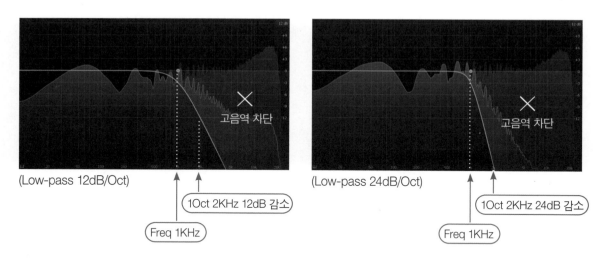

High-pass : 고음역을 통과시킨다는 의미로 Freq에서 설정한 주파수 이하의 저음역을 차단합니다.

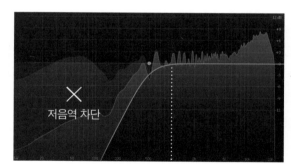

Band-pass : 중음역을 통과시킨다는 의미로 Freq에서 설정한 주파수 이외의 저음역과 고음역을 동시에 차단합니다. Band-pass에서 dB/Oct는 Freq를 중심으로 옥타브 범위를 의미합니다.

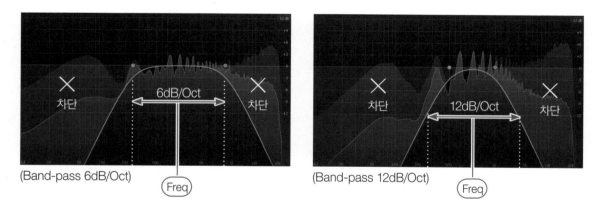

Notch : 프리퀀시에서 설정한 주파수 대역을 차단합니다. 밴드 패스와 비슷하지만, 범위가 좁다는 특징이 있으며, 2-pole는 두 지점을 차단하며, 4-Pole는 네 지점을 차단합니다.

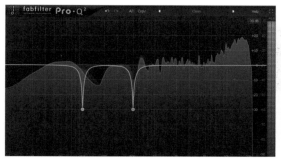

(Notch 2-pole)

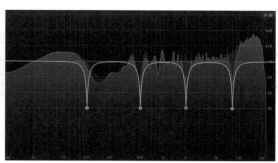

(Notch 4-pole)

Formant : 노치 필터와 반대로 프리퀀시에서 설정한 주파수 대역만을 통과시킵니다. 역시 2-Pole와 4-Ploe를 제공합니다. 그림은 2-Pole를 선택한 경우입니다.

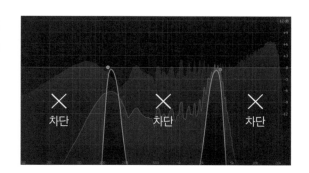

Reso : 필터는 프리퀀시를 중심으로 -3dB의 감소 곡선을 만듭니다. 이를 레조넌스(Reso)라고 하는데, 퍼센트 단위로 증가시켜 보충할 수 있습니다. 그림은 Low-pass 타입으로 Reso를 증가시킨 경우입니다.

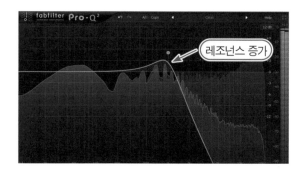

to F2 : 필터1은 필터 2로 전송되는데, 얼만큼 보낼 것인지를 조정합니다.

Slave : 필터1의 프리퀀시를 따르도록 합니다. 필터 2의 프리퀀시는 두 값 사이의 오프셋 양을 조정합니다.

▶ Display : 필터 엔벨로프 라인과 Drive 선택기를 가지고 있습니다. 건반을 누르면 소리가 크게 들렸다가 일정한 레벨이 유지되고, 건반을 놓으면 여음이 남습니다. 이러한 소리의 시간적 변화를 그래프로 나타낸 것을 엔벨로프 라인이라고 하며, 필터 엔벨로프 라인은 필터가 적용되는 시간적 변화를 조정합니다.

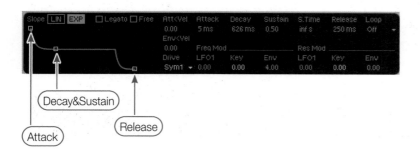

Slope : 엔벨로프 라인을 직선(Lin)으로 만들 것인지, 곡선(Exp)으로 만들 것인지를 선택합니다.

Legato : 노트는 어택에서 시작하는데, 옵션을 체크하면 앞 노트의 엔벨로프 위치에 이어서 연주됩니다.

Free : 엔벨로프의 서스테인 구간이 생략됩니다. 드럼 음색에서 주로 사용됩니다.

Att〈Vel : 벨로시티에 따라 어택 타임이 조정되게 합니다. 값을 올리면 어택이 짧아집니다.

Env〈Vel : 벨로시티에 따라 엔벨로프가 조정되게 합니다. 값을 올리면 엔벨로프가 짧아집니다.

Attack : 어택은 건반을 누르고 소리가 가장 커질 때까지의 타임을 말합니다.

Decay : 어택에서 서스테인까지의 타임을 말합니다.

Sustain : 건반을 누르고 있는 동안 일정한 레벨로 연주되는 구간을 말합니다.

S.Time : 서스테인 레벨을 조정합니다.

Release : 건반을 놓고, 소리가 사라질 때까지의 타임을 말합니다.

Loop : 어택 (A), 디케일(D), 서스테인(S), 릴리즈(R) 구간을 반복시킬 수 있습니다.

Drive : 사운드의 배음을 증가시키는 역할을 하며, 대칭으로 적용되는 3개의 Sym 타입과 비대칭으로 적용되는 3개의 Asym 타입을 제공합니다.

Freq Mod : LFO, 피치(Key), 에벨로프(Env)의 프리퀀시 변조 양을 조정합니다.

Res Mod : LFO, 피치(Key), 에벨로프(Env)의 레조넌스 변조 양을 조정합니다.

## ● 앰프

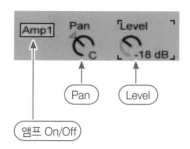

Pan
Level
Pan
Level
앰프 On/Off

필터를 지난 사운드는 앰프로 전송됩니다. Pan은 스테레오 좌/우 출력 방향을 조정하고, Level은 출력 볼륨을 조정합니다.

세부 설정이 가능한 디스플레이는 앰프에 적용된다는 것 외에 필터 엔벨로프와 동일하며, LFO, Key, Env 모듈레이션 역시 Pan과 Level에 적용됩니다.

## ● LFO

Low Frequcy Oscillator의 약자로 저주파 발진기를 말합니다. 오실레이터, 필터, 앰프의 모듈레이션 소스로 사용되며, 사운드의 떨림을 만듭니다. 떨리는 속도는 Rate 노브로 조정하며, 단위는 Hz와 템포에 싱크되는 음표 모양의 박자를 제공합니다.

▶ Display : 파라미터가 위/아래로 제공되며, 위은 LFO1, 아래는 LFO2 입니다.

| | Wave | Width | | Retrig | Offset | Delay | Attack |
|---|---|---|---|---|---|---|---|
| | Sine | 50 % | | R | 0° | 0 ms | 0 ms |
| | Wave | Width | | Retrig | Offset | Delay | Attack |
| | Sine | 50 % | | R | 0° | 0 ms | 0 ms |

Wave : LFO 파형을 선택합니다. Tri와 Rect을 선택하면 Width로 펄스 폭을 조정할 수 있습니다.

Retrig : 노트의 시작과 같은 위치에서 LFO를 재시작 합니다.

Offset : LFO의 위상을 조정합니다.

Delay : 노트가 시작된 후 LFO가 시작하는데 걸리는 타임을 설정합니다.

Attack: LFO가 최대 진폭에 도달하는데 걸리는 타임을 설정합니다.

## ● Output

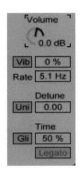

최종 출력 레벨을 조정하는 Volume과 비브라토(Vib), 유니즌(Uni), 글리산도(Gli) 효과를 만드는 On/Off 버튼이 있습니다.

Vib : 비브라토를 만들며 폭과 속도(Rate)를 조정할 수 있습니다.

Uni : 노트 수를 늘려 사운드를 두껍게 만듭니다. Detune으로 음정을 조정할 수 있습니다.

Gli : 노트와 노트 사이를 미끄러지듯이 연주하는 글리산도 효과를 만듭니다. Time으로 속도를 조정할 수 있고, Legato를 On으로 하면, 노트가 겹칠 때 글리산도 효과를 만듭니다.

▶ Display : 파라미터가 위/아래로 제공되며, 위는 LFO1, 아래는 LFO2 입니다.

| Quick Routing | Vibrato | | Keyboard | | | | Unison | Glide |
|---|---|---|---|---|---|---|---|---|
| | Delay | Attack | Octave | Semi | Detune | Voices | Voices | Mode |
| | 0 ms | 0 ms | 0 | 0 st | 0.00 | 8 ▼ | 2 ▼ | Const ▼ |
| | Error | Amt<MW | PB Range | Stretch | Error | Priority | Delay | |
| | 0 % | 0 % | 2.00 | 0 % | 0 % | Last ▼ | 0 ms | |

Quick Routing : 신호 경로를 빠르게 선택할 수 있는 4개의 다이어그램을 제공합니다.

Vibrato : 비브라토(Vib)가 On 일 때 조정할 수 있습니다.

    Delay - 노트가 연주되고 비브라토가 시작되는 타임을 조정합니다.

    Attack - 비브라토가 가장 크게 걸리는데 까지의 타임을 조정합니다.

    Error - 비브라토의 랜덤 양을 조정합니다.

    Amt/MW - 모듈레이션 휠로 적용되는 비브라토의 양을 조정합니다.

Keyboard : 보이스 및 음정을 조정할 수 있습니다.

    Octave/Semi/Detune - 음정을 옥타브, 반음, 100분 1음 단위로 조정합니다.

    Voices - 보이스 수를 선택합니다.

    PB Range - 피치 벤드의 범위를 반음 단위로 조정합니다.

    Stretch - 배음의 양을 조정합니다. 값을 올리면 사운드가 밝아지고, 내리면 어두워 집니다.

    Error - 노트의 랜덤 튜닝 양을 조정합니다.

    Priority - 보이스를 추가하는 노트가 연주될 때 어떤 노트를 잘라낼지 선택합니다.

    High는 최근 노트에 우선권을 주고, 가장 낮은 피치의 노트를 자릅니다. Low는 반대 입니다.

    Last는 최근 노트에 우선권을 주고 오래된 노트를 자릅니다.

Unison : 유니즌(Uni)이 On 일 때 보이스 수(Voices)와 시작 타임(Delay)을 조정합니다.

Glide : 글리산도(Gli)가 On 일 때 속도를 선택합니다.

Const는 노트 사이의 간격에 상관없이 타임이 항상 일정하며, Prop는 노트 사이의 간격에 비례합니다.

# 03 Collision

실로폰이나 마림바 등의 클래식 퍼커션을 시뮬레이션 하는 악기 입니다. 물론, 프로그래밍에 따라 피아노나 기타와 같은 음색도 만들 수 있지만, 유건 타악기에 특화되어 있습니다. 음색은 오실레이터에 해당하는 Mallet과 Noise에서 생성되고 두 개의 Resonator에서 만들어집니다. 각 섹션은 탭 구조로 되어 있으며, Mallet과 Noise 컨트롤러를 제공하는 Excitator, 모듈레이션 컨트롤러를 제공하는 LFO, 미디 연결 컨트롤러를 제공하는 MIDI, 사운드 특성에 가장 큰 영향을 미치는 두 개의 Resonator 탭으로 구성되어 있습니다. 오른쪽 끝에는 전체적인 출력 볼륨과 라우팅 옵션을 가지고 있는 글로벌 섹션이 있습니다.

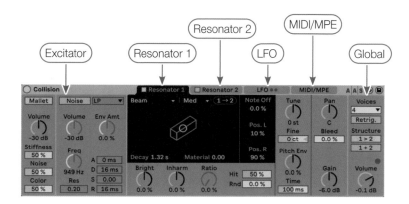

● Excitator

Excitator는 Mallet과 Noise의 두 가지 섹션을 제공하며, 각각 On/Off 버튼으로 사용 여부를 결정합니다.
단, 소스를 생성하는 오실레이터에 해당하기 때문에 두 개가 모두 Off이면, 사운드를 만들 수 없습니다.

▶ Mallet

실로폰이나 마림바와 같은 악기는 스틱으로 두들겨 연주하는 유건 타악기입니다. 스틱 재질은 나무나 금속이며, 헤드는 고무로 되어 있는데, 이것을 말렛(Mallet)이라고 합니다.
Exitator의 Mallet 섹션에서는 말렛의 재질과 강도 등을 조절하는 역할을 합니다.

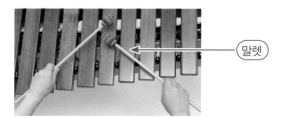

Volume : 말렛 섹션의 출력 레벨을 조정합니다.

Stiffness : 말렛 헤드의 경도를 조정합니다.

Noise : 헝겁이나 가죽 등 말렛 헤드를 감싸는 재질에 따라 달라지는 타격 강도를 조정합니다.

Color : 재질에 따라 달라지는 톤을 시뮬레이션 합니다.

▶ Noise

노이즈만 생성하는 것이 아니라 타격 사운드를 수반하고 있기 때문에 Mallet 대신 사용하거나 혼합할 수 있는 개별 오실레이터 입니다.

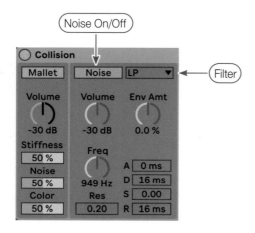

Volume : 노이즈 섹션의 출력 레벨을 조정합니다.

Filter : 고음역을 차단하는 로우 패스(LP), 저음역을 차단하는 하이 패스(HP), 미들 음역만 통과시키는 밴드 패스 (BP)를 제공합니다. 차단 주파수는 Frequency로 조정하고, 범위는 Res 파라미터로 조정합니다.

Freq : 필터의 차단 주파수를 설정합니다.

Res : 벨로시티에 따른 프리퀀시 변화폭을 조정합니다.

Env Amt : 엔벨로프에 따른 프리퀀시 변화폭을 조정합니다.

ADSR : 어택, 디케이, 서스테인, 릴리즈로 노이즈의 엔벨로프 타임을 조정합니다.

● Resonator

악기 소재를 시뮬레이션 합니다. Resonator 1과 2로 두 개를 제공하고 있으며, 각각 On/Off가 가능합니다. 단, 두 개 모두 Off 이면, 사운드가 만들어지지 않습니다.

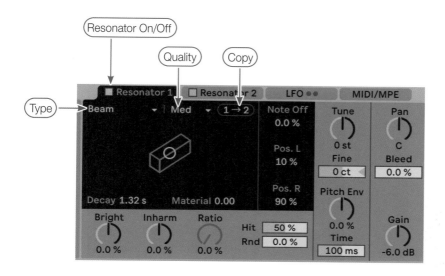

Type : 악기 소재를 선택합니다.

Quality : 사운드의 퀄리티를 선택합니다. Basic에서 Full 순서로 음질은 좋아지지만, 시스템을 많이 점유합니다.

Copy : Resonator 1 또는 2로 복사합니다.

Decay : 디케이 타임을 설정합니다.

Material : 재질에 따라 달라지는 소리의 감쇠량을 조정합니다. Pipe와 Tube를 선택한 경우에 반경을 조정하는 Radius로 표시됩니다. Decay, Material, Radius는 디스플레이의 포인트를 드래그하여 조정할 수 있습니다.

Note Off : 미디 노트 오프 메시지가 레조넌스를 뮤트시키는 범위를 결정합니다.

Pos. L/R : 진동 위치를 조정합니다. 0%는 중앙이며, 값을 올릴수록 가장자리로 이동합니다.

Brightness : 소리의 밝기를 조정합니다.

Inharm : 배음의 피치를 조정합니다. Pipe를 선택한 경우에는 개폐 정도를 조절하는 Opening으로 표시됩니다.

Ratio : Membrane와 Plate를 선택한 경우에 크기를 조정합니다.

Hit : 타격 위치를 조정합니다. 0%는 중앙이며, 값을 올릴수록 가장자리로 이동합니다.

Rnd : 타격 위치를 랜덤으로 하며, 그 범위를 설정합니다.


Tune : 음정을 반음 단위로 조정합니다.

Fine : 음정을 100분의 1 단위로 조정합니다.

**Pitch Env** : 시간의 흐름에 따라 변하는 피치 효과를 만듭니다. Pitch 노브로 시작 음정을 설정하고, Time 노브로 속도를 조정합니다.

**Pan** : 좌/우 밸런스를 조정합니다.

**Bleed** : Excitator과 Rosonator 섹션의 출력 비율을 조정합니다.

**Gain** : Rosonator 섹션의 출력 레벨을 조정합니다.

## ● LFO

두 개의 독립된 LFO를 제공하며, Exitator와 Resonator의 모듈레이션 소스로 사용됩니다.

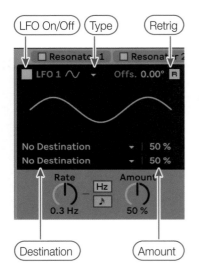

**Type** : LFO 파형을 선택합니다.

**Retrig** : LFO를 재작동시키며, Offs로 타임을 설정합니다.

**Destination** : 모듈레이션 대상을 A와 B로 두 개를 지정할 수 있으며, Amout로 정도를 설정합니다.

**Rate** : 변조 속도를 Hz 또는 박자 단위로 조정합니다.

**Amount** : LFO의 전체 강도를 조정합니다.

## ● MIDI/MPE

Pitch Bend, Modulation Wheel, Pressure, Slide를 컨트롤할 모듈레이션 대상을 A와 B로 각각 두 개씩 지정할 수 있으며, Amout로 정도를 설정합니다. 저가의 마스터 건반은 Pressure를 지원하지 않는 경우가 많으므로 제품 메뉴얼을 참조합니다.

● Global

Voices : 최대 보이스 수를 선택합니다.

Retrig : 이미 소리를 내고 있는 노트들이 트리거 되었을 때 사운드를 즉시 멈추게 합니다. 사용자 시스템을 절약하는데 유용한 기능입니다.

Structure : Rosonator을 직렬(1)2)로 연결할 것인지, 병렬(1+2)로 연결할 것이지를 선택합니다.

Volume : 최종 출력 레벨을 조정합니다.

Structue에서 직렬(1)2)을 선택한 경우에는 Mallet과 Noise는 Resonator 1으로 전송되어 모노로 믹스되고, 자체 믹서와 Resonator2로 보내집니다. 직렬 모드에서는 Resonator 1이 On되어 있어야 합니다.

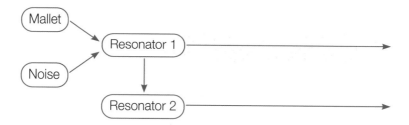

Structue에서 병렬(1+2)을 선택한 경우에는 Mallet과 Noise가 믹스되고, 각각의 Reonator로 전송됩니다.

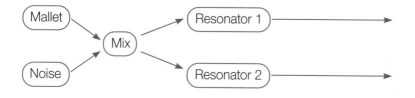

Collision는 마림바, 비브리폰, 글로켄슈필 등의 유건 타악기를 시뮬레이션 하는 장치이지만, 다양한 특수 효과를 만드는데 이용하기도 합니다. 기본적으로 제공하는 프리셋을 조금씩 변형해보는 연습을 해보기 바랍니다.

# 04 Drift

직관적인 컨트롤과 MPE를 완벽하게 지원하는 다용도 신디사이저입니다. 감산 합성을 기반으로 하는 Drift는 최소한의 CPU 리소스를 사용하면서 빠르고 쉬운 사운드 디자인을 위해 세심하게 제작되었습니다. 인터페이스는 오실레이터, 다이내믹 필터, 엔벨로프, LFO와 Mod, 글로벌 컨트롤 등 6개의 섹션으로 구성되어 있습니다.

감산 합성은 파형으로 시작한 다음 필터를 사용하여 원래의 음색을 새로운 형태로 조각하는 기술입니다. 이 프로세스 외에도 Drift는 사운드를 더 많이 조정하고 사용자 정의할 수 있는 다양한 변조 옵션을 제공하므로 다양한 사운드를 쉽게 만들 수 있습니다. 시그니처 드리프트 컨트롤을 사용하면 각 음성에 피치와 주파수 변화를 추가하여 톤 전체에 걸쳐 약간 디튠되고 변동하는 펄스를 얻을 수 있습니다.

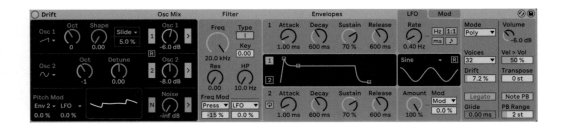

● OSC

오실레이터 섹션에는 두 개의 오실레이터, 피치 변조 컨트롤, 파형 디스플레이, 오실레이터 믹서 및 노이즈 생성기로 구성되어 있으며, 각각의 On/Off 버튼을 이용하여 활성 여부를 결정할 수 있습니다.

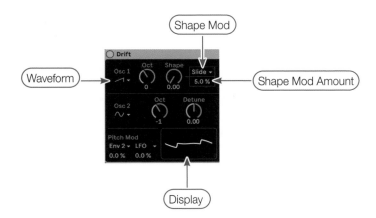

▶ OSC 1

**Waveform** : 파형은 Sine, Triangle, Shark Tooth, Saturated, Saw, Pulse, Rectangle을 제공하고 있으며, 무그 신디사이저를 기반으로하는 Shark Tooth와 베이스 사운드에 적합한 Saturated은 Drift에서만 제공되는 파형입니다.

**Oct** : 오실레이터 1을 옥타브 단위로 조옮김합니다.

**Shape** : 파형의 고조파 내용을 약간 다른 것으로 변경하여 펄스 폭 변조와 유사한 효과를 얻을 수 있습니다. 각 파형마다 음색이 다르기 때문에 모두 Shape 컨트롤에 다르게 반응합니다. 컨트롤을 조정하면 오실레이터 섹션 하단에 있는 파형 디스플레이에서 결과를 볼 수 있습니다.

**Shape Mod** : Shape 컨트롤에 영향을 주는 변조 소스를 선택하여 파형을 추가로 변형할 수 있습니다.

◉ ENV 1

◉ Env 2/Cyc - 활성화된 항목에 따라 Envelope 2 또는 Cycling Envelope를 변조에 사용할 수 있습니다.

◉ LFO

◉ Key - Shape Mod Amount가 양수 값으로 설정되면 높은 음 피치는 더 많은 모듈레이션을 생성하고 낮은 피치는 더 적게 생성되며, 양이 음수 값으로 설정되면 그 반대의 경우도 마찬가지입니다.

◉ Velocity - 벨로시티 값이 변조에 사용됩니다. 값이 높을수록 변조가 더 많이 생성됩니다.

◉ Modwheel

◉ Pressure

◉ Slide

Oscillator 1 Shape Mod Amount 슬라이더를 사용하여 변조 양을 설정할 수 있습니다. Shape Mod는 Shape 제어 값 자체가 0%로 설정되어 있어도 1% - 100% 사이의 값으로 설정되면 파형에 변조를 도입할 수 있습니다.

▶ OSC 2

두 번째 오실레이터의 파형(사인파, 삼각형파, 포화파, 톱니파, 직사각형)을 선택할 수 있습니다. Oct는 오실레이터 2를 옥타브 단위로 조옮김하고, Detune은 반음 단위로 조옮김을 제공합니다.

▶ Pitch Mod

두 오실레이터의 피치에 영향을 미치는 두 가지 변조 소스 옵션이 있습니다. 메뉴에서 Env 1, Env 2 / Cyc, LFO, Key, Velocity, Modwheel, Pressure, Slide를 선택할 수 있으며, Oscillator Mod Amount 슬라이더는 각 소스가 -100%에서 100% 범위 내에서 피치를 변조하는 정도를 결정합니다.

Ratio time 모드를 사용하는 LFO를 사용하여 피치 모듈레이션을 적용하면 FM 톤을 생성할 수 있습니다.

▶ Display

파형 디스플레이에는 Osc 1, Osc 2, Noise의 결합된 출력 결과가 표시됩니다. 오실레이터를 조정하면 디스플레이에서 파형이 어떻게 변하는 지 확인할 수 있습니다.

● OSC Mix

오실레이터 1과 2의 활성 여부 및 레벨, 그리고 백색 잡음을 추가할 수 있습니다. 필터 처리가 켜져 있으면 높은 오실레이터 게인 값이 필터의 최대 헤드룸에 도달할 수 있으며, 이 지점에서 선형 기능이 중지되어 아날로그 하드웨어에서 유사하게 발견되는 복잡한 왜곡이 발생합니다.

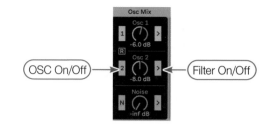

필터 회로에는 이러한 왜곡을 일으키는 두 개의 포화 지점(필터 앞과 뒤)이 있습니다. 오실레이터 게인 값이 기본 -6.0dB에서 증가함에 따라 첫 번째 포화 포인트가 활성화되고 두 번째 포화 포인트는 게인 값이 0.0dB보다 높을 때 트리거됩니다.

게인 컨트롤 오른쪽에 있는 화살표 버튼은 오실레이터 및 노이즈 생성기에 대한 필터 처리 여부를 결정합니다. 필터 처리가 꺼진 경우 발진기와 잡음 발생기 출력은 필터를 완전히 우회합니다.

R 버튼은 오실레이터의 리트리거를 켜거나 끕니다. Retrigger가 켜져 있으면 음을 연주할 때마다 두 오실레이터의 위상이 동일한 위치로 재설정되며, 스위치를 끄면 자유롭게 작동합니다.


● Filter

필터 섹션에는 필터 키 트레킹, 레조넌스 컨트롤, 로우 패스 및 하이 패스의 두 가지 필터가 있습니다.

Freq : 저역 통과 필터의 차단 주파수를 설정합니다.

Type : I(12dB/Oct)과 II(24dB/Oct)의 슬로프 곡선을 선택합니다. Type I은 내부적으로 더 많은 왜곡을 피드백하는 DFM-1 필터를 사용하여 미묘한 필터 스윕부터 따뜻한 드라이브까지 광범위한 톤을 생성하고, Type II는 Sallen-Key 설계와 소프트 클리핑을 사용하여 공명을 제한하는 Cytomic MS2 필터가 있습니다.

Key : 미디 노트의 피치가 로우 패스 필터 주파수에 영향을 미치는 방식을 결정합니다. 0.00으로 설정하면 MIDI 노트가 필터 주파수에 영향을 주지 않습니다. 1.00으로 설정하면 낮은 음에는 필터 주파수가 낮아지고 높은 음에는 필터 주파수가 높아집니다.

Res : 로우 패스 필터의 공명을 조정하고 HP 노브는 하이 패스 필터의 차단 주파수를 설정합니다. 필터 섹션의 아무 곳이나 클릭하여 X-Y 컨트롤러가 있는 엔벨로프 섹션의 디스플레이를 사용하여 액세스하고 조정할 수 있습니다. 왼쪽 포인트를 수평으로 드래그하여 하이패스 주파수를 설정할 수 있으며, 오른쪽 포인트는 수평으로 드래그할 때 저역 통과 주파수를 조정하고 수직으로 드래그할 때 공명량을 조정합니다.

Freq Mod : 저역 통과 필터 차단 주파수에 대해 2개의 변조 소스를 선택할 수 있습니다. 슬라이더를 이용하여 각 소스가 주파수를 변조하는 정도를 결정할 수 있습니다.

● Envelopes

엔벨로프는 음을 연주하는 순간부터 손을 떼는 순간까지 사운드의 진폭이 어떻게 변하는지를 결정합니다. 두 개의 개별 엔벨로프가 포함되어 있으며, 하나는 진폭 변경 방법을 제어하고 다른 하나는 변조를 제어합니다.

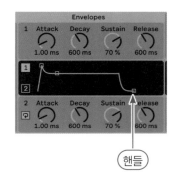

Envelope 1은 노트의 연주 시작부터 사운드가 소멸되기 까지의 출력의 진폭을 결정합니다. 각 노브를 사용하거나 디스플레이의 핸들을 드래그하여 어택, 디케이, 서스테인, 릴리스 컨트롤을 설정할 수 있습니다.

핸들

Attack : 건반을 눌렀을 때부터 최고 값까지 이동하는 데 필요한 시간을 설정합니다.
Decay : 최고 값에서 서스테인 레벨까지 이동하는 데 필요한 시간을 설정합니다.
Sustain : 디케이 이후 건반을 누르고 있는 동안 유지되는 레벨을 설정합니다.
Release : 건반을 놓은 후 소리가 소멸되기 까지의 시간을 설정합니다.

Envelope 2에도 Attack, Decay, Sustain, Release 컨트롤이 있지만 기본적으로 진폭에 매핑되지 않으며 Drift 내의 모든 변조 소스 옵션에 대한 소스로 사용할 수 있습니다. Attack 컨트롤 왼쪽에 있는 스위치를 전환하여 ADSR Envelope에서 Cycling Envelope로 변경할 수 있습니다.

Cycling Envelope는 각 미디 노트와 함께 다시 시작되는 LFO 변조와 유사하게 작동합니다.
Tilt : 봉투의 중간점을 매우 낮거나 높은 양으로 이동하며 엔벨로프 경사도 영향을 줄 수 있습니다.
Hold : 엔벨로프가 최대 레벨로 유지되는 시간을 정의합니다.
Rate : 속도를 컨트롤합니다. 단위는 오른쪽 스위치를 클릭하여 Rate, Ratio, Time, Sync 중에서 선택할 수 있습니다.

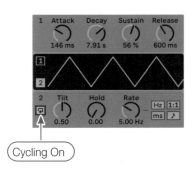

Cycling On

## ● LFO

LFO 역시 Rate, Ratio, Time, Sync의 네 가지 시간 모드로 설정할 수 있습니다.

파형은 Sine, Triangle, Saw up/Down, Square, Sample & Hold, Wander, Linear Env, Exponential Env를 제공하고 있으며, Wander는 LFO의 속도로 두 값 사이를 보간하는 S 자 모양의 샘플 앤 홀드이고, Linear Env는 선형 감쇠가 포함된 원샷 감쇠 엔벨로프입니다. Exponential Env는 지수 감쇠를 포함하는 일회성 감쇠 엔벨로프입니다.

R 스위치를 사용하여 리트리거를 켜거나 끌 수 있으며, 켜져 있으면 음표가 트리거될 때마다 LFO가 해당 위상에서 동일한 위치로 재설정되고, 꺼져 있으면 자유롭게 실행됩니다.

Amount는 전체 강도를 설정합니다. Mod 메뉴에서 LFO에 대한 변조 소스를 선택할 수 있으며, 슬라이더를 이용하여 해당 변조가 LFO에 적용되는 정도를 결정합니다.

## ● Mod

최대 3개의 변조 소스와 대상을 선택할 수 있습니다.

소스는 Env 1, Env 2 / Cyc, LFO, Key, Velocity, Modwheel, Pressure, Slide 등에서 선택할 수 있으며, 대상은 Osc 1 Gain, Osc 1 Shape, Osc 2 Gain, Osc 2 Detune, Noise Gain, LP Frequency, LP Resonance, HP Frequency, LFO Rate, Cyc Env Rate, Main Volume을 선택할 수 있습니다. 슬라이더를 이용하여 대상이 소스의 영향을 받는 정도를 설정합니다.

## ● Global

Global 섹션은 Drift의 전반적인 동작과 성능에 영향을 미치며, Poly, Mono, Stereo, Unision의 4가지 모드를 제공합니다.

**Poly** : 노트당 하나의 성부를 사용하며 최대 32개의 다성부를 제공합니다.
**Mono** : 한 번에 하나의 노트를 연주하지만 Thickness 슬라이드 값에 따라 단일 효과를 생성하기 위해 4개의 음색을 사용하여 렌더링됩니다.

Thickness 슬라이드를 사용하면 각 노트와 관련된 4개의 상대적인 볼륨을 조정할 수 있습니다. Thickness가 0으로 설정되면 한 노트에 하나의 음색만 연주되며, 높은 값으로 설정되면 4개의 노트 볼륨이 증가하여 들리게 됩니다. 새 노트를 누르면 이전에 노트는 정지됩니다.

Stereo : 노트당 두 개의 성부를 사용하고 이를 왼쪽과 오른쪽으로 이동합니다. 슬라이더는 개별 음성에 적용되는 패닝 변형의 양을 설정하며, 값이 높을수록 음장이 넓어지는 확장 효과가 있습니다.

Unison : 각 노트에 대해 서로 독립적인 4개의 음색을 디튠합니다. 슬라이더는 개별 노트에 적용되는 피치 변화의 양을 결정하며, 값이 높을수록 각 음색에 더 많은 변주가 추가됩니다.

Voices : 동시에 재생할 수 있는 최대 노트 수를 선택합니다. 특정 모드는 연주되는 음보다 더 많은 음색을 활용할 수 있습니다. 즉, 어떤 모드를 선택하느냐에 따라 동시발음 수가 달라집니다. 예를 들어 음색 양이 32개 음색으로 설정된 경우 Poly 모드는 최대 32개의 음을 연주할 수 있고, Stereo 모드는 최대 16개의 음을 재생할 수 있습니다. Unison과 Mono 모드에서는 최대 8개의 음을 연주할 수 있습니다.

Drift : 각 성부에 약간의 변형을 추가하여 피치 및 필터 차단과 같은 사운드의 다양한 측면에 영향을 줍니다. Drift 의 모든 음성은 오실레이터 및 필터 주파수에 대해 서로 다른 무작위성을 갖고 있는데, 값을 조정하면 이 고유한 무작위화가 증가하거나 감소합니다. 값이 높을수록 오실레이터와 필터 사이의 간격이 넓어져 사운드가 더욱 맞지 않게 됩니다.

Legato : 보이스 모드가 모노로 설정된 경우에 스위치를 활성화하여 새 보이스를 트리거하면 엔벨로프를 재설정하지 않고 피치가 변경되도록 할 수 있습니다. 슬라이더는 노트가 레가토로 연주될 때 다음 음정으로 미끄러지는 데 걸리는 시간을 조정합니다.

Volume : 악기의 전체 볼륨을 설정하고 Vel 〉 Vol 슬라이더는 입력 노트 속도에 따라 볼륨이 얼마나 변조되는지를 결정합니다.

Transpose : 전체 피치를 반음 단위로 조정할 수 있습니다. Note PB 스위치를 켜서 노트별 피치 벤드를 활성화할 수 있습니다. Note PB를 끄면 손가락 위치에 따라 피치가 변경되지 않고 MPE 컨트롤러를 사용할 수 있습니다.

PB Range : 전체 피치 벤드 범위를 반음 단위로 설정합니다.

# 05 Drum Rack

랙(Rack)은 물건을 얹거나 넣어두는 장식장을 말합니다. 책은 반드시 책장에 정리해야 한다는 사람도 있겠지만, TV 장식장이나 쇼파 위에 올려 놓는 사람도 있을 것입니다. 에이블톤의 랙 역시 카테고리별로 MIDI Effect Rack, Audio Effect Rack, Instrument Rack, Drum Rack의 4가지 이름으로 제공되고 있지만, 실제로는 모두 비어있는 장식장일 뿐이므로, 이펙트는 Effect Rack, 악기는 Instrument Rack에 넣어야 한다는 제한은 없습니다. 다만, Drum Rack에는 드럼 전용 패드가 추가되어 있다는 차이가 있으므로, 이것에 관해서 살펴보겠습니다.

드럼 패드는 가로와 세로 각각 4개씩 총 16개로 구성되어 있으며, 각 패드 마다 사용자가 원하는 오디오 샘플을 가져다 놓고 연주할 수 있습니다. 드럼 구성 악기인 Kick, Snare, Hihat 등의 샘플을 가져다 놓으면, 드럼 머신으로 이용할 수 있으며, 10-20만원 정도하는 드럼 패드 컨트롤러를 가지고 있다면, 100-200만원짜리 드럼 샘플러를 갖추고 있는 것과 동일한 작업을 할 수 있습니다.

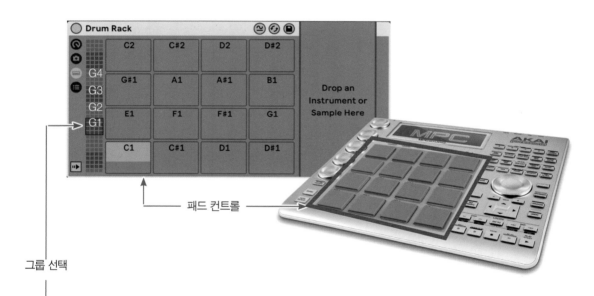

패드 컨트롤

그룹 선택

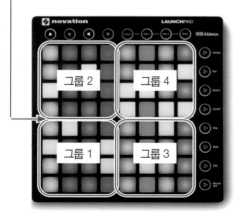

16개의 패드는 하나의 그룹으로 되어 있으며, 패드 왼쪽에서 각각의 그룹을 선택할 수 있습니다. Ableton Push나 Launcpad와 같은 에이블톤 전용 컨트롤러의 경우에는 동시에 4개의 그룹을 연주할 수 있는 64패드를 제공하고 있기 때문에 드럼 외에도 화려한 라이브 연주나 디제잉이 가능합니다.

## ● 드럼 샘플 로딩

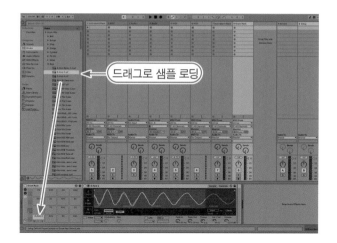

드래그로 샘플 로딩

**01** 드럼 연주를 위한 준비 과정은 에이블톤에서 제공하는 것이나 사용자가 가지고 있는 오디오 샘플을 패드로 가져다 놓는 것입니다. Drums 카테고리의 프리셋을 이용하는 것도 좋지만, 대부분 자신만의 프리셋을 만들어 사용합니다.

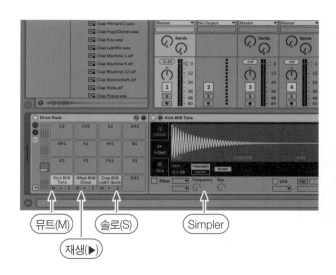

뮤트(M) 솔로(S) 재생(▶) Simpler

**02** 샘플을 가져다 놓으면 패드마다 Simpler가 체인으로 연결되며, 사운드를 모니터할 수 있는 재생 버튼과 뮤트 및 솔로 버튼이 표시됩니다.

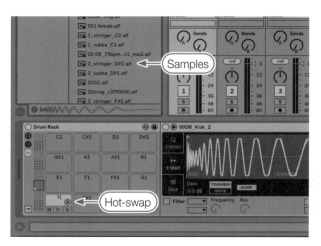

Samples Hot-swap

**03** Hot-swap 버튼을 누르면 Samples 카테고리가 열리며, 마우스 더블 클릭으로 변경 가능합니다. 패드의 이름은 Ctrl+R 키로 변경할 수 있으며, 마우스 드래그로 이동하거나 Ctrl 키를 누른 상태로 복사할 수 있습니다.

## ● 런치패드 샘플 로딩

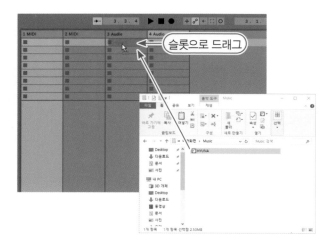

**01** 푸쉬나 런치패드 사용자는 컨트롤러에 익숙해지기 위해서 히트곡 리믹스 연습을 많이 합니다. 유튜브에 올라와 있는 대부분의 퍼포먼스 영상이 그렇습니다. 평소에 리믹스하고 싶었던 음악을 오디오 트랙으로 드래그 합니다.

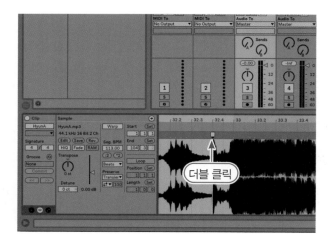

**02** 리믹스 작업은 곡의 하이라이트나 후크 구간을 사용하는 것이 일반적입니다. 클립을 더블 클릭하여 에디터 창을 열고, 시작 위치를 더블 클릭하여 워프 마커를 만듭니다.

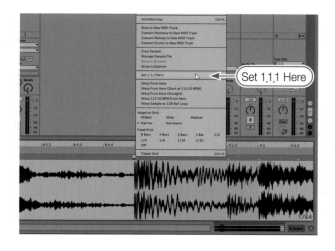

**03** 워프 마커에서 마우스 오른쪽 버튼을 클릭하여 단축 메뉴를 열고, Set 1. 1. 1 Here를 선택하여 시작 포인트를 위치시킵니다.

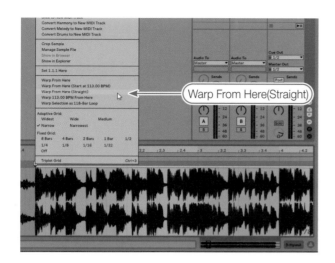

**04** 시작 위치가 마디와 정확하게 일치되지 않은 경우라면 마우스 오른쪽 버튼을 클릭하여 단축 메뉴를 열고, Warp From Here(Straight)를 선택하여 새로 분석되게 합니다.

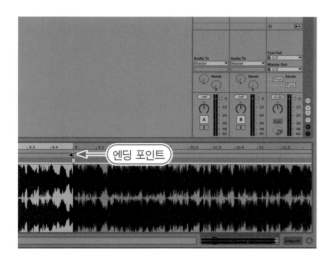

**05** 대부분의 댄스 곡은 시작 위치만 맞추면 되지만, 간혹 비트가 어긋나는 부분이 있을 수 있습니다. 곡을 모니터 해보면서 어긋난 부분이 있다면 워프 마커를 만들어 교정하고, 문제가 없다면 사용할 구간의 마지막 위치에서 Shift+Ctrl 키를 누른 상태로 클릭하여 엔딩 포인트를 만듭니다.

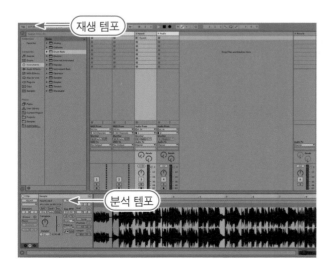

**06** 원곡의 템포는 Warp 섹션의 Seq. BPM에 표시되며, 실제 연주는 에이블톤 컨트롤 바의 템포로 재생됩니다. 템포를 원곡에 맞춰도 좋고, 자신이 좋아하는 템포로 설정해도 좋습니다

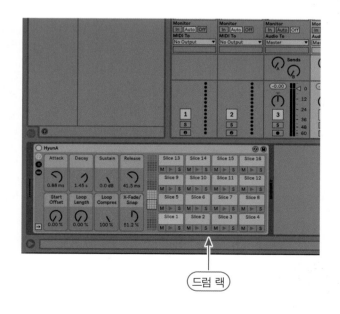

드럼 랙

**07** 지금까지 원곡에서 사용할 구간을 지정하고, 비트를 맞춘 것입니다. 프로듀서 DJ라면 트랙을 추가하여 리믹스 작업을 진행하겠지만, 런치패드 연주자는 비트를 잘라서 드럼 랙에 로딩하는 작업이 필요합니다. 클립을 마우스 오른쪽 버튼으로 클릭하여 단축 메뉴를 열고, Slice to New MIDI Track을 선택합니다.

**08** 음악을 어떤 길이로 자를 것인지를 설정할 수 있는 창이 열립니다. 보통 4비트를 많이 사용하므로, Create one slice per에서 1/4 Note를 선택하고, OK 버튼을 클릭합니다.

**09** 드럼 랙을 장착한 미디 트랙이 생성되고, 각 패드에 비트 단위로 잘린 샘플이 로딩됩니다. 푸쉬나 런치패드로 연주를 해본다면 프로듀서 DJ와는 다른 아이디어를 얻을 수 있을 것입니다.

● 체인 리스트

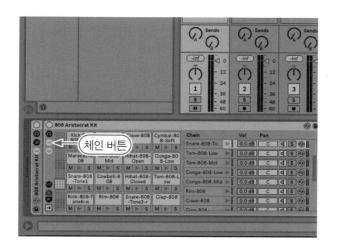

*01* 패드는 Simpler와 체인으로 연결되어 있어 개별적인 프로세싱이 가능합니다. 체인 리스트는 왼쪽 상단의 체인 버튼을 클릭하여 열거나 닫을 수 있습니다.

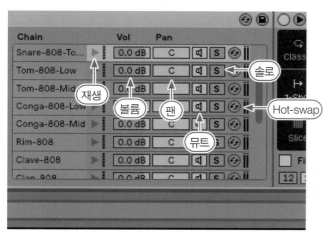

*02* 파라미터 구성은 패드와 비슷하며, 볼륨과 팬을 조정할 수 있는 칼럼이 있습니다.

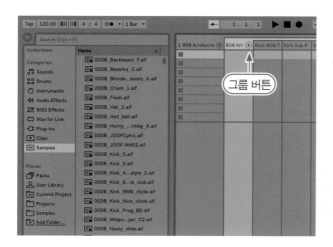

*03* 체인은 그룹으로 구성되며, 트랙 이름에 표시되어 있는 그룹 버튼을 클릭하여 체인 리스트의 트랙을 열 수 있습니다.

**04** 볼륨이나 팬 등, 체인을 컨트롤할 일이 있다면, 트랙의 믹서 패널에서 하는 것이 편합니다.

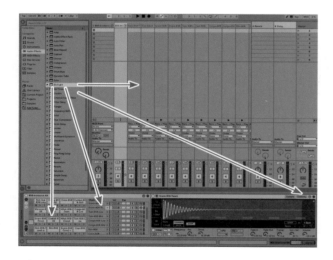

**05** 프로세서 작업을 위한 오디오 이펙트 역시 패드, 체인, 트랙, 디바이스 뷰 등, 어느쪽으로 해도 상관없습니다.

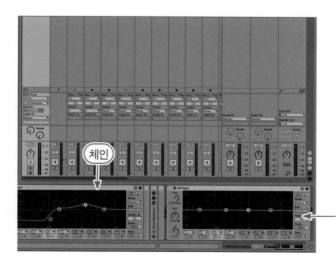

**06** 패드 및 체인으로 로딩한 이펙트는 해당 체인에만 적용되는 것이며, 드럼 랙 트랙으로 로딩한 이펙트는 전체 사운드에 영향을 준다는 것에 착오없길 바랍니다.

## ● 센드와 리턴

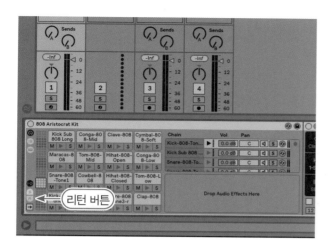

리턴 버튼

**01** 개별적인 프로세싱이 가능한 체인은 센드 방식의 이펙트 역시 개별적으로 처리할 수 있습니다. 왼쪽 하단의 리턴 버튼을 클릭하면 체인 리스트 하단에 리턴 리스트가 열립니다.

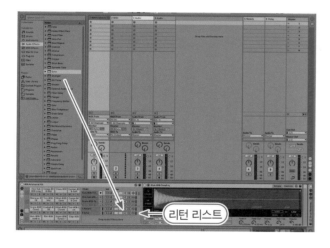

리턴 리스트

**02** 오디오 이펙트를 리턴 리스트에 가져다 놓으면, 개별적으로 볼륨과 팬 등을 컨트롤할 수 있는 체인 타입으로 생성이 됩니다.

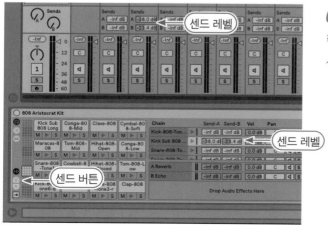

센드 레벨

센드 레벨

센드 버튼

**03** 센드 버튼을 클릭하면 체인 리스트에 센드 레벨을 조정할 수 있는 칼럼을 볼 수 있으며, 믹서 섹션의 Sends 항목에서도 조정할 수 있습니다.

## ● 멀티 사운드

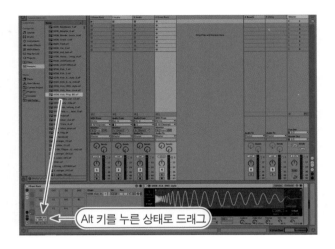

**01** 댄스 음악에서 두 개 이상의 Kick이나 Snare 샘플을 섞어서 사용하는 기법을 더블링이라고 합니다. 패드는 두 개 이상의 샘플을 그룹으로 묶는 멀티 기능을 지원합니다. 샘플이 있는 패드에 또 다른 샘플을 Alt 키를 누른 상태로 드래그하여 가져다 놓습니다.

Alt 키를 누른 상태로 드래그

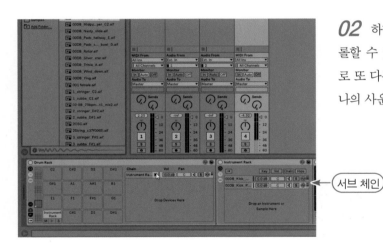

**02** 하나의 체인에 두 샘플을 개별적으로 컨트롤할 수 있는 서브 체인이 생성되며, 서브 체인으로 또 다른 샘플을 드래그하여 3-4개의 샘플로 하나의 사운드를 만드는 것도 가능합니다.

서브 체인

**03** 트랙에서도 메인 체인 버튼을 클릭하여 열면 서브 채널이 별도의 그룹으로 생성되어 있으며, 모든 프로세싱을 개별적으로 진행할 수 있습니다.

서브 체인

메인 체인

● 인/아웃

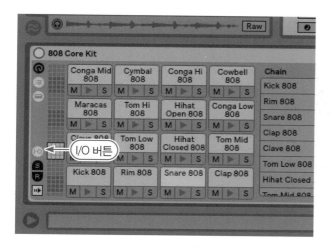

**01** 드럼 패드 컨트롤러를 사용하는 경우에 랙의 구성과 패드의 위치가 다릅니다. 이것을 재설정할 수 있는 것이 인/아웃 섹션이며, I/O 버튼을 클릭하여 체인 리스트에 표시할 수 있습니다.

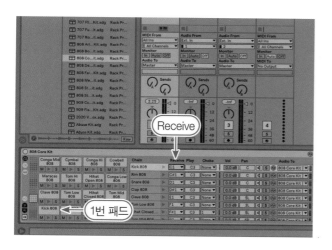

**02** Receive에서 패드 컨트롤러의 미디 노트를 선택합니다. 패드 노트는 제품마다 다르기 때문에 피아노 롤에서 확인할 필요가 있습니다. 예를 들어 Akai 사의 경우 1번 패드가 C#1으로 되어 있으므로, 랙과 동일한 패치로 만들고자 한다면, Receive에서 C#1을 선택하는 것입니다. 총 16개의 패드 노트를 모두 같은 방법으로 설정합니다.

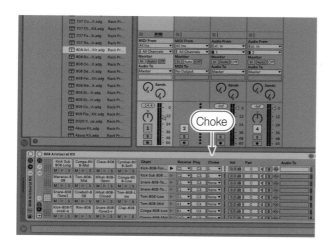

**03** Play는 체인으로 보내는 미디 노트를 선택하는 것으로, C3를 기준으로 피치가 조정됩니다. Choke는 동일한 번호로 선택된 체인이 동시에 연주되지 않도록 합니다. 함께 연주될 수 없는 C.HH과 O.HH을 같은 번호로 설정합니다.

TIP

*사용하고 있는 제품의 프리셋을 이용하면 좀 더 간편하게 맵핑할 수 있습니다.*

● 매크로

*01* 랙에는 로딩한 악기나 이펙트의 주요 파라미터를 컨트롤할 수 있는 매크로 뷰를 제공합니다. 왼쪽 상단의 매크로 버튼을 클릭 합니다.

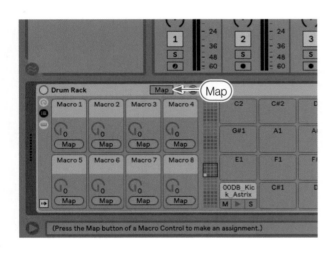

*02* 총 8개의 매크로 노브가 보입니다. Map 버튼을 클릭하면 연결할 수 있는 파라미터들이 녹색으로 표시됩니다.

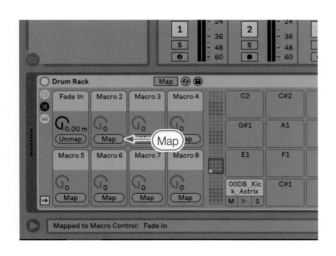

*03* 즐겨 사용하는 장치의 파라미터를 선택하고, 매크로 노브에 표시되어 있는 Map 버튼을 클릭하면 연결됩니다. 같은 방법으로 총 8개의 파라미터를 연결할 수 있습니다.

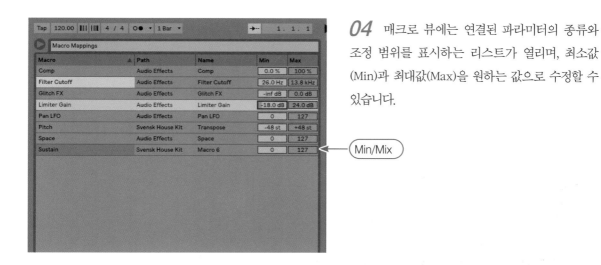

04 매크로 뷰에는 연결된 파라미터의 종류와 조정 범위를 표시하는 리스트가 열리며, 최소값 (Min)과 최대값(Max)을 원하는 값으로 수정할 수 있습니다.

Min/Mix

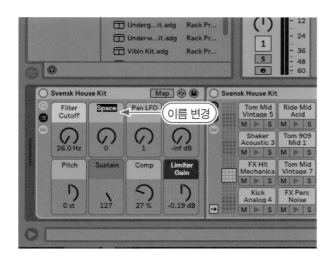

이름 변경

05 매크로 노브 이름은 Ctrl+R 키를 눌러 변경할 수 있으며, 마우스 오른쪽 버튼을 클릭하여 색상을 변경할 수 있습니다.

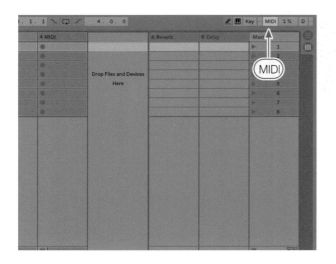

MIDI

06 매크로 노브를 외부 미디 컨트롤러로 맵핑시키면, 효과적으로 사용을 할 수 있습니다.

# 06 | Electric

70년대 일렉 피아노 사운드를 그대로 재현하고 있는 악기 입니다. 샘플링 음원을 사용하지 않는 아날로그 방식이지만, 다양한 음색 변화가 가능하다는 장점을 가지고 있습니다. 신호 흐름은 다른 장치와 마찬가지로 왼쪽에서 오른쪽으로 진행되며, 해머를 재현하는 Hammer 부터 Fork, Damper/Pickup, Global 순서로 구성되어 있습니다.

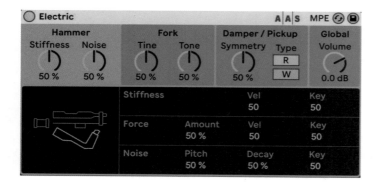

● Hammer

일렉 피아노는 건반을 누르면 해머가 조음기를 때려서 소리를 내는 악기입니다. Hammer 섹션은 해머와 조음기의 경도를 조절하는 파라미터로 구성되어 있습니다.

Stiffness : 해머의 경도를 조정합니다. 값이 높을수록 단단한 표면을 시뮬레이션합니다. 벨로시티 및 노트에 따른 경도를 수정할 수 있는 Vel과 Key 파라미터를 제공합니다.

Noise : 해머가 조음기를 때릴 때 발생하는 잡음의 양을 조정합니다. 잡음이 발생하는 중심 주파수를 설정하는 Pitch, 소리가 사라지는 시간을 조정하는 Decay, 그리고 노트에 따른 변화를 조정할 수 있는 Key 파라미터를 제공합니다.

**Force** : 해머가 조음기를 때릴 때의 강도를 조정합니다. 값이 높을수록 강한 충격을 시뮬레이션하며, 벨로시티와 노트에 따른 강도의 변화를 수정할 수 있는 Vel 및 Key 파라미터를 제공합니다.

● Fork

일렉 피아노의 핵심 부품인 조음기를 컨트롤하는 Tine과 Tone의 두 가지 노브를 제공합니다.

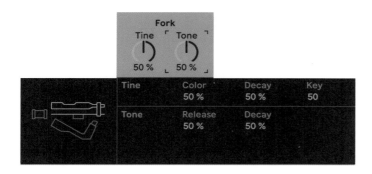

**Tine** : 타격 받는 조음기를 컨트롤하는 섹션으로 주파수를 설정하는 Color, 사운드 길이를 조정하는 Decay, 노트에 따른 변화 값을 조정하는 Key 파라미터로 구성되어 있습니다.
**Tone** : 타격으로 발생하는 공명음을 컨트롤하는 섹션으로 길이를 조정하는 Decay와 Note Off 후의 잔향을 조정하는 Release 파라미터가 있습니다.

● Damper/Pickup

픽업의 수직 위치를 조정하며, 타입은 다이내믹 픽업의 R과 스태틱 픽업의 W 중에서 선택할 수 있습니다.

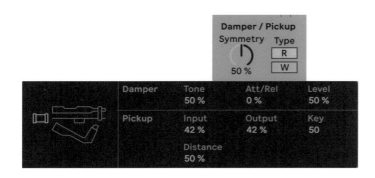

Damper : 헤머가 조음기를 누르고 있을 때의 지속음을 컨트롤합니다.

Tone : 지속음의 톤을 조정합니다.

Att/Rel : 해머가 조음기에 닿을 때와 떨어질 때 발생하는 잡음을 조절합니다. 값을 올릴수록 떨어질 때 발생하는 잡음을 만듭니다.

Level : 지속음의 볼륨을 조정합니다.


Pickup : 내부적으로 조음기의 사운드를 증폭시키는 코일 픽업을 시뮬레이션 합니다.

Input : 픽업에 전달되는 조음기 신호의 양을 조정합니다.

Output : 픽업에서 아웃풋으로 전달되는 신호의 양을 조정합니다.

Key : 노트에 따른 변화 값을 컨트롤합니다.

Distance : 픽업의 거리를 조정합니다. 값을 내려 거리가 가까워지면서 오버드라이브가 발생합니다.


● Global

악기의 최종 출력 사운드를 컨트롤 합니다.

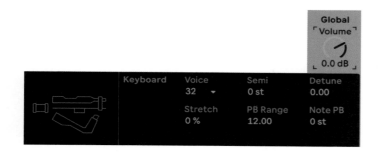

Volume : 최종 출력 레벨을 조정합니다.

Voices : 보이스 수를 선택합니다.

Semi : 반음 단위로 음정을 조정합니다.

Detune : 100분 1 단위로 음정을 조정합니다.

Stretch : 공명음을 튜닝합니다. 값을 올리면 고음역의 사운드가 선명해지고 값을 내리면 저음역이 풍부해집니다.

PB.Range : 피치 밴드의 범위를 설정합니다.

Note PB : MPE 노트의 피치 밴드 범위를 설정합니다.

## 07 | External Instrument

External Instrument는 외부 악기를 연결하는 유틸리티 입니다. MIDI To 상단에서 악기를 선택하고, 하단에서 미디 채널을 선택합니다. 컴퓨터 뮤지션들의 필수 소프트 악기인 Kontakt의 멀티 아웃 설정 방법을 살펴보겠습니다.

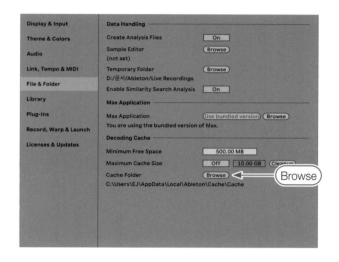

**01** Kontack은 별도로 설치되어 있어야 하며, Preferences 창의 File/Folder 페이지 맨 아래쪽에 있는 VST Plug-in Custom Folder 항목의 Browse 버튼을 클릭하여 위치를 지정해야 사용할 수 있습니다.

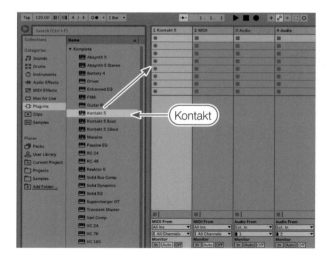

**02** Plug-Ins 카테고리에서 Kontakt을 미디 트랙 또는 작업 공간으로 드래그하여 로딩합니다.

**03** Kontakt에서 악기를 로딩하면 미디 채널이 1, 2, 3... 순서대로 설정됩니다. 하지만, 연주를 하면 MIDI Ch 1의 첫 번째 음색만 소리가 납니다.

**04** Kontakt은 멀티 아웃을 지원하지만, 미리 설정을 해야 합니다. 메뉴에서 Outputs을 선택하여 열고, Outputs 섹션의 Add 버튼을 클릭합니다.

**05** Quantity에서 추가하고 싶은 채널 수를 입력하고, Soundcard/Host output에서 Kt. aux 1을 선택합니다. OK 버튼을 클릭하면 아웃 채널이 추가 됩니다.

> *TIP*
>
> 컴퓨터 뮤지션들의 필수 악기 Kontakt에 관한 자세한 사항은〈POP 편곡법〉서적을 참조합니다.

*06* 두 번째 추가한 악기의 Output에서 St.2를 선택합니다. 세 번째는 St.3, 네 번째는 St.4 순서로 각각의 악기 출력을 설정하는 것입니다.

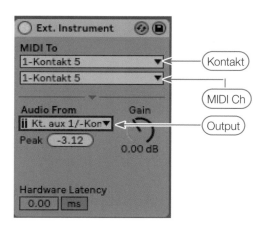

*07* External Instrument 작업 공간으로 드래그하여 트랙을 만들고, MIDI To의 상단에서는 Kontakt, 하단에서는 채널 2, Audio From에서는 Aux1을 선택합니다. 3개의 악기를 사용한다면 External Instrument 트랙을 추가하고, 미디 채널 3은 아웃은 Aux2 순서로 선택하는 것입니다.

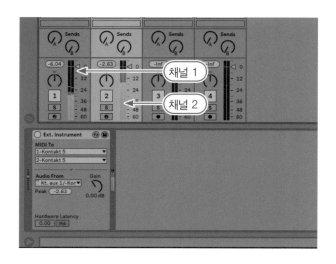

*08* Kontakt 트랙에서는 1번 악기, External Instrument 트랙에서는 2번 악기를 사용하게 되는 것입니다. Peak는 피크 레벨을 표시하는 것으로 0dB이 넘지 않게 Gain으로 조정할 필요가 있습니다. 그리고 Hardware Latency는 레이턴시를 수동으로 보정하는 파라미터 입니다.

# 08 Impulse

드럼 랙과 비슷하게 샘플을 로딩하여 사용할 수 있는 장치입니다. 차이점은 슬롯이 8개이며, 자체적으로 사운드를 디자인할 수 있는 파라미터를 갖추고, 슬롯 마다 개별 아웃을 지원한다는 것입니다.

슬롯은 왼쪽에서부터 C3, D3, E3, F3, G3, A3, B3, C4의 옥타브 단위로 맵핑되어 있으며, 각 파라미터는 선택한 슬롯의 사운드를 컨트롤 합니다. 8번 슬롯은 7번 슬롯과 동시 연주를 피할 수 있는 Link 버튼을 제공합니다.

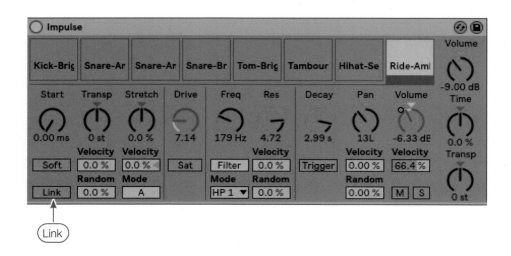

▶ **Start** : 샘플이 재생되는 시작 위치를 설정합니다. 위치에 따라 클릭 잡음이 발생하는 경우에는 Soft 버튼을 On 으로 하여 부드럽게 시작되게 할 수 있습니다.

▶ **Transp** : 음정을 조정합니다. 벨로시티에 따른 음정 변화를 만드는 Velocity와 무작위로 변하게 하는 Random 파라미터를 제공합니다.

▶ **Stretch** : 샘플의 길이를 조정합니다. 이때 적용되는 알고리즘은 Mode A와 B가 있으며, A는 킥이나 스테어와 같은 사운드에 적합하고, B는 하이햇이나 심벌과 같은 사운드에 적합합니다. 벨로시티에 따른 길이 변화를 만드는 Velocity 파라미터를 제공합니다.

▶ **Drive** : Sat 버튼으로 On/Off 하며, 입력 신호를 증폭합니다. 높은 Drive 값이 필요한 경우에는 출력 레벨 (Volume)을 낮추어 클리핑을 방지하는 것이 요령입니다.

▶ **Freq/Res** : Filter 버튼으로 On/Off 하며, 필터를 적용합니다. 필터 타입은 Mode에서 선택하며, 중심 주파수는 Freq 노브로 설정하고, 레조넌스는 Res 노브로 조정합니다. 그 외, 벨로시티에 따라 필터 값이 변하게 하는 Velocity와 무작위로 변하게 하는 Random 파라미터를 제공합니다.

▶ **Decay** : 사운드의 소멸 타임을 조정합니다. Trigger과 Gate 모드를 선택할 수 있으며, Trigger는 Note On에서 적용되고, Gate는 Note Off에서 적용됩니다.

336 | Ableton Live 12

▶ Pan : 스테레오 재생 위치를 설정합니다. 벨로시티에 따라 위치가 변하는 Velocity와 무작위로 변하게 하는 Random 파라미터를 제공합니다.

▶ Volume : 볼륨을 조정합니다. 벨로시티에 따라 볼륨이 변하게 만드는 Velocity 파라미터와 해당 사운드를 뮤트 (M)하거나 솔로(S)로 재생되게 할 수 있는 버튼을 제공합니다. 슬롯에 표시되는 재생 버튼 왼쪽의 사각형(뮤트)과 오른쪽의 사각형(솔로)을 이용해도 됩니다.

▶ Global : 악기 전체의 출력 레벨을 조정하는 Volume과 시작 타임을 조정하는 Time, 음정을 조정하는 Transp 로 구성되어 있습니다.

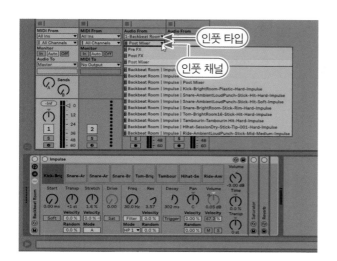

Impulse는 멀티 아웃을 지원합니다. 각 슬롯을 개별적으로 출력하고자 한다면, 오디오 트랙의 인풋 타입에서 Impulse를 선택하고, 인풋 채널에서 슬롯에 로딩한 악기 이름을 선택합니다. 슬롯이 8개이므로, 8개의 오디오 트랙을 만들어 각각 설정합니다.

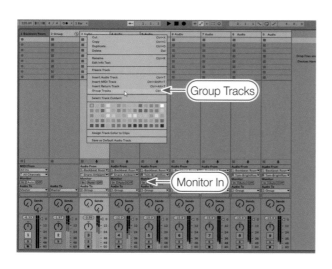

각 트랙의 Monitor를 In으로 놓고, 악기를 연주하면 슬롯이 개별적으로 출력되는 것을 확인할 수 있습니다. 8개의 오디오 트랙은 단축 메뉴의 Group Tracks을 선택하여 그룹 트랙으로 관리하면 편리합니다.

# 09 Meld

두 대의 신디사이저가 하나로 합쳐진 것처럼 개별적으로 동작하는 두 개의 오실레이터 엔진을 제공합니다. 선택한 오실레이터에 따라 매크로 컨트롤의 매개 변수 유형이 달라지며, 사운드의 움직임을 빠르게 도입할 수 있는 17가지 필터와 믹스 컨트롤을 제공합니다. 특히, 두 개의 엔벨로프와 LFO로 뛰어난 변조가 가능한 악기입니다.

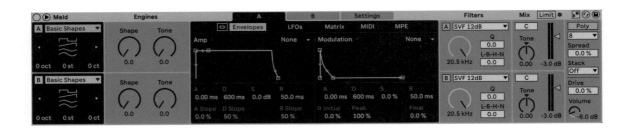

● Engines 섹션

오실레이터는 A와 B 두 개를 제공하고 있으며, 알파벳 버튼을 클릭하여 On/Off 할 수 있습니다. 매크로는 선택한 타입에 따라 달라지며, 피치는 옥타브, 반음, 1/100음 단위로 조정할 수 있습니다.

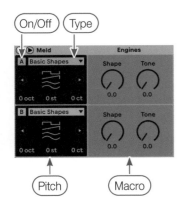

▶ On/Off : 오실레이터 A 또는 B의 사용 여부를 결정합니다. 입문자는 한 번에 하나의 오실레이터만 사용하여 선택한 타입이 정확히 어떤 소리를 내는지, 매크로 및 엔벨로프를 움직였을 때 어떻게 변조되는지, 하나씩 시도해보는 것이 각 요소의 기능을 빠르게 익힐 수 있는 방법입니다.

▶ Type : 오실레이터를 선택합니다. 파형 표시 좌/우에 있는 버튼을 클릭하여 순차적으로 선택할 수도 있습니다.

▶ Macro : 선택한 오실레이터를 빠르게 변조할 수 있는 2개의 노브를 제공합니다. 유형에 따라 역할이 달라지며, 빠른 톤 컨트롤이 가능합니다.

▶ Pitch : 오실레이터 음정을 조정할 수 있는 3개의 매개 변수를 제공합니다. 왼쪽에서부터 옥타브, 반음, 1/100 단위로 조정할 수 있습니다.

● Envelopes 섹션

선택한 오실레이터를 변조할 수 있는 Envelopes, LFOs, Matrix, MIDI, MPE를 제공합니다. Link 버튼을 On으로 하면 A/B 설정이 동일하게 적용됩니다. 첫 번째 Envelopes는 사운드 Amp와 Modulation의 엔벨로프를 변조합니다.

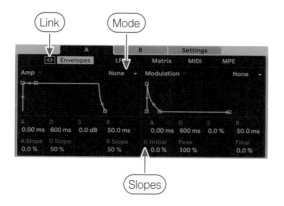

▶ AMP : 사운드의 엔벨로프(ADSR)를 조정합니다. Trigger, Loop, AD Loop 모드를 제공하며, 그래프 포인트를 드래그하여 수정할 수 있습니다. ADR Slope 역시 포인트 사이의 핸들을 드래그하여 조정할 수 있습니다.
▶ Modulation : 모듈레이션 휠을 움직일 때의 엔벨로프를 조정합니다. 모드와 조정 방법은 Amp와 동일하며, Slopes 버튼을 활성화하여 ADR Slope를 표시할 수 있습니다.
▶ Level : 시작 레벨(Initial), 어택과 디케이 범위의 레벨(Peak), 릴리즈 레벨(Final) 값을 설정합니다.


● LFOs 섹션

사운드가 타입에서 선택한 파형대로 변조되는 LFO 섹션입니다.

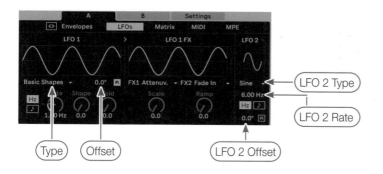

▶ Type : 사운드를 선택한 타입의 모양으로 흔들어줍니다. LFO1은 Basic Shapes, Ramp, Wander, Atternate, Euclid, Pulsate의 7가지를 제공하며, LFO2는 Sine, Tri, Saw Up, Saw Down, Rectangle, Random S&H의 6가지를 제공합니다.

▶ Offset : 파형이 시작되는 위치를 조정합니다. 오른쪽의 R은 노트가 시작될 때 마다 설정된 위치에서 출발되게 하는 Retrigger 버튼입니다.

▶ Rate : 파형 속도를 조정합니다. 음표 버튼을 선택하여 템포에 맞추어 조정할 수 있습니다.

▶ Shape : 파형의 모양을 변조합니다.

▶ Fold : 파형의 피크 지점을 변조합니다.

▶ LFO 1 FX : FX1과 FX2 타입을 추가하여 LFO를 변조합니다. 노브의 역할은 선택한 타입에 따라 달라집니다.

● Matrix, MIDI, MPE 섹션

모듈레이션, LFO, 미디, MPE 정보로 제어할 매개 변수의 양을 조정합니다. 패널을 확장하면 좀 더 다양한 매개 변수를 볼 수 있습니다.

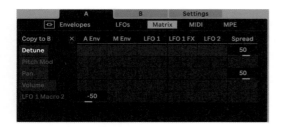

● Settings 섹션

피치, 오실레이터, 필터의 스케일 모드 활성 여부를 설정하거나 포르타멘토 및 글리산도 타임을 설정합니다.

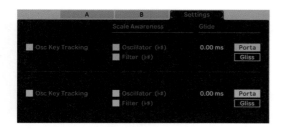

▶ OSC Key Tracking : 오실레이터에 대한 키 추적을 On/Off 합니다. Off 이면 모든 미디 노트에 대해 C3의 일정한 피치로 재생되거나, 스케일을 사용하는 경우 C3 옥타브 스케일의 근음에서 재생됩니다.

▶ Scale Awareness : 오실레이터 및 필터 타입에서 (b#) 표시되어 있는 것을 선택한 경우에 매개변수로 제어되는 피치와 컷 오프 주파수가 스케일 모드를 따르게 합니다.

▶ Glide : 포르타멘토(Porta) 또는 글리산도(Gliss) 모드 중에서 선택할 수 있으며, Gliss 모드는 0.00ms 보다 큰 값으로 설정된 경우에만 적용됩니다.

● Filters 섹션

프리퀀시에서 설정한 주파수 이상 또는 이하를 차단하는 필터를 적용합니다.

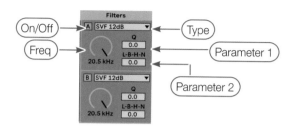

▶ **Type** : 필터 타입을 선택합니다.

▶ **Freq** : 컷 오프 주파수를 설정합니다.

▶ **Parameter 1/2** : 필터 타입에 따라 달라집니다.

● Mix 섹션

재생 위치를 조정하는 Pan, 톤과 볼륨을 조정하는 Tone 노브 및 Volume 슬라이더를 제공합니다. Limit 버튼을
On으로 하면 클리핑이 발생하지 않는 한도내에서 볼륨을 증가시킬 수 있습니다.

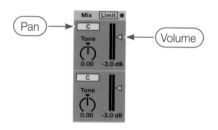

● Global 섹션

A/B 오실레이터가 혼합된 최종 출력을 제어합니다.

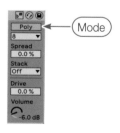

▶ **Mode** : Ploy 또는 Mono 중에서 선택합니다. Poly는 보이스 수를 설정하고,
Mono는 레가토(Legato) 여부를 On/Off 할 수 있습니다.

▶ **Spread** : 매트릭스 내 확산 변조 소스의 범위를 조정합니다.

▶ **Stack** : 단일 음표에 쌓아 올릴 음색 수를 선택합니다.

▶ **Drive** : 입력 레벨을 조정합니다. 두 엔진이 믹스된 후 리미터 앞에 추가됩니다.

▶ **Volume** : 최종 출력 레벨을 조정합니다.

# 10 | Operator

아날로그 신디사이저는 제품에 따라 Frequency Modulation(FM 방식), Subtractive(감산 방식), Additive(가산 방식) 등 사운드를 만들어내는 방식에 따라 여러가지로 분류됩니다. 하지만 음악을 하는 사람이 악기 사운드가 어떤 방식으로 만들어지는지 까지 알아야 할 필요는 없습니다. 그냥 마음에 드는 기본 프리셋이 있고, 조작이 간편하면 됩니다. Operator는 FM, Sub, Add 방식의 단점을 빼고, 장점만 모아 놓은 복합 신디사이저 입니다. 당연히 개별 방식보다 다양한 소리를 만들어낼 수 있고, 컨트롤하기 쉽다는 장점을 가지고 있습니다.

화면은 디스플레이를 중심으로 왼쪽에 4개의 오실레이터(A-D) 섹션이 있고, 오른쪽에는 위에서부터 LFO 섹션, 필터 섹션, 피치 섹션, 아웃 섹션으로 구성되어 있습니다. 각 섹션을 선택하면 세부 정보를 컨트롤할 수 있는 파라미터가 디스플레이에 표시됩니다.

오실레이터 섹션 / LFO 섹션 / 필터 섹션 / 피치 섹션 / 아웃 섹션

● OSC 섹션

오실레이터는 A-D의 4개를 제공하고 있으며, 알파벳 버튼을 클릭하여 On/Off 할 수 있습니다.

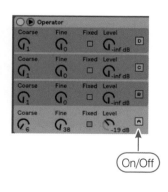

On/Off

▶ Coarse : 음정을 배음 단위로 조정합니다.
▶ Fine : 음정을 반음 단위로 조정합니다.
▶ Fixed : 음정을 고정합니다.

옵션을 체크하면 Coarse 및 Fine은 기본 음정을 설정할 수 있는 Freq와 배음을 조정하는 Multi로 변경됩니다.

▶ Level : 오실레이터 볼륨을 조정합니다.

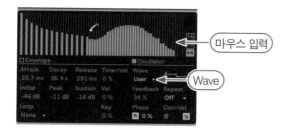

▶ Wave : 파형은 Sine, Saw, Square, Triangle의 기본 파형과 노이즈 샘플인 Noise Looped 및 Noise White를 제공하며, Wave 항목에서 선택합니다. 특별한 것은 마우스 드래그로 사용자만의 파형을 만들 수 있다는 것입니다.

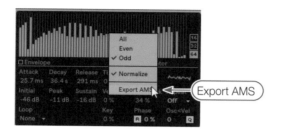

사용자 파형은 마우스 오른쪽 버튼을 클릭하면 열리는 단축 메뉴의 Export AMS를 선택하여 User Library의 Waveforms 폴더에 저장할 수 있으며, 언제든 디스플레이로 드래그하여 사용할 수 있습니다.

Even은 홀수, Odd는 짝수 하모닉스를 편집하는 옵션이며, 기본값은 All로 되어 있습니다. Normalize는 오실레이터의 전체 아웃 레벨을 유지합니다.

▶ Feedback : 오실레이터의 반복 길이를 조정합니다.
▶ Repeat : 오실레이터의 반복 타임을 선택합니다.
▶ Phase : 위상을 조정합니다. R 버튼을 On으로 하면 노트가 연주될 때 같은 위치에서 다시 시작됩니다.
▶ OSC〈Vel : 벨로시티에 따른 프리퀀시 조정 값을 설정합니다. Q 버튼을 On으로 하면 배음 단위로 조정됩니다.

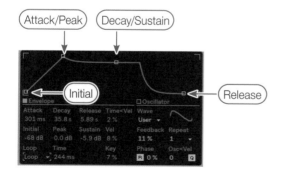

▶ Envelope : 엔벨로프 타임 및 레벨을 컨트롤할 수 있는 파라미터로 구성되어 있으며, 각각 그래프 포인터를 드래그하여 조정할 수 있습니다.
▶ Time〈Vel : 벨로시티에 따른 타임 조정 값을 설정합니다.
▶ Vel : 벨로시티에 따른 레벨 조정 값을 설정합니다.
▶ Key : 노트에 따른 레벨 조정 값을 설정합니다.
▶ Loop : 엔벨로프 반복 모드를 선택합니다. Loop는 타임 단위, Beat는 박자 단위로 시작하고, 비트에 동기되는 Sync와 Note Off가 무시되는 Trigger가 있습니다.

## ● LFO 섹션

오실레이터를 변조하는 LFO 섹션이며, On/Off 할 수 있습니다.
Operator의 LFO는 고음역을 낼 수 있기 때문에 5번째 오실레이터 역할도 병행합니다.

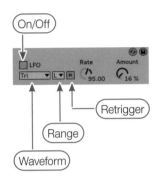

▶ **Wavefrom** : LFO 파형을 선택합니다.

▶ **Range** : LFO 주파수 범위를 선택합니다. 저음역의 Low와 고음역의 High, 그리고 비트와 동기되게 하는 Sync 타입을 제공합니다.

▶ **Retrigger** : 노트가 연주될 때 LFO 파형을 새로 시작합니다.

▶ **Rate** : 주파수 및 비트를 선택합니다.

▶ **Amount** : 변조 폭을 조정합니다.

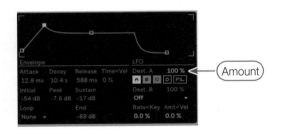

▶ **Dest. A** : 오실레이터(A-B)와 필터(Fil)의 LFO 변조를 On/Off 할 수 있는 버튼과 강도를 조절할 수 있는 Amount를 제공합니다.

▶ **Dest. B** : LFO 변조 파라미터를 선택할 수 있으며, 강도는 Amount로 조정합니다.

▶ **Rate〈Key** : 노트에 따른 변조 속도를 조정합니다.

▶ **Amt〈Vel** : 벨로시티에 따른 변조 강도를 조정합니다.

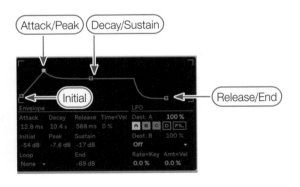

▶ **Envelope** : 엔벨로프 타임 및 레벨을 컨트롤할 수 있는 파라미터로 구성되어 있으며, 각각 그래프 포인터를 드래그하여 조정할 수 있습니다.

▶ **Time〈Vel** : 벨로시티에 따른 타임 값을 설정합니다.

▶ **Loop** : 엔벨로프 반복 모드를 선택합니다.

## ● Filter 섹션

Lowpass, Bandpass, Highpass, Notch, Ladder 타입을 제공하며, On/Off 할 수 있습니다.
Ladder 타입은 배음 간격으로 주파수를 차단합니다.

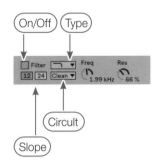

▶ **Type** : 필터 타입을 선택합니다.

▶ **Slope** : 필터 감쇠 폭을 선택합니다.

▶ **Circult** : 차단 주파수 타입을 선택합니다. Clean을 기준으로 OSR은 강하게, MS2는 부드럽게, SMP는 MS2와PRD의 중간, PRD은 제한 없이 적용합니다.

▶ **Freq** : 차단 주파수를 설정합니다. 마우스 오른쪽 버튼을 클릭하여 단축 메뉴를 열고, Play by Key를 선택하면 Freq<key를 100%, Freq를 466Hz로 설정하여 필터의 Key 축적을 최적의 상태로 설정합니다.

▶ **Res** : 레조넌스를 조정합니다. Freq와 Res는 Filter 그래프의 포인트를 드래그하여 동시에 조정할 수 있습니다.

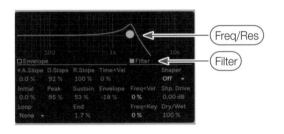

▶ **Shaper** : 파형 타입을 선택합니다. 필터는 여기서 선택한 파형을 통해 전송됩니다.

▶ **Shp.Drive** : 파형 발생기로 보내는 신호 값을 조정합니다.

▶ **Dry/Wet** : 처리 전후의 비율을 조정합니다.

▶ **Freq<Vel** : 벨로시티에 따른 필터 적용값을 조정합니다.

▶ **Freq<Key** : 노트에 따른 필터 적용값을 조정합니다.

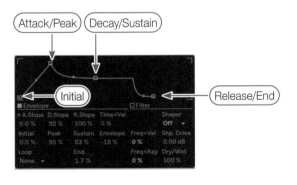

▶ **Envelope** : 엔벨로프 타임 및 레벨을 컨트롤할 수 있는 파라미터로 구성되어 있으며, 각각 그래프 포인터를 드래그하여 조정할 수 있습니다. 포인트 사이의 핸들을 드래그하면 라인을 조정할 수 있습니다.

▶ **Time<Vel** : 벨로시티에 따른 타임 값을 설정합니다.

▶ **Envelope** : 필터 프리퀀시에 따른 엔벨로프의 변조량을 조정합니다.

▶ **Loop** : 엔벨로프 반복 모드를 선택합니다.

## ● Pitch 섹션

글리산도 효과를 만들 수 있으며, 폴리 포닉을 지원합니다.

▶ Pitch Env : 피치 엔벨로프 양을 조정합니다.

▶ Spread : 보이스 피치 간격을 조정합니다.

▶ Transpose : 음정을 조정합니다.

▶ Dest. A : 오실레이터(A-B)와 LOF의 피치 변조를 On/Off 할 수 있는 강도를 조절할 수 있는 Amount를 제공합니다.

▶ Dest. B : 피치 변조 파라미터를 선택할 수 있으며, 강도 는 Amount로 조정합니다.

▶ Glide : 글리산도 효과를 On/Off 하며, 속도를 설정할 수 있는 Time 파라미터를 제공합니다.

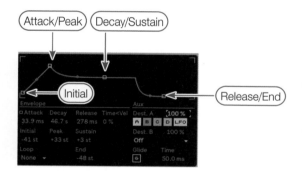

▶ Envelope : 엔벨로프 타임 및 레벨을 컨트롤할 수 있 는 파라미터로 구성되어 있으며, 각각 그래프 포인터를 드 래그하여 조정할 수 있습니다. 포인트 사이의 핸들을 드 래그하면 라인을 조정할 수 있습니다.

▶ Time〈Vel : 벨로시티에 따른 피치 값을 설정합니다.

▶ Loop : 엔벨로프 반복 모드를 선택합니다.

● Output 섹션

최종 출력 사운드를 컨트롤 합니다.

Algorithm

▶ Time : 엔벨로프 길이를 조정합니다.
▶ Tone : 톤을 조정합니다.
▶ Volume : 볼륨을 조정합니다.

Algorithm

▶ Dest. A : 오실레이터(A-B)와 LOF의 피치 변조를 On/Off 할 수 있는 강도를 조절할 수 있는 Amount를 제공합니다.
▶ Dest. B : 피치 변조 파라미터를 선택할 수 있으며, 강도는 Amount로 조정합니다.
▶ Glide : 글리산도 효과를 On/Off 하며, 속도를 설정할 수 있는 Time 파라미터를 제공합니다

## Max for Live

에이블톤 라이브는 기본적으로 Granulator III, Performance Pack, CV Tools, Building Max Devices, Microtuner, Inspired by Nature, PitchLoop89, Creative Extensions, Surround Panner, Convolution Reverb, Connection Kit, Connection Kit, Max for Live Building Tools, Max for Live

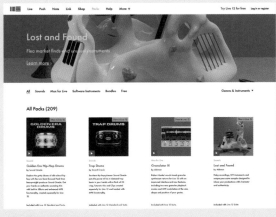

▲ableton.com/en/packs/

Pluggo for Live 등 맞춤형으로 디자인된 Max for Live 장치를 제공하고 있으며, 브라우저 뷰의 Packs 카테고리에서 다운로드 버튼을 클릭하여 저장하고, Install 버튼을 클릭하여 설치할 수 있습니다. 그 외에도 ableton.com의 Packs 페이지에서 무료(Free)로 제공되는 것들을 다운 받아 에이블톤 라이브의 기능을 확장할 수 있습니다.

외부 오디오 파일을 가져다가 악기 음색으로 사용하는 장치를 샘플러라고 합니다. 앞에서 학습한 Drum Rack이나 Impulse도 드럼 샘플을 사용하기 좋게 디자인 되어 있을 뿐, 같은 계열의 샘플러 입니다. 다만, 여기서 학습하는 Sampler는 좀 더 다양한 기능을 갖추고 있는 고급 기종이라고 생각하면 됩니다. 그 외, 에이블톤은 Sampler의 기능을 간소화한 Simple도 제공하고 있습니다. 두 장치 모두 타이틀 바에서 마우스 오른쪽 버튼을 클릭하여 단축 메뉴를 열고, Sampler →Simple을 선택하여 변경할 수 있습니다. 즉, 같은 장치라는 의미입니다.

샘플러는 Zone, Sample, Pitch/OSC, Filter/Global, Modulation, MIDI 탭으로 구성되어 있으며, 기본 페이지는 외부 오디오 파일을 가져다 놓을 수 있는 Sample 입니다.

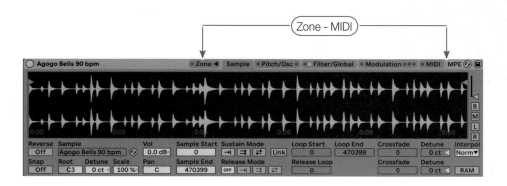

● Sample

Sample 탭은 오디오 샘플을 가져다 놓는 디스플레이와 이를 편집할 수 있는 파라미터로 구성되어 있습니다.

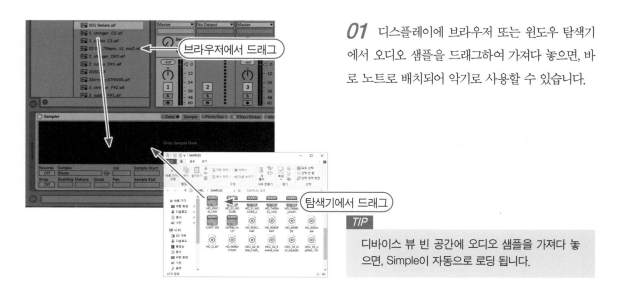

*01* 디스플레이에 브라우저 또는 윈도우 탐색기에서 오디오 샘플을 드래그하여 가져다 놓으면, 바로 노트로 배치되어 악기로 사용할 수 있습니다.

*TIP*

디바이스 뷰 빈 공간에 오디오 샘플을 가져다 놓으면, Simple이 자동으로 로딩 됩니다.

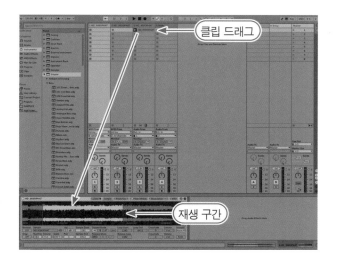

**02** 세션 뷰 또는 어레인지 뷰의 오디오 클립을 가져다 놓는 것도 가능합니다. 오디오 클립의 일부분이 재생 구간으로 설정되어 있는 경우에는 그 정보가 그대로 적용됩니다.

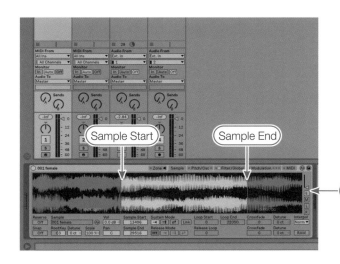

**03** 재생 구간은 Sample Start 및 End 마커를 드래그하여 조정할 수 있습니다. 디스플레이에서 위/아래로 드래그하면 가로 크기를 조정할 수 있고, 줌 슬라이드 드래그하면 세로 크기를 조정할 수 있습니다.

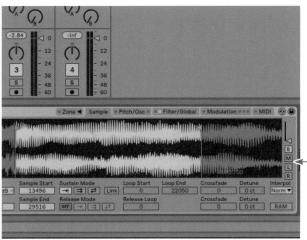

**04** 채널 선택 버튼은 디스플레이에 표시할 오디오 채널을 선택합니다. B는 스테레오, M은 모노, L은 왼쪽, R은 오른쪽 채널입니다.

**05** 디스플레이에는 Sample Start와 End 외에 Loop Start와 End, 그리고 Release Loop 마커가 표시될 수 있으며, 각각 마우스 드래그로 조정할 수 있습니다. Sample 탭은 이와 같이 샘플의 재생 타임과 길이 등을 설정할 수 있는 파라미터들로 구성되어 있습니다.

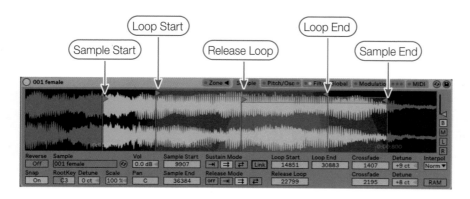

▶ Reverse : 샘플을 거꾸로 재생합니다.

▶ Snap : 샘플의 Start 및 End 위치를 조정할 때 파형이 0인 지점에 맞추어 클릭 잡음이 발생하지 않게 합니다.

▶ Sample : 멀티 샘플을 사용하는 경우에 편집할 샘플을 선택합니다.

▶ Root : 샘플이 로딩된 노트를 표시하거나 변경 가능합니다.

▶ Detune : 샘플의 음정을 100분의 1 단위로 조정합니다.

▶ Scale : 샘플의 길이를 조정합니다.

▶ Vol : 볼륨을 조정합니다.

▶ Pan : 팬을 조정합니다.

▶ Sample Start : 재생 시작 위치를 조정합니다. 타임을 조정하는 파라미터의 기본은 샘플 단위이며, 마우스 오른쪽 버튼을 클릭하여 단축 메뉴를 열고, Seconds를 선택하면 타임 단위로 조정할 수 있습니다.

▶ Sample End : 샘플 재생이 끝나는 위치를 조정합니다.

▶ Sustain Mode : 건반을 누르고 있는 동안 재생되는 서스테인 모드를 선택합니다.

No Sustain Loop ➡ : 서스테인 구간을 반복하지 않습니다.

Sudtain Loop Enabled ⇥ : 서스테인 구간을 반복합니다.

Back and Forth Sustain Loop Enabled ⇄ : 서스테인 구간을 앞/뒤로 반복 재생합니다.

▶ Link : Smaple Start와 Loop Start를 동일한 위치로 설정합니다.

▶ Release Mode : 건반을 놓았을 때 재생되는 릴리즈 모드를 선택합니다. 모드 선택 버튼의 역할은 릴리즈 구간에 적용된다는 것 외에는 Sustain Mode와 동일합니다.

▶ Loop Start : 반복 구간의 시작 위치를 조정합니다.

▶ Loop End : 반복 구간의 끝 위치를 조정합니다.

▶ Release Loop : 릴리즈 구간의 시작 위치를 설정합니다. 끝 위치는 Sample End 입니다.

▶ Crossfade : 위쪽에 있는 것은 루프 구간, 아래쪽에 있는 것은 릴리즈 구간에 페이드 인/아웃을 만듭니다.

▶ Detune : 위쪽에 있는 것은 루프 구간, 아래쪽에 있는 것은 릴리즈 구간의 음정을 조정합니다.

▶ Interpol : 변조된 샘플의 퀄리티를 결정합니다. Normal에서 Good, Best 순서로 좋아지지만, CPU 사용량이 증가합니다.

▶ RAM : 샘플을 시스템 램으로 로드합니다.

● Zone

Sample 파라미터의 Root는 샘플이 로드된 노트(C3)를 의미합니다. 나머지 노트는 루트 키에 로드된 샘플을 변조시켜 소리는 내는 것입니다. 당연히 88개의 피아노 건반 소리를 녹음한 오디오 샘플 88개를 사용하는 것 보다는 좋은 소리를 낼 수 없습니다. 이처럼 Sampler는 하나의 오디오 샘플을 가지고 전체 건반에서 사용할 수 있고, 건반 마다 개별적으로 로드시켜 사용할 수 있는 멀티 악기 입니다. 이 때 하나의 샘플이 연주되는 범위를 존이라고 하며, Zone 탭을 선택하면 샘플이 연주되는 범위를 지정할 수 있는 존 편집 창이 열립니다.

존 편집 창은 왼쪽에 리스트와 오른쪽에 편집 창으로 구성되어 있으며, 오디오 샘플은 리스트 섹션으로 드래그하여 추가할 수 있습니다. 리스트 상단의 Key, Vel, Sel 버튼은 편집 창의 모드를 선택하는 것이며, 편집 창은 각 샘플이 연주되는 존을 막대 모양으로 표시합니다. 그 외, Auto 버튼은 건반을 눌렀을 때 연주되는 샘플이 자동으로 선택되게 하는 역할을 하고, Lin/Pow 버튼은 페이드 라인을 선형 또는 지수 곡선으로 전환합니다.

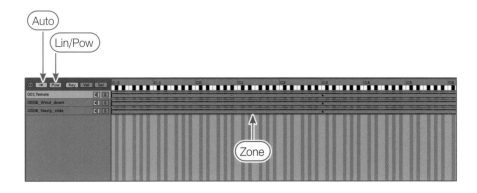

▶ Key
존의 시작 및 끝 위치를 드래그하여 샘플이 연주되는 노트의 범위를 편집할 수 있습니다.

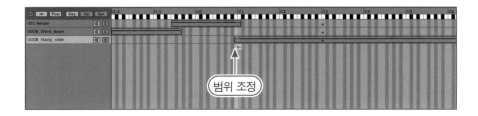

존 위쪽에 가느다란 라인은 페이드 인/아웃을 조정하는 것입니다. 두 개의 존이 같은 노트에 배치되었을 때는 두 샘플이 합성된 소리가 나는데, 자연스러운 연결을 만들고자 할 때 이용합니다.

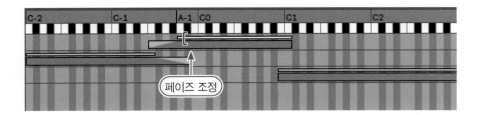

▶ Vel

벨로시티에 따라 연주되는 범위를 편집합니다. 약하게 연주할 때와 강하게 연주할 때의 샘플을 다르게 설정할 수 있는 것입니다. 마우스 오른쪽 버튼을 클릭하여 단축 메뉴를 열고, Distribute Ranges Equally를 선택하면 모든 존을 균등하게 배치할 수 있습니다. Small, Medium, Large는 편집 창의 크기를 조정하는 메뉴입니다.

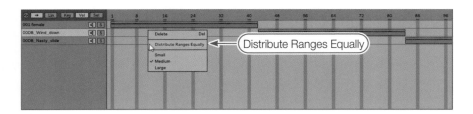

▶ Sel

룰러 라인을 선택하면 주황색의 셀이 표시되는 이 부분에 해당하는 샘플만 연주되게 하는 역할입니다.

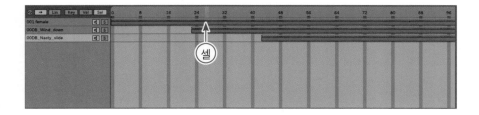

셀을 효과적으로 사용하기 위해서는 미디 맵이나 매크로에 연결해 놓아야 합니다. 샘플러의 타이틀 바에서 마우스 오른쪽 버튼을 클릭하여 단축 메뉴를 열고, Group을 선택하면, Instrument Rack으로 만들어집니다.

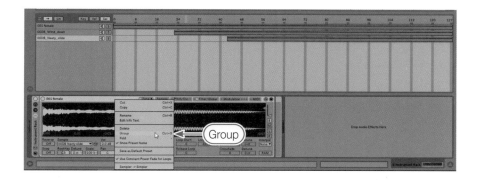

매크로 버튼을 클릭하여 열고, Map 버튼을 클릭합니다. 셀을 선택하고, Macro 1 의 Map 버튼을 클릭하면 연결 됩니다. Macro 1 노브를 돌려서 연주할 샘플을 선택할 수 있는 것입니다.

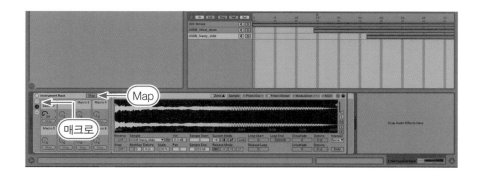

보다 효과적인 방법은 외부 컨트롤러에 연결하는 것입니다. 컨트롤 바의 MIDI 버튼을 On으로 하고, 존 편집 창의 룰러 라인을 선택합니다. 그리고 외부 컨트롤러를 움직이면 셀로 연결됩니다.

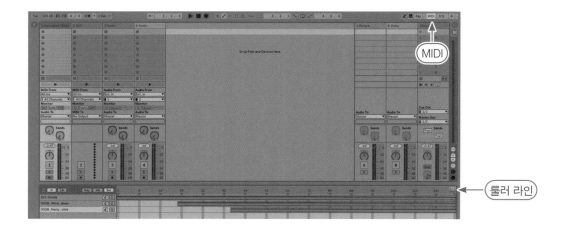

● Pitch/Osc

오실레이터 및 피치 엔벨로프를 조정합니다. 그래프에 표시되는 포인트를 드래그하여 각각의 타임과 레벨을 조정할 수 있으며, 포인트 사이의 파란색 점을 드래그하여 라인(Slope)을 조정할 수 있습니다.

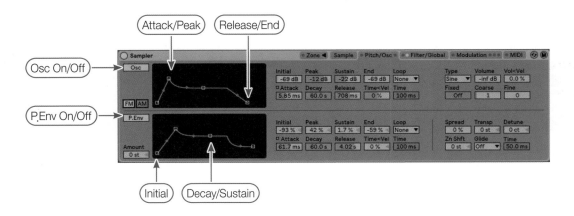

▶ OSC : 프리퀀시(FM)나 진폭(AM)을 변조할 수 있습니다.

Type : 오실레이터 파형을 선택합니다.

Volume : 오실레티어 볼륨을 조정합니다.

Vol〈Vel : 벨로시티에 의한 볼륨 변화량을 조정합니다.

Fixed : 버튼을 On으로 하면 주파수를 설정하는 Freq와 발생 수를 설정하는 Multi 파라미터가 표시되며, 여기서 설정된 값으로 고정됩니다.

Coarse : 배음의 두께감을 조정합니다.

Fine : 배음의 음정을 조정합니다.

▶ P.Env : 샘플 및 오실레이터의 피치를 변조합니다.

Spread : 디튠된 보이스를 생성합니다.

Transp : 반음 단위로 음정을 조정합니다.

Detune : 100분의 1단위로 음정을 조정합니다.

Zn Shft : Key Zone의 샘플 음정만 조정합니다.

Glide : 포르타멘토(Portamento) 및 글리산도(Glide) 효과를 만듭니다.

Time : 포르타멘토 및 글리산도의 속도를 조정합니다.

## ● Filter/Global

필터를 On/Off 할 수 있으며, 글로벌 섹션은 최종 아웃풋을 컨트롤 합니다.

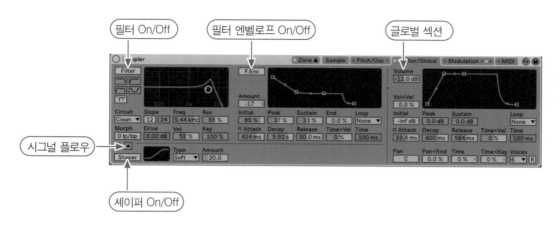

▶ **Filter** : 버튼을 On하면, Lowpass, Highpass, Bandpass, Notch, SVF 필터 타입을 선택할 수 있으며, 그래프의 포인트를 드래그하여 Freq와 Res를 동시에 컨트롤할 수 있습니다. 필터 유형의 Circuit, 대역폭의 Slope 파라미터 역할은 앞에서 살펴본 장치들과 동일합니다.

▶ **Shaper** : Type에서 4가지 곡선을 선택할 수 있으며, Amount로 강도를 조정합니다. 신호의 흐름은 시그널 플로워 버튼을 클릭하여 필터 전/후로 선택할 수 있습니다.

▶ **F.Env** : 필터 엔벨로프의 변조합니다. Amount가 0이 아닌 값으로 설정되었을 때 효과가 적용됩니다.

▶ **Global** : 최종 출력을 결정하는 섹션으로 볼륨, 엔벨로프, 팬 등의 컨트롤러가 있습니다.

## ● Modulation

Destination에서 선택한 파라미터의 엔벨로프나 3개의 LFO를 추가하여 변조할 수 있습니다.

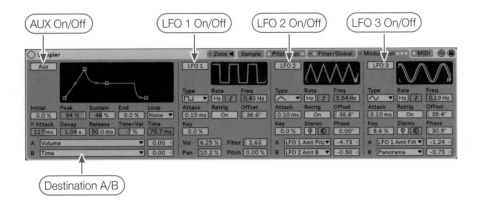

▶ Aux : Destination A와 B에서 컨트롤 할 파라미터를 선택하고, 오른쪽에서 양을 조정합니다.

▶ LFO 1 : 필터 다음에 적용되는 LFO로 On/Off 가능합니다. 파형을 선택하는 Type과 속도를 조정하는 Freq 등의 파라미터 역할은 앞에서 살펴본 장치의 LFO와 동일합니다.

▶ LFO 2&3 : Destination A와 B에서 컨트롤 할 파라미터에 LFO를 적용합니다. 스테레오 모듈레이션을 만들 수 있는 Stereo 선택 버튼이 있으며, 왼쪽의 Phase는 양쪽 채널이 같은 속도로 동작되게 하고, 오른쪽의 Spin은 오른쪽 채널을 두 배 속도로 동작되게 합니다.

## ● MIDI

Destination에서 선택한 파라미터를 미디 장치로 컨트롤할 수 있게 맵핑 합니다. 각각 원하는 파라미터를 선택하고, Amount에서 적용 값을 설정하면 됩니다. 하나의 컨트롤러에 두 개의 파라미터를 동시에 사용할 수 있으며, 아래쪽의 Pitch Bend Range는 마스터 건반의 피치휠 조정 폭을 설정합니다.

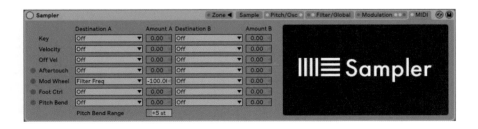

# 12 | Simpler

Sampler의 작은 버전이며, 단축 메뉴의 Simple→Sampler을 선택하여 변환 가능합니다.

Simpler는 드럼 랙 체인에 연결되어 있으며, 오디오 샘플을 디바이스 뷰로 드래그하여 가져다 놓으면 자동으로 생성되는 에이블톤의 대표 악기입니다.

화면은 Classic, 1-Shot, Slice의 3가지 연주 모드를 제공하는 디스플레이와 Sample과 Controls의 2가지 탭으로 구성되어 있습니다. 일부 프리셋의 경우에는 Upgrade 탭이 표시되는 것이 있습니다. 이것은 이전 버전에서 저장된 프리셋을 의미하는 것이며, 버튼을 클릭하여 업그레이드해야 최신 필터를 사용할 수 있습니다.

● Classic

기본 모드이며, 멜로디 악기에 적합합니다. 디스플레이를 드래그하여 파형을 확대/축소하거나 위치를 조정할 수 있고, 시작과 끝 지점의 마커를 드래그하여 범위를 조정할 수 있습니다.

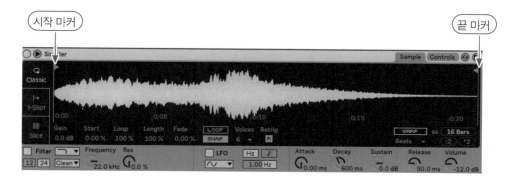

▶ Gain : 레벨을 조정합니다.

▶ Start : 재생 시작 위치를 조정합니다.

▶ Loop : 반복 재생 구간을 조정합니다.

▶ Length : 재생 길이를 조정합니다.

▶ Fade : 루프의 끝 지점을 페이드 아웃시킵니다.

▶ Loop : 반복 재생 기능을 활성화 합니다.

▶ Snap : 시작과 종료 위치를 제로 크로싱 지점에 맞추어 조정할 수 있게 활성화 합니다.

▶ Voice : 최대 보이스 수를 선택합니다.

▶ Retrig : 로드된 음색을 다시 재생하여 시스템을 절약할 수 있게 합니다.

▶ Warp : 샘플을 세트 템포에 맞추는 워프 기능을 활성합니다.

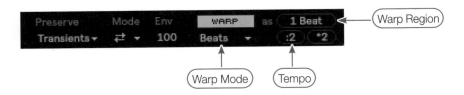

Preserve - 분할 단위를 선택합니다.

Mode - 분할 샘플의 재생 방법을 선택합니다.

Env - 분할 샘플의 페이드 아웃 타임을 조정합니다.

Warp Mode - 샘플 분석 방법을 선택합니다.

Warp Region - 분석 샘플을 범위 안에 맞춥니다.

Tempo - 템포를 절반 또는 두 배로 설정합니다.


● 1-Shot

이름 그대로 한 번만 재생을 하며, 드럼 악기에 적합합니다. 건반을 누르면 끝까지 재생되게 할 것인지, 건반을 누르고 있는 동안에만 재생되게 할 것인지를 결정하는 Trigger/Gate 스위치와 시작과 끝 지점의 페이드 인/아웃을 만들 수 있는 컨트롤을 제공합니다.

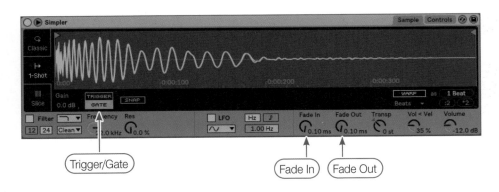

● Slicing

샘플을 잘라서 개별적으로 재생할 수 있으며, 루프를 재 조합하고자 할 때 적합합니다.
슬라이스 마커는 편집 가능하며, 조각은 C1 노트에서부터 차례로 배열됩니다.

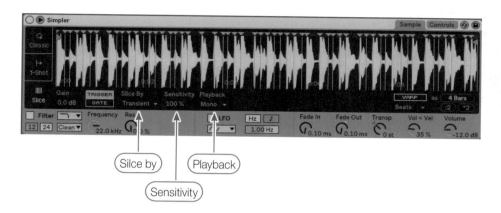

▶ Silce by : 슬라이스 모드를 선택합니다.

▶ Sensitivity : 슬라이스 수를 설정합니다. 단위는 모드에 따라 달라집니다.

▶ Playback : 모노 및 폴리 모드와 연주 노트에서부터 순차적으로 재생되는 Thru 모드를 제공합니다.

● Controls

Controls 탭은 Filter, LFO, Envelope 섹션으로 구성되어 있으며, 주요 파라미터는 Sample 탭에서도 사용할 수 있
게 디스플레이 아래쪽에 배치되어 있습니다. 필터 섹션은 Frequency와 Envelope 디스플레이를 선택할 수 있으
며, 엔벨로프 섹션은 Amplitude와 Pitch 디스플레이를 표시할 수 있습니다. Filter, Filter Envelope, LFO, Pitch
Envelope는 사용 여부를 결정할 수 있는 On/Off 스위치를 제공합니다.

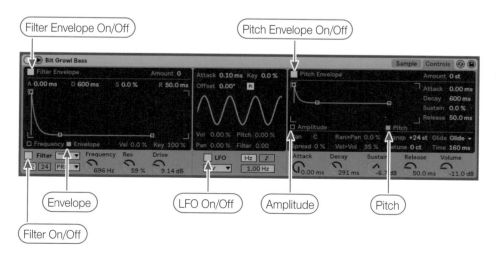

▶ **Filter Frequency** : 디스플레이 포인트를 드래그하여 프리퀀시와 레조넌스를 조정할 수 있습니다.
Vel과 Key는 벨로시티와 피치에 따른 필터의 적용 양을 설정합니다.

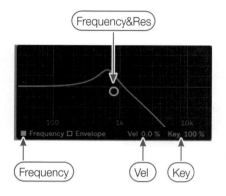

▶ **Filter Envelope** : 핸들을 드래그하여 어택, 디케이 및 서스테인, 릴리즈 타임을 조정할 수 있습니다.
Amount는 필터 엔벨로프의 적용 양을 설정합니다.

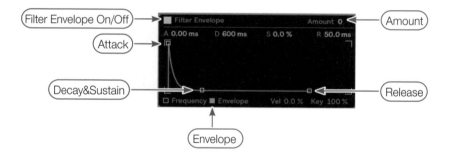

▶ **주요 컨트롤러** : 엔벨로프를 포함한 필터의 사용 여부를 결정할 수 있는 On/Off 버튼을 제공합니다.

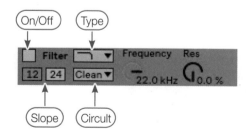

Slope - 12dB 및 24dB 옥타브 감소 곡선을 선택합니다.
Tyep - 필터 타입을 선택합니다.
Circuit - 회로 타입을 선택합니다.
Frequency - 차단 주파수를 설정합니다.
Res - 레조넌스를 조정합니다.

▶ LFO : 사운드의 떨림을 만드는 LFO의 사용 여부를 결정할 수 있는 On/Off 버튼을 제공합니다.

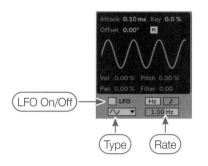

Attack : LFO의 어택 타임을 조정합니다.

Key : 피치에 따른 LFO의 변화 양을 설정합니다.

Offset : 리트리거(R) 버튼이 On일 때, 시작 위치를 조정합니다.

Vel : 벨로시티에 따른 LFO의 변화 양을 설정합니다.

Pitch : 피치 변화 폭을 조정합니다.

Pan : 팬에 따른 LFO의 변화 양을 설정합니다.

Filter : 프리퀀시에 따른 LFO의 변화 양을 설정합니다.

Type : 파형을 선택합니다.

Rate : 속도를 조정합니다. 단위는 Hz와 비트를 제공합니다.

▶ Envelope : 최종 출력 라인을 컨트롤하는 Amplitude와 Pitch Envelope를 조정합니다. Pitch Envelope는 사용 여부를 결정할 수 있는 On/Off 버튼을 제공하며, Amout로 적용 값을 설정합니다. 모두 그래프 핸들을 드래그하여 어택, 디케이, 서스테인, 릴리즈 타임을 조정할 수 있습니다.

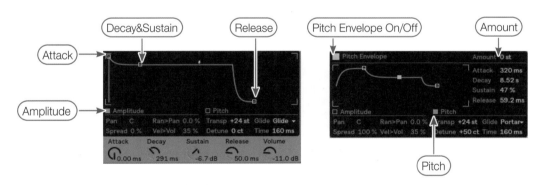

Pan : 좌/우 출력 방향을 조정합니다.

Spread : 두 개의 보이스를 만들어 좌/우 채널을 확산합니다.

Ran〉Pan : 팬이 무작위로 적용되는 정도를 조정합니다.

Vel〉Vol : 벨로시티에 따른 변조의 깊이를 설정합니다.

Transp : 음정을 반음 단위로 조정합니다.

Detune : 음정을 100분의 1 단위로 조정합니다.

Gilde : 글리산도 및 포르타멘토 효과를 만듭니다.

Time : 글리산도 및 포르타멘토 타임을 조정합니다.

# 13 | Tension

Tension은 두 가지 타입의 해머, 피크, 보우의 4가지 타입으로 현실감있는 현악기를 구현할 수 있는 악기 입니다. 탭은 현 자체에 관련된 요소를 제공하고 있는 String과 필터와 엔벨로프, LFO 변조가 가능한 Filter/Global을 제공하고 있어 리얼 악기는 물론이고, 가상의 사운드까지 만들 수 있습니다.

● Excitator

악기를 연주하는 도구를 Bow, Hammer, Hammer (bouncing), Plectrum 중에서 선택하고, 선택한 도구의 동작 타입을 컨트롤 합니다.

▶ Bow : 바이올린, 비올라, 첼로와 같은 현악기를 연주하는 활을 의미하며, Damping은 동작하지 않습니다.

Force : 활이 현을 누르는 압력의 양을 조정합니다.
Friction : 활과 현의 마찰력을 조정합니다.
Velocity : 보잉 속도를 조정합니다.
Position : 활이 현에 닿는 위치를 조정합니다.
Vel : 각각의 벨로시티 변조 값을 설정합니다.
Key : 각각의 피치 변조 값을 설정합니다.
Fix. Pos : Position을 고정합니다.

▶ Hammer : 피아노 현을 연주하는 해머를 의미하며, Hammer(bouncing)은 마림바, 비브라폰과 같은 유건 타악기를 연주하는 나무 재질의 맬릿(Mallet)을 의미합니다.

Mass : 해머의 질량을 조정합니다.

Stiffness : 해머의 경도를 조정합니다.

Damping : 현의 진동을 해머가 흡수하는 양을 조정합니다.

▶ Plectrum : 기타를 연주하는 피크를 의미합니다. Protrusion은 현은 튕겨내는 거리를 조정합니다.

▶ String : 현의 진동을 컨트롤 합니다.

Decay : 현의 진동이 멈추는 타임을 조정합니다.

Key : 피치에 따른 Decay 값을 조정합니다.

Ratio : 현의 진동이 감쇄하는 비율을 조정합니다.

Inharm : 배음을 튜닝하여 실제 사운드를 재현합니다.

Damping : 현이 진동할 때 발생하는 프리퀀시 양을 조정합니다.

Key : 피치에 따른 Damping 값을 조정합니다.

▶ Vibrato : 비브라토 효과를 컨트롤 합니다.

Delay : 비브라토의 시작 타임을 조정합니다.

Attack : Amount 값에 도달하는데 걸리는 시간을 조정합니다.

Rate : 현의 진동 속도를 조정합니다.

Amount : 현의 진동 폭을 조정합니다.

Mod : 모듈레이션 휠이 비브라토 강도에 영향을 주는 정도를 조정합니다.

Error : 노트가 연주될 때 마다 비브라토가 달라지게 하는 정도를 조정합니다.


● Damper : 현의 진동을 멈추게 하는 댐퍼나 손가락을 묘사하며, On/Off 할 수 있습니다.

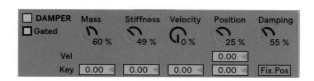

Mass : 현을 누르는 강도를 조정합니다.

Stiffness : 댐퍼 소재의 경도를 조정합니다.

Velocity : Gated가 On일 때 댐퍼가 현에서 떨어지는 속도를 조정합니다.

Position : 댐퍼가 현에 닿은 위치를 조정합니다.

Damping : 댐퍼에 흡수되는 진동의 양을 조정합니다.


● Termination : 기타 프렛과 핑거링을 묘사하며, On/Off 할 수 있습니다.

Pickup 섹션은 일렉 기타의 픽업을 묘사하며, 위치를 조정할 수 있는 Position 파라미터를 On/Off 할 수 있습니다.

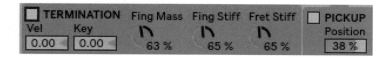

Fing Mass : 현을 누르는 강도를 조정합니다.

Fing Stiff : 현을 튕기는 강도를 조정합니다.

Fret Stiff : 프렛의 경도를 조정합니다.

● **Body** : 악기 바디를 묘사하며, Piano, Guitar, Violin, Generic의 4가지 타입과 크기를 선택할 수 있습니다.

Decay : 공명음의 디케이 타임을 조정합니다.

Low Cut : 저음역을 차단합니다.

High Cut : 고음역을 차단합니다.

Str/Body : String 섹션과 Body 섹션의 비율을 조정합니다.

Volume : 전체 출력 레벨을 조정합니다.


● Filter/Global

필터, 엔벨로프, LFO의 변조 섹션은 String과 Body 섹션 사이에서 적용되며, 개별적으로 On/Off 할 수 있습니다.

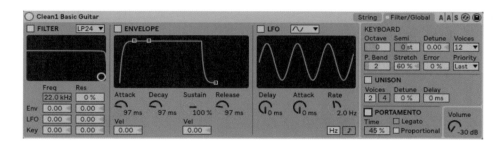

▶ **Filter** : 각 타입별로 두 가지 감쇄율을 가진 Lowpass, Bandpass, Notch, Highpass, Formant의 5가지 타입을 제공하고 있으며, 포인트를 드래그하여 Freq와 Res를 동시에 조정할 수 있습니다. Freq와 Res 컨트롤은 아래쪽의 Env, LFO, Key 슬라이더를 조정하여 모듈레이션 할 수 있습니다. 단, Envelope와 LFO 섹션이 On 되어 있는 경우에만 해당됩니다.

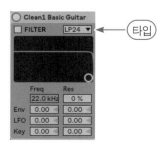

▶ **Envelope** : 디스플레이 핸드를 드래그 하여 Attack, Decay&Sustain, Release 타임을 조정할 수 있으며, 어택
과 서스테인은 벨로시티에 따른 타임 변화를 만들 수 있는 Vel 슬라이더를 제공합니다.

▶ **LFO** : Sine, Triangel, Rectangle, 두 가지 타입의 Noise 파형을 제공하고 있습니다.

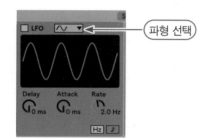

**Delay** : LFO가 시작되는 타임을 조정합니다.
**Attack** : 최대 진폭에 도달하는 타임을 조정합니다.
**Rate** : 속도를 조정합니다. 단위는 Hz와 비트 중에서 선택합니다.

▶ **Global** : 최종 출력 라인을 컨트롤 하는 글로벌 섹션에는 Keyboard, Unison, Portamento로 구성되어 있으며,
Unison과 Portamento은 사용 여부를 결정할 수 있는 On/Off 스위치를 제공합니다.

**Keyboard** : 음정을 옥타브(Octave), 반음(Semi), 100분의 1(Detune) 단위로 조정할
수 있고, 최대 보이스(Voices) 수를 설정할 수 있습니다. P.Band는 피치 밴드 범위를
설정하며, Stretch는 50%를 기준으로 높은 음과 낮은 음의 피치를 조정하여 실제 악
기와 같은 톤을 만들어 냅니다. Error은 각 노트에 적용되는 랜덤 튜닝의 양을 조정
하며, Priority는 최대 보이스를 넘은 노트의 처리 방법을 선택하는 것으로, 높은 음
(High), 낮은 음(Low), 마지막에 연주되는 음(Last)를 잘라냅니다.

**Unison** : 각 노트에 보이스를 쌓아 사운드를 두껍게 만듭니다. Voices에서 2 또는 4로 쌓을 보이스 수를 선택하며,
Detune으로 각 보이스의 피치를 조정합니다. Delay는 각 보이스를 지연시키는 타임을 설정합니다.
**Portamento** : 노트 사이를 미끄러지듯 연주하는 포르타멘토 주법을 만듭니다. Time은 속도를 조정하며, Legato
는 겹친 노트에서만 적용되게 하고, Propertional은 노트 사이의 간격에 비례한 슬라이드 타임을 적용합니다.

# 14 Wavetable

Wavetable은 실제 아날로그 신디사이저 PPG Wave를 리모델링한 제품입니다. 소스의 포지션 선택이 가능하기 때문에 좀 더 다양한 사운드를 디자인할 수 있고, 파라미터의 움직임을 그래프로 확인할 수 있는 인터페이스로 아날로그 신디사이저에 대한 이해가 부족한 초보자도 쉽게 접근이 가능하다는 장점을 가지고 있습니다. 장치는 2개 탭으로 구성된 오실레이터와 필터, 3개의 탭으로 구성된 모듈레이션 섹션, 그리고 서브 오실레이터를 추가할 수 있는 sub 섹션과 최종 출력 라인을 컨트롤 할 수 있는 Global 섹션으로 구성되어 있습니다.

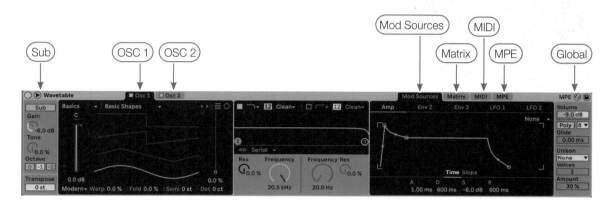

## ▶ 오실레이터(Oscillators)

사운드를 생성하는 오실레이터는 메인 2개와 서브 1개를 제공하고 있으며, On/Off로 합성할 수 있습니다. 파형은 일반적인 아날로그 신디사이저와는 차원이 다르게 194가지를 제공하고 있으며, 11개의 카테고리로 분류되어 있습니다. 또한 해당 범주 내에서 포지션을 조정할 수 있기 때문에 상상하는 모든 사운드를 만들 수 있다는 광고가 과장되어 보이지는 않습니다.

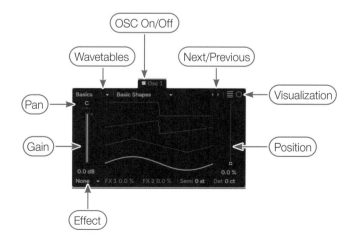

● Wavetable : 왼쪽에서 카테고리를 선택하고, 오른쪽에서 카테고리에 속해있는 파형을 선택하는 방식입니다. 그리고 포지션 슬라이더를 이용해서 파형을 다양한 형태로 변조시킬 수 있습니다. 포지션은 디스플레이에서 마우스 드래그로도 선택할 수 있으며, 파형은 이전/다음 버튼으로도 선택할 수도 있습니다.

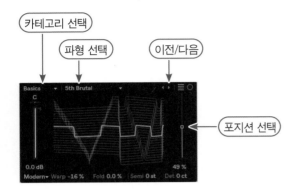

● Gain/Pan : 선택한 파형의 볼륨과 팬을 조정합니다.

● Visualization : 파형의 표시 방법을 선택합니다. 라인 타입으로 표시하는 Linear 보기와 원형으로 표시하는 Polar 보기 타입이 있습니다. Linear은 파형을 위 아래로 정렬하고, 타임은 왼쪽에서 오른쪽으로 나타냅니다. Polar은 파형을 내부에서 외부로 정렬하고, 타임은 시계 방향으로 나타냅니다.

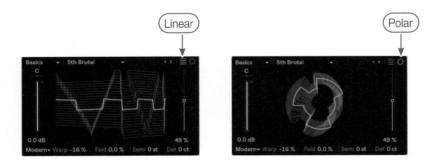

● Effect : 사운드를 변조할 수 있는 3가지 효과 장치를 제공합니다.

FM - 주파수를 변조합니다. Tune으로 변조 주파수를 설정하고, Amt로 변조 강도를 조정합니다.

Classic - 파형의 폭을 변조합니다. PW는 폭을 조정하며, Sync는 위상을 조정합니다.

Modern - 파형의 모양을 변조합니다. Warp는 Classic의 PW와 같이 펄스 폭을 조정하며, Fold는 거울 반사와 같은 폴딩 효과를 적용합니다.

● Semi : 음정을 반음 단위로 조정합니다.

● Det : 음정을 1/100 단위로 조정합니다.

▶ Sub Oscillators

사인파를 발생시켜 합성할 수 있습니다. 사용 여부를 결정하는 On/Off(Sub) 버튼과 레벨을 조정하는 Gain, 음색을 조정하는 Tone, 음정을 옥타브 단위로 내릴 수 있는 Octave, 음정을 반음 단위로 조정할 수 있는 Transpose 파라미터로 구성되어 있습니다.

▶ 필터Filter)

두 개의 필터를 제공하는 듀얼 시스템이며, 직렬 및 병렬로 연결할 수 있는 라우팅(Routing)을 제공합니다.

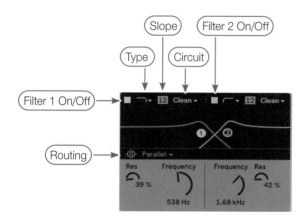

● **Type** : 필터 타입을 선택합니다. Lowpass, Highpass, Bandpass, Notch, Morph 타입을 제공합니다.

● **Slope** : 필터 적용 범위를 선택합니다. 12dB/Oct와 24dB/Oct 중에서 선택할 수 있습니다.

● **Circuit** : 필터 회로를 선택합니다. Low 및 Highpass 타입에서는 Clean, OSR, MS2, SMP, PRD 중에서 선택할 수 있으며, Bandpass, Notch, Morph 타입에서는 Clean과 OSR 중에서 선택할 수 있습니다.

   Clean - EQ Eight에 사용되고 있는 회로입니다.

   OSR - 영국 모노 신스에 사용되는 회로를 모델로 하고 있습니다.

   MS2 - 일본 모노 신스에 사용되는 회로를 모델로 하고 있습니다.

   PRD - 미국 모노 신스에 사용되는 회로를 모델로 하고 있습니다.

   SMP - SM2와 PRD 특성을 공유하는 회로입니다.

● **Frequency/Res** : 필터를 적용하는 차단 주파수와 레조넌스를 조정합니다. 디스플레이의 포인트를 드래그하여 조정할 수 있으며, Morph은 타입을 조정할 수 파라미터를 표시합니다.

● **Routing** : 필터의 연결 방식을 선택합니다. 직렬로 연결하는 Serial, 병렬로 연결하는 Paraliel, 오실레이터 각각에 연결하는 Split으로 선택할 수 있습니다.

▶ Mod Sources : 3개의 엔벨로프와 2개의 LFO를 제공합니다.

● **Envelopes** : Amp, Env2, Env3를 제공합니다. 디스플레이 포인트를 좌/우로 드래그하여 Attack, Decay, Sustain, Release Time을 조정할 수 있으며, 라인에 표시되어 있는 핸들를 드래그하여 곡선의 각도를 의미하는 Slope를 조정할 수 있습니다. Env2와 Env3는 Value 컨트롤이 추가되어 있으며, 포인트를 위/아래로 드래그하여 각 포인트의 레벨을 의미하는 Initial, Peak, Sustain, Final을 조정할 수 있습니다.

Mode는 None, Trigger, Loop 중에서 선택할 수 있습니다. None은 Note Off까지 서스테인을 유지하고, Trigger은 전체 엔벨로프를 재생하며, Loop는 전체 엔벨로프를 반복합니다.

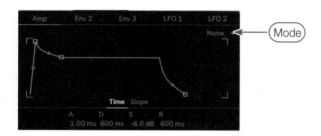

● **LFO** : 2개의 LFO를 제공하며, 개별적으로 조정할 수 있습니다.

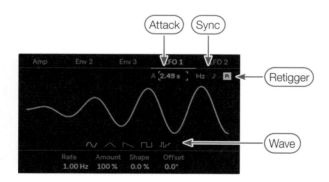

Attack : 어택 타임을 조정합니다.

Sync : 속도를 Hz 단위로 조정할 것인지, 비트 단위로 조정할 것인지를 선택합니다.

Retigge : 버튼을 On하면, 노트 마다 파형의 시작점에서 연주합니다.

Wave : 사인(Sine), 톱니(Saw), 삼각(Triangel), 사각(Square), 랜덤(Random)의 5가지 파형을 제공합니다.

Rate : 속도를 조정합니다.

Amount : 폭을 조정합니다.

Shape : 각도를 조정합니다.

Offset : 시작 위치를 조정합니다.

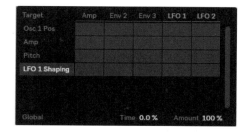

▶ Matrix

Amp, Env2, Env3, LFO1, LFO2가 타겟 별로 얼만큼의 양이 적용되게 할 것인지를 결정합니다. Target은 오실레이터 및 필터 섹션에서 파라미터를 선택하면 생성되며, 값은 해당 셀을 드래그하여 조정합니다. Global의 Time과 Amount는 모든 항목의 적용 타임과 양을 조정합니다.

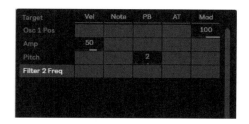

▶ MIDI

Matrix와 동일합니다. 변조 컨트롤 항목을 벨로시티(Vel), 노트(Note), 피치 밴드(PB), 애프터터치(AT), 모듈레이션(Mod)으로 지정한다는 차이만 있습니다.

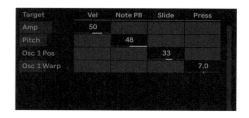

▶ MPE

MIDI에서와 같이 MPE 변조 컨트롤 항목을 벨로시티(Vel), 세로 슬라이드(Note PB), 가로로 슬라이드(Slide), 노트 애프터터치(Press)로 지정합니다.

▶ Global

Volume : 최종 출력 레벨을 조정합니다.

Mono/Poly : 모노 또는 폴리 악기로 선택합니다. 폴리를 선택한 경우에는 오른쪽에서 최대 보이스 수를 선택할 수 있으며, 모노를 선택한 경우에는 Glide 타임을 설정할 수 있습니다.

Unison : 배음 오실레이터를 만들어 사운드를 두껍게 합니다. Voices에서 갯수를 설정하며, Amount에서 비율을 조정합니다.

Classic - 동일한 간격으로 쌓습니다.

Shimmer - 임의의 간격으로 쌓습니다.

Noise - Shimmer과 동일하지만, 피치 떨림이 발생합니다.

Phase Sync - Classic과 동일하지만, 위상 변조가 발생합니다.

Position Spread - 가로로 확산하며, 피치가 변조됩니다.

Random - 노트가 재생될 때마다 간격 및 피치가 무작위로 변조됩니다.

# 디바이스

믹싱과 마스터링 작업에 사용되는 오디오 이펙트를
총정리합니다. 그리고 Max for Live 기능과 영상 음악
제작자를 위한 Video 기능을 살펴보겠습니다.

Ableton Live 12

# 오디오 이펙트

에이블톤은 사운드의 부족한 저음을 보강한다거나 고음에 섞여있는 잡음을 제거하는 EQ, 레벨 폭을 압축하여 단단한 사운드를 만드는 컴프레서, 유명한 콘서트 홀에서 녹음한 듯한 공간감을 만드는 리버브와 딜레이 등, 사운드를 디자인할 때 사용할 수 있는 오디오 이펙트를 제공합니다.

## 01 이펙트 사용하기

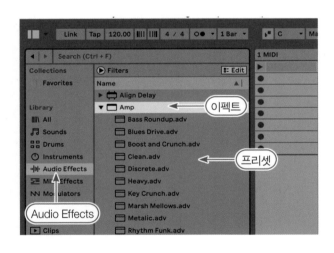

**01** Audio Effects 카테고리를 선택하면 다양한 이펙트 목록을 볼 수 있으며, 이름 왼쪽의 삼각형 버튼을 클릭하면, 전문가들이 만들어 놓은 프리셋을 볼 수 있습니다. 입문자는 프리셋으로 시작하는 것이 좋습니다.

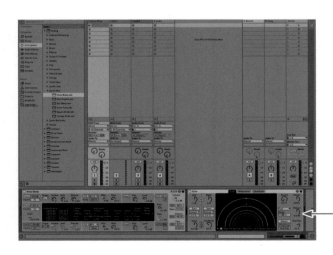

**02** 오디오 이펙트는 미디와 오디오 트랙에 모두 사용할 수 있습니다. 단, 미디 트랙의 경우에는 악기 오른쪽에만 가능합니다.

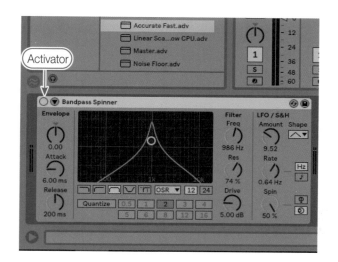

*03* 오디오 이펙트는 적용 전/후의 사운드를 비교해볼 수 있는 Activator 버튼을 제공합니다. 버튼을 Off 하면 장치를 사용하기 전의 사운드를 모니터 할 수 있습니다.

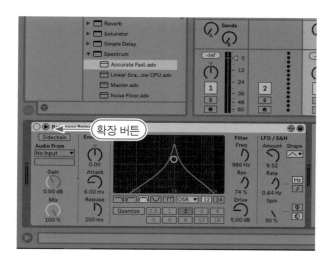

*04* Activator 버튼 오른쪽의 확장 버튼은 장치마다 아래쪽으로 향하고 있는 것이 있고, 오른쪽으로 향하고 있는 것이 있습니다. 아래쪽으로 향하고 있는 경우는 감춰진 기능들을 보여줍니다.

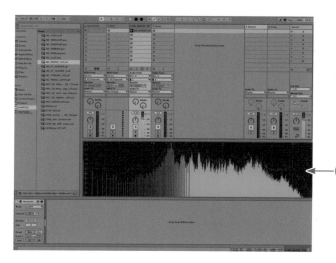

*05* 디스플레이를 제공하는 대부분의 장치들은 확장 버튼이 오른쪽을 향하고 있으며, 디스플레이를 확대하여 열어 줍니다.

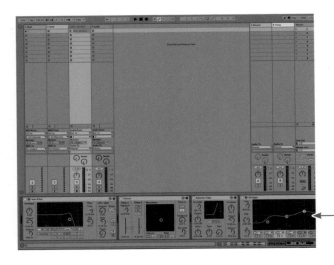

*06* 이펙트는 한 트랙에 하나만 사용하는 것이 아니라 2-3개 이상을 사용하게 됩니다. 그 만큼 사운드의 변화가 심해지기 때문에 한 개라도 덜 쓰면서 원하는 사운드를 만들 수 있는 훈련을 꾸준히 하는 것이 좋습니다.

멀티 이펙트

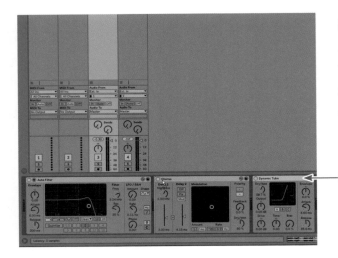

*07* 에이블톤의 디바이스 신호 흐름은 왼쪽에서 오른쪽이며, 타이틀 바를 드래그하여 순서를 변경할 수 있습니다. 같은 이펙트라도 순서에 따라 결과가 완전히 달라지기 때문에 이 훈련도 꾸준히 해야 합니다.

타이틀 바

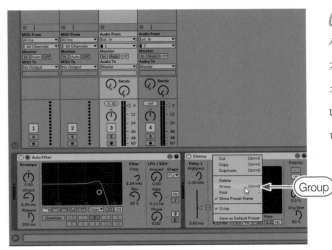

*08* 이펙트를 사용하다 보면 스스로 만족스러운 사운드가 구현되는 경우가 있습니다. 이것을 사용자 프리셋으로 만들어 놓고 싶은 경우에는 각 장치의 타이틀 바를 Ctrl 키를 누른 상태로 선택합니다. 그리고 마우스 오른쪽 버튼을 클릭하여 단축 메뉴를 열고, Group를 선택합니다.

Group

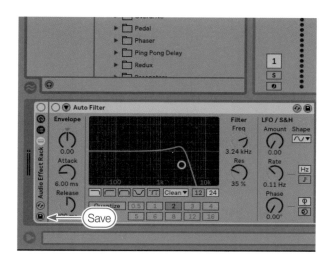

**09** 선택한 장치들이 Audio Effect Rack으로 담기며, Save 버튼을 클릭하여 사용자 랙으로 저장할 수 있습니다.

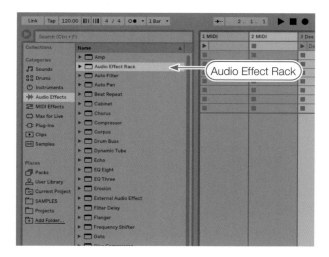

**10** Audio Effect Rack를 로딩시켜 놓고, 이펙트를 배열할 수도 있습니다. 사용자 프리셋을 만들기보다는 매크로 기능을 사용하기 위한 경우입니다.

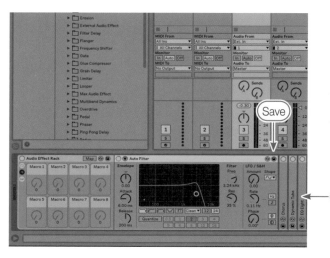

**11** 타이틀 바의 Save 버튼을 클릭하면, 오디오 이펙트를 단독으로 저장할 수 있으며, 타이틀 바를 더블 클릭하면 장치의 이름만 보이게 축소할 수 있습니다. 축소한 장치를 다시 열 때는 세로로 표시되는 타이틀 바를 더블 클릭합니다.

# 02 딜레이 장치

딜레이는 노래방 에코와 같이 사운드를 반복시키는 장치입니다. 사운드를 반복시키면 레벨을 증가시키지 않아도 크고 입체적으로 들리는 효과를 주기 때문에 음악 믹싱 과정에서 필수적으로 사용되고 있습니다. 다만, 잘못 사용하면 지저분하고 불투명해지는 부작용이 발생하기 때문에 많은 경험이 필요한 장치이기도 합니다.

## ● Beat Repeat

사운드를 반복시키는 장치로 디제잉 테크닉 중 하나인 비트 저글링 효과를 연출할 수 있습니다. EDM 장르에서 한 글자를 빠르게 반복시키는 효과를 들어본적이 있을 것입니다.

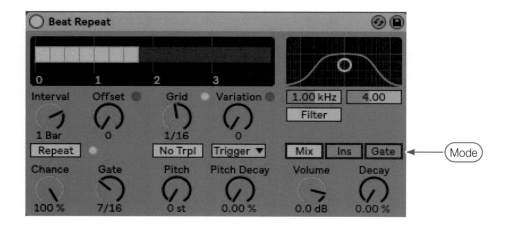

▶ Interval : 반복 타임을 설정합니다. Repeat 버튼을 켜면 사운드가 시작될 때 적용되게 합니다.

▶ Offset : 반복이 시작되는 위치를 조정합니다.

▶ Grid : 반복 간격을 조정합니다. No Tripl 버튼을 Off 하면, 잇단음 비트로 반복됩니다.

▶ Variation : 반복 간격을 랜덤하게 바꿉니다. Trigger는 반복이 시작될 때 마다 바뀌며, 1/4, 1/8, 1/16 비트로 선택하거나 Auto로 동작시킬 수 있습니다.

▶ Chance : 반복 비율을 설정합니다. 50%이면 Interval이 두 번 재생될 때 한 번 반복되는 것입니다.

▶ Gate : 반복 길이를 설정합니다.

▶ Pitch : 반복 음의 피치를 내릴 수 있습니다. -12로 시작하면 라이징 사운드를 손쉽게 만들 수 있습니다.

▶ Pitch Decay : 피치가 변하는 음의 소멸 타임을 조정합니다.

▶ Filter : 필터 적용 여부를 On/Off 하며, 포인트를 드래그하여 주파수와 범위를 조정할 수 있습니다.

▶ Mode : 출력 신호의 처리 방법을 선택합니다.

Mix - 원래 신호와 반복 신호를 섞어서 출력합니다.

Ins - 반복이 재생되고 있을 때 원래 신호를 뮤트합니다.

Gate - 원래 신호를 차단합니다.

▶ Volume : 출력 레벨을 조정합니다.

▶ Decay : 반복 신호를 페이드 아웃 할 수 있습니다.

## ● Delay

원음을 복사해 지연시키고, 이를 반복하여 사운드를 보강하거나 특수한 효과를 만드는 장치가 딜레이(Delay)이며,
세트를 새로 만들면 B 리턴 트랙에 기본적으로 장착되어 있습니다. 리버브와 함께 믹싱 작업에서 필수적으로 사용
되지만, 잘못 사용하면 음악 전체를 망칠 수 있기 때문에 매우 신중해야 합니다.

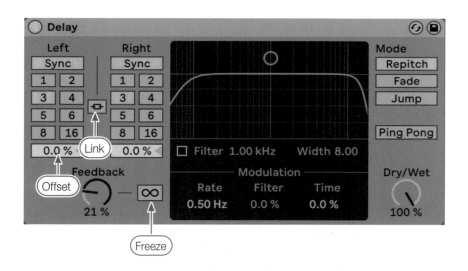

▶ Left/Right : 좌/우 지연 타임을 비트 단위로 선택합니다. 숫자가 표시된 스위치는 16비트를 의미합니다. 4를 선
택하면 16비트 4개로 한 박자가 지연되는 것입니다. Link 버튼을 On으로 하면 좌/우 타임을 동일하게 적용할 수
있으며, Sync 버튼을 Off 하면 타임 단위로 조정할 수 있습니다.

▶ Offset : 반복이 시작되는 타임을 조정합니다.

▶ Feedback : 반복 양을 조정합니다. Freeze 버튼을 켜면 무한정 반복됩니다.

▶ Filter : 체크 옵션으로 사용 여부를 결정합니다. 디스플레이에 동그라미로 표시되어 있는 핸들 또는 값을 드래
그하여 딜레이가 적용되는 주파수(Filter)와 범위(Width)를 설정할 수 있습니다. 값을 더블 클릭하면 초기화됩니다.

▶ Modulation : 딜레이 사운드 및 필터 주파수를 변조하여 다양한 사운드를 연출할 수 있습니다.

Rate : 변조 속도를 조정합니다.

Filter : 필터에 적용되는 변조의 양을 조정합니다.

Time : 딜레이에 적용되는 변조의 양을 조정합니다.

▶ Mode : 딜레이 타임을 변경할 때의 처리하는 방법을 선택합니다. 기본 모드는 Repitch 입니다.

Repitch : 테이프 지연 장치의 동작과 유사하게 타임을 변경할 때 피치 변화를 유발합니다.

Fade : 반복되는 사운드 사이에 크로스 페이드를 만듭니다.

Jump : 변경되는 딜레이 타임으로 점프합니다.

▶ Ping Pong : 딜레이 사운드를 좌/우로 이동시킵니다. 흔히 핑퐁 효과라고 합니다.

▶ Dry/Wet : 원음과 딜레이 음의 출력 비율을 조정합니다.

## ● Echo

자연스러운 공간감을 만들기 위해서는 리버브와 딜레이의 적절한 조합이 필요합니다. Echo는 두 개의 독립 채널로 동작시킬 수 있는 딜레이와 라우팅이 가능한 리버브가 하나의 장치로 조합되어 있어 초보자도 자연스러운 공간감을 쉽게 만들 수 있습니다. 그 외, 변조를 할 수 있는 Modulation 탭과 다이내믹을 제어할 수 있는 Character 탭이 포함되어 있습니다.

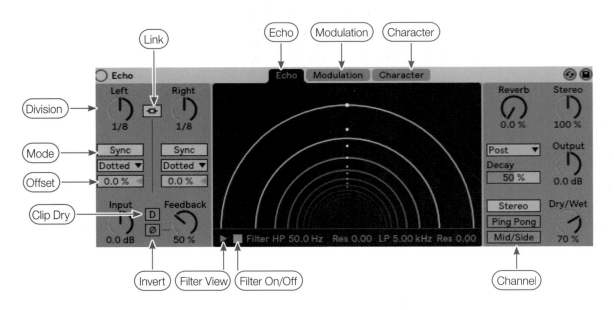

▶ Division : 좌/우 딜레이 타임을 조정합니다. Link 버튼을 On으로 하면 같은 타임으로 조정할 수 있고, Off 하면 개별적인 조정으로 다양한 효과를 연출할 수 있습니다.

▶ Mode : 딜레이를 타임 또는 비트 단위로 조정되게 합니다. 비트 단위의 Sync를 선택한 경우에는 아래 메뉴에서 Notes, Triplet, Dotted, 16th 간격을 선택할 수 있습니다.

▶ Offset : 딜레이 시작 타임을 조정합니다.

▶ Input : 입력 레벨을 조정합니다. Clip Dry를 On으로 하면, 소스에 입력 값을 적용합니다.

▶ Feedback : 반복되는 양을 조정합니다. Invert 버튼을 On으로 하면 반복되는 사운드가 반전됩니다.

▶ Filter : 2밴드 타입의 로우 및 하이패스 필터를 적용할 수 있습니다. Filter View 버튼을 On으로 하면 필터 디스플레이 창이 열리며, 각 포인트를 드래그하여 프리퀀시와 레조넌스를 조정할 수 있습니다.

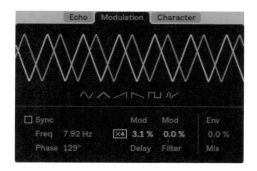

▶ Modulation : 필터 주파수와 딜레이 타임을 조절할 수 있는 LFO 탭입니다. 파형은 사인파, 삼각파, 톱니파(Up/Dwon), 사각파, 노이즈의 6가지를 제공하고 있으며, Sync를 On으로 하여 템포와 동기되게 할 수 있습니다.

Sync : LFO 속도를 조정하는 Freq를 비트 단위로 조정할 수 있습니다. Phase는 시작 위치를 조정합니다.

Mod Delay : 딜레이 타임에 적용되는 모듈레이션 양을 조정합니다. x4는 변조 양이 4배로 증가됩니다.

Mod Filter : 필터에 적용되는 모듈레이션 양을 조정합니다.

Env Mix : 엔벨로프와 LFO의 비율을 조정합니다.

▶ Character : 다이내믹과 톤을 제어할 수 있는 5가지 On/Off 버튼을 제공합니다.

Gate : Threshold 이하의 딜레이 사운드를 차단합니다. Release는 동작이 멈추는 타임을 조정합니다.

Ducking : Threshold 이상의 딜레이 사운드를 압축합니다. Release는 동작이 멈추는 타임을 조정합니다.

Noise : Amount로 잡음이 추가되는 양을 조정하며, Morph으로 잡음의 유형을 변경합니다.

Wobble : 테이프 지연 효과를 시뮬레이션 하며, Amount로 양, Morph로 유형을 조정합니다.

Repitch : 피치 변화를 만듭니다.

▶ Global : 리버브와 출력 라인을 조정할 수 있는 파라미터로 구성되어 있습니다.

Reverb : 리버브 양을 조정합니다. 아래 메뉴에서 리버브가 적용되는 위치를 선택할 수 있으며, Decay는 리버브가 감소되는 길이를 조정합니다. Mode 버튼은 Stereo, Ping Pong, Mid/Side 채널을 선택합니다.

Stereo : 좌/우 채널의 비율을 조정합니다.

Output : 출력 레벨을 조정합니다.

Dry/Wet : 소스와 에코 사운드의 비율을 조정합니다.

## ● Filter Delay

좌/우 채널의 주파수 대역을 나누어 딜레이를 걸 수 있는 장치입니다. 왼쪽과 오른쪽, 그리고 양쪽 채널을 독립적으로 컨트롤할 수 있는 On/Off 버튼을 제공하며, 주파수를 설정하는 Frequency와 대역폭을 설정하는 Bandwidth는 디스플레이의 포인트를 드래그하여 동시에 조정할 수 있습니다.

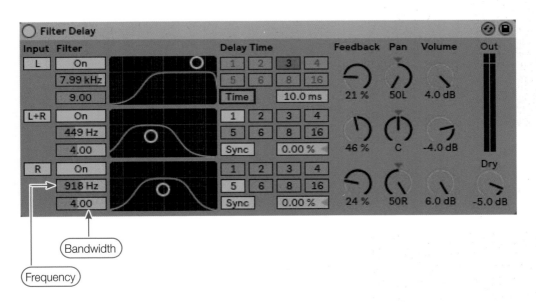

▶ Feedback : 반복되는 양을 조정합니다.

▶ Pan : 좌/우 팬을 조정합니다.

▶ Volume : 출력 레벨을 조정합니다.

▶ Dry : 소스의 레벨을 조정합니다.

## ● Grain Delay

Grain는 알갱이, 조각이라는 의미를 가지고 있으며, Grain Delay는 입력 소스를 조각 내어 개별적으로 딜레이를 적용할 수 있는 특수 장치입니다. 특히, 조각마다 피치를 서로 다르게 설정할 수 있는 기능이 첨부되어 있어 일반 딜레이 장치에서는 상상하기 힘든 사운드를 구현해낼 수 있습니다. Spray, Frequency, Pitch, Rand Pitch, Feedback은 디스플레이 왼쪽과 아래쪽에서 선택할 수 있으며, 포인트를 드래그하면 동시에 조정됩니다.

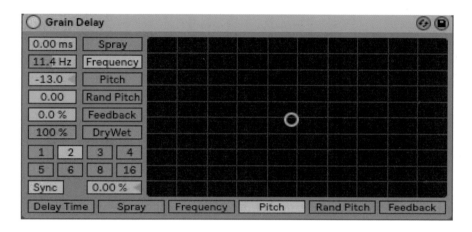

▶ Spray : 각 입자의 딜레이 타임을 랜덤하게 바꿔줍니다.

▶ Frequency : 각 입자의 크기와 길이를 설정합니다.

▶ Pitch : 각 입자의 피치를 조정합니다.

▶ Rand Pitch : 각 입자의 피치를 랜덤하게 바꿔줍니다.

▶ Feedback : 사운드가 반복되는 양을 조정합니다.

▶ DryWet : 원음과 딜레이 사운드의 비율을 조정합니다.

▶ Delay Time : 딜레이 타임을 조정합니다 Sync 모드인 경우에는 비트 버튼을 선택하여 박자에 맞출 수 있고, Sync 버튼을 클릭하여 Time으로 변경하면, 타임 단위로 조정할 수 있습니다.

## ● Looper

녹음한 소리를 반복 재생하고, 새로운 소리를 오버 더빙할 수 있게 하는 루프 스테이션을 소프트웨어로 구현하는 장치입니다. 완성된 사운드는 슬롯으로 드래그하여 클립으로 만들 수 있습니다.

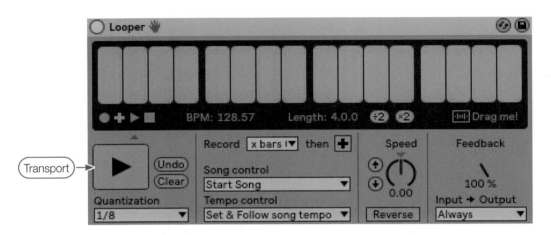

### ▶ Transport

장치에 크게 표시되어 있는 Transport 버튼은 상단 디스플레이에 개별적으로 제공하는 레코드, 오버 더빙, 재생, 정지 기능을 동시에 수행할 수 있는 멀티 버튼입니다. 단, 버튼에 표시되는 기호는 클릭할 때 수행되는 기능을 나타내는 것이며, 현재 수행하고 있는 기능은 개별 버튼으로 표시된다는 것에 혼동 없길 바랍니다. 참고로 Transport 버튼을 미디 맵 모드에서 마스터 건반의 페달로 연결시켜 놓으면, 실제 하드웨어 루프 스테이션을 사용하는 것과 같은 효과를 얻을 수 있습니다.

**레코드** : 장치를 로딩하면 레코드 버튼으로 표시되며, 클릭하면 마이크로 입력되는 소리를 녹음할 수 있습니다. 녹음중이라는 것은 개별 버튼에서 표시하고, Transport 버튼은 오버 더빙 기호를 표시합니다.

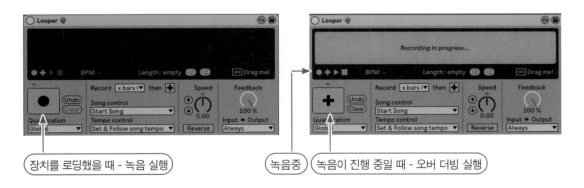

장치를 로딩했을 때 - 녹음 실행          녹음중    녹음이 진행 중일 때 - 오버 더빙 실행

오버 더빙 : 녹음중에 표시되는 오버 더빙 버튼을 클릭하면, 녹음한 소리가 반복 재생 되면서 오버 더빙 상태가 됩니다. Transport 버튼은 재생 버튼으로 표시됩니다. 녹음된 소리는 비트 또는 마디 단위의 바로 표시되며, 재생 위치는 주황색으로 표시됩니다. 이때 또 다른 소리를 오버 더빙으로 녹음하여 반복할 수 있습니다.

재생 : 오버 더빙 중에 표시되는 재생 버튼을 클릭하면, 녹음한 소리가 노란색 바로 표시되면서 반복 재생되고, Transport 버튼은 오버 더빙 기호로 표시됩니다. 오버 더빙을 다시 실행할 수 있다는 의미입니다.

정지 : 재생 또는 오버 더빙 중에 Transport 버튼을 더블 클릭하면 정지됩니다.

▶ Undo/Redo : 녹음한 것을 취소하거나 다시 복구합니다.

▶ Clear : 녹음한 내용을 모두 삭제하고 초기 상태로 전환합니다.

▶ Quantization : 루퍼의 동작 시간 단위를 선택합니다. Global은 세트의 퀀타이즈 값을 따르는 것입니다.

▶ Record : 녹음 길이를 선택합니다. 기본값 x bars는 녹음을 정지할 때까지 최대 16마디 길이로 녹음을 할 수 있으며, 마디를 지정하면 자동으로 then에서 선택한 기능으로 전환됩니다. then에서는 오버 더빙 또는 재생 기능을 선택할 수 있으며, 기본값은 오버 더빙입니다. 녹음한 사운드는 디스플레이의 ÷2 또는 x2 버튼을 눌러서 반 또는 두 배의 길이로 만들 수 있습니다.

▶ Song control : 루퍼의 트랜스포트를 컨트롤할 때 세트의 동작 상태를 선택합니다.

Start Song : 루퍼를 재생할 때 세트도 함께 재생되게 합니다.

Start & Stop Song : 재생뿐만 아니라 정지할 때도 함께 정지되게 합니다.

None : 영향을 주지 않습니다.

▶ Tempo control : 템포 동작 상태를 선택합니다.

Set & Follow song tempo : 세트의 템포가 루퍼에 동기됩니다.

Follow song tempo : 루퍼가 세트 템포에 동기됩니다.

None : 세트와 별개도 동작합니다.

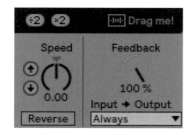

▶ Speed : 속도와 피치를 조정합니다. 위/아래 방향 버튼은 옥타브 단위로 올리거나 내려서 피치를 두 배 또는 절반으로 조정합니다.

▶ Reverse : 사운드를 거꾸로 재생합니다. 이 후에 녹음하는 사운드는 정상 방향으로 재생됩니다.

▶ Feedback : 이전 녹음 사운드의 레벨을 조정합니다.

▶ Input→Output : 입력 모니터 옵션을 선택합니다. Always는 항상 모니터하며, Never는 모니터하지 않습니다. Rec/OVR은 녹음 및 오버 더빙 중에 모니터하고, Rec/OVR/Stop은 재생 중에 모니터 합니다.

▶ Drag me : 트랙으로 드래그하여 클립으로 만들 수 있습니다.

## ● Spectral Time

사운드를 고정하는 Freezer와 반복하는 Delay를 동시에 사용하여 독특한 사운드를 만들어 낼 수 있는 장치입니다. 디스플레이에는 신간에 따라 변하는 입력 (노란색) 및 출력(파란색) 사운드를 시각화 합니다.

▶ Freezer : Manual과 Retrigger의 두 가지 모드 중에서 선택할 수 있습니다.

Manual : Freeze 버튼을 클릭하여 오디오를 고정하며, 페이드 인/아웃 시간을 제어할 수 있습니다.

Retrigger : Freeze 버튼을 클릭하여 동작시키는 것은 Manual과 동일합니다. 다만 좀 더 정밀한 조정을 할 수 있다는 차이가 있으며, 컨트롤은 Onsets 또는 Sync 선택에 따라 달라집니다.

Onsets는 Sensitivity 설정 신호가 감지되었을 때 오디오를 고정하며, Sync는 Interval 설정 간격으로 오디오를 고정합니다. 설정 간격은 타임(ms) 또는 비트(음표) 단위로 설정할 수 있으며, Shape에서 크로스페이더(X-Fade) 및 페이드 인/아웃 시간을 선택하여 제어할 수 있습니다.

▶ Delay : 단독으로 사용할 수 있으며, Freezer가 활성화된 경우에는 고정된 사운드를 반복합니다.

Time : 스펙트럼 지연 라인의 지연 시간을 제어합니다. 단위는 Mode에서 선택할 수 있습니다.

Feedback : 반복되는 양을 결정합니다. Stereo는 반복되는 사운드의 폭을 조정합니다.

Shift : 반복 신호의 주파수를 이동합니다. Mix는 입력 신호와 반복 신호의 비율을 조정합니다.

Tilt : 반복 신호의 지연 주파수를 설정합니다. 양의 값은 고음역을 지연시키고, 음의 값은 저음역을 지연시킵니다.

Spray : 설정 타임 범위 내에서 주파수에 대한 지연 타임을 무작위로 변경합니다.

Mask : Tilt 및 Spray 효과가 적용될 주파수를 제한합니다. 양의 값은 고음역, 음의 값은 저음역을 제한합니다.

▶ Resolution : 디스플레이 오른쪽 상단에는 신호 처리 해상도를 설정하는 Resolution이 있습니다. Low에서 Ultra 순으로 해상도가 좋아지지만, 시스템 자원을 많이 사용합니다.

▶ Global : 입력 게인을 조정하는 Input Send와 효과 순서를 선택하는 버튼, 그리고 입/출력 비율을 조정하는 Dry/Wet 노브로 구성되어 있습니다.

# 03 드라이브 장치

기타 연주자들에게 익숙한 디스토션, 오버드라이버, 메탈, 크런치, 와와 등으로 불리는 장치들은 입력 레벨 또는 특정 주파수 대역의 레벨을 변화시켜 사운드를 왜곡시키는 역할을 합니다. 60년대 앰프의 전원을 높여 사운드를 왜곡시키던 것이 유행하고, 이러한 사운드를 보다 손쉽게 얻기 위해 개발되었습니다. Drive & Color 카테고리에서 제공되는 장치들은 실제 기타 연주자들이 즐겨 사용하는 장치들을 시뮬레이션하고 있는 것이지만, 다양한 전자 사운드를 디자인하는데도 많이 사용되고 있습니다.

## ● Amp

60-70년대 유명했던 기타 앰프의 사운드를 시뮬레이션 하고 있는 이펙트입니다. 앰프 모델을 선택할 수 있는 7개의 버튼과 주파수를 조정할 수 있는 EQ 섹션, 출력 사운드를 조정하는 글로벌 섹션으로 구성되어 있습니다.

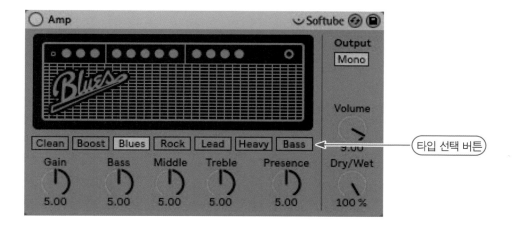

▶ Type 버튼 : 앰프 모델을 선택합니다.

Clean : 60년대 Brilliant 채널 사운드로 영국 록의 전성기 때 많이 사용하던 모델입니다.

Boost : Tremolo 채널 사운드로 날카로운 록 리프에 적합합니다.

Bluse : 70년대 기타 앰프 사운드로 컨트롤, 록, 블루스 연주자들이 많이 사용하던 모델입니다.

Rock : 60년대 45W 앰프 모델 사운드로 가장 유명한 록 앰프로 알려져 있습니다.

Lead : High-Gain 앰프의 Modern 채널 사운드로 메탈 연주자들이 많이 사용하던 모델입니다.

Heavy : Vintage 채널 사운드로 얼터너티브 록 연주자들이 많이 사용하던 모델입니다.

Bass : 70년대 베이스 연주자들이 많이 사용하던 PA 모델 사운드입니다.

▶ EQ 섹션 : 톤을 조정합니다.

Gain : 입력 레벨을 조정합니다.

Bass : 저음역을 증/감 합니다.

Middle : 중음역을 증/감 합니다.

Treble : 고음역을 증/감 합니다.

Presence : 배음역을 증/감 합니다.


▶ Global 섹션 : 출력 사운드를 조정합니다.

Output : 모노(Mono) 및 스테레오(Dual) 채널을 선택합니다.

Volume : 볼륨을 조정합니다.

Dry/Wet : 원음과 이펙트 처리음의 비율을 조정합니다.


## ● Cabinet

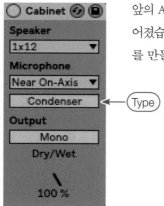

앞의 Amp는 실제 모델을 기반으로 Cabinet을 오른쪽에 배치하여 함께 사용하도록 만들어졌습니다. 물론, 독립적으로도 사용할 수 있으며, 다른 장치와 결합하여 독특한 사운드를 만들 수도 있습니다.


▶ Speaker : 스피커 크기와 갯수를 선택합니다. 2x12라면 12인치 스피커 두 개를 의미합니다.

▶ Microphone : 마이크의 위치를 선택합니다. 근접 마이크의 Near On-Axis, 원거리의 Near Off-Axis, 룸 마이크의 Far을 선택할 수 있습니다.

▶ Type : 마이크 타입을 선택합니다. 콘덴서(Condenser)와 다이내믹(Dynamic) 전환 버튼입니다.

▶ Output : 모노(Mono) 및 스테레오(Dual) 채널을 선택합니다.

▶ Dry/Wet : 원음과 이펙트 처리음의 비율을 조정합니다.

## ● Drum Buss

드럼 전용 다이내믹 장치입니다. 꼭 드럼에 사용하라는 법은 없지만, 여러 단계의 프로세서를 거쳐야 하는 드럼 사운드를 간단하게 디자인할 수 있습니다. 장치는 3개의 섹션으로 구분되어 있으며, 첫 번째는 입력 사운드, 두 번째는 스네어와 하이햇이 연주되는 중 고음역, 세 번째는 킥이 연주되는 베이스 음역을 컨트롤합니다.

▶ Drive : 입력 레벨을 증가시킵니다. 타입은 Soft, Medium, Hard 중에서 선택합니다.

Trim : 클리핑 방지를 위한 한계 레벨을 조정합니다.

Comp : Trim 레벨 이상의 사운드를 압축합니다.

▶ Crunch : 스네어 및 하이햇의 선명도를 조정합니다.

Damp : Crunch 적용으로 과해질 수 있는 고주파 대역을 차단합니다.

Transients : 100Hz 이상의 사운드의 질감을 조정합니다. 값을 높이면 어택이 증가하여 펀치감이 더해지고, 값을 줄이면 서스테인을 감소시켜 단단하고 선명한 사운드를 얻을 수 있습니다.

▶ Boom : 킥 사운드에 울림을 추가하여 파워감을 만듭니다.

Freq : 울림 주파수를 조정합니다. Force to Note를 클릭하면 주파수를 가장 가까운 미디 노트 값으로 설정하며, 헤드폰 모양의 오디션 버튼을 On으로 하면, 울림만 모니터 할 수 있습니다.

Decay : 울림의 감쇠율을 조정합니다.

▶ Out : 출력 레벨을 조정합니다.

▶ Dry/Wet : 입/출력 비율을 조정합니다.

## ● Dynamic Tube

흔히 따뜻하다고 표현하는 진공관 특유의 사운드를 재현하는 장치입니다. A, B, C 3가지 모델을 제공하고 있으며, 밝은 하모닉스에서 강력한 디스토션 사운드까지 재현 가능합니다.

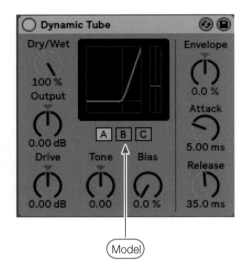

(Model)

▶ Dry/Wet : 입/출력 밸런스를 조정합니다.

▶ Output : 최종 출력 레벨을 조정합니다.

▶ Drive : 진공관에 도달하는 신호의 양을 조정합니다.

▶ Model : A는 Threshold가 넘을 때마다 작동하여 밝은 하모닉스를 만들고, C는 입력 레벨을 증폭하여 출력 사운드를 왜곡하는 디스토션을 만듭니다. B는 그 중간 정도됩니다.

▶ Tone : 튜브 사운드가 적용되는 주파수 대역을 조정합니다.

▶ Bias : 엔벨로프가 적용되는 양을 조정합니다.

▶ Envelope : 엔벨로프의 양을 조정합니다.

▶ Attack : 엔벨로프의 시작 타임을 조정합니다.

▶ Release : 엔벨로프의 끝 타임을 조정합니다.

## ● Erosion

노이즈나 사인파로 신호를 저하시켜 기계적인 사운드를 만드는 장치입니다. 신호는 Noise, Wide Noise, Sine 중에서 선택할 수 있으며, 주파수 대역(Freq)과 넓이(Width), 그리고 양(Amount)을 조정할 수 있습니다. 디스플레이의 포인트를 드래그하여 Freq와 Amount를 동시에 조정할 수도 있습니다.

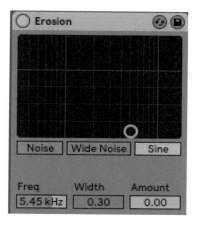

## ● Overdrive

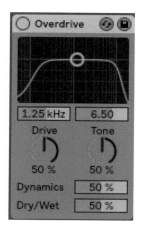

설정 주파수 대역을 증폭시켜 사운드를 왜곡시키는 장치입니다. 기타 연주자들에게는 매우 익숙할 것입니다. 디스플레이에는 드라이브가 적용되는 필터 범위를 표시하며, Frequency와 Bandwidth는 포인트를 드래그하여 조정할 수 있습니다.

▶ Drive : 필터를 통과한 사운드가 왜곡되는 양을 조정합니다.

▶ Tone : 50%를 기준으로 저음역 또는 고음역을 증폭합니다.

▶ Dynamics : 클리핑 방지를 위한 컴프레션을 적용합니다.

▶ Dry/Wet : 원음과 이펙트 처리음의 비율을 조정합니다.

## ● Pedal

기타의 페달 디스토션을 시뮬레이션하고 있는 장치입니다. Gain 노브를 이용하여 디스토션의 양을 결정하고, Output 노브를 이용하여 최종 출력 레벨을 조절합니다. 디스토션 타입은 오버드라이브(DB) 디스토션(Distort), 퍼즈(Fuzz)의 3가지 중에서 선택할 수 있으며, 3밴드 EQ를 제공합니다. Bass는 중심 주파수가 100Hz이며, Treble은 3.3KHz이고, Mid는 스위치를 왼쪽으로 배치하면 500Hz, 가운데는 1KHz, 오른쪽은 2KHz로 설정할 수 있습니다. Sub는 버튼은 250Hz 부근의 저음을 증가시킵니다.

## ● Redux

사운드의 샘플레이트와 비트를 낮춰서 소형 라디오 음질을 만들어주는 장치입니다. 사운드의 질을 감소시키지만, 아날로그 특유의 따뜻함을 연출하기도 합니다.

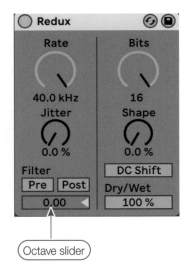

Octave slider

▶ Rate : 샘플레이트를 낮추는 섹션입니다. 20Hz에서 40KHz 범위까지 컨트롤이 가능하며, Jitter 노이즈를 추가하여 더욱 지저분한 사운드를 만들 수 있습니다. Filter는 다운샘플링이 이루어지기 전의 Pre와 이후의 Post로 적용할 수 있으며, Pre는 다운 샘플링으로 처리되는 신호의 대역폭을 줄일 수 있으며, Post는 다운샘플링 이후 Octave Slider에서 설정한 범위 만큼의 로우 패스 필터가 적용됩니다. Octave Slider는 Rate 값의 위/아래 옥타브 수를 나타냅니다.

▶ Bits : 샘플비트를 낮추는 섹션입니다. 1-16 비트까지 컨트롤이 가능하며, Shape를 이용하여 처리 강도를 결정합니다. DC Shift는 비트를 줄이기 전에 위상을 맞추어 효과를 증가시킵니다. Dry/Wet를 이용하여 소스와 신호 처리 사운드의 비율을 조정할 수 있습니다.

## ● Roar

직렬, 병렬 또는 미드/사이드 및 멀티 밴드로 구성되며, 내장된 컴프레서 및 피드백 라우팅을 통해 다양한 사운드를 형성할 수 있는 장치입니다.

▶ Drive : 입력 레벨을 설정합니다.

▶ Tone : Freq 이상의 주파수를 증폭하고 이하를 감쇠합니다. 음수는 반대로 동작합니다.

▶ Color : 톤을 셰이퍼 이전에 적용할 것인지, 이후에 적용할 것인지를 결정합니다.

▶ Routing : 장치를 싱글(Single) 외에 직렬(Serial), 병렬(Parallel), 멀티 밴드(Multi Band), 미드 사이드(Mid Side), 피드백(Feedback)으로 구성할 수 있습니다.

▶ Blend : 싱글 외의 스테이지 비율을 설정합니다. 멀티 밴드에서는 Low 및 High 주파수를 설정합니다.

▶ Stage : 라우팅 설정에 따라 구성할 수 있으며, 장치를 확장하여 구성 스테이지를 모두 열 수 있습니다.

Amount : 신호에 적용되는 변조량을 설정합니다.

Bias : 신호의 오프셋 위치를 설정합니다.

Frequency : 필터 컷 오프 주파수를 설정합니다. Pre 버튼을 클릭하여 셰이퍼 이전에 적용할 수 있습니다.

Shaper : 셰이퍼 유형을 선택합니다. Level에서 스테이지 출력량을 조정할 수 있습니다.

Filter : 필터 모드를 선택합니다. Res에서 레조넌스를 증가시킬 수 있습니다.

▶ Modulation : 확장하면 모듈레이션 및 매트릭스 설정이 가능한 패널을 열 수 있습니다. 중복되는 내용이므로 파라미터의 역할은 생략합니다.

▶ FB Mode : 신호를 다시 공급하여 톤을 추가합니다. 타임 및 비트는 지연 타임을 설정하며, 노트는 피드백 링을 특정 피치로 설정할 수 있습니다.

Amount : 피드백 레벨을 설정합니다 . Invert는 위상 반전, Gate는 입력 신호가 없을 때 페이드 아웃시킵니다.

Freq/Width : 피드백을 처리하는데 사용되는 중심 주파수 및 대역폭을 설정합니다.

▶ Compress : 클리핑 방지를 위한 레벨 압축 비율을 결정합니다. SC HPF는 사이드 체인 신호를 분석하여 하이 패스 필터를 적용합니다. 이는 저주파 신호의 게인 감소량을 줄이는데 효과적입니다.

Output : 최종 출력 레벨을 설정합니다.

Dry/Wet : 입/출력 비율을 설정합니다.

## ● Saturator

진공관 특유의 색채감을 만들어주는 장치입니다. 장치를 확장하면 Waveshaper 모드를 컨트롤할 수 있는 Drive, Curve, Depth, Lin, Damp, Period의 6가지 파라미터를 볼 수 있습니다.

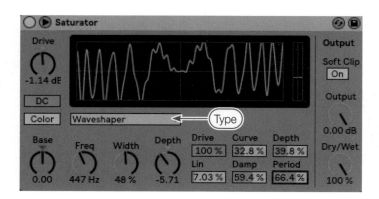

▶ Drive : 어느 정도의 양으로 진공관 색채감을 만들 것인지를 결정합니다.

▶ DC : 인풋 신호의 전기 잡음을 제거합니다.

▶ Color : 두 개의 필터를 동작시켜 톤을 조정합니다.

Base - 첫 번째 필터로 초저역대를 증/감 합니다.

Freq - 두 번째 필터가 적용되는 주파수를 설정합니다.

Width - 필터가 적용되는 범위를 조정합니다.

Depth - 필터가 적용 범위를 증/감 합니다.

▶ Type : 디스플레이 아래쪽에 있는 메뉴에서 선택합니다. Analog Clip, Soft Sine, Medium Curve, Hard Curve, Sinoid Fold, Digital Clip의 고정된 타입과 파형 조정이 가능한 Waveshaper를 제공합니다.

▶ Waveshaper : Type에서 Waveshaper를 선택한 경우에 제공되는 컨트롤러입니다.

Drvie - 어느 정도의 양으로 적용할 것인지를 설정합니다.

Curve - 인풋 신호에 하모닉스를 추가합니다.

Depth - 진폭을 조정합니다.

Lin - 라인을 조정합니다.

Damp - 그리드 근처의 신호를 평평하게 합니다.

Period - 파형의 밀도를 조정합니다.

▶ Output : 최종 출력을 컨트롤 합니다.

Soft Clip - 클리핑 압축 곡선을 부드럽게 만듭니다.

Output - 출력 레벨을 조정합니다.

Dry/Wet - 입/출력 비율을 조정합니다.

## ● Vinyl Distortion

레코드 판을 재생할 때 들리는 특유의 잡음을 재현하여 과거의 향취를 느낄 수 있게 해주는 장치입니다. 인풋 신호에 짝수 하모닉을 추가하는 Tracing Model과 홀수 하모닉을 추가하는 Pinch의 두 가지 모드를 제공하며, 각 기능을 On/Off 할 수 있는 버튼을 제공합니다.

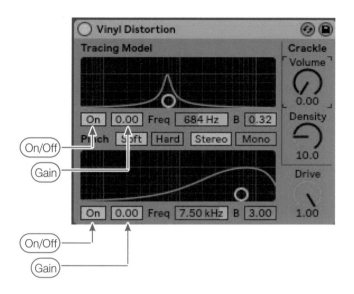

▶ Tracing Model

인풋 신호에 짝수 하모닉을 추가합니다. 포인트를 드래그하여 Frequency와 Bandwidth를 동시에 조정할 수 있으며, Gain으로 레벨을 조정합니다.

▶ Pinch

인풋 신호에 홀수 하모닉을 추가합니다. 포인트를 드래그하여 Frequency와 Bandwidth를 동시에 조정할 수 있으며, Gain으로 레벨을 조정합니다. 모드는 Soft와 Hard가 있으며, Soft는 더블 플레이트 사운드를 만들고, Hard는 기본적인 바이닐 레코드 사운드를 만듭니다. 사운드 발생 채널은 Stereo와 Mono 중에서 선택할 수 있습니다.

▶ Crackle

지글거리는 잡음을 추가합니다. 볼륨을 조정할 수 있는 Volume 노브와 밀도를 조정할 수 있는 Density, 양을 조정하는 Drive 컨트롤로 구성되어 있습니다.

# 04 다이내믹 장치

다이내믹은 작은 레벨에서 큰 레벨까지의 폭을 말하며, 단위는 데시벨(dB)을 사용합니다. 아날로그는 0dB을 무음으로 하고, 60dB, 70dB과 같이 플러스로 표기하지만, 디지털은 0dB을 최대 레벨로 하고, -20dB, -30d과 같이 마이너스로 표기한다는 것에 주의하기 바랍니다. 그리고 0dB이 넘은 레벨은 사운드 왜곡을 일으킨다고 해서 클리핑(Clipping)이라고 하며, 반드시 제한할 필요가 있습니다. 이렇게 음악 작업을 할 때 레벨을 컨트롤하는 일은 거의 필수이며, 이때 사용하는 장치들을 다이내믹 장치라고 합니다.

● Compressor

컴프레서는 트레숄드(Threshold)에서 설정한 레벨 이상의 큰 소리를 레시오(Ratio)에서 설정한 비율로 줄여 전체 레벨을 올릴 수 있는 장치입니다. 예를 들어 사운드의 레벨이 작은 구간은 -50dB이고, 큰 구간의 레벨이 -3dB이라고 가정했을 때, 작은 구간을 10dB 정도 올리고 싶어서 전체 레벨을 올리면 큰 레벨은 +7dB이 되기 때문에 디지털 레벨의 한계인 피크점(0dB)을 넘게 됩니다. 디지털은 0dB이 넘는 사운드를 에러로 처리하기 때문에 절대 넘어서는 안 되는 레벨입니다. 이때 컴프레서를 이용하여 -3dB 구간을 -13dB로 줄이고, 전체적으로 10dB을 올리면, 작은 구간이 -40dB로 증가되는 결과를 얻을 수 있는 것입니다.

장치는 기본적으로 Threshold, GR, Out의 3가지 슬라이더를 표시하는 Collapsed View로 열리며, View 버튼으로 Transfer Curve View와 Activity View로 변경할 수 있습니다. 장치를 확장하면 외부 소스로 작동하는 Sidechain 과 필터를 걸 수 있는 EQ 섹션이 추가로 열립니다.

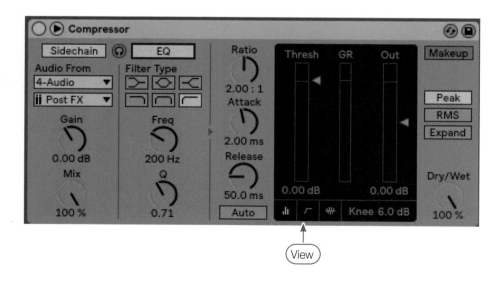

▶ Collapsed View : 기본 View로 컴프레서의 필수 요소만 표시합니다.

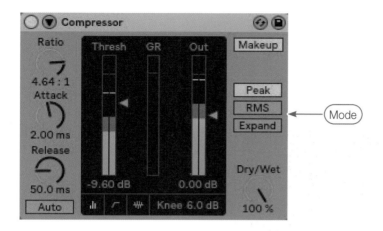

**Ratio** : Thresh에서 설정한 레벨 이상을 얼마만큼의 비율로 압축할 것인지를 결정합니다.

**Attack** : Thresh에서 설정한 레벨이 감지되었을 때 컴프레서의 작동 시작 타임을 조정합니다.

**Release** : Thresh에서 설정한 레벨 이하로 떨어졌을 때 컴프레서 작동이 멈추는데 걸리는 타임을 조정합니다. Auto 버튼을 On으로 하면 자동을 설정됩니다.

**Thresh** : 여기서 설정한 레벨 이상을 Ratio에서 설정한 비율로 압축하는 것입니다.

**GR** : 얼마나 압축되고 있는지를 표시합니다.

**Out** : 출력 레벨을 조정합니다.

**Knee** : 압축이 시작되는 기점의 속도를 조정합니다.

**Makeup** : 압축된 만큼의 레벨을 보충합니다.

**Mode** : 레벨 검출 기준을 가장 큰 레벨(Peak)과 평균 레벨(RMS) 중에서 선택할 수 있으며, Expand는 Thresh 레벨이 아래의 사운드를 Ratio에서 설정한 비율을 감소하는 익스펜더(Expnader)로 동작합니다. 컴프레서와 반대로 다이내믹을 넓히는 역할을 하는 익스펜더는 작은 레벨의 잡음을 제거할 때 많이 사용합니다.

**Dry/Wet** : 컴프레서 적용 레벨과 원본 레벨의 비율을 조정합니다.

▶ Transfer Curve View

입력 레벨(가로)과 출력(세로) 레벨을 그래프로 표시합니다. Knee 범위가 표시되기 때문에 컨트롤하기 쉽고, 포인트를 드래그하여 Ratio와 Thresh를 조정할 수 있습니다. Lock은 입력 신호의 지연 타임을 조정하며, Env은 응답 속도를 결정하는 것으로 Lin은 Attack과 Release 값에 동작합니다. Log는 강하게 압축된 신호가 덜 압축된 신호보다 릴리즈 타임을 빠르게 하여 Lin 보다 부드럽게 동작되게 합니다.

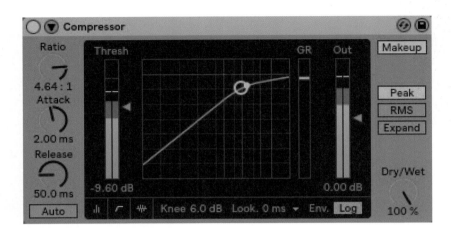

▶ Activity View

입력 신호를 밝은 회색의 파형, 게인 리덕션(GR)을 노란색 라인, Thresh를 주황색 라인으로 표시하며, 레벨의 변화를 지속적으로 관찰할 수 있다는 장점이 있습니다. Thresh는 디스플레이 상단의 값을 드래그하거나 주황색 라인을 드래그하여 조정할 수 있으며, GR 및 Output 스위치로 표시할 소스를 선택할 수 있습니다.

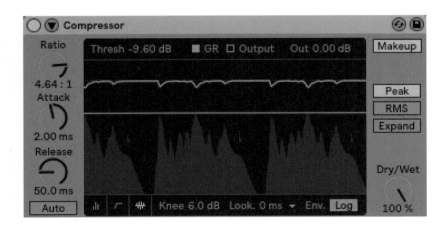

▶ Sidechain과 EQ

장치를 확장했을 때 볼 수 있으며, 각각 On/Off 할 수 있습니다.

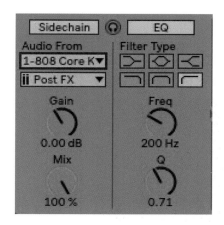

Sidechain - 입력 신호가 아닌 다른 트랙의 오디오 신호로 동작되게 하는 Ducking 효과를 만듭니다. DJ가 말을 할 때 음악 소리를 줄이는 행위를 수동 덕킹이라고 한다면, 사이드체인은 자동 덕킹이라고 할 수 있습니다. 댄스 음악에서 Bass 트랙에 적용하여 Kick 소리를 부각시키는 용도로 많이 사용합니다. Audio From의 상단 메뉴에서 트랙을 선택하고, 아래 메뉴에서 Post 및 Pre의 라우팅 지점을 선택할 수 있습니다.

Gain - 입력 레벨을 조정합니다.

Mix - 사이드 체인 신호와 컴프레서 신호의 비율을 조정합니다.

EQ - 컴프레서를 특정 주파수 대역에서만 동작시킬 수 있습니다.

Filter Type - 필터 타입을 선택합니다.

Freq - 필터의 차단 주파수를 설정합니다.

Q - 필터 범위를 설정합니다.

## ● Gate

트레숄드 이하의 레벨을 차단하여 잡음을 제거하는 장치입니다. 흔히 노이즈 게이트(Noise Gate)라고 부릅니다. 장치를 확장하면 Sidechain 섹션을 볼 수 있으며, 동작 방식은 컴프레서와 동일합니다.

입력 신호는 회색으로 표시되고 출력 신호는 흰색 테두리가 있는 짙은 회색으로 표시됩니다.

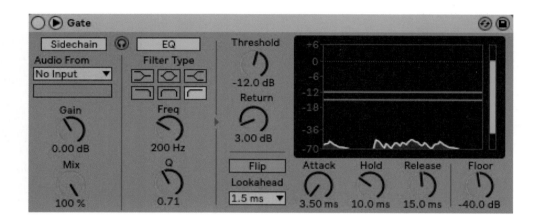

▶ Theshold : 여기서 설정한 레벨 이하가 차단되는 것이며, 디스플레이 상단 라인으로 표시합니다. 라인을 드래그하여 Threshold를 조정할 수 있습니다.

▶ Return : 게이트의 동작 속도를 조정합니다. Threshold와의 거리가 가까울수록 빠르게 동작하여, 디스플레이 하단 라인으로 표시합니다. 라인을 드래그하여 값을 조정할 수 있습니다.

▶ Flip : 반대로 동작되게 합니다. 레벨이 Theshold 이하일 때 통과시키는 것입니다.

▶ Lookahead : 입력 신호를 늦춰 신호를 놓치지 않게 합니다.

▶ Attack : Threshold 레벨을 감지했을 때 사운드를 차단하는데 까지의 타임을 조정합니다.

▶ Hold : 게이트 동작 상태를 일정시간 유지할 수 있게 합니다.

▶ Release : 게이트가 닫히는 타임을 조정합니다.

▶ Floor : 게이트가 닫힐 때 적용되는 감쇠 양을 조정합니다.

## ● Glue Compressor

80년대 유명했던 믹싱 콘솔의 버스 컴프레서를 모델로 만들어진 장치입니다. 에이블톤의 기본 Compressor와 사용법은 동일하지만, 그룹이나 메인 트랙에서 사용하는 것인 일반적입니다.

Attack : Thresh에서 설정한 레벨이 감지되었을 때 컴프레서가 작동을 시작하기까지의 타임을 조정합니다.

Release : Thresh에서 설정한 레벨 이하로 떨어졌을 때 컴프레서가 작동은 멈추는데 걸리는 타임을 조정합니다.

Ratio : Threshold에서 설정한 레벨 이상을 얼마만큼의 비율로 압축할 것인지를 결정합니다.

Threshold : 컴프레서가 작동되는 레벨을 설정합니다.

Makeup : 압축된 만큼의 레벨을 보충합니다.

Clip : 클리핑의 발생 여부를 표시합니다.

Soft : 클리핑 발생을 제한합니다. 단, 사운드가 일그러질 수 있기 때문에 Makeup으로 조정하는 것이 좋습니다.

Range : 압축이 시작되는 기점의 속도를 조정합니다.

Dry/Wet : 컴프레서 적용 레벨과 원본 레벨의 비율을 조정합니다.

Sidechain : 장치를 확장하면 볼 수 있으며, 용법은 기본 Compressor와 동일합니다.


## ● Limiter

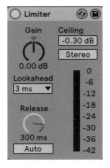

Ceiling에서 설정한 레벨 이상이 넘지 않도록 하는 장치로 메인 트랙에서 클리핑이 발생하지 않게 하는 목적으로 사용합니다. 모드가 Stereo일 때는 양쪽 채널에 동작하며, L/R일 때는 별개로 동작합니다.

Gain : 입력 레벨을 조정합니다.

Lookahead : 리미터의 반응 타임을 선택합니다.

Release : 리미터의 동작이 멈추는 타임을 조정합니다. Auto 버튼을 On으로 하면 자동으로 조정됩니다

## ● Multiband Dynamics

High, Mid, Low 주파수 대역으로 나누어 다이내믹을 조정할 수 있는 장치입니다. 드럼 그룹이나 메인 트랙에서 전체 사운드를 다듬는 용도로 사용하는 것이 일반적입니다.

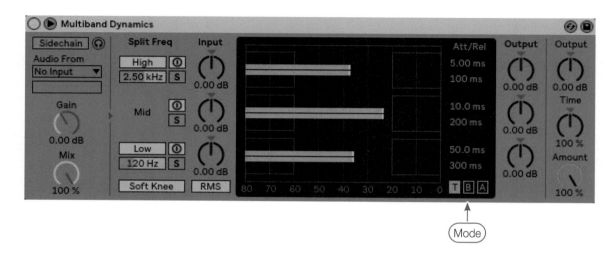

▶ Split Freq : 주파수 대역을 설정할 수 있는 항목과 On/Off 버튼, 해당 주파수 대역을 솔로로 모니터해 볼 수 있는 솔로 버튼을 제공합니다.

▶ Soft Knee : 압축 기점이 부드럽게 꺾이도록 합니다.

▶ Input : 입력 레벨을 조정합니다.

▶ RMS/Peak : 평균 레벨로 감지할 것인지, 피크 레벨로 감지할 것인지를 선택합니다.

▶ Mode : Time, Below, Above의 3가지 모드를 제공합니다.

Time - 장치의 작동 시작과 끝 타임을 조정할 수 있는 Attack과 Release 파라미터를 표시합니다.

Below - 설정 레벨 이하의 사운드를 낮추거나 높입니다. Threshold는 왼쪽 블록의 끝을 좌/우로 드래그하여 조정할 수 있으며, Ratio는 위/아래로 드래그하여 조정할 수 있습니다. 설정 레벨을 낮추면 그 이하의 레벨이 작아지는 다운 익스팬션으로 동작하고, 설정 레벨을 높이면 그 이하의 레벨이 확장되는 업워드 컴프레션으로 동작합니다.

Above - 설정 레벨 이상의 사운드를 낮추거나 높입니다. Threshold는 오른쪽 블록의 끝을 좌/우로 드래그하여 조정할 수 있으며, Ratio는 위/아래로 드래그하여 조정할 수 있습니다. 설정 레벨을 낮추면 그 이상의 레벨이 압축되는 다운 컴프레션으로 동작하고, 설정 레벨을 올리면 레벨이 확장되는 업워드 익스팬션으로 동작합니다.

블럭을 Alt 키를 누른 상태로 드래그하면 Below와 Above를 동시에 조정할 수 있습니다.

▶ Output : 출력 레벨을 조정합니다.

▶ Global : 3밴드 전체의 출력을 컨트롤합니다.

Ouput - 전체 출력 레벨을 조정합니다.

Time - 전체 어택과 릴리즈 타임을 조정합니다.

Amount - 전체 압축 양을 조정합니다.

# 05 | 이큐 및 필터

저음, 중음, 고음 등, 사운드의 고저를 지칭하는 말이 주파수 입니다. 음악을 들으면서 저음이 부족하다고 느껴서 플레이어 또는 스피커의 Bass 컨트롤을 조작하여 증가시켜본 경험이 있을 것입니다. 이렇게 특정 주파수 대역을 올리거나 내리는 역할을 하는 장치가 이퀄라이저(Equalizer)이며, 줄여서 EQ라고 얘기합니다. 그 외, 특정 주파수 대역을 감소시키는 용도로 사용하는 필터(Filter)나 반대로 주파수 대역을 증가시켜 왜곡된 사운드를 만드는 디스토션(Distortion) 계열 장치도 주파수 계열 장치로 취급합니다. 세부적으로는 주파수 장치와 왜곡 장치를 구분하기도 하고, EQ과 Filter를 구분하는 경우도 있습니다.

## ● Auto Filter

EQ는 주파수를 증/감하는 역할을 하지만, 필터(Filter)는 주파수를 차단하는 역할만 합니다. 고음역을 차단하는 Lowpass, 저음역을 차단하는 Highpass, 저음역과 고음역을 동시에 차단하는 Bandpass, 특정 범위를 차단하는 Notch의 4가지 타입이 기본입니다. Auto Filter는 여기에 타입을 순차적으로 변형시킬 수 있는 Morph를 포함하여 총 5가지 타입을 제공하고 있으며, 장치를 확장하면, 다른 트랙의 연주 소스에 반응하는 사이드체인(Sidechain) 섹션이 열립니다. 참고로 제품에 따라 Lowpass와 Highpass를 High Cut과 Low Cut을 부르는 경우도 있습니다.

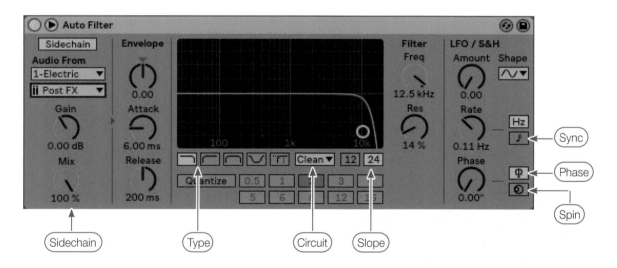

▶ Sidechain : 장치를 확장했을 때 볼 수 있는 섹션이며, 버튼을 클릭하여 On/Off 합니다.

Audio From - 상단 목록에서 소스 트랙을 선택하며, 하단 목록에서 적용 위치를 선택합니다.

Gain - 입력 소스의 레벨을 조정합니다.

Mix - 사이드 체인과 원 소스의 레벨 비율을 조정합니다.

▶ Envelope : 필터 프리퀀시에 모듈레이션이 적용되는 양을 조정합니다.

Attack - 엔벨로프의 시작 타임을 조정합니다.

Release - 엔벨로프의 끝 타임을 조정합니다.

▶ Type : 필터 타입을 선택합니다.

▢ Lowpass - 설정 주파수 이상을 차단합니다. 고음역을 차단한다고 해서 Highcut이라고도 합니다.

▢ Highpass - 설정 주파수 이하를 차단합니다. 저음역을 차단한다고 해서 Lowcut이라고도 합니다.

▢ Bandpass - 설정 범위를 제외한 나머지 음역을 모두 차단합니다.

▽ Notch - 설정 범위를 차단합니다.

▦ Morph - Filter 섹션에 Morph 노브가 생성되며, 노브를 돌려 Lowpass, Bandpass, Highpass, Notch 필터 타입을 순차적으로 변경할 수 있습니다.

▶ Circuit : 필터 회로를 선택합니다. 기본 회로의 Clean과 레조넌스를 제한하는 OSR을 제공합니다.

▶ Slope : 감쇠 곡선 범위를 12dB/Octave 또는 24dB/Octave 중에서 선택합니다.

▶ Quantize : 필터 프리퀀시에 모듈레이션이 비트 단위로 적용되게 합니다.

▶ Filter : 조정할 주파수 대역을 결정하는 Freq와 차단 주파수 대역을 증/감하는 Res 노브를 제공합니다. 디스플레이의 포인트를 드래그하여 조정할 수 있습니다.

▶ LFO/S&H : 필터 프리퀀시를 주기적으로 모듈레이션 합니다.

Amount - LFO가 적용되는 양을 조정합니다.

Shape - LFO 파형을 선택합니다.

Rate - LFO 속도를 조정합니다. Sync를 선택하면 비트와 동기화 할 수 있으며, 시작 타임을 조정할 수 있는 Offset 노브가 표시됩니다.

Phase - 파형의 각도를 조정합니다.

Spin - 파형의 간격을 조정합니다.

● Channel EQ

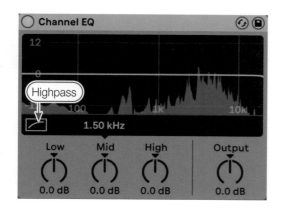

저음역, 중음역, 고음역을 조정할 수 있는 3밴드 타입의 EQ이며, 80Hz 이하를 차단하는 Highpass 버튼을 제공합니다. Low는 100Hz 이하, High는 8KHz 이상을 증/감하는 쉘빙 타입이고, Mid는 120Hz에서 7.5KHz 범위를 증/감하는 벨 타입니다.

## ● EQ Eight

음악을 하지 않는 사람들에게도 익숙한 장치가 주파수를 증/감시키는 이퀄라이저 입니다. 녹음 과정에서 손실되는 주파수 대역을 보충하여 원음을 만든 역할로 사용하지만, 유입된 잡음이나 간섭음을 제거하여 음질을 개선하는 용도로도 사용합니다. EQ Eight은 주파수를 8 단계로 나누어 조정할 수 있으며, Low Cut(48 or 12 dB/octave), Low shelf, Bell, Notch, High shelf, High Cut(48 or 12 dB/octave)의 8가지 타입을 제공합니다.

▶ Freq : 조정할 주파수 대역을 결정합니다. 노브를 이용하거나 포인트를 좌/우로 드래그하여 조정할 수 있습니다.

▶ Gain : 주파수를 증/감 합니다. 노브를 이용하거나 포인트를 상/하로 드래그하여 조정할 수 있습니다.

▶ Q : 조정할 주파수의 범위를 설정합니다. 대역폭이라고 하며, 노브를 이용하거나 Alt 키를 누른 상태로 포인트를 상/하로 드래그하여 조정할 수 있습니다.

▶ Type : 이큐 타입을 선택합니다.

  48dB / 12dB/Octave Low Cut - 설정 주파수 이하를 차단합니다.

  Low Shelf - 설정 주파수 이하를 증/감 합니다.

  Bell - 대역폭 범위의 주파수를 증/감 합니다.

  Notch - 대역폭 범위의 주파수를 차단합니다.

  High Shelf - 설정 주파수 이상을 증/감 합니다.

  12dB / 48dB/Octave High Cut - 설정 주파수 이상을 차단합니다.

▶ Activator : 밴드의 사용 여부를 결정합니다.

▶ Audition : 조정하는 밴드의 사운드만 모니터 할 수 있게 합니다.

▶ Analyze : 디스플레이에 주파수 스펙트럼을 표시합니다.

▶ Mode : 이큐 모드를 선택합니다. Stereo, L/R, M/S의 3가지를 제공합니다.

Stereo - 단일 라인으로 좌/우 채널을 동시에 조정하는 기본 모드 입니다.

L/R - 좌/우 채널을 나누어 조정합니다. 왼쪽은 주황색, 오른쪽은 노란색 라인으로 표시됩니다.

M/S - 가운데/사이드 채널을 나누어 조정합니다. 가운데는 주황색, 사이드는 노란색 라인으로 표시됩니다.

▶ Edit : L/R 및 M/S 모드에서 조정할 채널을 선택합니다.

▶ Adapt.Q : 이큐를 조정하면 대역폭 밖의 주파수도 영향을 받을 수 밖에 없는데, 이를 최소화 합니다.

▶ Scale : Low 및 High Cut과 Notch를 제외한 밴드의 게인을 조정합니다.

▶ Gain : 레벨을 조정합니다.

● EQ Three

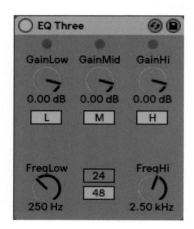

Channel EQ와 동일하게 저음(GainLow), 중음(GainMid), 고음(GainHi)으로 3밴드 타입의 EQ 입니다. 단, 저음과 고음 대역 설정이 가능하다는 차이가 있습니다. 각각 해당 대역을 증/감할 수 있는 Gain 노브와 사용 여부를 결정하는 L, M, H 버튼을 제공합니다. FreqLow와 FreqHI는 Low와 Hi는 주파수 대역을 설정하는 것이며, 슬로프 곡선을 24dB/Octave 또는 48dB/Octave 중에서 선택할 수 있습니다. 일반적으로 믹싱 작업을 할 때는 EQ Eight을 사용하지만, 빠른 컨트롤이 필요한 디제잉을 할 때는 Channel EQ와 EQ Three가 편리합니다.

# 06 | 제어 장치

Modulators 카테고리에서 제공하는 Envelope Follower, LFO, Shaper 등의 장치는 입력 사운드를 변조하여 출력하는 다른 장치들과는 성격이 조금 다릅니다. 주기적으로 컨트롤하고자 하는 파라미터를 맵핑하여 엔벨로프, LFO 또는 사용자가 만든 파형의 모양대로 움직이게 하는 일종의 오토메이션 역할을 하는 것입니다. 물론, 최종 목적은 사운드를 변조하는 것이지만, 장치를 이해하면 좀 더 다양한 목적으로 사용할 수 있습니다.

## ● Envelope Follower

Envelope Follower는 사용자가 컨트롤하고자 하는 파라미터를 맵핑하여 장치를 로딩한 트랙에서 재생되는 사운드의 엔벨로프 파형대로 움직이게 하는 역할을 합니다.

*01* Map 스위치를 켜고 컨트롤하고자 하는 파라미터를 클릭하면 맵핑됩니다. 예를 들어 Envelope Follower를 드럼 트랙에 로드하고, 베이스 트랙의 Auto Filter Freq를 맵핑했다고 가정합니다.

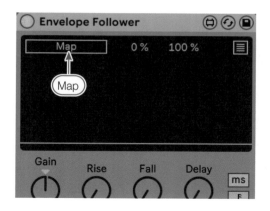
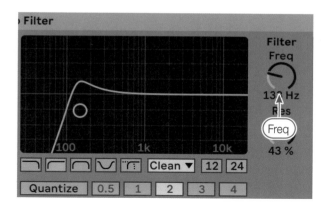

*02* Map 스위치에 연결된 파라미터의 이름이 표시되며, 세트를 재생하면 드럼 사운드의 엔벨로프가 분석되고, 캡처된 파형의 움직임에 따라 Auto Filter의 Freq 파라미터가 제어되는 것을 확인할 수 있습니다.

*03* Modulators 장치들은 모두 디스플레이 우측 상단의 Multimap 버튼을 클릭하고 총 8개의 파라미터를 맵핑할 수 있으며, Map 스위치의 오른쪽의 Unmap(x) 버튼을 클릭하여 해제할 수 있습니다. 맵핑된 파라미터가 움직이는 범위는 Min과 Max 슬라이더를 이용하여 지정합니다.

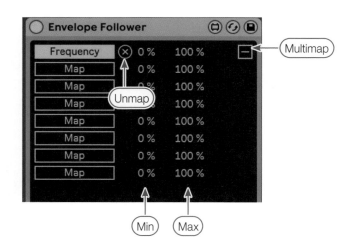

▶ Gain : 입력 레벨을 설정합니다. 맵핑 파라미터가 움직이는 폭을 결정하는 것입니다.

▶ Rise : 맵핑 파라미터의 시작 타임을 조정합니다.

▶ Fall : 맵핑 파라미터의 종료 타임을 조정합니다.

▶ Delay : 맵핑 파라미터의 움직임을 지연시킵니다. 오른쪽 스위치로 타임 및 템포 단위를 선택할 수 있습니다.


● LFO

역할과 사용법은 Envelope Follower와 동일합니다. 다만, 소스에 의해 파형이 결정되는 Envelope Follower와는 다르게 자체적으로 제공되고 있는 LFO 파형을 사용한다는 차이점이 있습니다. 피형은 Type 메뉴에서 선택할 수 있으며, 사인파, 상향 톱니파, 하향 톱니파, 삼각파, 사각파, 랜덤, 바이너리 노이즈 등을 제공합니다.

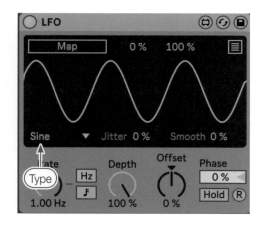

▶ Type : 파형을 선택합니다.

▶ Jitter : 파형의 불규칙성을 추가합니다.

▶ Smooth : 파형의 변화를 부드럽게 만듭니다.

▶ Rate : 파형의 속도를 조정합니다.

▶ Depth : 파형의 폭을 조정합니다.

▶ Offset : 파형의 시작 위치를 조정합니다.

▶ Phase : 위상을 바꿔줍니다.

▶ Hold : 출력 값을 유지합니다.

▶ R : 버튼을 켜면 매번 같은 위치와 위상에서 시작됩니다.

## ● Shaper

Multimap 및 LFO와 역할 및 사용법은 동일합니다. 단지, 사용자가 직접 파형을 그릴 수 있다는 차이점이 있습니다. 디스플레이를 클릭하여 포인트를 추가할 수 있으며, Shift 키를 누른 상태에서 포인트를 클릭하여 삭제할 수 있습니다. Alt 키를 누른 상태에서는 곡선을 조정할 수 있습니다.

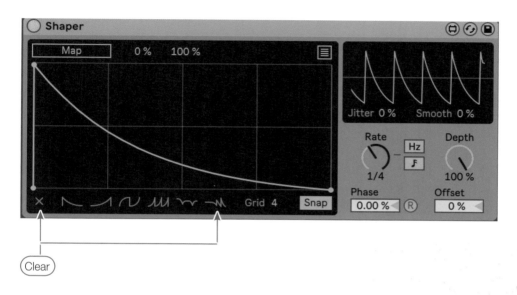

▶ Clear : x 버튼을 클릭하여 모두 지우거나 오른쪽 6개의 버튼을 클릭하여 선택한 모양으로 초기화 합니다.

▶ Grid : 그리드의 폭을 조절합니다. Snap을 켜면 모든 포인트를 그리드 라인에 맞출 수 있습니다.

▶ Jitter : 파형의 불규칙성을 추가합니다.

▶ Smooth : 파형의 변화를 부드럽게 만듭니다.

▶ Rate : 파형의 속도를 조정합니다. 오른쪽 버튼을 이용하여 Hz 및 타임 단위를 결정합니다.

▶ Depth : 파형의 폭을 조정합니다.

▶ Offset : 파형의 시작 위치를 조정합니다.

▶ Phase : 위상을 바꿔줍니다. R 버튼을 매번 같은 위치와 위상에서 시작됩니다.

▶ Offset : 파형의 시작 위치를 조정합니다.

# 07 | 변조 장치

수십명이 동시에 바이올린을 연주하면 아무리 오랜 시간 동고동락 하면서 연습을 해도 모두 시간차가 발생하기 마련입니다. 그러나 사운드는 오히려 풍성하게 들립니다. 이러한 풍성함을 인원을 동원하지 않고 인위적으로 만들고자 사용되고 있는 장치가 코러스이며, 특정 주파수 대역에 짧은 시간차를 발생시켜 사운드를 변조하는 장치들이 페이저와 플랜저 입니다. 이 밖에 Pitch & Modulation 카테고리에는 진폭이나 피치를 변조할 수 있는 장치들을 제공합니다.

## ● Auto Pan

사운드를 좌/우로 이동시키는 효과를 만듭니다. 핑퐁 딜레이와 비슷한 역할이지만, LFO 파형에 따른 채널의 주기 및 진폭을 변조할 수 있습니다.

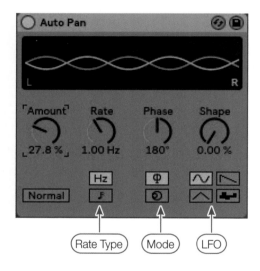

▶ Amount : 오토 팬의 양을 조정합니다.

▶ Rate : 오토 팬의 속도를 조정합니다. Rate Type에서 Hz 단위와 비트 단위로 선택할 수 있습니다. 비트 단위를 선택하면 파형의 시작점을 조정할 수 있는 Offset 컨트롤이 표시됩니다.

▶ Phase : 오른쪽 채널의 시작점을 조정합니다. Mode를 Spin으로 선택하면 파형의 간격을 조정할 수 있습니다.

▶ Shape : 파형의 각도를 조정합니다.

▶ Normal : 기본 방향이며, 버튼을 클릭하여 Invert로 하면 좌/우 채널이 바뀝니다.

▶ LFO : 파형의 종류를 선택합니다.

## ● Chorus-Ensemble

아주 짧은 타임의 시간차를 발생시켜 여러 사람이 연주하는 듯한 풍성함을 만드는 장치입니다. 모드는 Classic,
Ensemble, Vibrato의 3가지를 제공하고 있습니다. Classic은 두 개의 시간 변조 신호를 추가하여 두꺼운 사운드를
생성하고, Ensemble은 클래식 모드를 기반으로 컨트롤을 공유하지만 균등하게 분할된 변조 위상 오프셋이 있는
3개의 지연 신호를 사용하여 더욱 풍부하고 부드러운 앙상블 사운드를 생성합니다. 그리고 Vibrato는 코러스보다
더 강한 변조를 적용하여 비브라토 효과를 생성합니다.

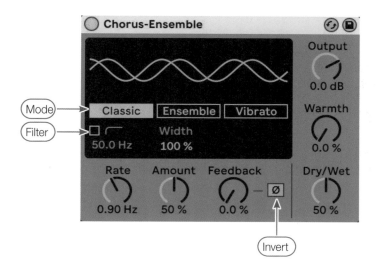

▶ Filter : 저음역을 차단합니다. 차단 범위는 20Hz에서 2KHz까지 설정할 수 있습니다.

▶ Width : 스테레오 폭을 조정합니다. 비브라토 모드에서는 오른쪽 채널의 시작 타임을 조정하는 Offset과 모양을
조정하는 Shape 컨트롤러로 표시됩니다.

▶ Rate : 변조 속도를 결정하며, 디스플레이 파형을 위/아래로 드래그하여 조정할 수 있습니다.

▶ Amount : 변조 신호의 진폭을 조정합니다.

▶ Feedback : 지연 사운드의 반복 비율을 조정합니다. 오른쪽에는 피드백 신호를 반전시킬 수 있는 Invert 버튼
을 제공하며, 높은 피드백 값과 결합될 때 공허한 사운드를 생성합니다.

▶ Output : 출력 레벨을 조정합니다.

▶ Warmth : 따뜻한 사운드를 위해 약간의 왜곡과 필터링을 추가합니다

▶ Dry/Wet : 원음과 효과음의 비율을 조정합니다.

## ● Phaser-Flanger

지연되는 사운드에 빗살무늬 모양의 콤 필터(Comb Filter)를 걸어서 사운드를 변조하는 장치가 페이저(Phaser)이며, 여기에 조금 긴 딜레이 사운드를 만들어 위상 간섭을 일으키는 장치가 플랜저(Flanger)인데, 이 두 가지 효과를 선택해서 사용할 수 있는 장치입니다. 그 외 트랙을 복사하여 사운드를 두껍게 만드는 더블링 기법을 연출할 수 있는 Doubler 모드도 제공되고 있으며, 패널을 확장하면 2개의 LFO 옵션을 추가할 수 있습니다.

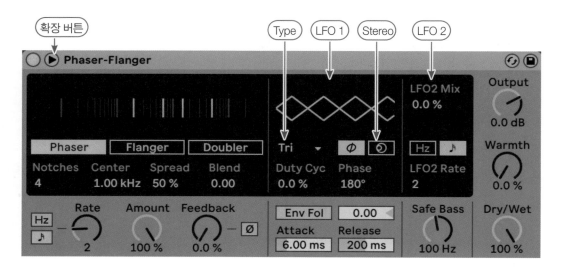

▶ Notches : 콤 필터가 적용되는 수를 설정합니다.

▶ Center : 콤 필터가 적용되는 중심 주파수를 설정합니다.

▶ Spread : 콤 필터가 적용되는 주파수 범위를 설정합니다.

▶ Blend : 중앙 주파수를 0.0, 확산을 1.0으로 하여 중앙 주파수와 확산 사이의 변조 라우팅을 혼합합니다.

▶ Time : Flanger 및 Dubler 모드에서 지연 시간을 조정합니다.

▶ LFO1 : 변조 속도는 Freq/Rate 노브를 이용하여 Hz 및 타임 단위로 조정합니다.

▶ Type : LFO1의 파형을 선택합니다.

▶ Stereo : Phase와 Spin 모드를 제공합니다. Phase는 오른쪽 채널의 시작 위치를 조정하며, Spin은 오른쪽 채널의 속도를 조정합니다.

▶ Ditu Cyc : 파형의 각도를 조정합니다. 변화 값은 디스플레이에서 볼 수 있습니다.

▶ LFO2 : 삼각파(Tringle)이며, LFO Mix에서 LFO1과의 비율을 조정하며, LFO2 Freq/Rate에서 속도를 조정합니다.

▶ Amount : 변조 신호의 진폭을 조정합니다.

▶ Feedback : 지연 사운드의 반복 비율을 조정합니다. 신호를 반전시킬 수 있는 Invert 버튼을 제공합니다.

▶ Env. Fol : 변조 강도를 조정하며, Attack과 Release 타임을 조정할 수 있습니다.

▶ Safe Bass : 5Hz ~ 3000Hz 하이패스 필터를 적용합니다.

▶ Global : 출력 레벨을 조정하는 Ouput, 따뜻함을 추가하는 Warmth, 비율을 조정하는 Dry/Wet가 있습니다.

## ● Shifter

피치 및 특정 주파수를 위/아래로 흔들어 변조하는 장치입니다. 트레몰로 효과에서부터 메탈릭한 사운드를 만드는 데 응용할 수 있습니다.

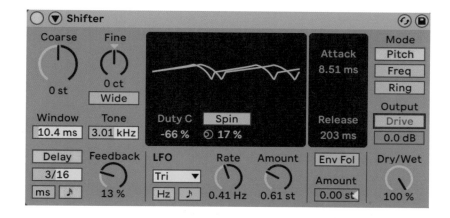

▶ Coare/Fine : 선택한 모드에 따라 피치 또는 주파수를 조정합니다. Wide 버튼을 활성화하면 오른쪽 채널에 대한 Spread 값의 극성이 반전되어 스테레오 효과가 생성됩니다. Spread 값이 0이면 Wide는 효과가 없습니다.

▶ Window : 피치 모드에서 알고리즘에 사용되는 크기를 조정합니다. 저주파 신호는 크기가 길 때 가장 잘 들리는 반면, 높은 주파수는 크기가 짧을 때 가장 잘 들리는 경우가 많습니다.

▶ Tone : 딜레이 피드백 경로의 고주파수를 차단합니다.

▶ Delay : 선택한 지연 모드 버튼에 따라 헤르츠 또는 비트 동기화 구간의 슬라이더 컨트롤을 사용하여 설정할 수 있는 지연 시간이 추가됩니다. Feedback은 딜레이 입력으로 피드백되는 출력의 양을 설정합니다.

▶ Duty C : 파형의 각도를 조정합니다.

▶ Spin : 두 개의 LFO 속도를 서로 상대적으로 조정합니다.

▶ Rate : 파형의 속도를 조정합니다.

▶ Amount : 신호에 적용되는 LFO 변조의 양을 설정합니다.

▶ Envelope Follower : 버튼으로 엔벨로프 팔로워를 켜며, Amount로 변조 강도를 조정합니다. 값은 Pitch 모드에서는 반음 단위로, Freq 및 Ring 모드에서는 Hertz 단위로 설정할 수 있습니다. Attack은 입력 레벨 상승에 얼마나 빨리 반응하는지 설정하고, Release는 입력 레벨 감소에 얼마나 빨리 반응하는지 설정합니다.

▶ Mode : 피치(Pitch), 주파수(Freq), 링(Ring) 모드 중에서 선택합니다. 피치 모드는 반음(Fine) 및 센트 (Coare) 단위로 오디오 피치를 위/아래로 조정합니다. 주파수 모드는 사용자가 지정한 양(Hz)만큼 주파 수를 위/아래로 이동합니다. 작은 양의 변화는 미묘한 트레몰로 또는 페이징 효과를 가져올 수 있는 반면, 큰 변화는 불협화음의 금속성 사운드를 생성할 수 있습니다. 링 모드에서는 사용자가 지정한 주파수 양이 입력에 더해지고 뺍니다.

▶ Drive : 링 모드에서 왜곡 효과를 활성화하고 아래의 슬라이더로 왜곡 수준을 제어합니다.

▶ Dry/Wet : 입력 신호와 처리된 신호 사이의 균형을 설정합니다.

장치를 확장하면 Internal 및 MIDI Mode를 추가할 수 있습니다.

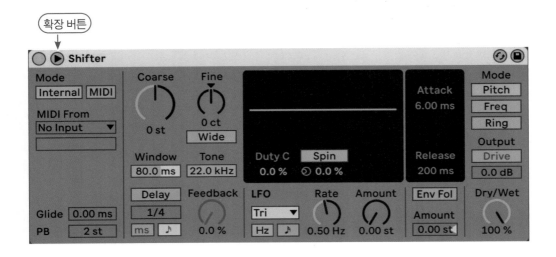

피치 또는 주파수 설정 방법을 결정하는 두 가지 피치 모드가 있습니다.

▶ Internal : 피치 또는 주파수는 Coarse 및 Fine 노브로 설정됩니다.

▶ MIDI : 피치 또는 주파수는 들어오는 MIDI 노트에 의해 설정됩니다. 외부 MIDI 소스는 MIDI From 메뉴에서 선택합니다. 피치를 다음 피치로 슬라이드하는 데 노트가 소요되는 시간을 밀리초 단위로 조정하는 Glide 매개변 수도 있습니다. PB 슬라이더를 사용하여 MIDI 피치 벤드 메시지의 효과를 정의하기 위해 0-24 반음 사이의 피치 벤드 범위를 설정할 수 있습니다.

# 08 리버브 장치

공연장에서 청중은 악기의 직접음 외에 벽에서 반사되는 잔향을 함께 듣습니다. 이러한 현장감을 만드는 리버브나 딜레이와 같은 장치는 직접음과 잔향음이 발생하는 시간차를 인위적으로 만드는 것으로 타임 계열 장치라고 합니다. 그 외, 리버브나 딜레이 보다 짧은 타임으로 사운드를 변조(Modulation) 하는 코러스, 플랜저, 페이저 등도 타임 장치로 취급합니다. 단, 공간감을 만드는 리버브나 딜레이의 경우에는 리턴 트랙에 걸어서 모든 트랙에 공용으로 사용하지만, 사운드 변조를 목적으로 사용하는 코러스, 플랜저, 페이저 등은 인서트 방식으로 사용하는 것이 일반적입니다. 세부적으로 타임 장치와 변조 장치를 구분하기도 합니다.

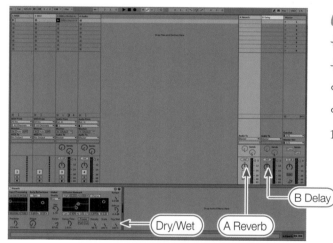

*01* 연주는 한 공간에서 하는 것이므로, 공간감을 만드는 리버브와 딜레이는 리턴 트랙에서 사용하는 것이 일반적입니다. 세트를 만들면, 두 개이 리턴 트랙이 있으며, A에는 리버브, B에는 딜레이가 기본적으로 로딩되어 있고, 각각 Dry/Wet는 100%로 설정되어 있습니다.

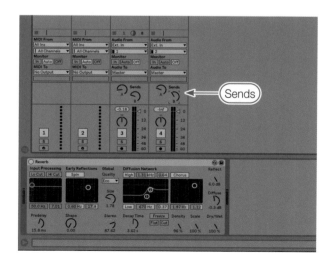

*02* 리턴 트랙의 이펙트를 적용하고자 하는 트랙은 Sends 섹션의 A와 B 노브로 양을 조정합니다. 단, 리버브와 딜레이는 반드시 리턴 트랙에서 사용해야 한다는 고정 관념을 가질 필요는 없습니다.

## ● Corpus

어쿠스틱 공명 사운드를 시뮬레이션합니다. 소재는 Beam, Marimba, String, Membrane, Plate, Pipe, Tube 의 7가지를 제공하며, 악기에 공명을 더하여 어쿠스틱 사운드를 좀 더 실감나게 만들 수 있습니다. 장치는 LFO, Transpose, Resonance, Filter 섹션으로 구성되어 있으며, 확장을 하면 Sidechain 섹션을 볼 수 있습니다.

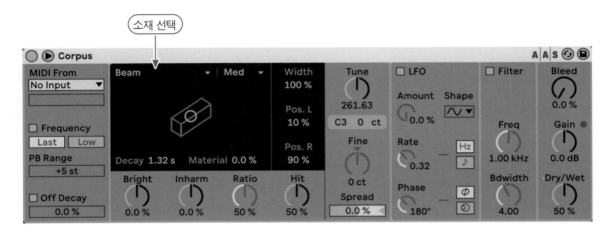

▶ Sidechain : 장치를 확장했을 때 볼 수 있는 섹션이며, 다른 트랙의 미디 신호로 동작되게 합니다. 상단의 MIDI From에서 트랙을 선택하고, 하단에서 Pre 및 Post의 라우팅 지점을 선택합니다. 그 외 Frequency와 Off Decay를 On/Off 할 수 있습니다.

**Frequency** - 공명 사운드의 피치를 사이드체인으로 들어오는 미디 신호로 결정되게 합니다. 여러 노트가 동시에 연주되는 경우에 Last는 마지막 노트로 결정하게 하며, Low는 가장 낮은 노트로 결정되게 합니다.

**PB Range** : 피치 밴드 변조 폭을 조정합니다.

**Off Decay** : 노트 Off 정보에 공명 사운드가 뮤트되는 양을 조정합니다.

▶ Resonace : 7가지의 소재를 선택할 수 있으며, 오른쪽 메뉴에서 퀄리티를 선택합니다. Full을 선택하면 좀 더 복잡한 공명 사운드를 만들지만, 시스템 자원을 많이 차지합니다.

Beam - 기둥의 소재와 크기에 따른 공명 사운드를 시뮬레이션 합니다.

Marimba - 마림바의 특징을 시뮬레이션 합니다.

String - 다양한 크기의 현악기 공명을 시뮬레이션 합니다.

Membrane - 드럼 헤드 공명 사운드를 시뮬레이션 합니다.

Plate -  평면 판의 소재와 크기에 따른 공명 사운드를 시뮬레이션 합니다.

Pipe - 한쪽에 막혀있는 원형 파이프의 공명 사운드를 시뮬레이션 합니다.

Tube - 끝이 열려 있는 원통의 공명 사운드를 시뮬레이션 합니다.

Decay : 공명의 감쇠 비율을 조정합니다. 디스플레이 포인트를 드래그하여 Decay와 Material 또는 Radius를 동시에 조정할 수 있습니다.

Material : 소재의 특징을 시뮬레이션 합니다. 낮은 값은 나무나 고무와 같은 연한 소재를 시뮬레이션 하고, 높은 값은 유리나 금속과 딱딱한 소재를 시뮬레이션 합니다. Pipe나 Tube를 선택한 경우에는 관의 지름을 조정할 수 있는 Radius로 표시됩니다.

Width : 좌/우 채널 폭을 조정합니다.

Pos. L/R : 좌/우 공명의 위치를 조정합니다.


Brightness : 진폭을 조정합니다.

Inharm : 공명 사운드의 톤을 조정합니다. 값이 낮으면 저음역이 많아지고, 높으면 고음역이 많아집니다.

Ratio : 소재의 크기를 조정합니다.

Hit : 타격 위치를 조정합니다.


▶ Tune : 공명 사운드의 음정을 조정합니다. Frequency가 Off일 때는 Hz 단위의 Tune으로 조정됩니다.

Fine - 음정을 100분의 1단위로 조정합니다.

Spread - 좌/우 스테레오 폭을 조정합니다.


▶ LFO : 공명 사운드를 변조할 수 있는 LFO를 추가합니다.

Amount - LFO가 추가되는 양을 조정합니다.

Shape - LFO가 파형을 선택합니다.

Rate - LFO 속도를 조정합니다. 단위는 Hz 및 비트 중에서 선택할 수 있습니다.

Phase/Spin - LFO 모드를 선택합니다 Phase는 좌/우 채널의 LFO 시작점을 조정하며, Spin은 좌/우 채널의 LFO 간격을 상대적으로 조정합니다.


▶ Filter : 필터를 On/Off 할 수 있습니다. 차단 주파수를 조정하는 Frequency와 대역 폭을 조정하는 Bandwidth는 디스플레이 포인트를 드래그하여 동시에 조정할 수 있습니다.


▶ Global : 최종 출력 레벨을 컨트롤 합니다.

Bleed : 처리되지 않은 신호의 일부를 공명 사운드에 혼합할 수 있으며, 혼합 비율을 조정합니다.

Gain : 처리된 신호의 레벨을 조정합니다.

Dry/Wet : 입/출력 신호의 비율을 조정합니다.

## ● Hybrid Reverb

하이브리드 리버브(Hybrid Reverb)는 컨볼루션 잔향과 디지털 잔향 알고리즘을 혼합하여 고유한 리버브 사운드를 또는 드론과 같은 사운드 스케이프를 생성하거나 사운드를 완전히 변형할 수 있는 장치입니다. 다양한 임펄스 응답을 제공하는 것 외에도 임펄스 응답(IR)으로 사용할 오디오 파일을 가져올 수 있으므로 사운드 디자인 기회가 크게 늘어납니다. 알고리즘 엔진에는 여러 가지 리버브 모드가 포함되어 있으며, 각 모드는 다양한 매개변수 및 음향 특성 세트를 제공합니다.

컨볼루션 및 알고리즘 엔진은 독립적으로 사용하거나 직렬 또는 병렬로 함께 결합하여 볼륨 관계를 지속적으로 조정할 수 있습니다. EQ 섹션은 리버브의 사운드를 더욱 구체화하고 두 개의 리버브 엔진에 선택적으로 적용될 수 있습니다. 추가 컨트롤을 사용하면 신호 품질이 저하되어 기존 디지털 리버브 장치의 동작을 에뮬레이트합니다.

▶ Input : 신호는 왼쪽의 입력 섹션을 통과한 다음 리버브 엔진으로 전달되며, 컨볼루션 리버브 엔진의 컨트롤은 노란색으로 표시되고, 알고리즘 엔진의 컨트롤은 파란색으로 표시됩니다.

Send : 리버브를 공급하는 신호에 적용되는 게인의 양을 설정합니다. 드라이 신호는 영향을 받지 않습니다.

Predelay : 초기 반사가 시작되기 전의 지연 시간을 설정합니다. 단위는 타임 또는 비트를 선택할 수 있습니다.

Feedback : 입력으로 다시 피드백되는 프리딜레이 출력의 양을 설정합니다.


▶ Reverb : 디스플레이에 컨볼루션 및 알고리즘 리버브 엔진과 관련된 모든 컨트롤이 포함되어 있습니다. 중앙의 라우팅(Routing)에서 시작되며, Serial, Parallel, Algorithm, Convolution 중에서 선택할 수 있습니다.

Serial : 컨볼루션 엔진의 출력을 알고리즘 엔진으로 라우팅합니다. 이 모드에서는 회선 잔향이 항상 활성화되어 있지만 Blend는 알고리즘 잔향에 공급되는 회선 잔향의 양을 제어합니다. 100/0 설정은 순수한 컨볼루션 리버브를 생성하는 반면, 0/100은 컨볼루션 리버브의 출력에 의해 공급되는 순수한 알고리즘 리버브를 생성합니다.

Parallel : 컨볼루션 및 알고리즘 리버브 엔진을 모두 사용하지만 서로 분리합니다. 블렌드 노브는 순수한 컨볼루션 리버브를 생성하는 100/0과 순수한 알고리즘 리버브를 생성하는 0/100의 설정으로 서로 다른 두 리버브 엔진 간의 레벨 밸런스를 조정합니다.

**Algorithm** : 알고리즘 리버브 엔진만 사용합니다.

**Convolution** : 컨볼루션 리버브 엔진만 사용합니다.

Hybrid Reverb의 사용자 인터페이스는 동적으로 변경되므로 리버브 엔진을 사용하지 않을 때는 해당 컨트롤이 회색으로 표시됩니다. 라우팅이 직렬 또는 병렬로 설정된 경우 혼합 노브는 컨볼루션 출력과 알고리즘 섹션을 혼합합니다. 라우팅 선택기에서 알고리즘 또는 컨볼루션을 선택한 경우 블렌드 노브는 효과가 없습니다.

▶ Convolution IR : 컨볼루션 리버브는 전 세계에서 가장 유명한 홀과 스튜디오에서 녹음된 실제 공간 사운드를 만들며, 공간은 Convolution IR 메뉴에서 선택할 수 있습니다. 상단 메뉴에서는 임펄스 응답 카테고리를 선택하고, 하단 메뉴에서는 해당 카테고리 내에서 특정 임펄스 응답을 선택합니다. 선택한 임펄스 응답 파형이 메인 디스플레이에 표시되며, Attack, Decay, Size 설정에 따라 변경됩니다.

다양한 임펄스 응답 카테고리는 Early Reflections, Real Places, Chambers and Large Rooms, Made for Drums, Halls, Plates, Springs, Bigger Spaces, Textures, 그리고 User가 있습니다. User에 자신만의 임펄스 응답을 추가하려면 IR 오디오 파일을 Hybrid Reverb의 컨볼루션 파형 디스플레이로 끌어서 놓습니다. 다른 오디오 파일이 포함된 폴더에서 파일을 추가하면 모든 파일이 임펄스 응답으로 추가됩니다. 트랙에서 하이브리드 리버브를 제거하고 다시 추가하면 이전에 추가된 사용자 샘플을 사용자 카테고리에서 더 이상 사용할 수 없습니다. 그러나 샘플을 다시 파형 디스플레이로 끌어서 놓아 목록을 다시 채울 수 있습니다.

Attack, Decay, Size는 임펄스 응답의 진폭 엔벨로프를 제어합니다. Attack은 엔벨로프의 시작 타임을 제어하고, Decay는 엔벨로프의 감쇠 시간을 제어합니다. Size 파라미터는 임펄스 응답의 상대적 크기를 조정합니다.

▶ Algorithm : 컨볼루션 엔진과 비교하여 알고리즘 엔진은 순수하게 디지털 지연 라인을 기반으로 하며 샘플이 사용되지 않습니다. 알고리즘은 Dark Hall, Quartz, Shimmer, Tides, Prism를 제공하며, 항목에 따라 다양한 파라미터가 표시됩니다. 단, Decay, Size, Delay, Freeze는 공통 파라미터입니다.

**Decay** : 알고리즘의 반향 테일이 초기 진폭의 1/1000(-60dB)로 떨어지는 데 필요한 대략적인 시간을 조정합니다.

**Size** : 가상 공간의 크기를 제어합니다.

**Delay** : 알고리즘 섹션에 대한 추가 사전 지연 시간을 밀리초 단위로 설정합니다.

**Freeze** : Freeze In와 Freeze 중에서 선택할 수 있습니다. Freeze는 리버브 엔진에 대한 모든 입력을 비활성화하고 알고리즘의 감쇠 시간을 무한대로 설정하므로 리버브 출력이 끝없이 유지됩니다. Freeze In은 고정된 반향에 입력 신호를 추가하여 반향 사운드를 생성합니다.

**Dark Hall** : 대부분의 중장거리 사운드 홀에 적합한 부드럽고 클래식한 사운드 알고리즘입니다.

Damping : 리버브 알고리즘 내에서 고주파수 필터링의 양을 제어합니다. 값이 높을수록 잔향음이 어두워집니다.

Mod : 알고리즘의 리버브 테일 내에서 움직임의 양을 제어합니다. 변조가 적으면 움직임이 줄어들고, 변조가 많을수록 코러스 효과로 더 많은 움직임이 생성되는 동시에 공명 효과가 감소합니다.

Shape : 인공 공간의 음향 특성을 작고 공명적인 것에서 크고 분산되는 것으로 변화시킵니다.

Bass X : 스케일이 조절되는 리버브 테일의 저음역 크로스오버 주파수를 제어합니다.

Bass Mult : 리버브 테일의 저음 감쇄 시간을 조정합니다.

Quartz : 약간의 가청 반향이 있는 홀과 같은 반향입니다. 초기 반사음의 입력을 매우 명확하게 복제하며, 에코 생성뿐만 아니라 명확한 음성, 드럼에 적합합니다.

Damping : 리버브 알고리즘 내에서 고주파수 필터링의 양을 제어합니다.

Lo Damp : 리버브 알고리즘 내에서 저주파 필터링의 양을 제어합니다. 값이 높을수록 잔향음이 더 밝아집니다.

Mod : 알고리즘의 리버브 테일 내에서 움직임의 양을 제어합니다.

Diffusion : 알고리즘의 잔향 꼬리 밀도를 제어합니다. 값이 낮을수록 꼬리가 희박해지고 값이 높을수록 꼬리가 촘촘해집니다.

Distance : 반사의 가상 거리를 제어합니다. 값이 낮을수록 청자에게 더 가까워지고 밀도가 높아지며, 값이 높을수록 멀어지고 에코 사이의 시간이 늘어납니다.

Shimmer : 피드백에 피치 시프터가 포함된 확산 지연을 만듭니다. Diffusion 값이 낮으면 순수한 지연이 발생하고 높으면 조밀하고 풍성한 인공 반향이 발생합니다. Shimmer 효과는 피치 이동 신호를 피드백으로 크로스페이드하여 주파수가 올라가거나 내려가는 꼬리를 만듭니다.

Damping : 리버브 알고리즘 내에서 고주파수 필터링의 양을 제어합니다.

Mod : 알고리즘의 리버브 테일 내에서 움직임의 양을 제어합니다.

Pitch : 피드백 신호에 적용되는 피치 이동 정도를 반음 단위로 조정합니다.

Diffusion : 알고리즘의 잔향 꼬리 밀도를 제어합니다.

Shimmer : 쉬머 효과의 강도를 조정합니다. 비활성화되면 피치 이동이 없습니다. 활성화되면 값이 증가함에 따라 피치 신호의 레벨이 점점 더 많이 나타납니다.

Tides : 멀티밴드 필터로 출력 스펙트럼을 변조하면서 부드러운 리버브를 사용하여 주파수 밴드 효과를 생성합니다.

Damping : 리버브 알고리즘 내에서 고주파수 필터링의 양을 제어합니다.

Wave : 필터 변조 파형을 노이즈(0%)에서 사인(50%), 제곱(100%)으로 변형합니다.

Tide : 리버브 테일의 변조로 생성된 질감의 강도를 조정합니다.

Phase : 왼쪽 채널과 오른쪽 채널의 변조 파형 사이의 오프셋 양을 조정합니다. 180°에서는 채널의 위상이 완벽하게 다릅니다.

Rate : 셋잇단음표, 16분음표 및 점음표 값 변화를 포함한 비트 분할에서 변조 오실레이터의 속도를 설정합니다.

Prism : 벨벳 노이즈를 기반으로 밝고 독특한 인공적인 사운드를 만듭니다. 소스를 방해하지 않고 깊이를 추가하는 고스트 리버브로 사용할 수 있습니다. 드럼과 같은 타악기에 적합하지만 깨끗하면서도 디지털 사운드를 얻기 위해 더 긴 감쇄를 사용하여 보다 지속되는 사운드에도 사용할 수 있습니다.

Low Mult : 리버브 테일의 저음 감쇠 시간을 조정합니다.

High Mult : 리버브 테일의 하이엔드 감쇠 시간을 조정합니다.

X over : 리버브 테일의 저주파수와 고주파수 사이의 크로스오버 주파수를 제어하며, Low Mult 및 High Mult 파라미터의 영향을 받는 주파수를 조정합니다.

▶ EQ : On/Off 버튼으로 사용 여부를 결정합니다. 기본적으로 리버브 뒤에 배치되지만, Pre Algo 옵션을 체크하면 라우팅에 관계없이 알고리즘 앞에 배치됩니다. 4개의 밴드가 제공되며, 1번과 4번 밴드는 패스 필터와 쉘빙 타입으로 선택할 수 있고 Slope는 6dB/Oct부터 96dB/Oct까지 설정할 수 있습니다. 2번과 3번 밴드는 피크 타입으로 전체 주파수 범위를 포괄할 수 있으며 광대역 부스팅부터 좁은 컷까지 모든 용도로 사용할 수 있습니다.

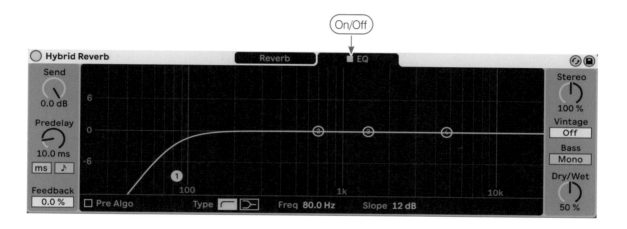

▶ Output : 최종 출력 사운드를 컨트롤합니다.

Stereo : 스테레오 폭을 설정합니다. 0%는 모노 신호를 생성합니다.

Vintage : 낮은 샘플 레이트와 비트를 낮추어 디지털 사운드 얻을 수 있습니다. 슬라이더를 드래그하여 Subtle, Old, Older, Extreme 사전 설정을 선택할 수 있습니다.

Bass Mono : 180Hz이하의 주파수를 모노로 변환하여 베이스 사운드를 더욱 타이트하게 만듭니다.

Dry/Wet : 입/출력 사운드의 비율을 조정합니다. 리턴 트랙에서는 100%로 설정합니다.

## ● Resonators

공명 사운드의 피치를 조정하여 톤의 변화를 만들어주는 장치입니다. I 단계어서 루트 음정을 결정하고, 총 5보이스의 화음을 만들 수 있습니다. Pitch는 반음 단위이며, Mode는 A와 B로 선택할 수 있습니다.

▶ Filter : 입력 신호를 필터링 할 수 있으며, On/Off 가능합니다.

Frequency - 차단 주파수를 설정합니다.

Type - Lowpass, Highpass, Bandpass, Notch의 4가지를 제공합니다.


▶ Mode : 두 가지 모드를 제공하며 A는 모든 노트에 공명 사운드를 만들며, B는 루트 음을 강조합니다.

Decay - 공명이 사라지는 타임을 조정하며, Const 버튼을 Off 하면, 피치에 따라 Decay 타임이 달라집니다.

Color - 공명 사운드의 톤을 조정합니다.


▶ I-V : 5개의 공명 사운드를 만들며, I는 양쪽 채널의 루트 음을 결정하고, II와 IV는 왼쪽 채널의 피치, III과 V는 오른쪽 채널의 피치를 조정합니다.

Pitch - 루트를 기준으로 반음 단계로 조정합니다.

Fine - 루트를 기준으로 100분의 1단위로 조정합니다.

Gain - 각 공명음의 레벨을 조정합니다.


▶ Global : 최종 출력을 컨트롤합니다.

Width - 공명 사운드의 넓이를 조정합니다.

Gain - 레벨을 조정합니다.

Dry/Wet - 원음과 공명음의 비율을 조정합니다.

## ● Reverb

공연장에서 연주를 들을 때 악기의 직접음 외에도 벽에서 반사되는 반사음을 함께 듣습니다. 이것을 잔향이라고 하며, 공간의 크기와 구조, 벽의 재질에 따라 달라진다고 해서 공간감 이라고도 합니다. 리버브는 이러한 공간감을 만드는 것으로 믹싱 작업에 있어서 거의 필수적으로 사용되는 장치입니다. 에이블톤의 리버브는 Input Processing, Early Reflections, Global, Diffusion Network, Reflect의 5 섹션으로 구성되어 있으며, 세트를 새로 만들면, A 리턴 트랙에 기본적으로 장착되어 있습니다.

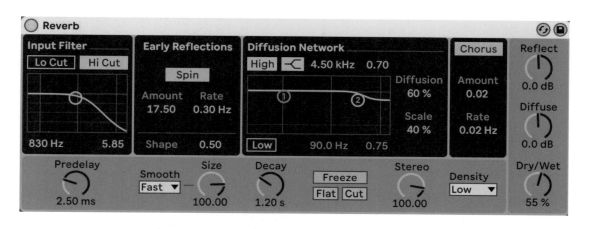

▶ Lo 및 Hi Cut : 입력 신호의 저음역(Lo Cut) 및 고음역(Hi Cut)을 차단합니다.

▶ Predelay : 초기 잔향음이 발생하는 타임을 조정합니다. 공간의 크기와 벽의 재질을 결정하는 부분입니다.

▶ Spin : 초기 잔향음을 변조합니다. 포인트를 드래그하여 변조 주파수와 깊이를 조정할 수 있습니다.

▶ Shape : 잔향음의 감쇠 속도를 조정합니다.

▶ Quality : 리버브의 퀄리티를 결정합니다. Eco, Mid, High 순으로 더 많은 시스템을 사용합니다.

▶ Size : 공간의 크기를 조정합니다.

▶ Stereo : 좌/우 폭을 조정합니다.

▶ Decay Time : 잔향의 감쇠 타임을 조정합니다.

▶ Diffustion Network : High 및 Low의 감쇠 비율을 조정합니다.

▶ Freeze : 리버브가 무한대로 지속되지 않게 잔향음을 동결합니다.

▶ Flat : High 및 Low 필터를 바이패스 합니다.

▶ Cut : 동결(Freeze) 신호가 인풋에 추가되지 않게 합니다.

▶ Chorus : 코러스 효과를 추가합니다.

▶ Density / Scale : 잔향음의 밀도와 질감을 조정합니다.

▶ Reflect / Diffuse : 잔향과 확산음의 레벨을 조정합니다.

▶ Dry/Wet : 원음과 리버브의 비율을 조정합니다. 리턴에서는 원음이 중복되게 않게 100% 설정합니다.

## ● Spectral Resonator

스펙트럼 처리를 기반으로 공명과 피치 배음을 추가하여 특색있는 음색을 만듭니다. 공명하는 부분의 선택된 주파수를 강조 표시하고 감쇠를 변경하여 짧은 다양한 톤을 생성할 수 있습니다. 내부 공명기나 외부 MIDI 사이드체인을 통해 영향을 받는 주파수를 선택할 수 있고, 보코더와 유사하게 MIDI 입력을 통해 주변 음악 요소와 함께 공명을 키에 배치하고 최대 16개 음색으로 연주할 수 있습니다. 또한 스펙트럼 필터링, 스펙트럼 코러스 및 세분화를 포함하여 입력 신호에 대한 여러 스펙트럼 처리 유형을 제공합니다. 디스플레이는 입/출력 신호의 주파수가 시간에 따라 어떻게 동작하는지 표시하며, 입력 신호는 노란색, 출력 신호는 파란색입니다.

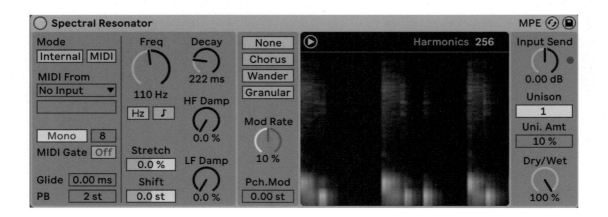

▶ Mode : Internal 또는 MIDI 모드 선택 여부에 따라 다른 컨트롤을 사용할 수 있습니다.

Internal 모드는 Freq로 설정된 주파수에 맞춰 조정되며, 주파수는 Hz나 노트로 설정할 수 있습니다.

MIDI 모드는 입력 노트의 주파수에 맞춰 조정됩니다. MIDI 라우터를 사용하면 모든 MIDI 트랙을 소스로 선택할 수 있으며, 외부 MIDI 컨트롤러를 사용하려면 MIDI 트랙의 MIDI From에서 MIDI 컨트롤러를 선택하고, Spectral Resonator의 MIDI From에서 선택한 MIDI 컨트롤러가 있는 트랙을 선택합니다. Freq는 반음 단위로 조옮김할 수 있는 Transp로 표시됩니다.

Mono/Poly : 단음 연주의 모노 및 화음 연주의 폴리를 선택합니다. 동시 발음 수은 최대 16노트입니다.

MIDI Gate : Off 이면 MIDI 노트가 재생되지 않는 경우에도 오디오 입력이 여전히 공명기를 자극하고, On이면 악기처럼 작동하여 MIDI 노트가 재생되는 동안에만 공명합니다.

Glide : 모노 모드에서 두 노트 사이를 슬라이드하는 데 걸리는 시간을 조정합니다.

PB : MIDI 피치 벤드 메시지의 효과를 정의합니다. MPE도 수신할 수 있습니다.

Harmonics : 디스플레이 오른쪽 상단에 배치되어 있으며, 배음의 수를 설정합니다. 값이 높을 수록 소리가 더 밝아지지만, CPU 사용량이 증가합니다.

Stretch : 배음 사이의 간격을 늘리거나 줄입니다. 100%에서는 홀수 배음만 생성됩니다.

Shift : 입력 신호의 스펙트럼을 반음 범위 내에서 조옮김합니다. 실제 효과의 스펙트럼을 이동시키는 것이 아니라 효과에 공급되는 신호의 스펙트럼을 이동시키는 것입니다.

Decay : 사운드 소멸 시간을 조정합니다. 값이 높을수록 톤이 지속됩니다.

HF Damp : 고주파에 적용되는 감쇠량을 설정합니다.

LF Damp : 저주파에 적용되는 감쇠량을 설정합니다.


▶ Modulations : 4가지 변조 모드 중에서 선택할 수 있습니다.

None : 변조를 적용하지 않습니다.

Chorus : 모든 부분에 삼각파 변조를 적용합니다.

Wander : 무작위 톱니파형을 각 부분의 변조 소스로 사용합니다.

Granular : 지수 감쇠 엔벨로프를 사용하여 모든 부분의 진폭을 무작위로 변조합니다.


▶ Global : 최종 출력을 컨트롤합니다.

Input Send : 처리된 신호에 적용되는 게인의 양을 설정합니다.

Unison : 1, 2, 4, 8개의 음색을 선택할 수 있으며 Uni. Amt는 Unison 효과의 강도를 조정합니다. Unison 값이 높을수록 음성 수가 늘어나고 Unison Amount를 늘리면 음성이 서로 더욱 디튠됩니다.

Dry/Wet : 입/출력 신호의 비율을 조정합니다.


● Vocoder

하드웨어 보코더는 마이크가 달려 있는 건반 모양을 하고 있으며, 마이크로 노래를 하면서 건반을 연주하면, 입력된 목소리가 건반 음색으로 변조되어 출력됩니다. 에이블톤의 Vocoder는 이러한 하드웨어를 그대로 재현한 것으로 토크 박스 음색이나 로봇 음성 등, 일렉 음악에서 자주 사용되는 효과를 만들 수 있습니다.

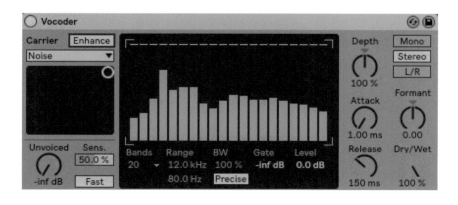

▶ Carrier : Noise, External, Modulator, Pitch Tracking의 4가지 타입을 제공합니다. Enhance를 On으로 하면, 사운드가 조금 더 밝아집니다.

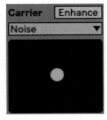
▲ Noise

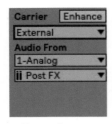
▲ External

▲ Pitch Tracking

Noise - 소스에 잡음을 혼합된 사운드를 만듭니다. 패드의 포인트를 드래그하여 잡음 특성을 조정할 수 있습니다. 가로축은 다운 샘플링을 조정하고, 세로축은 밀도를 조정합니다.

External - 다른 트랙의 소스와 라우팅 지점을 선택할 수 있습니다. 소스에서 멜로디가 연주되고 있는 트랙을 선택하면, 목소리가 신디 음색으로 출력되는 전통적인 보코더를 시뮬레이션 할 수 있습니다.

Modulator - 자체적으로 변조된 사운드를 만듭니다. Fromant를 사용한 음성 변조 효과를 만들 수 있습니다.

Pitch Tracking - 오실레이터를 활성화하여 피치 변조 사운드를 만들 수 있습니다. 오실레이터는 4가지 타입을 제공하고 있으며, 변조 범위는 High와 Low로 설정하고, 피치 변조는 Pitch 슬라이더로 조정합니다.

▶ Unvoiced : 프(f), 스(s)와 같은 음정이 없는 신호의 일부를 재합성하는데 사용하는 노이즈 생성기의 볼륨을 조정합니다. Sens는 무음을 검출하는 감도를 설정하고, Fast/Slow는 검출 시간을 결정합니다.

▶ Filter : 디스플레이에 표시되는 레벨 그래프를 드래그하여 필터를 적용할 수 있습니다.

Bands - 필터의 갯 수를 선택합니다.

Range - 필터가 동작하는 주파수 범위를 설정합니다.

BW - 필터 범위를 설정하며, Precise와 Retro 중에서 동작 방식을 선택합니다. Precise는 모든 필터가 같은 게인과 대역폭으로 동작하며, Retro는 High로 점점 좁아지면서 더 큰 게인으로 동작합니다.

Gate - 여기서 설정한 레벨 이하는 모두 무음이 됩니다.

Level - 출력 레벨을 조정합니다.

▶ Depth : 변조되는 양을 조정합니다.

▶ Attack : 보코더가 동작을 시작하는 타임을 조정합니다.

▶ Release : 보코더 동작이 멈추는 타임을 조정합니다.

▶ Channel : 소스와 변조 채널을 선택합니다. Mono는 소스와 변조 모두 모노로 처리하며, Stereo는 소스만 스테레오로 처리하고, L/R은 소스와 변조 모두 스테레오로 처리합니다.

▶ Formant : 성별에 따라 달라지는 발성의 특성을 조정합니다.

▶ Dry/Wet : 소스와 변조 사운드의 비율을 조정합니다.

# 09 그 밖의 장치

사운드를 직접 변조하는 것은 아니지만, 유용하게 사용할 수 있는 장치들을 제공하고 있습니다.

## ● Align Delay

무대 위 조명, 영상, 모니터 등의 시스템과 사운드 간의 시간차를 보정하는 유틸리티입니다. Delay Mode에서 타임(Time), 샘플(Samples), 거리(Distance)로 사운드의 지연 단위를 선택할 수 있습니다.

Time : 조명 및 영상 등과의 시간차를 보정하거나 미묘한 스테레오 메이커로 사용할 수 있습니다.

Samples : 샘플의 지연을 설정하고 다른 장치에서 발생하는 지연 시간을 보상하는 데 사용할 수 있습니다.

Distance : 미터(m) 또는 피트(ft) 단위로 PA 시스템 정렬을 조정하거나 모니터를 기본 PA로 정렬하는데 사용할 수 있습니다. 사운드가 따뜻한 환경과 추운 환경에서 다르게 전달되므로 보다 정밀한 조정을 할 수 있는 섭씨(°C) 및 화씨(°F) 온도 설정 옵션도 제공되고 있습니다.

Link : 활성화하면 오른쪽 채널은 비활성화되며, 왼쪽 채널의 설정이 양쪽 모두에 적용됩니다.

## ● Spectrum

오디오를 실시간으로 분석하여 주파수 대역별 레벨을 표시해주는 장치입니다. 모니터 결과는 작업자의 환경이나 취향에 따라 다르기 때문에 객관적인 판단을 할 수 있으려면 매우 오랜 경험이 필요합니다. 하지만, Spectrum을 이용하면 초보자도 객관적인 판단을 할 수 있기 때문에 믹싱과 마스터링 작업을 할 때 최종 라인에 꼭 라우팅할 것을 권장합니다. 평소에서 좋아하는 음악의 스펙트럼을 관찰하는 연습을 해두면 자신의 음악을 만들 때 큰 도움이 될 것입니다.

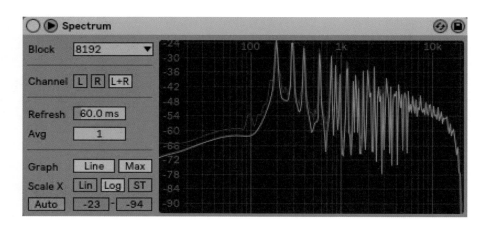

▶ Block : 분석 양을 선택합니다. 단위는 샘플 단위이며, 높은 값일 수록 시스템 자원을 많이 차지합니다.

▶ Channel : 분석 채널을 선택합니다.

▶ Refresh : 어느 정도의 타임 간격으로 분석하게 할 것인지를 설정합니다.

▶ Avg : 디스플레이 표시 단위를 설정합니다. 1은 블럭 마다 디스플레이를 표시하여 피크 레벨을 체크하기 좋고, 값을 높이면, 표시 단위가 길어져 평균 레벨을 체크하기 좋습니다.

▶ Graph : 그래프 표시 방법을 선택합니다. Line/Bins은 세로 라인의 표시 여부를 선택하며, Max는 최대 진폭 라인의 표시 여부를 선택합니다.

▶ Scale X : 프리퀀시의 표시 범위를 선택합니다. Lin은 가청 주파수 대역을 모두 표시하며, Log와 ST는 실제 기음역 범위를 표시합니다. Log와 ST는 동일하지만, Log는 주파수 단위로 표시하고, ST는 음정 단위로 표시한다는 차이가 있습니다.

▶ Auto/Range : 표시 레벨 범위를 자동 또는 수정으로 설정합니다. 수동의 Range를 선택하면 범위를 직접 조정할 수 있습니다.

## ● Tuner

기타나 바이올린과 같은 어쿠스틱 악기를 튜닝할 때 사용하는 장치입니다. 악기를 연주하는 사람이라면 튜닝기를 가지고 있을 것이므로 별 의미 없는 장치이긴 하지만, 갑자기 튜닝기에 문제가 있을 때 요긴하게 사용할 수 있습니다. 기본 뷰는 전통 타입이며 히스토그램 뷰로 표시할 수 있습니다. 타깃은 고정하거나 유동적으로 표시할 수 있으며, 단위는 Hz와 Cents로 선택할 수 있습니다. 기준 음을 결정하는 Referece는 440Hz가 표준입니다.

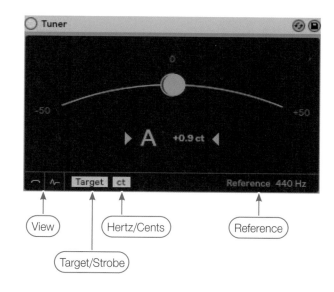

## ● Utillity

보통 다른 장치들 사이에서 사용하며, 입/출력 신호를 컨트롤 합니다. 왼쪽은 입력 신호를 컨트롤하는 Input 섹션이고, 오른쪽은 출력 신호를 컨트롤하는 Output 섹션으로 구성되어 있습니다.

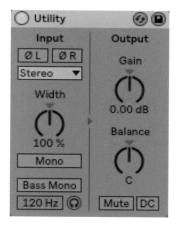

▶ Input

Phase : L/R 각 채널의 위상을 반전합니다.

Channel Mode : 입력 채널을 선택합니다. Swap은 좌/우 채널을 바꿉니다.

Width : 스테레오 범위를 조정합니다.

Mono : 모노 채널로 만듭니다.

Bass Mono : 아래(120Hz)에서 설정한 주파수 이하의 사운드만 모노로 만듭니다. 헤드폰 모양의 아이콘을 On으로 하면, 베이스 사운드를 모니터 할 수 있습니다.

▶ Output

Gain : 출력 레벨을 조정합니다.

Balance : 좌/우 밸런스를 조정합니다.

Mute : 사운드를 뮤트 합니다.

DC : 전기 잡음을 제거합니다.

# Max for Live

MAX 제작 업체로 유명한 Cycling 74와 Ableton사의 협력으로 만든 Max for Live 는 미디 및 오디오 디바이스를 디자인할 수 있는 프로그래밍 툴입니다. 음악 작업 과는 다소 거리가 있고, 프리셋 사용만으로도 충분하기 때문에 관심조차 없는 경 우가 대부분이지만, Ableton이 Cycling 74를 인수하면서 버전 10에서부터 자체 기능으로 내장되었습니다. 프로그램 기능을 모두 살펴보고 있는 본서의 취지에 맞 추어 음악 작업에 도움이 되는 내용으로 다뤄보겠습니다.

## 01 | 화면 구성

Max for Live는 독립 프로그램이지만, Ableton Live 자체 기능으로 사용됩니다. 화면은 위/아래로 나뉘어져 있으 며, 위쪽의 Max 창은 디바이스 뷰에 보여지는 오브젝트를 배치하는 곳이고, 아래쪽의 Patch 창에서 프로그래밍 합 니다. Max for Live는 결과를 체크할 수 있는 실행 모드(Lock)와 작업을 진행하는 편집 모드(Unlock)를 제공하며, Lock 툴을 클릭하여 전환합니다. 자주 사용하는 툴이므로, 단축키 Ctrl+E를 외워두는 것이 좋습니다.

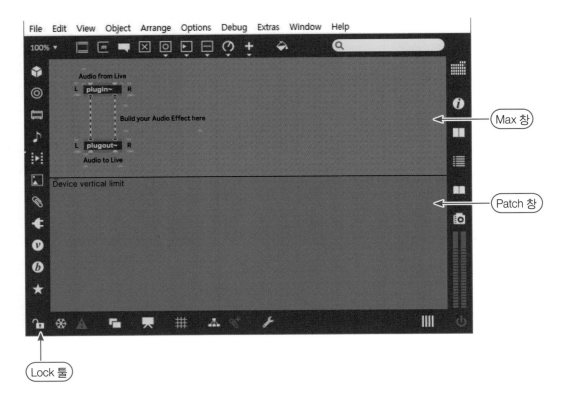

## 02 편집 창 열기

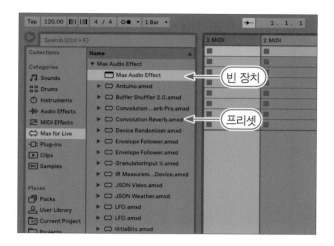

**01** Max for Live 카테고리에는 장치별 프리셋을 제공하고 있으며, 에이블톤의 기본 장치와 동일하게 사용합니다. 새로운 장치를 만들 때는 Max Audio Effect, Max Instrument, Max MIDI Effect 중에서 비어있는 장치를 로딩합니다.

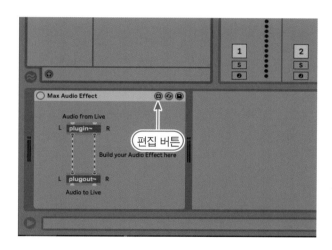

**02** 비어 있는 장치는 In/Out 오브젝트만 준비되어 있으며, 편집 버튼을 클릭하면 작업을 진행할 수 있는 Max for Live가 실행됩니다.

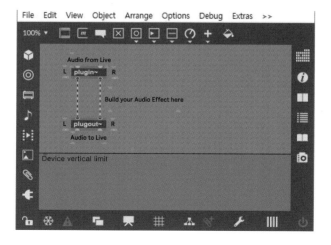

**03** 창의 크기는 테두리를 드래그하여 조정할 수 있으며, 작업 내용은 Ctrl+S 키로 저장을 해야 디바이스에 적용됩니다.

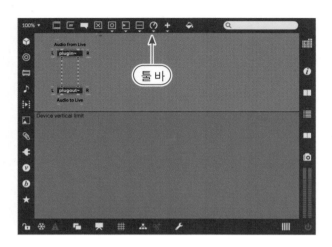

**01** 어떤 장치를 만들려면, 부품들이 필요할 것입니다. 이러한 부품들을 오브젝트라고 하며, 위쪽에 있는 툴 바에서 선택합니다.

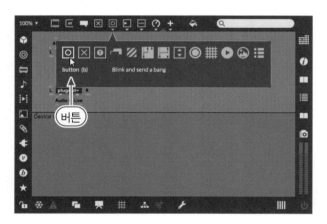

**02** 삼각형 모양이 표시되어 있는 툴은 서브 목록이 열립니다. 버튼(Buttons) 툴을 선택하여 서브 목록을 열고, 버튼(button)을 선택합니다. 익숙해지면 단축키 B 키를 누르게 될 것입니다.

> **TIP**
>
> 모든 오브젝트는 마우스를 가져가면 이름과 단축키가 표시됩니다.

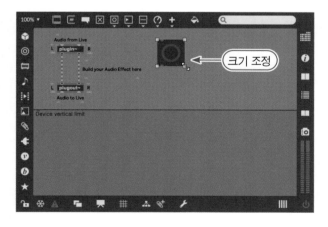

**03** 장치 제작에 필요한 부품 중에서 버튼을 준비한 것입니다. 오브젝트는 마우스 드래그로 위치를 이동시키거나 경계선을 드래그하여 크기를 조정할 수 있습니다.

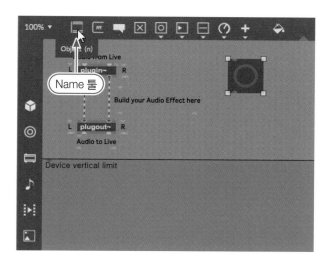

*04* 첫 번째 Object(n) 툴은 필요한 부품 이름을 입력하여 오브젝트를 만드는 네임(Name) 툴입니다. 이름은 Object로 표시되지만, 혼동을 피하기 위해서 네임 툴이라고 하겠습니다. 네임 툴을 선택하거나 단축키 N을 누릅니다.

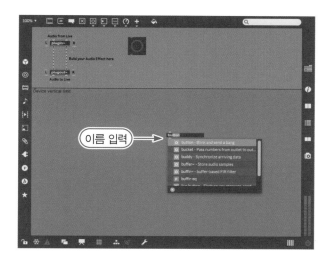

*05* 오브젝트 입력 박스가 생성됩니다. b를 입력하면, b로 시작하는 오브젝트 목록이 나열되며, button을 더블 클릭하면 앞에서와 같은 버튼을 만들 수 있습니다. 실무자들은 단축키나 네임 툴을 이용해서 오브젝트를 만듭니다.

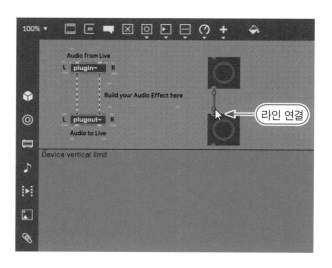

*06* 모든 오브젝트는 위쪽이 In, 아래쪽이 Out이며, Out에서 In으로 드래그하여 라인을 연결할 수 있습니다. 선택한 오브젝트나 라인을 삭제할 때는 Delete 키를 누릅니다.

> **TIP**
>
> *오브젝트 인/아웃 정식 명칭은 인렛(Inlet)과 아웃렛(Outlet)이지만, 본서는 그냥 인/아웃으로 표기합니다.*

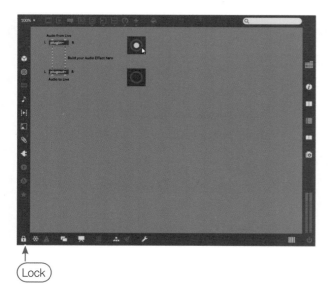

(Lock)

**07** Lock 버튼을 클릭하거나 단축키 Ctrl+E 키를 누르면, 오브젝트의 동작 상태를 확인할 수 있는 실행 모드(Lock)로 전환됩니다. 일시적으로 Ctrl 키를 누른 상태로 오브젝트를 체크하는 방법도 있습니다.

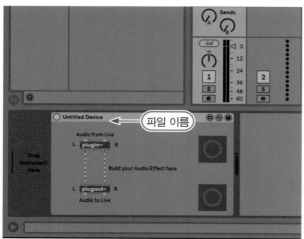

파일 이름

**08** Ctrl+S 키를 눌러 저장을 하면, 디바이스에 적용되며, 장치 이름은 저장한 파일 이름으로 표시됩니다. 버튼 두 개뿐이지만, Max for Live 장치를 만든 것입니다.

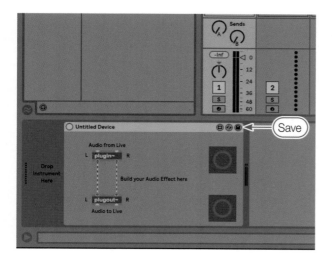

Save

**09** 완성한 디바이스는 언제든 다시 편집할 수 있으며, Save 버튼을 클릭하여 사용자 라이브러리로 저장할 수 있습니다.

# 04 미디 정보 표시 장치

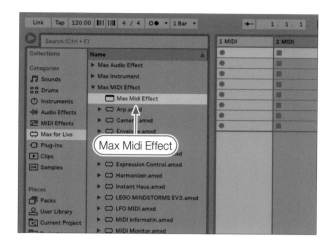

*01* 낯선 프로그램을 익힐 때는 세부적인 기능을 하나씩 살펴보는 것보다 일단 한 번 해보는 것이 최선입니다. 몇 가지 실습을 따라하다 보면, 감이 잡힐 것입니다. Max Midi Effect를 미디 트랙에 로딩하고, 편집 버튼을 클릭하여 실행합니다.

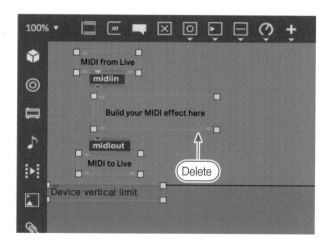

*02* Midi In/Out 오브젝트를 제외한 텍스트를 Delete 키로 삭제합니다. Shift 키를 누른 상태에서 두 개 이상의 오브젝트를 선택할 수 있습니다.

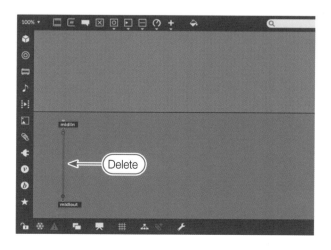

*03* Midi In/Out 오브젝트를 패치 창으로 드래그하여 이동시키고, 라인을 Delete 키로 삭제합니다. 패치 창의 오브젝트는 디바이스에 보이지 않는 공간입니다.

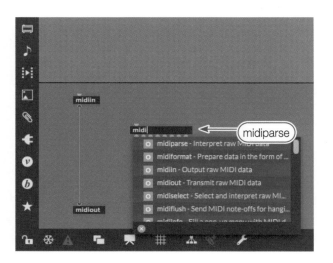

**04** N 키를 누르고, midiparse를 입력하여 오브젝트를 만듭니다. midiparse는 노트, 컨트롤, 피치 등의 미디 정보를 출력하는 오브젝트 입니다.

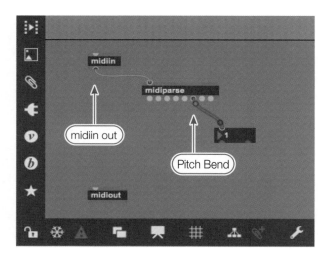

**05** I 키를 눌러 넘버(Number) 오브젝트를 만듭니다. midiin 아웃을 midiprarse으로 연결하고, 피치 정보를 출력하는 midiprase의 7번 아웃을 넘버 오브젝트 인으로 연결합니다.

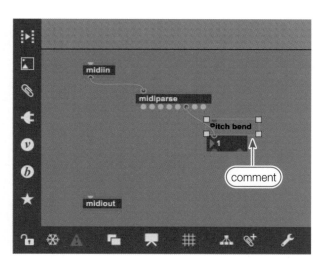

**06** C 키를 눌러 코멘트(comment) 오브젝트를 만들고, Pitch bend라고 입력합니다. 코멘트는 라벨과 같은 역할입니다. 넘버 오브젝트 위에 라벨을 붙이듯 가져다 놓습니다.

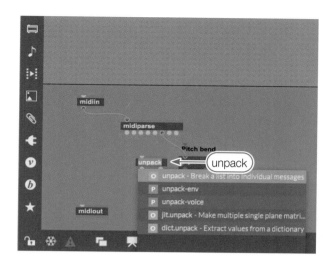

*07* N 키를 누르고, unpack을 입력하여 오브젝트를 만듭니다.

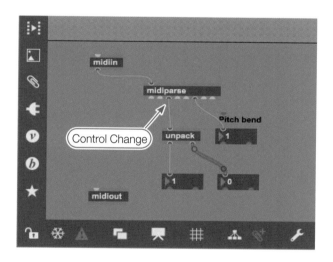

*08* I 키를 두 번 눌러 2개의 넘버 오브젝트를 만듭니다. 컨트롤 정보를 출력하는 midiprarse의 3번 아웃을 unpack으로 연결하고, unpack 아웃을 두 개의 넘버 오브젝트에 연결합니다.

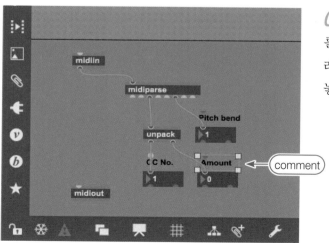

*09* C 키를 두 번 눌러 2개의 코멘트 오브젝트를 만듭니다. 하나는 CC No. 다른 하나는 Value 라고 입력하여 각각 넘버 오브젝트 위에 가져다 놓습니다.

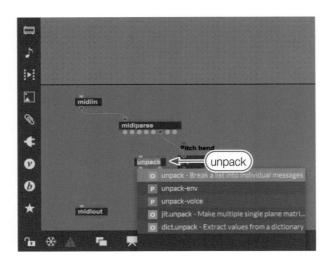

**10** N 키를 누르고, unpack을 입력하여 오브젝트를 하나 더 만듭니다.

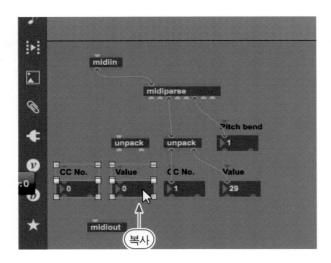

**11** CC No와 Value 오브젝트를 마우스 드래그로 선택하고, Alt 키를 누른 상태로 드래그하여 복사합니다.

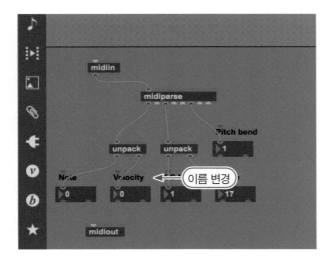

**12** 노트 정보를 출력하는 midiprarse의 1번 아웃을 unpack으로 연결하고, unpack 아웃을 복사한 넘버 오브젝트에 연결합니다. 코멘트 오브젝트를 더블 클릭하여 Note와 Velocity로 수정합니다.

**13** Note 넘버 오브젝트를 선택하고 인스펙터 (Inspctor) 버튼을 클릭하여 사이드 바를 엽니다. 그리고 Display Format에서 MIDI를 선택합니다.

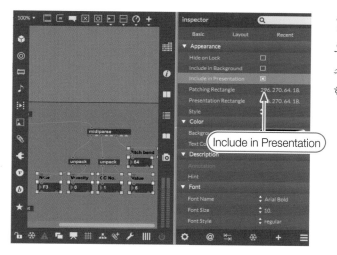

**14** Pitch bend, CC No, Value, Note, Velocity 오브젝트를 Shift 키를 누른 상태로 선택하고, 인스펙터 창의 Include in Presentation 옵션을 체크합니다.

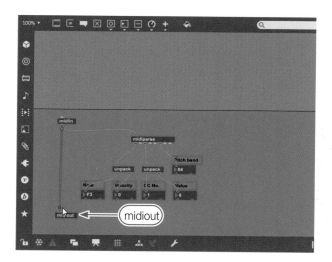

**15** 인스펙터(Inspctor) 버튼을 클릭하여 사이드 바를 닫고, midiin 오브젝트의 아웃을 midiout 오브젝트 인에 연결합니다.

**TIP**

인스펙터 열기/닫기 단축키는 Ctrl+I 입니다.

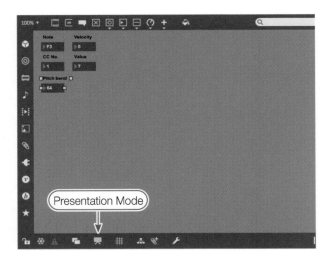

**16** Presentation Mode 버튼을 on으로 하면, Include in Presentation 옵션을 적용한 오브젝트만 화면에 보입니다. 각 오브젝트를 위쪽으로 드래그하여 배치합니다.

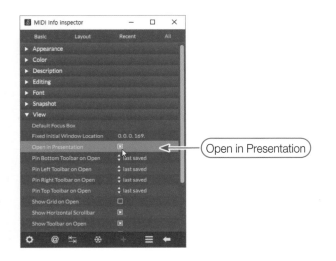

**17** View 메뉴의 Inspector Window를 선택하여 창을 열고, View 항목의 Open in Presentation 옵션을 체크합니다. 창을 닫고 Ctrl+S 키를 눌러 저장합니다.

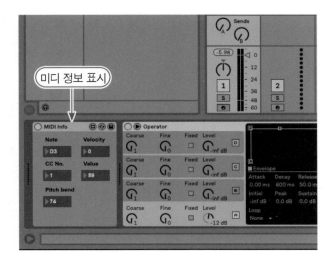

**18** 적당한 악기를 가져다 놓고, 마스터 건반을 연주합니다. 노트와 벨로시티, 컨트롤 정보와 피치 벤드 정보가 표시되는 것을 확인할 수 있습니다. 사용자 연주를 실시간을 확인할 수 있는 장치를 만들어 본 것입니다.

# 05 코드 이펙트

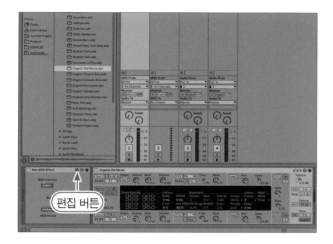

*01* Ctrl+N 키를 눌러 새로운 세트를 만듭니다. Max Midi Effect를 미디 트랙에 로딩하고, Instruments 카테고리에서 Analog 악기의 적당한 프리셋을 가져다 놓습니다. 연주를 해보고, 편집 버튼을 클릭합니다.

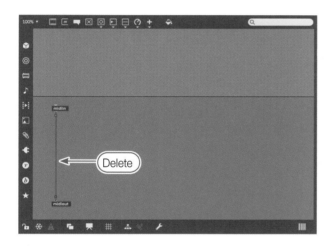

*02* 텍스트와 라인을 Delete 키로 삭제하고, Midi In/Out 오브젝트를 패치 창으로 드래그하여 이동시킵니다.

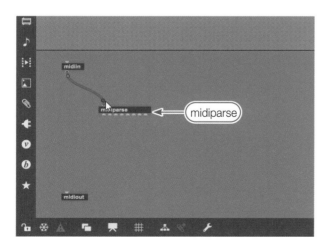

*03* N 키를 누르고, midiparse를 입력하여 오브젝트를 준비합니다. 그리고 midiin 아웃을 midiparse 인으로 연결합니다.

04 N 키를 누르고, unpack을 입력하여 오브젝트를 만듭니다. 그리고 midiparse의 1번 아웃을 unpack 인으로 연결합니다.

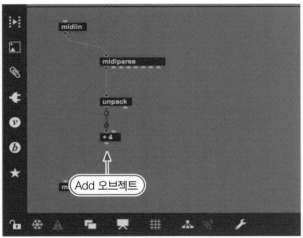
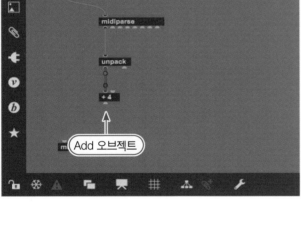

05 N 키를 누르고, + 4를 입력하여 Add 오브젝트를 만듭니다. 그리고 unpack 아웃을 Add 인으로 연결합니다.

TIP

*Add 오브젝트의 숫자 4는 기본 값을 입력해 놓는 것입니다.*

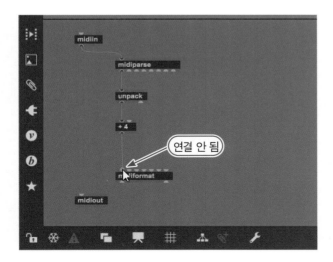

06 N 키를 누르고, midiformat을를 입력하여 오브젝트를 만듭니다. Add 오브젝트의 아웃은 midiformat 오브젝트 인으로 바로 연결되지 않습니다.

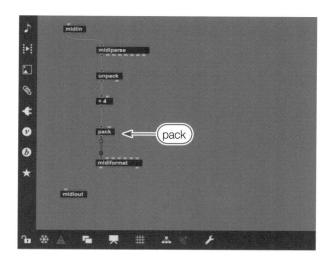

07 N 키를 누르고, pack을 입력하여 오브젝트를 만듭니다. 그리고 Add 오브젝트의 아웃을 pack 인으로, pack 아웃을 midiformat 인으로 연결합니다.

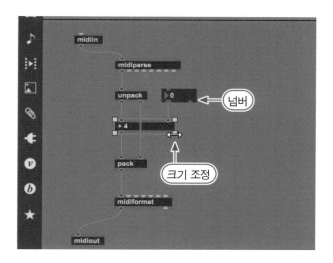

08 I 키를 눌러 넘버 오브젝트를 추가합니다. unpack 오른쪽 아웃을 pack 오른쪽 인에 연결하고, 넘버 아웃을 add 오른쪽에 연결합니다. 필요하다면 add 오브젝트의 오른쪽 끝을 드래그하여 크기를 조정합니다. 그리고 midiformat 아웃을 midiout 인으로 연결합니다.

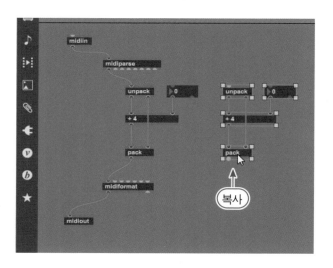

09 unpack, number, add, pack 오브젝트를 마우스 드래그로 선택하고, Alt 키를 누른 상태로 드래그하여 복사합니다.

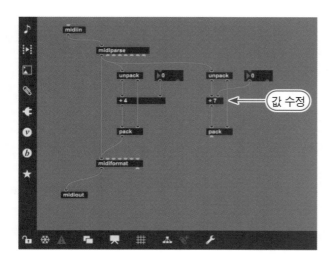

**10** 복사한 add 오브젝트를 더블 클릭하여 7로 수정합니다. midiparse의 1번 아웃을 midiformat 의 1번 In, 복사한 unpack의 In으로 연결합니다.

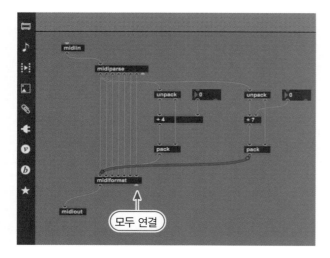

**11** pack 아웃을 midiformat 1번으로 연결하고, midparse의 2번부터 7번 아웃을 midiformat의 2 번부터 7번 In으로 각각 연결합니다.

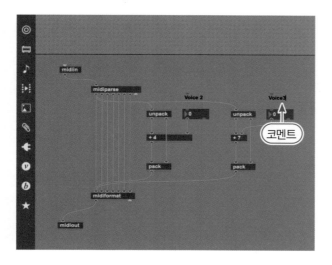

**12** C 키를 눌러 코멘트 오브젝트를 만들고, Voice 2라고 입력하여 왼쪽 넘버 오브젝트 위에 배치합니다. Alt 키를 누른 상태로 드래그하여 오 른쪽 넘버 오브젝트 위로 복사하고, Voice 3로 수 정합니다.

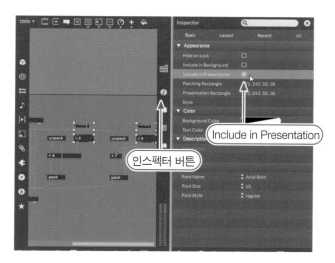

**13** Shift 키를 누른 상태로 Voice 2와 3 오브젝트를 선택하고, 인스펙터 버튼을 클릭하여 사이드바를 엽니다. Include in Presentation 옵션을 체크합니다.

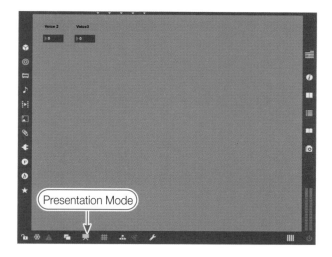

**14** Presentation Mode 버튼을 클릭하여 On으로 하면, Include in Presentation이 적용된 오브젝트만 표시됩니다. Voice2와 3 오브젝트를 상단으로 배치합니다.

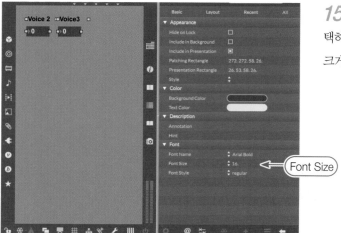

**15** Voice2와 3 오브젝트를 마우스 드래그로 선택하고, 인스펙터 창에서 Font Size를 16 정도로 크게 합니다.

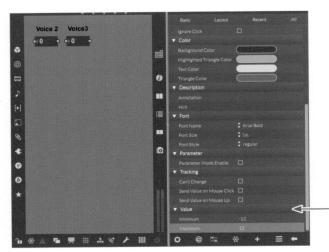

**16** 두 개의 넘버 오브젝트를 마우스 드래그로 선택하고, 인스펙터 창 Value 항목에서 Minimum 를 더블 클릭하여 -12로 입력하고, Maxmum 값을 12로 입력합니다.

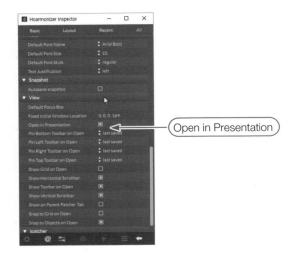

**17** View 메뉴의 Inspector Window를 선택하여 창을 열고, Open in Presentation 옵션을 체크합니다. Ctrl+S 키를 눌러 저장합니다.

**18** 넘버 오브젝트의 숫자는 연주 노트를 기준으로 반음 단위로 노트를 쌓는 것입니다. Voice 1을 4로 설정하고, Voice 3를 7로 설정하면, C 노트를 누를 때 C 코드로 연주되는 것입니다.

# 06 오디오 컨트롤

● 볼륨 컨트롤

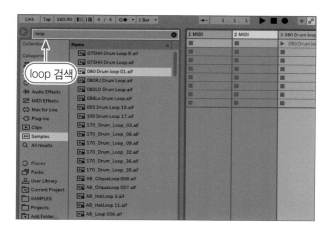

*01* Ctrl+N 키를 눌러 새로운 세트를 만듭니다. 브라우저에서 Ctrl+F 키를 눌러 loop를 검색합니다. 그리고 Samples 카테고리에서 적당한 루프 샘플을 오디오 트랙으로 가져다 놓습니다.

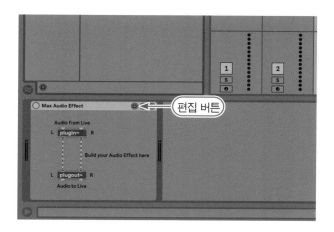

*02* Max for Live 카테고리의 Max Audio Effect 를 더블 클릭하여 같은 트랙에 로딩하고, 편집 버튼을 클릭하여 실행합니다.

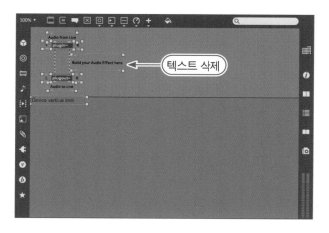

*03* plugin~과 plugout~ 오브젝트를 제외한 모든 텍스트를 삭제합니다. 문자에 ~가 붙어있는 것은 오디오 컨트롤을 위한 MSP 오브젝트 입니다.

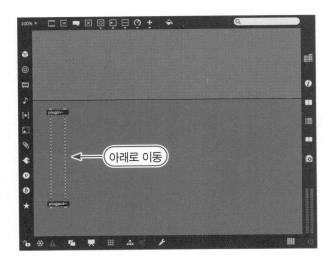

**04** 두 개의 오브젝트를 마우스 드래그로 선택하고, 드래그하여 아래쪽의 패치 창으로 이동시킵니다. MSP 오브젝트의 인/아웃 라인은 노란색 점선으로 표시됩니다.

아래로 이동

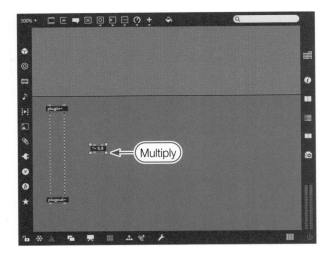

**05** N 키를 누르고, *~ 0.5를 입력하여 Multiply 오브젝트를 만듭니다.

Multiply

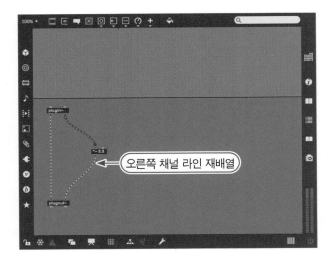

**06** Plugin 아웃의 오른쪽 채널 라인을 Multiply 인으로 연결하고, 시그널 아웃을 다시 plugout 인으로 연결합니다. 라인을 선택하면 보이는 빨간색 핸들을 드래그하면 이미 연결되어 있는 라인을 변경할 수 있습니다.

오른쪽 채널 라인 재배열

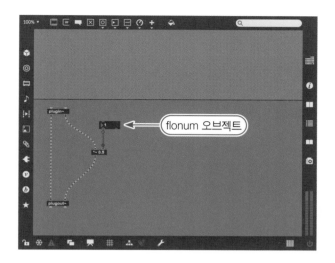

07 F 키를 눌러 flonum 오브젝트를 만들고, 아웃 라인을 시그널 오브젝트의 오른쪽 인 라인에 연결 합니다.

flonum 오브젝트

TIP

넘버 오브젝트는 정수를 위한 Integer(i)와 소수를 위한 flonum(f)이 있습니다.

인스펙터

Value

08 인스펙터 버튼을 클릭하여 열고, Value 항목의 Minimum 값을 0, Maximum 값을 1로 입력합니다.

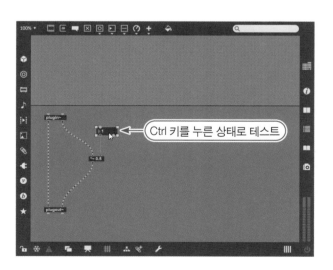

Ctrl 키를 누른 상태로 테스트

09 오디오 트랙에 가져다 놓았던 Loop 샘플을 재생시키고, Ctrl 키를 누른 상태로 flonum 오브젝트를 드래그하여 값을 조정해 봅니다. 오른쪽 패널의 볼륨이 조정되는 것을 확인할 수 있습니다. Lock 모드가 아니더라도 Ctrl 키를 누르면 오브젝트를 테스트해 볼 수 있습니다.

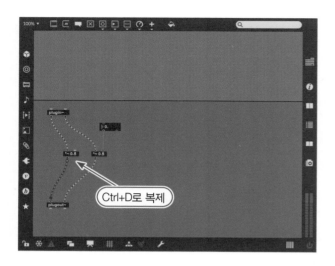

**10** Multiply 오브젝트(*~)를 선택하고, Ctrl+D 키를 눌러 복제합니다. plugin/out의 왼쪽 채널을 복제한 오브젝트의 in/out으로 연결합니다.

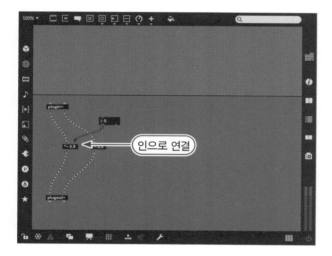

**11** flonum 오브젝트 아웃에서 복제한 Multiply 오브젝트의 오른쪽 인으로 연결합니다.

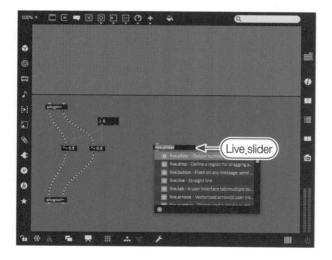

**12** N 키를 누르고 l 키를 누르면 live. slider가 자동 완성됩니다. Enter 키를 눌러 만듭니다.

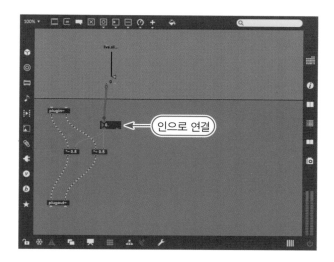

**13** live.slider 오브젝트를 상단의 Max 창으로 드래그하여 이동시켜놓고, 아웃을 flonum 오브젝트 인으로 연결합니다.

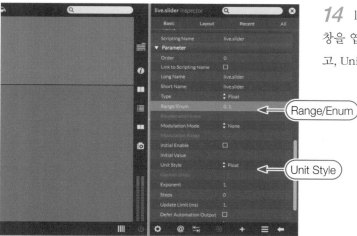

**14** live.slider 오브젝트를 선택하고, 인스펙터 창을 엽니다. Range/Enum 항목에서 0.1을 입력하고, Unit Style을 Float로 선택합니다.

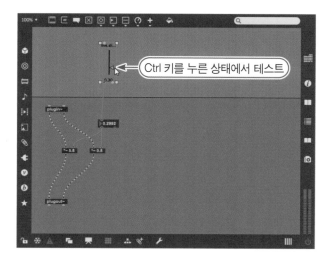

**15** Ctrl 키를 누른 상태로 Live. Slider의 볼륨을 드래그하여 볼륨이 조정되는 것을 확인합니다.

● 팬 컨트롤

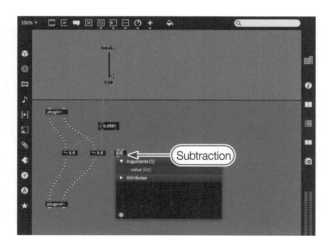

**01** N 키를 누르고, !- 1.을 입력하여 Subtract 오브젝트를 만듭니다.

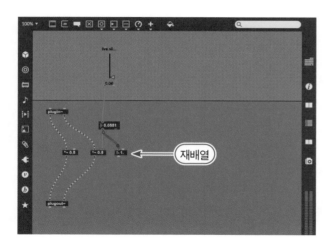

**02** Multiply 인으로 연결했던 라인을 선택하고, 빨간색 핸들을 드래그하여 새로 추가한 Subtraction 인으로 재배열 합니다.

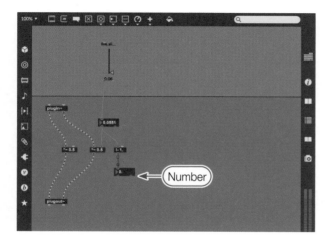

**03** F 키를 눌러 Number 오브젝트를 만들고, Subtraction 오브젝트 아웃을 새로 추가한 Number 오브젝트 인으로 연결합니다.

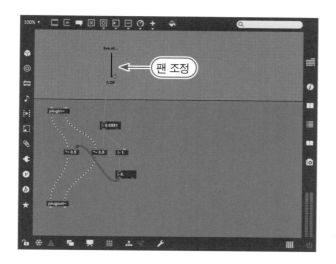

*04* Number 오브젝트 아웃을 왼쪽 채널 Multiply 인으로 연결합니다. Ctrl 키를 누른 상태로 슬라이더를 테스트하면, 팬이 함께 조정되는 것을 확인할 수 있습니다.

● 변조 컨트롤

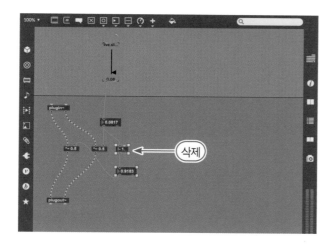

*01* Subtraction과 Number 오브젝트를 드래그로 선택하고, Delete 키를 눌러 삭제합니다.

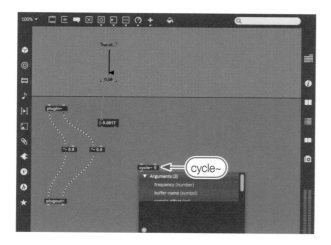

*02* N 키를 누르고, cycle~ 1을 입력하여 오브젝트를 만듭니다.

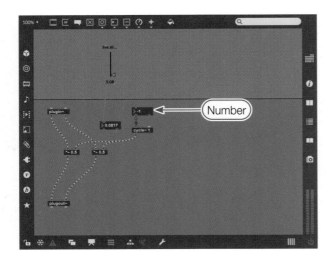

*03* I 키를 눌러 Number 오브젝트를 만들고, 아웃을 cycle~ 오브젝트 인에 연결합니다. cycle~ 아웃은 Multiply 오브젝트 왼쪽과 오른쪽 채널에 각각 연결합니다.

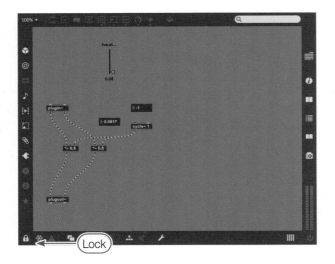

*04* Ctrl+E 키를 눌러 Lock 모드를 바꾸고, Number 오브젝트를 테스트해보면, 사운드가 변조되는 것을 확인할 수 있습니다.

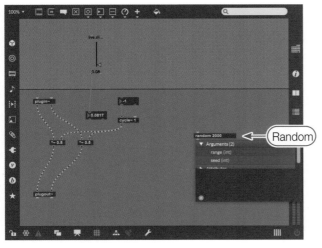

*05* 사운드가 무작위로 변조될 수 있게 오브젝트를 몇 가지 추가하겠습니다. n 키를 누르고, random 2000을 입력하여 오브젝트를 만듭니다.

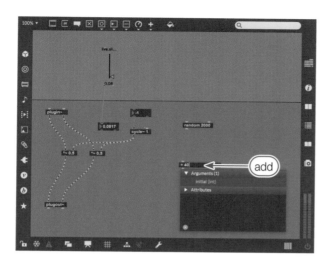

**06** N 키를 누르고, + 40을 입력하여 Add 오브젝트를 만듭니다.

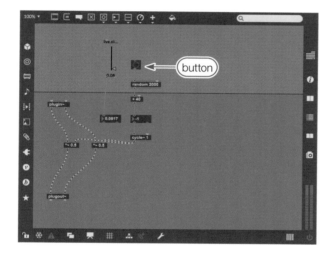

**07** B 키를 눌러 Button 오브젝트를 만들고, 순서대로 인/아웃을 연결합니다.

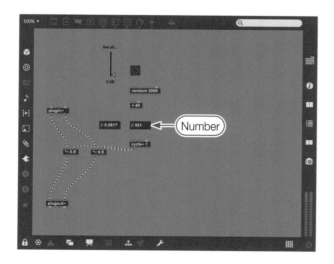

**08** Ctrl+E 버튼을 클릭하여 Lock 모드로 변경하고, 버튼을 클릭할 때마다 사운드 변조 양을 결정하는 Number 값이 랜덤으로 변경되는 것을 확인할 수 있습니다.

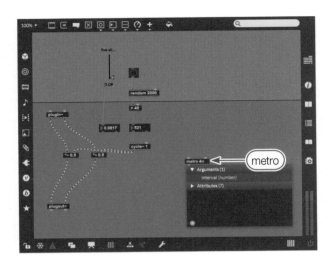

*09* N 키를 누르고, metro 4n을 입력하여 오브젝트를 만듭니다.

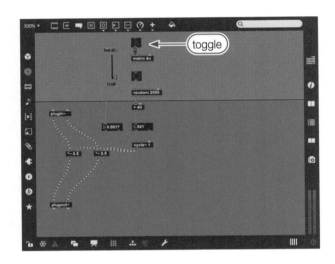

*10* T 키를 눌러 toggle 오브젝트를 만들고, 아웃을 metro 인으로 연결합니다. metro 아웃은 button 인으로 연결합니다.

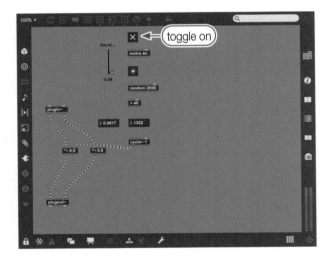

*11* Ctrl+E 버튼을 클릭하여 Lock 모드로 변경하고, toggle 버튼을 클릭하면, 다시 클릭하여 Off 할 때까지 변조 값이 랜덤으로 바뀌는 것을 확인할 수 있습니다.

● 로우 패스 필터

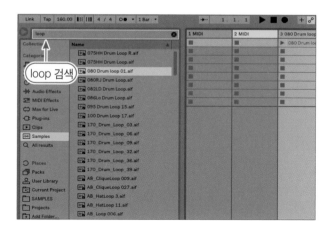

*01* Ctrl+N 키를 눌러 새로운 세트를 만듭니다. 브라우저에서 Ctrl+F 키를 눌러 loop를 검색합니다. 그리고 Samples 카테고리에서 적당한 루프 샘플을 오디오 트랙으로 가져다 놓습니다.

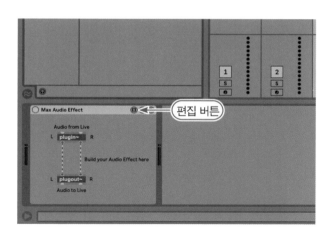

*02* Max for Live 카테고리의 Max Audio Effect를 더블 클릭하여 같은 트랙에 로딩하고, 편집 버튼을 클릭하여 실행합니다.

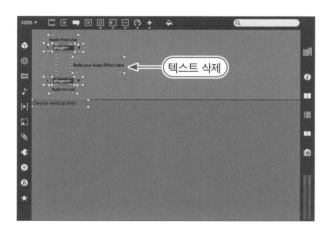

*03* plugin~과 plugout~ 오브젝트를 제외한 모든 텍스트를 삭제합니다.

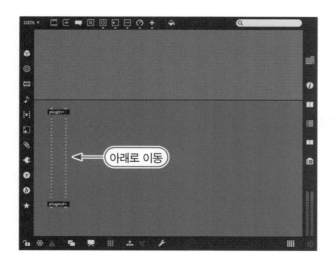

**04** 두 개의 오브젝트를 마우스 드래그로 선택하고, 드래그하여 아래쪽의 패치 창으로 이동시킵니다.

아래로 이동

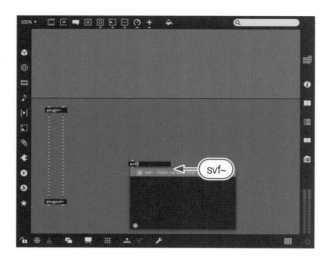

**05** N 키를 누르고, svf~를 입력하여 오브젝트를 만듭니다. svf~ 오브젝트는 3개의 인풋과 4개의 아웃을 가지고 있습니다.

svf~

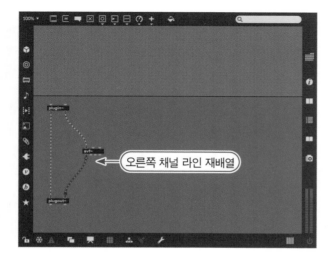

**06** Plugin 아웃의 오른쪽 채널 라인을 svf~인으로 연결하고, svf~ 첫 번째 아웃을 plugout 인으로 연결합니다.

오른쪽 채널 라인 재배열

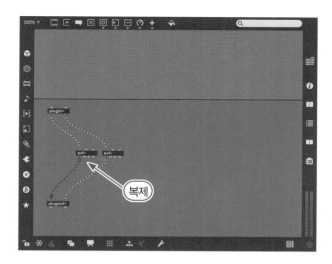

*07* svf~ 오브젝트를 Ctrl+D 키로 복제하고, Plugin/Out 왼쪽 채널에 연결합니다.

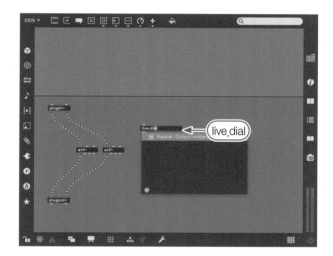

*08* N 키를 누르고, live.dial을 입력하여 오브젝트를 만듭니다.

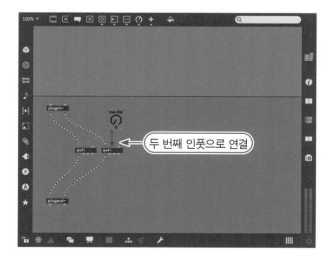

*09* live.dial 오브젝트 아웃을 svf~ 오브젝트 두 번째 인풋으로 왼쪽과 오른쪽 채널 각각에 연결합니다.

**10** svf~ 오브젝트를 선택하고, Ctrl+I 키를 눌러 인스펙터 창을 엽니다. 주파수 범위를 설정할 수 있는 Range/Enum 항목에서 40. 16000을 입력합니다.

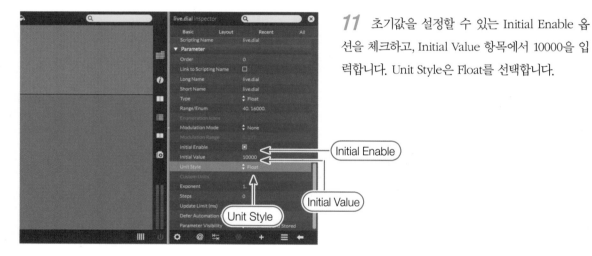

**11** 초기값을 설정할 수 있는 Initial Enable 옵션을 체크하고, Initial Value 항목에서 10000을 입력합니다. Unit Style은 Float를 선택합니다.

**12** 장치 이름을 표시하는 Long Name 항목에서 Curoff Frequency를 입력하고, Short Name에서 Feq를 입력합니다.

**13** 조정 수치를 결정하는 Exponent는 3으로 수정합니다.

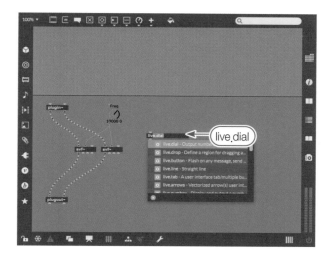

**14** N 키를 누르고, live.dial을 입력하여 오브젝트를 추가합니다.

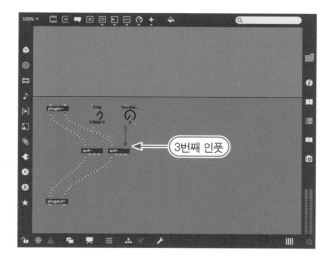

**15** 추가한 live.dial 오브젝트의 아웃을 svf~ 오브젝트 세 번째 인풋으로 왼쪽과 오른쪽 채널 각각에 연결합니다.

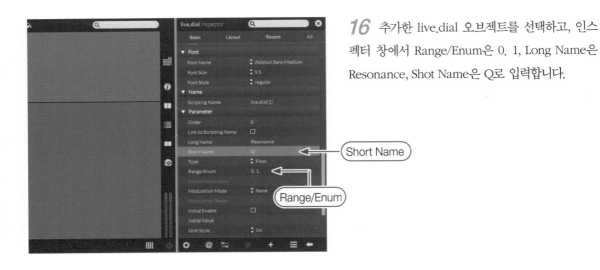

**16** 추가한 live.dial 오브젝트를 선택하고, 인스펙터 창에서 Range/Enum은 0. 1, Long Name은 Resonance, Shot Name은 Q로 입력합니다.

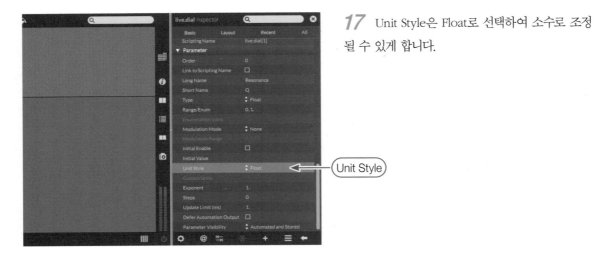

**17** Unit Style은 Float로 선택하여 소수로 조정될 수 있게 합니다.

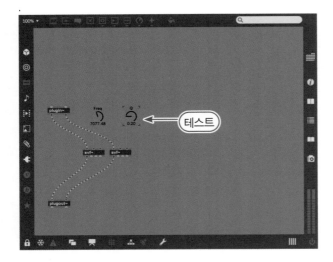

**18** Ctrl+I 키를 눌러 인스펙터 창을 닫고, Ctrl+E 키를 눌러 Lock 모드로 전환합니다. 트랙에 가져다 놓은 오디오 샘플을 재생시켜 놓고, 필터가 정상적으로 동작되는지 테스트 합니다.

● 컷오프 모듈레이션

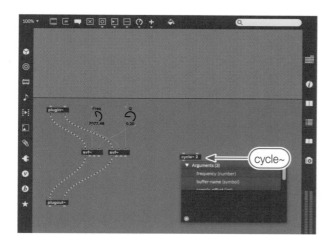

**01** N 키를 누르고, cycle~ 2를 입력하여 오브 젝트를 만듭니다.

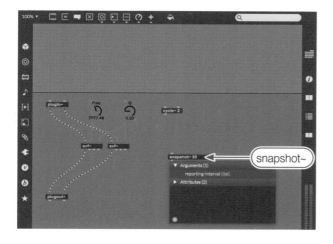

**02** N 키를 누르고, snapshot~ 20을 입력하여 오브젝트를 만듭니다.

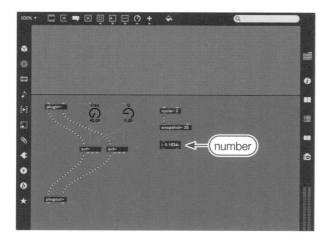

**03** F 키를 눌러 number 오브젝트를 만들고, cycle~, snapshot~, number 오브젝트를 차례로 연결합니다.

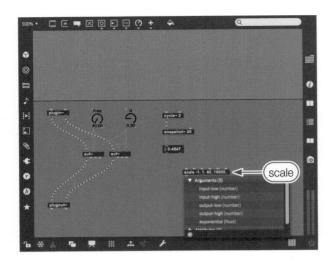

*04* N 키를 누르고, scale -1. 1. 40. 16000.을 입
력하여 오브젝트를 만듭니다.

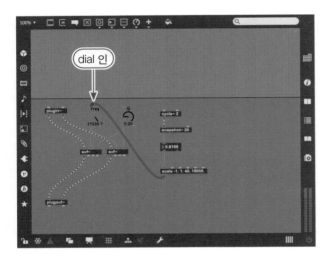

*05* number 오브젝트 아웃을 scale 오브젝트
인으로 연결하고, sclae 오브젝트 아웃을 Freq로
만들었던 dial 오브젝트 인으로 연결합니다.

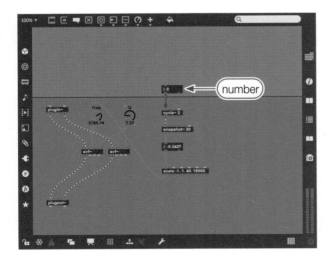

*06* I 키를 눌러 number 오브젝트를 만들고,
cycle 오브젝트 인으로 연결합니다.

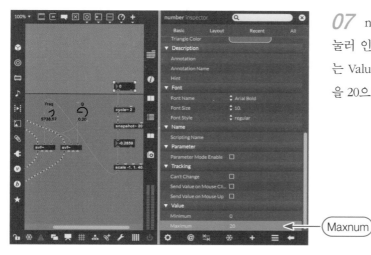

*07* number 오브젝트를 선택하고, Ctrl+I 키를 눌러 인스펙터 창을 엽니다. 조정 범위를 설정하는 Value 항목의 Minimum 값을 0, Maxnum 값을 20으로 입력합니다.

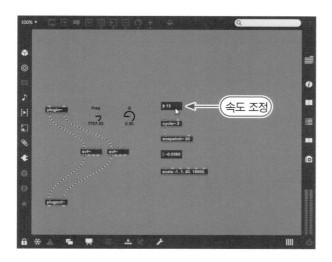

*08* Ctrl+E 키를 눌러 Lock 모드로 전환합니다. number 오브젝트 값을 드래그하여 Freq 조정 속도가 변하는지 확인합니다.

● 모듈레이션 범위

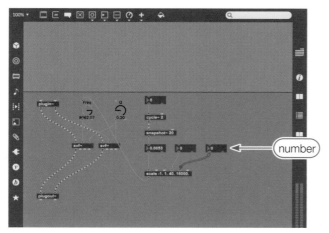

*01* I 키를 두 번 눌러 두 개의 Number 오브젝트를 추가하고, 각각 scale 오브젝트의 4번과 5번 인풋에 연결합니다.

**02** scale 오브젝트의 4번에 연결한 Number 오브젝트를 선택하고, Ctrl+I 키를 눌러 인스펙터 창을 엽니다. Value 항목의 Minimum 값은 40, Maximum 값은 5000으로 입력합니다.

Value

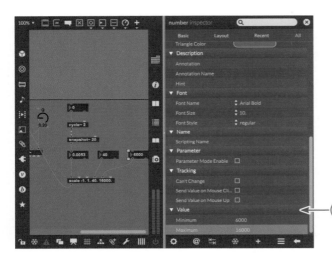

**03** scale 오브젝트의 5번에 연결한 Number 오브젝트를 선택하고, Value 항목의 Minimum 값은 6000, Maximum 값은 16000으로 입력합니다.

Value

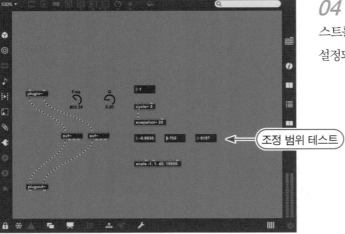

**04** Ctrl+E 키를 눌러 Lock 모드로 전환하고, 테스트를 해보면, Number 값에 따라 Freq의 범위가 설정되는 것을 확인할 수 있습니다.

조정 범위 테스트

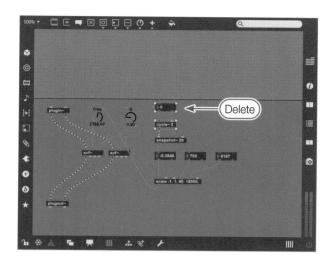

**05** 변조 속도를 비트에 맞추는 오브젝트로 바꿔보겠습니다. 속도를 조정하는 number와 cycle~ 오브젝트를 마우스 드래그로 선택하고, Delete 키를 눌러 삭제합니다.

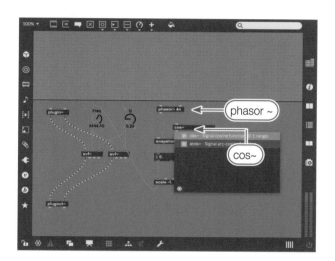

**06** N 키를 눌러 phasor~ 4n을 입력하여 오브젝트를 만들고, 다시 n 키를 눌러 cos~를 입력하여 오브젝트를 만듭니다. phasor~ 오브젝트의 4n 은 비트 수를 결정하는 것으로 4비트 입니다.

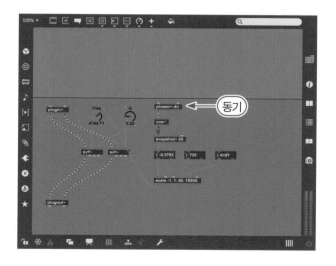

**07** phasor~ 오브젝트의 아웃을 cos~ 오브젝트의 인으로 연결하고, cos~ 아웃을 snapshot~ 인으로 연결한 다음에 Ctrl+E 키를 눌러 테스트 합니다. 세트의 메트로놈을 On으로 하면 4비트 속도로 동기되는 것을 확인할 수 있습니다.

● 장치 구성하기

*01* Freq 오브젝트를 선택하고, Ctrl+I 키를 눌러 인스펙터 창을 엽니다. ignore Click 옵션을 체크합니다.

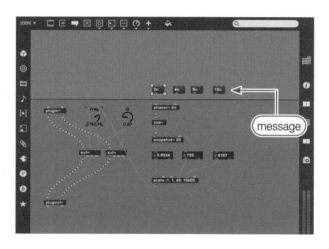

*02* M 키를 눌러 message 오브젝트를 만들고, 2n을 입력합니다. 같은 방법으로 4n, 8n, 16n의 message 오브젝트도 만듭니다.

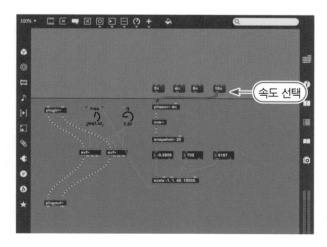

*03* message 오브젝트의 아웃을 모두 phasor~ 오브젝트 인으로 연결하고, Ctrl+E 키를 눌러 변조 속도가 2비트, 4비트, 8비트, 16비트로 변경되는지 확인합니다.

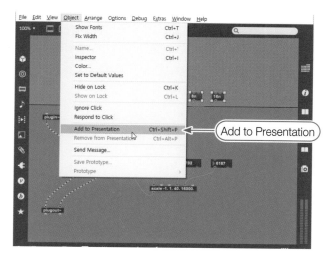

04 4개의 message 오브젝트와 Freq 및 Q 오브젝트를 Shift 키를 누른 상태로 드래그하여 선택합니다. Object 메뉴의 Add to Presentation을 선택합니다.

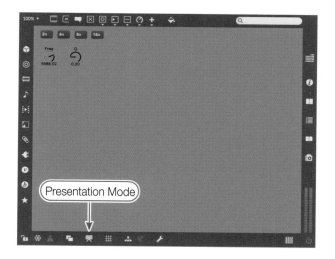

05 Presentation Mode 버튼을 On으로 하면, Presentation이 적용된 오브젝트만 표시됩니다. 각 장치를 드래그하여 화면 상단에 배치합니다.

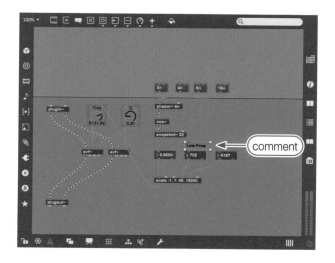

06 Presentation Mode 버튼을 Off하고, C 키를 눌러 Comment 오브젝트를 만듭니다. Low Freq로 입력하고, 최소 범위를 설정하는 number 오브젝트 상단에 배치합니다.

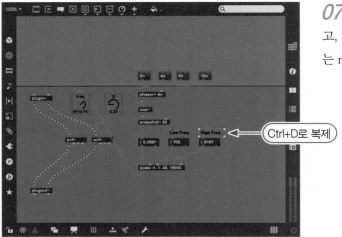

**07** Comment 오브젝트를 Ctrl+D 키로 복제하고, High Freq로 수정합니다. 최대 범위를 설정하는 number 오브젝트 상단에 배치합니다.

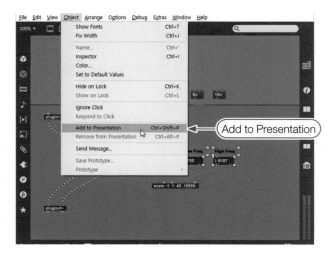

**08** 두 개의 number와 comment 오브젝트를 마우스 드래그로 선택하고, Object 메뉴의 Add to Presentation을 선택합니다.

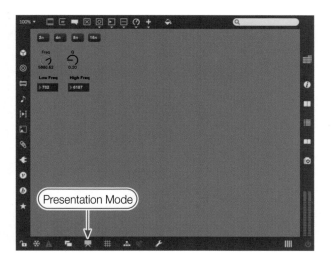

**09** Presentation Mode 버튼을 On으로 하고, Number 오브젝트를 상단에 배치합니다.

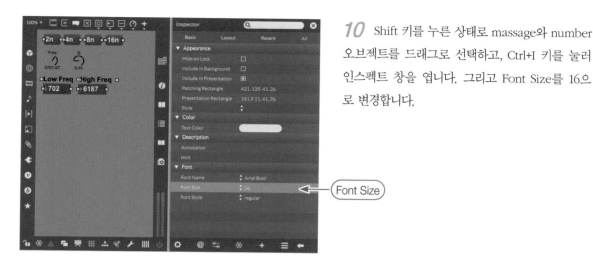

**10** Shift 키를 누른 상태로 massage와 number 오브젝트를 드래그로 선택하고, Ctrl+I 키를 눌러 인스펙트 창을 엽니다. 그리고 Font Size를 16으로 변경합니다.

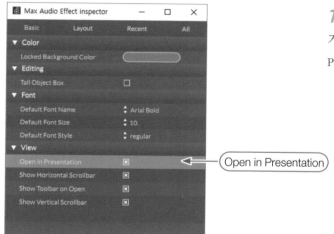

**11** View 메뉴의 Inspector Window를 선택하거나 Ctrl+Shift+I 키를 눌러 창을 열고, Open in Presentation 옵션을 체크합니다.

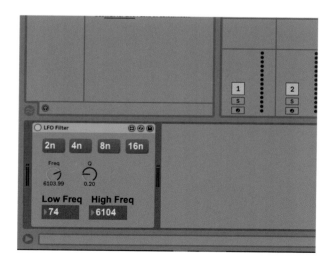

**12** Ctrl+S 키를 눌러 저장하면, 완성한 장치를 디바이스 뷰에서 볼 수 있습니다. 각각의 컨트롤러가 정상적으로 동작되는지 테스트합니다.

### ● 멀티 모드 추가하기

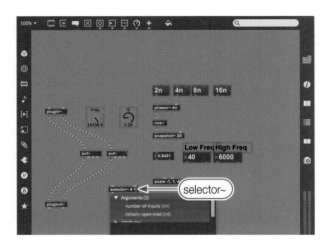

*01* Max for Live 장치의 편집 버튼을 클릭하여 창을 다시 엽니다. n 키를 누르고, selector~ 4 1을 입력하여 오브젝트를 추가합니다.

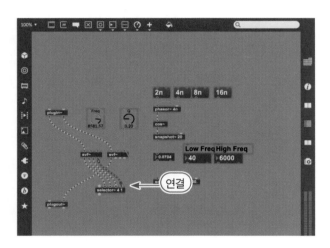

*02* 왼쪽 채널의 svf~ 오브젝트 아웃 1-4를 selector~ 오브젝트 인 2-5로 연결합니다.

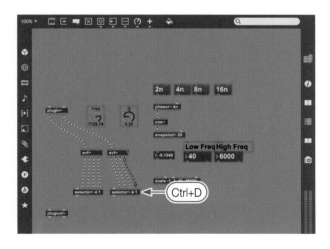

*03* selector~ 오브젝트를 선택하고, Ctrl+D 키를 눌러 복제합니다. 오른쪽 채널의 svf~ 오브젝트 아웃 1-4를 복제한 selector~ 오브젝트 인 2-5로 연결합니다.

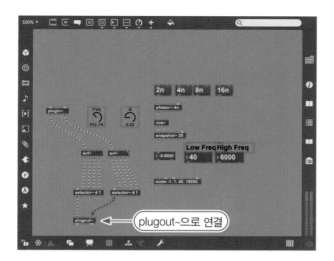

04 왼쪽 selector~ 오브젝트 아웃은 plugout~
오브젝트의 왼쪽 인, 오른쪽 selector~ 오브젝트
아웃은 plugout~ 오브젝트 오른쪽 인으로 각각
연결합니다.

05 N 키를 누르고, umenu를 입력하여 오브젝
트를 만듭니다. Ctrl+I 키를 눌러 인스펙터 창을 열
고, Menu Items 항목의 edit 버튼을 클릭합니다.

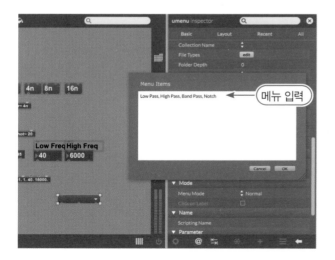

06 Low Pass, High Pass, Band Pass, Notch로
메뉴에 표시할 문자를 입력합니다. 목록은 콤마(,)
로 구분합니다.

*07* OK 버튼을 클릭하여 edit 창을 닫고, Include in Presentation 옵션을 체크합니다.

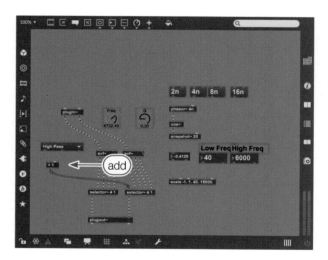

*08* N 키를 누르고, + 1을 입력하여 add 오브 젝트를 만듭니다. umane 오브젝트의 아웃을 add 오브젝트 인으로 연결하고, add 오브젝트 아웃을 양쪽 채널의 selector~ 인 1번으로 연결합니다.

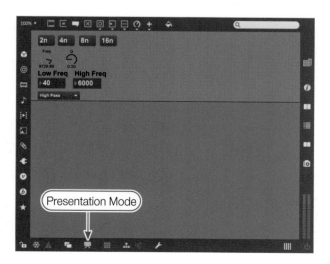

*09* Presentation Mode 버튼을 On으로 하고, umenu 오브젝트를 상단에 배치합니다. Ctrl+S 키 를 눌러 저장합니다. 완성한 장치를 디바이스 뷰 에서 테스트 해봅니다.

간단한 미디와 오디오 컨트롤 장치를 만들어보면서 Max가 어떤 역할을 하는 툴인지 경험해 보았습니다. 실제로는 미디와 오디오 장치는 물론, 무대 조명이나 영상까지 컨트롤할 수 있는 C 언어 기반의 프로그래밍 툴 입니다. 본격적인 학습을 위해서는 본서 분량의 서적을 별도로 출간해야 하는데, 전공자 외에는 아예 관심이 없기 때문에 의미 없습니다. 다만, Max는 방대한 분량의 도움말과 예제를 제공하고 있기 때문에 관심이 있는 사용자는 독학이 가능합니다.

Help 메뉴의 Max Tour를 선택하면 따라하면서 공부할 수 있는 학습 창이 열립니다. 앞의 실습을 통해 어느 정도 개념은 잡혔을 것이므로, Sure, why not을 선택하여 시작할 수 있을 것입니다.

Help 메뉴의 Examples 에서는 전문가들이 만들어놓은 샘플을 제공하고 있으며, 필요한 부분을 복사해서 사용할 수 있습니다. 그리고 Alt 키를 누른 상태로 오브젝트를 클릭하면 해당 오브젝트의 도움말을 볼 수 있고, Ctrl+Shift+R 키를 누르면 오브젝트의 사용 예제를 자세히 볼 수 있습니다.

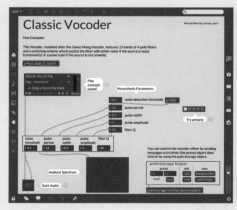

▲ Examples

▲ Open Reference

# Video For Live

**03**

에이블톤은 음원 제작을 목적으로 하는 시퀀싱 프로그램이지만, Max를 이용한 디바이스 프로그래밍과 컨트롤러를 이용한 패드 연주 악기 및 라이브 디제잉까지 가능한 멀티 제품입니다. 여기에 한가지 더 영상 파일을 불러와서 음악을 제작하고 익스포팅할 수 있는 기능까지 갖추고 있습니다. 특히, 음악 프로그램들 중에서 유일하게 영상 편집이 가능한 멀티 트랙을 지원합니다.

---

## 01 | 기본 편집

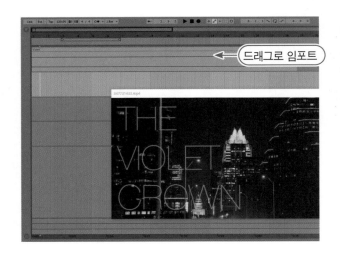

드래그로 임포트

**01** 비디오 파일은 윈도우 탐색기에서 어레인지먼트 뷰로 드래그하여 임포트 할 수 있습니다. Video 폴더의 Violet 비디오 파일을 드래그하여 가져다 놓습니다.

Video Window

닫기 버튼

**02** 비디오 창은 자동으로 열리며, 창 테두리를 드래그하여 크기를 조정하거나 더블 클릭하여 전체 화면으로 볼 수 있습니다. 창은 닫기 버튼을 클릭하여 닫을 수 있고, View 메뉴의 Video Window를 선택하면 열 수 있습니다.

> **TIP**
>
> *영상을 보면서 작업을 해야 하는 경우라면 두 대의 모니터를 준비해야 할 것입니다.*

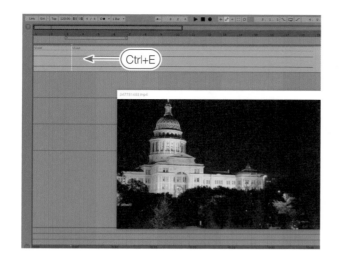

**03** 마우스 드래그로 영상을 탐색하면서 장면이 바뀌는 위치를 선택하고, Ctrl+E 키를 눌러 자릅니다. 샘플은 7개의 장면이 연결된 영상입니다.

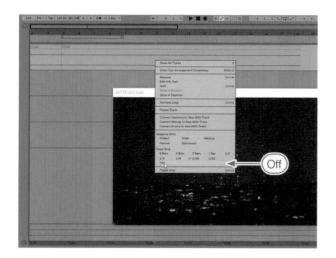

**04** 마우스 오른쪽 버튼을 클릭하여 단축 메뉴를 열고, Gird를 Off로 하면, 장면을 세밀하게 모니터 할 수 있습니다.

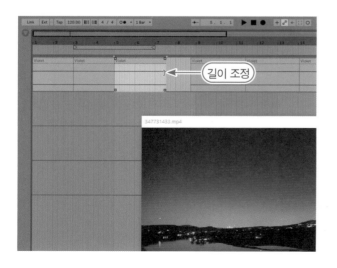

**05** 클립 오른쪽을 드래그하여 두 마디 길이로 조정하고, 공백은 오른쪽의 클립을 드래그하여 채웁니다. 같은 방법으로 모든 클립의 길이를 두 마디로 조정합니다.

● 슬레이브 템포

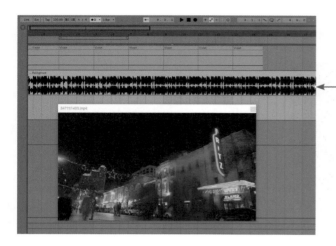

Background

**01** Video 폴더의 Background 오디오 파일을 드래그하여 두 번째 트랙에 가져다 놓습니다.

Set 1.1.1 Here

Warp

**02** Warp 버튼을 On으로 합니다. 파형이 시작되는 위치의 트랜지언트를 마우스 오른쪽 버튼을 클릭하여 단축 메뉴를 열고, Set 1.1.1 Here를 선택합니다.

Warp From Here (Straight)

**03** 다시 마우스 오른쪽 버튼을 클릭하여 단축 메뉴를 열고, Warp From Here(Straight)를 선택하여 템포를 분석합니다.

**04** 템포가 90으로 설정되었습니다. Slave 버튼을 클릭하여 세트 템포를 오디오 템포에 맞춥니다. 영상 음악 작업을 할 때 오디오에 템포를 맞추는 경우는 거의 없지만, 뮤직 비디오를 만들 때는 필요합니다.

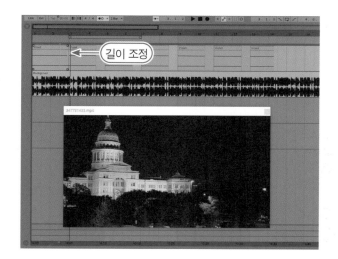

**05** 비디오 클립에 갭이 발생했습니다. 클립을 드래그하여 두 마디 길이로 채웁니다.

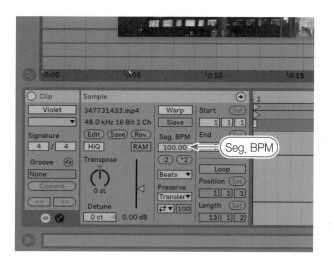

**06** 첫 번째 타이틀 영상은 두 마디 길이가 되지 않습니다. Warp 버튼을 On으로 하고, Seg. BPM을 100으로 설정하여 길이를 늘립니다.

● 멀티 작업

**01** Club 비디오 파일을 3번 트랙의 3 마디 위치로 드래그하여 가져다 놓습니다. 작업의 편리를 위해 트랙 이름 항목을 드래그하여 Background 오디오 트랙 위로 이동시킵니다.

트랙 이동

**02** 스페이스 바 키를 눌러 재생을 해보면, 처음에는 1번 트랙의 영상이 보이지만, 3마디 위치에서 아래쪽 트랙의 영상이 보이는 것을 확인할 수 있습니다. 같은 시간대에 겹쳐있는 영상은 아래쪽이 보이는 것입니다.

아래쪽 영상

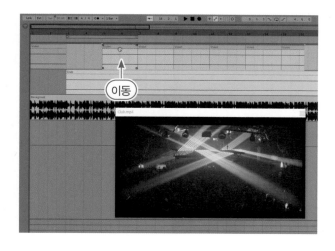

**03** 1번 트랙의 두 번째 클립을 선택하고, Shift 키를 누른 상태에서 마지막 클립을 클릭하여 6개의 클립을 모두 선택합니다. 그리고 5 마디 위치로 드래그하여 이동시킵니다.

이동

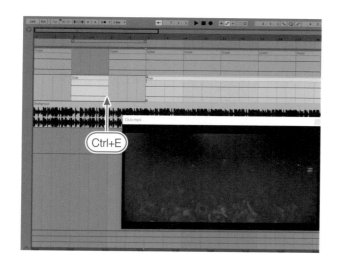

*04* 2번 트랙의 5마디 위치를 클릭하고, Ctrl+E 키를 눌러 자릅니다. 잘린 오른쪽 클립의 시작 위치는 7 마디까지 드래그합니다.

*05* 같은 과정을 반복하여 영상이 지그재그로 배치되게 합니다. Club 영상의 마지막 클립만 한 마디 길이로 조정하여 오디오 클립에 길이를 맞춥니다. 영상의 오디오가 필요 없는 경우에는 Track Activator 버튼을 Off 합니다.

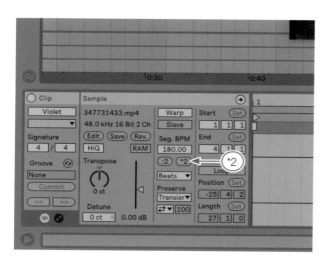

*06* 1번 트랙의 마지막 클립을 더블 클릭하여 클립 뷰를 열고, Warp 버튼을 On으로 합니다. 그리고 *2 버튼을 두 번 클릭하여 영상이 4배속으로 느려지게 마무리 합니다.

# 02 영상 음악 작업

영상을 자르고 붙이는 기본 편집 작업은 물론, 여러 개의 영상을 레이어로 작업할 수 있는 멀티 트랙을 지원하고, 재생 속도까지 조정할 수 있지만, 음악 제작자가 영상을 편집할 이유는 없고, 개인 방송을 위한 경우라면 전문 프로그램을 이용하는 것이 일반적이기 때문에 의미 없는 기능일 수도 있습니다. 실제로는 영상을 불러와서 어울리는 음악을 작업하는 것이 에이블톤의 목적입니다.

● 사전 세팅

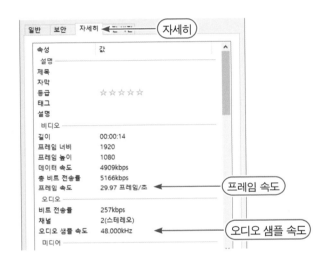

*01* 영상은 시:분:초:프레임 단위를 사용하며, 세트도 같은 단위로 작업을 해야 합니다. 영상 파일을 마우스 오른쪽 버튼으로 클릭하여 단축 메뉴를 열고 속성을 선택합니다. 그리고 자세히 탭을 보면, 프레임 속도와 오디오 샘플 속도를 확인할 수 있습니다.

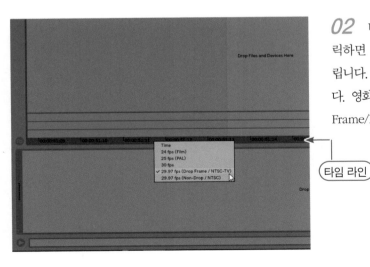

*02* 타임 라인에서 마우스 오른쪽 버튼을 클릭하면 단위를 변경할 수 있는 단축 메뉴가 열립니다. 여기서 영상과 동일한 타임을 선택합니다. 영화는 24 fps(Film), 방송은 29.97 fps (Drop Frame/NTSC-TV)이 일반적입니다.

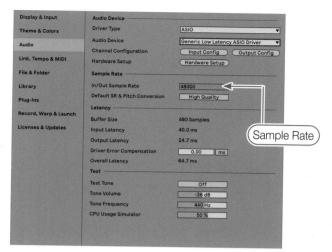

*03* Ctrl+콤마(,) 키를 눌러 Preference 창을 열고, Audio 페이지의 In/Out Sample Rate를 영상과 동일하게 설정합니다. 일반적으로 48000Hz로 촬영하지만, 96000Hz인 경우도 있습니다.

*04* 작업 의뢰를 받은 경우라면 타임 단위로 요청 받은 내용이 있을 것입니다. 해당 위치의 스크럽 라인에서 마우스 오른쪽 버튼을 클릭하여 단축 메뉴를 열고, Add Locator를 선택하여 메모를 해두는 것이 좋습니다.

*05* 영상이 로딩되지 않는 이유의 대부분 컴퓨터에 해당 영상을 볼 수 있는 코덱이 설치되어 있지 않은 경우입니다. 통합 코덱을 검색하면 영상 및 음악 재생에 필요한 코덱을 무료로 다운 받아 한 번에 설치할 수 있습니다.

## ● 비디오 파일 만들기

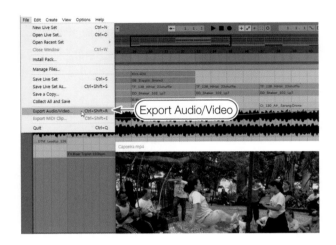

*01* 영상 음악을 완성하고, 비디오로 제작을 하
겠다면, Ctrl+A 키를 눌러 모든 클립을 선택하고,
File 메뉴의 Export Audio/Video를 선택합니다.

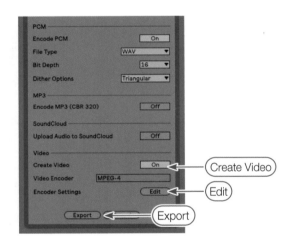

*02* Create Video 버튼을 On으로 하고, Export
버튼을 클릭하여 제작할 수 있습니다. 기본 포맷
은 MP4이며, 그 밖의 포맷은 해당 코덱이 설치되
어 있어야 합니다. 제작을 위한 코덱(Encoder)은
영상을 보기 위해 설치하는 코덱(Decoder)과 다
르며, 대부분 유료 입니다.

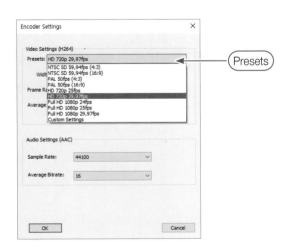

*03* Encoder Settings의 Edit 버튼을 클릭하면
화질과 음질을 결정하는 Preset을 선택할 수 있습
니다. HD 보다는 Full HD가 좋지만, 원본이 HD
라면 의미 없으므로, 원본 품질로 결정합니다.

## ● 라이브 영상 싱크

*01* 세션 뷰의 음악과 어레인지 뷰의 영상을 싱크하여 라이브 영상 음악 재생 용으로 활용이 가능합니다. Woman 1과 2 파일을 드래그하여 가져다 놓습니다.

*02* Tab 키를 눌러 세션 뷰를 열고, Acoustic 1과 2 파일의 슬롯 1과 2에 가져다 놓습니다.

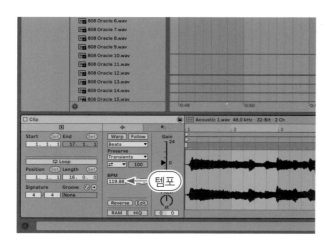

*03* Acoustic 1 클립을 더블 클릭하여 열고, 템포를 확인하면 119.88 입니다. 이 템포를 유지해도 좋지만, 120으로 수정합니다. Acoustic 2 클립은 94.85 입니다. 이것도 95로 수정합니다.

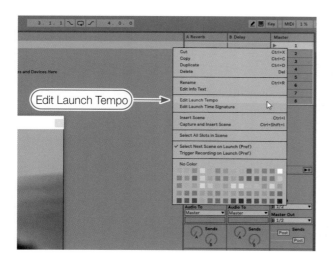

*04* Master 1 번 트랙에서 마우스 오른쪽 버튼을 클릭하여 단축 메뉴를 열고, Edit Launch Tempo를 선택합니다.

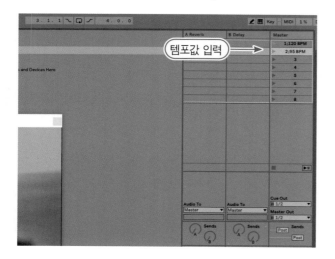

*05* 템포 값을 입력할 수 있는 대기 상태가 됩니다. 120을 입력합니다. 2번 씬도 같은 방법으로 템포 95를 입력합니다.

*06* Tab 키를 눌러 어레인지먼트 뷰를 열고, Woman 1 클립의 시작 위치를 선택합니다. 그리고 스크럽 라인에서 마우스 오른쪽 버튼을 클릭하여 단축 메뉴를 열고, Add Locator를 선택하여 입력합니다. Woman 2 클립에서도 같은 방법으로 로케이터를 입력합니다.

07 Key Map 버튼을 On으로 하고, 로케이터 1 번 마커를 선택합니다. 그리고 키보드의 1번 키를 눌러 연결합니다. 로케이터 2번 마커는 2번 키로 연결합니다.

08 Tab 키를 눌러 세션 뷰를 열고, 씬 버튼을 선택합니다. 그리고 어레인지 뷰에서 연결했던 로케이터와 동일한 숫자키 1번과 2번으로 각각 연결합니다.

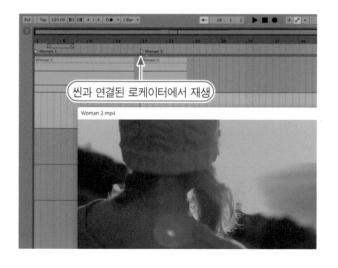

09 Key Map 버튼을 Off하고, 숫자키 1과 2를 눌러 보면 각 씬에 연결된 영상과 음악이 동시에 재생되는 것을 확인할 수 있습니다. 런치패드나 Push와 같은 컨트롤러를 사용한다면, 영상을 세트로 연결하고, 연주를 하면서 영상을 컨트롤하는 화려한 퍼포먼스를 연출할 수 있습니다.

## 학원 선택?
## 누구에게 배울 수 있는지가 중요합니다!

아르바이트 강사가 아닌 국내 최고의 교육 전문가 최이진에게 배울 수 있는 곳!

※ 서적 질문은 유튜브 댓글로 가능합니다. (지방에 계신분들을 위한 라이브 방송 진행)

◐ 수강 과목 (입시/방송/엔터테이너)

| 보컬 | 구전으로 노래 교육을 받는 시대는 끝났습니다. 각종 언론 보도로 검증된 디지털 보컬 트레이닝을 받을 수 있는 국내 유일의 교육기관 입니다. |
|---|---|
| 작/편곡 | 전세계 유일의 특허 받은 화성학 저자의 교육 시스템 그대로 그 어떤 학교나 학원에서도 만나 보지 못한 수업을 접할 수 있습니다. |
| 재즈피아노 | 수 많은 피아노 석사와 프로 연주자를 배출한 교육 시스템. 초, 중, 고급 개인차를 고려한 수업 방식으로 누구나 프로 연주자가 될 수 있습니다. |
| 컴퓨터음악 | 국내 대부분의 실용음대에서 표준 교재로 사용되고 있는 저자의 교육 시스템. 큐베이스 및 로직의 실무 작업 테크닉을 전수받을 수 있습니다. |
| 믹싱/마스터링 | 현장 경험과 다양한 교육으로 축적된 노하우를 제공합니다. 방송 및 라이브 믹싱 테크닉을 익히고 싶은 입문자부터 프로까지 개인별 목적에 맞추어 안내합니다 |
| 기타/베이스 | 포크, 클래식, 재즈, 일렉 스타일별 맞춤 교육. 십 년 이상의 공연과 수 많은 앨범 세션 경험을 바탕으로 한 실무 테크닉을 배울 수 있습니다. |

◐ 위치 : 2호선 서울대입구역 8번 출구

# EJ 녹음 스튜디오

작곡, 편곡, 녹음, 믹싱, 마스터링 - 분야별 의뢰 가능!
B급 비용으로 A급 사운드의 음원을 제작할 수 있게 도와드립니다.

● 개인 음원 - 작곡, 편곡, 녹음, 믹싱, 마스터링, 음원 제작
● 뮤지컬 및 연극 - 작/편곡, 단원 트레이닝 및 연습, 녹음, 음원 제작
● 오디오 북 - 성우 녹음, 음악 및 효과 제작
● 그 밖에 게임 음악, 오케스트라 녹음, 트로트 음반 제작, 행사 음악, 교회 음악 등...
※ 모든 과정마다 의뢰인과의 충분한 상담을 거쳐 후회 없는 결과물을 만들어 드립니다.